Die holistische Ansicht, nach der die Welt ein unteilbares Ganzes bilde, ist ein altes Erklärungsmodell, das freilich durch den uns geläufigen Dualismus verdrängt wurde, der Geist und Körper als völlig verschiedene Kategorien angesehen hat. Franz Moser, Professor für Grundlagen der Verfahrenstechnik an der Technischen Universität Graz, und Michael Narodoslawsky, Dozent am selben Institut, beschreiben Fundamente und Aspekte eines holistischen Modells zur Erklärung von Welt und Wissen. Dazu gehen die Autoren von der Geschichte der Erkenntnis- und Wissenschaftstheorie aus, vom Mittelalter bis zu Karl Popper, Thomas Kuhn und Paul Feyerabend. In den verschiedenen Ansätzen entdecken sie übereinstimmende Elemente, die es nahelegen, die Einheit des Denkens neu zu postulieren, die Trennung von Wissenschaft, Religion und Philosophie aufzuheben.

Die Autoren beschreiben dann die gegenwärtigen revolutionären Vorgänge in den Wissenschaften, den Paradigmenwechsel, vor allem der Physik, um deutlich zu machen, daß das traditionelle Konzept der Kausalität aufzugeben sei. C. F. von Weizsäcker: »Bewußtsein und Materie sind verschiedene Aspekte derselben Wirklichkeit.« Auch in der Biologie, bei Eigen, Prigogine, Maturana, Varela und Sheldrake, findet eine Kombination mit informationstheoretischen Ansätzen statt. Auf die alte Frage, ob das Sein durch Bewußtsein bestimmt werde oder dieses gar sei, geben sie insofern eine neue Antwort, als beides, Sein und Bewußtsein, aus der Verbindung von Energie und Information bestehe.

In einem Abschnitt über Mystik, Magie und Wissenschaft wird das Phänomen der Synchronizität ebenso wie die zentrale philosophische Frage nach der Willensfreiheit untersucht.

insel taschenbuch 1797
Franz Moser,
Michael Narodoslawsky
Bewußtsein in Raum und Zeit

Franz Moser
Michael Narodoslawsky
Bewußtsein
in Raum und Zeit

*Grundlagen
der holistischen Weltsicht*

Einblicke
in die Spielregeln Gottes

Insel Verlag

insel taschenbuch 1797
Erste Auflage 1996
Insel Verlag Frankfurt am Main und Leipzig
© Leykam Buchverlagsgesellschaft m. b. H., Graz 1989
Alle Rechte vorbehalten
Lizenzausgabe
Hinweise zu dieser Ausgabe am Schluß des Bandes
Vertrieb durch den Suhrkamp Taschenbuch Verlag
Umschlag nach Entwürfen von Hermann Michels
Druck: Nomos Verlagsgesellschaft, Baden-Baden
Printed in Germany

1 2 3 4 5 6 – 01 00 99 98 97 96

Inhalt

Teil I
Was wir wissen können –
Die naturwissenschaftliche Erkenntnis
der Spielregeln Gottes
Die Mechanik – Grundlage unseres heutigen Weltbildes 22

Teil II
Was wir denken können:
Der Beitrag der Philosophie
und Weisheitslehren
zu den Spielregeln Gottes

Teil III
Praktische Hinweise
für eine holistische Ethik –
Die Spielregeln Gottes

Vorwort

Die Autoren dieses Buches sind Naturwissenschaftler, die sich mit den Problemen unserer Zeit auseinandersetzen. Diese ist eine Übergangszeit von einem mechanistischen Weltbild in ein neues. Dieses neue Weltbild soll in diesem Buch in seinen Grundzügen beschrieben werden, soweit das in einem Buch überhaupt möglich ist.

Die Konsequenzen aus dieser neuen Sichtweise sind überraschend und für den unvorbereiteten Leser sicher vorerst unglaubhaft. Denn es werden radikal neue Einsichten vorgestellt.

Das neue Weltbild zeigt uns eine mystisch-magische Welt, in der Physis und Metaphysis als real existent und untrennbar voneinander angenommen werden. Das scheinbar Absurde oder Irrationale wird zum Normalen, und unser normales Denken und Wahrnehmen müssen wir als vollkommen ungeeignet für diese neue Realität annehmen und daher als absurd und illusionär erkennen.

Wir werden auf eine Mystik des Seins hingeführt, nicht aus religiöser Sicht, sondern aufgrund wissenschaftlicher Erkenntnisse. Nach dem Versuch einer Entmythologisierung des Weltverständnisses und der Religion (wie sie etwa von den Theologen Bultmann, Küng und Drewermann vertreten wurde) erleben wir derzeit eine Remythologisierung von seiten der Naturwissenschaften her. Mehrere Beiträge dazu gibt es bereits. In diese reiht sich dieses Buch ein.

Dieses Buch aber geht auch weit über alle diese von anderen gebrachten Beiträge hinaus, indem es versucht, bisher ungelöste Probleme im Spannungsfeld zwischen Mystik und Naturwissenschaft logisch und rational zu behandeln.

Dazu gehört vor allem die Erklärung des Problems der Theodizee, also der Frage, warum es das Leid auf der Welt geben kann, wenn es einen gütigen, allmächtigen, allwissenden Gott geben soll. Dieses Problem beschäftigt die Menschen, seitdem sie versuchen, an einen Gott zu glauben. Aber bisher wurde es noch nie zufriedenstellend für einen kritischen wissenschaftlichen Geist beantwortet. Das soll hier versucht werden.

Es sind Einsichten in die »Spielregeln Gottes«, die in diesem Buch vermittelt werden sollen. Dazu gehören die Fragen:
— Wer schafft unser Schicksal?
— Warum geht es dem einen gut, dem anderen schlecht?
— Was ist die eigentliche Ursache unserer Lebensprobleme – im persönlichen und im gesellschaftlichen Bereich?
— Wer oder was ist nun Gott wirklich?
   Können wir heute, am Ende des 20. Jahrhunderts, noch an Gott glauben?
— Und wie sollen wir diese Gotteswirklichkeit sehen?
   Ist sie tatsächlich erfüllt von Engeln und Geistwesen? Kann ein kritisch-rational denkender Mensch so etwas glauben?
— Und kann es »Wunder« geben? Müssen wir nicht mit Drewermann meinen, das seien nur »Bilder«, mit denen wir abgespeist werden sollten?
Die Endaussage dieses Buches lautet: Die Wissenschaft des 20. Jahrhunderts eröffnet uns die Synthese von Wissen und Glauben. Die wissenschaftlichen Erkenntnisse führen uns konsequent und logisch-rational verfolgt zu der Annahme eines zwar paradox erscheinenden, aber vollkommen stimmigen Weltbildes, von dem anzunehmen ist – falls es von uns angenommen werden kann –, daß es uns die zufolge des mechanistisch-materialistischen Weltbildes verlorene Problemlösungskapazität wieder zurückgeben kann. Wir behaupten sogar:
Nur durch die Annahme dieses neuen ganzheitlichen (oder holistischen) Weltbildes lassen sich die Probleme unserer Zeit, auf welcher Ebene auch – also in Technik, Ökonomie, Ökologie und Gesellschaft – lösen. Wir sind uns aber bewußt, daß dieser Prozeß mehrere Generationen dauern wird und sich erst in der Gesellschaft durchsetzen kann, wenn die Vertreter des veralteten Weltbildes ausgestorben sein werden.
Dieses neue Weltbild führt zur Annahme eines göttlichen Gesetzes und damit zur Rückbesinnung, aber aus völlig neuer Sicht, auf Religion in bisher für den normalen Menschen nicht bekannter Weise.
Alle Beschränkungen des Geistes durch Angst, Dogmen, Furcht vor Strafe etc. müssen fallen. Wir erkennen, daß gilt: »Du allein bist der Schöpfer deines Schicksals. Du brauchst weder

Mittler noch Institutionen, noch andere Hilfe. Doch brauchst du ein Ziel, eine Führung. Du sollst dich lieben und alles andere auch.«

Das ist die scheinbar einfache Lösung vieler unserer Probleme, die hier zu vermitteln versucht wird.

Danksagung

Dieses Buch ist, wie vielleicht jedes Buch, aus einem Herzensanliegen der Autoren entstanden. Für seine Realisierung sind einige Menschen von besonderer Bedeutung gewesen. Diesen Menschen möchten die Autoren auf diesem Wege besonders danken.

Der besondere Dank gilt Gabriele Grassmugg, die den Text auf der Basis nicht immer ganz einfacher Anweisungen der Autoren geschrieben hat. Ihrem Sprachgefühl und ihrer konsequenten Überprüfung des Textes verdankt dieses Buch, daß gar manche Ecke und Kante aus dem Text verschwunden ist.

Weiters gilt der besondere Dank der Autoren Peter Sucher, der für die Gestaltung der Abbildungen verantwortlich war. Seinem Formgefühl verdanken die Abbildungen ihre Anschaulichkeit.

Christian Krotscheck hat sich der nicht einfachen Aufgabe unterzogen, Korrektur zu lesen. Vor allem aber möchten sich die Autoren für die vielen sehr grundsätzlichen und tiefen Diskussionen mit ihm bedanken. Sie haben an vielen Stellen Eingang in den Text dieses Buches gefunden.

Schlußendlich möchten sich die Autoren bei den Mitarbeitern des Instituts für Verfahrenstechnik für viele Anregungen und für die Unterstützung bei der Abfassung dieses Buches bedanken.

Graz, im Februar 1996   Franz Moser
                                       Michael Narodoslawsky

Wohin geht die Reise?

Jedes Buch ist eine Reise. Wie immer, wenn man sich auf eine Reise begibt, soll man daher am Anfang eines Buches, sowohl als Autor als auch als Leser, einige Vorbereitungen treffen und sich auf das Kommende einstellen. Man soll einerseits praktische Vorkehrungen treffen, das richtige Gepäck und die angemessene Kleidung auswählen, alles mit Bedacht und Sorgfalt verpacken und überprüfen, daß man nichts vergessen hat. Man soll sich andererseits über den Weg und die notwendigen Verkehrsmittel klar werden, sich mit Fahr- und Landkarten ausrüsten. Schließlich soll man sich auch darüber im klaren sein, was man von der Reise erwartet. Man soll sich eine Vorstellung von seinem Ziel machen, sich den Zweck und Gewinn der Reise vor Augen führen, denn nur wenn man vom Ziel und vom Nutzen der Reise überzeugt ist, wird es einem gelingen, die Widrigkeiten der Reise zu überwinden und letztendlich zum Ziel zu gelangen.

Dieser erste Abschnitt unseres Buches ist daher diesen Vorbereitungen gewidmet. Wir wollen den Leserinnen und Lesern das Ziel beschreiben, zu dem wir sie oder ihn führen wollen, die nötige Ausrüstung aufzählen, den Weg zum Ziel darstellen, aber auch vor den Fährnissen der Reise warnen. Wir tun dies nicht nur, weil wir hoffen, daß gutgerüstete Leserinnen und Leser unsere Reise schneller und leichter absolvieren, sondern auch aus der notwendigen Fairneß heraus. Denn die Reise ist nicht leicht und ohne Gefahr und das Ziel und der Nutzen für die Leserin und den Leser nicht ohne weiteres einzusehen.

Schließlich soll nicht verschwiegen werden, daß eine solche Vorbereitung auch für den Autor (oder Reiseleiter) Vorteile bringt. Gelingt es nämlich, die Reisebegleiter für das Ziel zu begeistern und vom Weg zu überzeugen, so werden sie über so manchen Fehler und so manche Unbequemlichkeit auf der Reise gnädig hinwegsehen. Sie werden schließlich am Ende der Reise, wenn das Ziel ihren Vorstellungen entspricht, nicht mit dem

Trinkgeld des Verständnisses und der Anerkennung geizen, das ja schlußendlich der Grund für den Reiseleiter ist, die Reise zu wagen.

Ein Weltbild als Ziel der Reise

Wir wollen gleich von Anfang an jede falsche Bescheidenheit und alle vorsichtige Zurückhaltung weglassen. Das Ziel unserer Reise ist nicht mehr und nicht weniger als ein neues Weltbild!

Damit ist die Katze aus dem Sack und auch gleichzeitig eine Vorwarnung an alle Begleiter ausgesprochen, und zwar gleich in mehrfacher Hinsicht. Einerseits ist damit klar, daß unsere Reise in unbekanntes (und teilweise auch unwegsames) Gebiet führen wird. Es ist daher ratsam, festes (geistiges) Schuhwerk mitzunehmen und auch ein wenig (moralischen) Proviant vorzusehen. Es wird sich auch erweisen, daß, wie bei allen Reisen ins Unbekannte, die Orientierung ein Hauptproblem darstellt. Unsere Karten des »bekannten, alten Weltbildes« werden uns keine große Hilfe sein, wir werden uns mit ganz neuen (aber auch mit sehr alten) Hilfsmitteln unseren Weg zu diesem Ziel erkämpfen müssen.

Eine weitere Vorwarnung betrifft die Natur der Reiseleitung. Denn eine Reise wie diese leiten zu wollen, bedarf einer gewissen Neigung zur Abenteuerlust. Sie ist wohl ein wenig jenen prahlerischen Behauptungen ähnlich, mit denen Abenteurer wie ein Vasco da Gama seine Reisebegleiter für die Fahrt nach Indien, ein Kolumbus oder James Cook seine Mannschaft für die Entdeckung Amerikas oder Australiens und ein Wernher von Braun die Astronauten für den Flug zum Mond zu motivieren suchten. In all diesen Fällen war jedem klar und vorsichtig denkenden Menschen bewußt, daß die Reise viel wahrscheinlicher in einem Desaster enden, als daß das Ziel erreicht würde. In vielen Fällen (etwa den Entdeckungsfahrten von Kolumbus oder Cook) war nicht einmal die Existenz des Zieles wahrscheinlich. Die Motivation der Reisenden war aufgebaut auf der Überzeugung der »Reiseleiter«, daß das Ziel real, die Fahrt machbar und der Nutzen der Reise groß sei.

Neben einem unerschütterlichen Glauben an Sinn und Machbarkeit der Reise gehört zur Übernahme der »Reiseleitung« auch sicherlich noch ein (fast an Verantwortungslosigkeit grenzender) Optimismus bezüglich der eigenen Fähigkeit, das Ziel zu erreichen, und der Wille zur Härte bei der Durchführung des Vorhabens. Die Geschichte zeigt, daß es für viele, wenn nicht die meisten, gefährlich und keineswegs angenehm war, sich einer solchen Reiseleitung anzuvertrauen. Auch sei nicht verschwiegen, daß auf die wenigen »erfolgreichen« Entdecker und Abenteurer viele erfolglose Versuche kommen und niemand am Anfang der Reise abschätzen kann, ob denn gerade seine Reise zum Ziel führen wird. Die Leserin oder der Leser sei jedenfalls durch die Tatsache, daß wir nur »erfolgreiche« Abenteurer hier angeführt haben, gewarnt. Die Eigenschaft des Optimismus und die Überzeugung von der Existenz unseres Zieles und der Notwendigkeit der Reise bringt also auch diese Reiseleitung mit. Wir wollen Sie ganz bewußt davon überzeugen, es mit uns zu wagen!

Warum ist uns diese Reise in die terra incognita eines neuen Weltbildes so wichtig, daß wir uns mit unseren Lesern auf ein so gewagtes Vorhaben einlassen wollen?

Dies ist eine zentrale Frage dieses Buches. Die Antwort auf diese Frage muß entscheiden, ob und warum die Forderung nach einem neuen Weltbild sinnvoll ist. Um diese Antwort geben zu können, wollen wir uns zuerst einmal eine Vorstellung von unserem Ziel machen. Was ist denn das eigentlich, was wir mit »Weltbild« bezeichnen?

Die beste Erklärung dieses Begriffes ist die, ihn wortwörtlich aufzufassen. Unser Weltbild ist das »Bild« das wir uns von unserer »Welt« machen. Es ist nichts anderes als das, was wir als »Realität« akzeptieren. Nun könnte man einwenden, daß dies eigentlich eine sehr triviale Sache sei: »Ich sehe, was ich sehe, ich höre, was ich höre, und rieche, was ich rieche. Diese Sinneseindrücke sind meine Realität, sie sind die Basis der ›Wahrnehmung‹ der Welt, in der ich lebe.« Doch ganz so einfach ist unsere Auseinandersetzung mit der Welt nicht. Hier hilft uns wieder ein Begriff weiter, nämlich die »Wahrnehmung«. Natürlich sind unsere Sinnesorgane wichtige (wenn auch keineswegs die einzigen!) Schnittstellen zur »Welt«. Was wir jedoch »wahrnehmen«, hängt nicht allein von den Sinneseindrücken ab. Es hängt vielmehr davon ab, wie wir diese Sinneseindrücke verarbeiten, miteinander und mit unserer Erfahrung in Beziehung bringen. Der Sinneseindruck »Hamburger mit Ketchup« kann in dem einen den Speichelfluß anregen, in einem anderen wiederum Übelkeit bis an die Grenze des Erbrechens auslösen. Unsere Wahrnehmung ist daher als kognitiver Vorgang zu sehen, der den Sinneseindruck mit Hilfe eines komplexen Systems von Erfahrungen, Wissen und Vorurteilen aufarbeitet.

Nun gehört die Vorliebe für Hamburger mit Ketchup sicher zu einem sehr persönlichen Teil des Weltbildes, der auch innerhalb einer Gesellschaft durchaus nicht eindeutig festgelegt ist. Wir müssen aber auch erkennen, daß unsere »Realität« zu einem sehr entscheidenden Teil durch unsere Kultur und das von der »Gesellschaft« als solcher für wahr Erkannte bestimmt wird. Wenn wir zum Beispiel einen wunderschönen Sonnenaufgang bewundern, so fällt es uns überhaupt nicht schwer, dies als eine Folge der Drehung der Erde anzuerkennen und die Sonne als Fixpunkt zu sehen. Dies ist um so erstaunlicher, als diese Erklärung eigentlich gegen jede Intuition ist; was wir sehen, ist die Sonne, die sich strahlend über dem Horizont erhebt. Für das Auge bewegt sich also die Sonne! Trotzdem würden wir heute jeden für verrückt erklären, der dem (vor noch gar nicht so langer Zeit geltenden!) geozentrischen Weltbild entsprechend, davon reden würde, daß die Sonne sich über das Firmament bewegt und die Erde still stehe. Und das, obwohl kaum einer von uns jene Experimente selbst durchgeführt hat, die tatsächlich beweisen, daß sich die Erde um die Sonne und um ihre eigene Achse dreht!

Unsere ganze Wahrnehmung, unsere ganze Erkenntnis von dem, was »real« ist, ist also zutiefst theoriebeladen. Da aber all unsere Handlungen, all unsere Reaktionen, unsere Wünsche und selbst unsere Gedanken von unserer Wahrnehmung beeinflußt werden, so sind sie direkt vom Weltbild abhängig. Daraus folgt die erste These, die diesem Buch zugrunde liegt:

These 1:

Das Weltbild als die Summe aller Theorien, Wissensinhalte und Vorurteile, die unsere Wahrnehmung beeinflussen, ist

auch die Grundlage unserer Handlungen, Wünsche und Ge-
danken. Eine grundlegende Änderung unserer Handlungen
bedarf auch einer grundlegenden Änderung des Weltbildes.
Damit ist die zentrale Bedeutung des Weltbildes für unsere
Handlungsfähigkeit, ja unsere Lebensfähigkeit festgeschrieben.
Wir brauchen dieses »Hilfsmittel«, um uns in der Welt zurechtzufinden. Wir brauchen es, um die Natur und unsere Mitmenschen wahrzunehmen, sie in einen »sinnvollen« Zusammenhang
zu bringen, uns selbst und unsere Handlungen einzuordnen in
der durch das Weltbild geschaffenen Realität.

Die Tragweite der Bedeutung des Weltbildes geht jedoch weit
über die Frage, ob Hamburger mit Ketchup gut ist oder nicht, ja
auch weit über die Frage nach unserer Wahrnehmung der Drehung der Erde hinaus. Wir treffen unsere Entscheidungen nicht
nur allein aufgrund unserer Sinneswahrnehmung (bzw. der daraus folgenden »Übersetzung« durch das Weltbild in die »Realität«), sondern auch aufgrund ethischer Werthaltungen, aufgrund der Frage, was gut und was schlecht ist. Ist denn nun Ethik
etwas anderes als Weltbild, das diesem faktisch aufgestülpt ist,
das die tatsächlich, praktisch in der Realität gesetzten Handlungen korrigiert, steuert und kontrolliert? Oder läßt sich aus dem,
was »ist« (also unserer Realität, die auf dem Weltbild fußt),
etwas ableiten über das, was »sein soll« (nämlich unsere ethischen Wertbegriffe und Kategorien)?

Blickt man auf andere Kulturen, etwa die indianischen Kulturen Nord- und Südamerikas, so sieht man, daß dort diese Frage
eine »Scheinfrage« ist. In diesen Kulturen gibt es keine Trennung
zwischen Weltbild und Ethik, zwischen »Realität« und »Mystik«, zwischen dem, was »ist«, und dem, was »sein soll«. Aber
auch in unserer eigenen Kulturgeschichte gab es durchaus Perio-
den, etwa in der mittelalterlichen Scholastik, wo eine derartige
Trennung keineswegs scharf, wenn überhaupt vorhanden war.
Es scheint daher, daß die Fragestellung selbst ein Konstrukt
unseres Weltbildes ist!

Wir kommen hier auf eine zentrale Frage dieses Buches, die im
Laufe der Ausführung noch sehr eingehend diskutiert wird. Es
ist der alte Streit zwischen »Realisten« und »Idealisten«, der sich
wie ein roter Faden durch die europäische Kulturgeschichte

zieht. Es ist die alte Frage nach der Trennung von Geist und Körper. Wenn aber, wie in der Begründung zur These 1 dargelegt, die Wahrnehmung selbst (durch unser Weltbild) eine geistige Leistung ist, so kann auch eine Trennung von Geist und Körper (und damit der Realität) nicht logisch gehalten werden. In diesem Buch werden wir eine Reihe von guten Gründen für diese Aussage darlegen. Das Buch stellt sich damit auf die Seite der Idealisten und läßt daher auch keine Trennung von Ethik und Weltbild zu. Daraus folgt logisch die zweite These dieses Buches:

2. These:

Das Weltbild ist nicht nur Basis unserer Wahrnehmung, es ist auch Basis unserer ethischen Werthaltungen und damit Grundlage unserer Entscheidungen.

Wenn unser Weltbild als Grundlage unserer Wahrnehmungen und Entscheidungen eine geistig-kulturelle Leistung ist, so muß es sich zwingend auch mit der geistig-kulturellen Entwicklung der Menschheit verändern. Die Realität ist daher nichts Fixiertes, nichts Ewiges, sondern sie unterliegt einem Wandel. Was einstmals »verrückt« war (etwa die Ansicht, die Erde drehe sich um die Sonne), ist heute real und umgekehrt. Weltbildwandel, und damit der Wandel unserer Wahrnehmung und unseres Bildes der Realität sind natürliche Begleiter unserer Kulturgeschichte und der geistigen Evolution des Menschen.

Zeiten des Weltbildwandels sind unruhige Zeiten. »Verrückte« neue Dinge und Theorien (die Vorboten des neuen Weltbildes) erscheinen, und anstatt als Modeerscheinung wieder zu verschwinden, setzen sie sich fest und beginnen ein Eigenleben. Neue Fragen und Probleme tauchen auf, die so gar nicht in die alten Schemen passen und auf die man keine Antworten finden kann. Alte Ordnungen beginnen zu wanken als Folge der neuen ethischen Anforderungen, raffen sich aber zu einem Kampf um ihre Existenz auf, der notwendig ein Kampf gegen das »Neue« ist. Der Riß zwischen jenen, die das Neue ahnen und bereits eine andere Sicht der Realität entwickeln, und jenen, die fest im alten Weltbild verwurzelt sind (und daher zwingend diese neue Realität für verrückt halten), geht quer durch die Gesellschaft. Diese Kluft vertieft sich mit der Zeit, und sie ist auch nicht überbrückbar. Jeder Brückenschlag erfordert festen Grund auf beiden Seiten, der ja schon deshalb fehlt, weil das jeweils andere als »nicht real«, als nicht in Übereinstimmung mit der eigenen Wirklichkeit gesehen wird. Solche Zeiten erfordern viel Toleranz, viel Selbstbeherrschung, viel Liebe, Leistungen, deren beschränkte Verfügbarkeit gerade in diesen Zeiten schmerzlich bewußt wird. Sie erfordern aber auch Verständnis für diese spezielle Situation, will man sie einigermaßen heil überstehen.

Wir meinen, daß die Beschreibung der Zeit des Weltbildwandels sehr gut mit unserer Zeit übereinstimmt. Aus diesem Grunde ergibt sich die dritte These dieses Buches:

These 3:

Wir erleben eine Zeit des Weltbildwandels. Das Verständnis für diesen Wandel, aber auch das Verstehen des neuen Weltbildes können wesentliche Hilfen in dieser Zeit sein.

In dieser dritten These ist bereits angesprochen, daß das Wissen (oder zumindest die Ahnung) vom neuen Weltbild eine Hilfe und Orientierung in dieser Zeit des Überganges sein kann. Aber woher soll man erkennen, wie dieses neue Weltbild aussieht? In einer solchen unsicheren Zeit des Wandels treten nicht nur die Ideen des neuen Weltbildes hervor. Angelockt durch die Unsicherheit, durch das Wanken der Ordnungen treten auch viele falsche Propheten auf. Der Bogen spannt sich von den Reformen des alten Weltbildes, die versuchen, das Alte im neuen Gewand anzupreisen, bis hin zu den Scharlatanen aus Gier oder aus Unkenntnis.

Unstrittig ist die Tatsache, daß es neben der sinnlichen Wahrnehmung auch noch eine andere Wahrnehmungsschiene des Menschen gibt, nämlich die der Mystik und der Weisheitslehren. Dies ist sogar in gewisser Weise eine direktere Wahrnehmung, weil sie nicht den Umweg über die Sinne und das notwendige Weltbild als Übersetzungsinstanz gehen muß. Die Ergebnisse dieser Wahrnehmung haben daher auch den Vorteil der größeren Konsistenz über die Zeit, wenn sie auch den Nachteil haben, nicht jedem Menschen in der gleichen Schärfe zugänglich zu sein, so daß sehr häufig nur (durch Weltbilder geformte) Interpretationen dieser Wahrnehmung begreifbar sind. Trotzdem können die zeitlich unveränderten mystischen Erfahrungen eine wesentliche Orientierungshilfe darstellen. Unser Buch geht daher von folgender These aus:

These 4:

Mystische Erfahrungen und Weisheitslehren sind ein wesentlicher, zeitlich invarianter Beitrag zur geistigen Entwicklung des Menschen. Kein sinnvolles neues Weltbild darf im Widerspruch zu diesen Erfahrungen stehen.

Weisheitslehren üben somit eine Art Richterfunktion und Zielpunktfunktion in diesem Buch aus. Unsere sinnlichen Weltbilder sind nach unserer Auffassung evolutionär auf dem Wege, sich mit diesen umfassenden und direkten Erfahrungen zu verschmelzen, wenngleich dieser Weg noch lange und mühsam sein wird. Das neue, hier in unserem Buch diskutierte Weltbild wird ein (kleiner) Schritt auf diesem Wege sein. Es muß daher auch noch eine andere Quelle geben, die dieses neue Weltbild speist. Eine Quelle, die stärker aus unserer eigenen Auseinandersetzung mit der Realität kommt. Diese Quelle ist die moderne Wissenschaft.

Wissenschaft verstand sich seit jeher als Auseinandersetzung mit der Wirklichkeit, wobei nicht in allen Epochen und Kulturen der Unterschied zwischen »realer«, »mystischer« und »esoterischer« Wirklichkeit gemacht wurde. Dieser Funktion entsprechend stößt die Wissenschaft sehr häufig als erste an die Grenzen der Realitätsauffassung des jeweiligen Weltbildes (das ironischerweise sehr häufig von ihr selbst begründet wurde!).

In den letzten hundert Jahren ist die Wissenschaft zunehmend an die Grenzen unseres vorherrschenden Weltbildes und seines Bildes der Realität gestoßen. Die Theorien der Physik (insbesondere die Relativitätstheorie und Quantenmechanik), die Theorie der Selbstorganisation, aber auch andere wissenschaftliche Theorien wie die Zahlenlehre, die Gehirnphysiologie, die Theorie morphogenetischer Felder und schließlich auch die neuen Theorien der Logik und der Philosophie haben unsere heutige realistisch und mechanistisch geprägte Weltsicht stark aufgeweicht. Diesen Theorien zufolge stellt sich die »Wirklichkeit« ganz anders dar, als sie sich zufolge der mechanistischen und aufklärerischen Theorien des 17. und 18. Jahrhunderts darstellt,

die die Grundlage unseres heutigen Weltbildes bilden. Die Ergebnisse dieser neuen Theorie beschreiben eine faszinierende
neue Welt, nicht mehr geprägt durch starre Ursache-Wirkungs-
gefüge und zeitliche und räumliche Trennung. Dies ist eine Welt,
die uns heute ebenso »verrückt« und »unwahrscheinlich« vorkommt, wie jene heute akzeptierte Welt einer sich um die Sonne
drehenden Erde einem Bauern im 13. Jahrhundert, der jeden
Tag die Sonne über das Firmament ziehen sah, auf seinem
unverrückbaren Boden stehend. Daraus folgt nun die fünfte
These dieses Buches:

These 5:

*Das neue Weltbild wird aufgebaut auf den Ergebnissen der
modernen Wissenschaft. Es zeigt eine faszinierende akausale,
nicht-räumliche, synchrone und trotzdem selbstorganisie-
rende Welt, die unserem heutigen Realitätsbegriff diametral
gegenüber steht.*

So, liebe Leserin, lieber Leser, dies sind die ersten rudimentären
Ausrüstungsstücke für unsere Reise. Es ist eine Karte, die zuge-
gebenermaßen sehr grob und unsicher ist. Es ist auch ein gewis-
ses Eingeständnis dessen, daß wir uns zwar bemühen werden,
den Gipfel eines neuen Weltbildes *zu erreichen*, gleichzeitig
jedoch schon jetzt sagen, daß wir als Reiseleitung schon zufrie-
den wären, diesen Gipfel *zu sehen* und Ihnen *zu zeigen*. Die
ersten Zeilen dieses Buches unterscheiden sich daher kaum von
denen eines Reiseprospektes, das mehr verspricht als es halten
kann. Trotzdem sind wir zuversichtlich, daß Sie uns weiter
folgen, und sei es nur deswegen, weil Sie Ihre Erstausrüstung
bekommen haben und nun schon einmal hier sind.

Teil I

Was wir wissen können –
Die naturwissenschaftliche Erkenntnis
der Spielregeln Gottes

In diesem Teil des Buches wollen wir auf jene Basis unseres Weltbildes eingehen, die uns die Wissenschaft bieten kann. Dabei wollen wir aber den Begriff ›Wissenschaft‹ weiter fassen, als er in den engen Grenzen unserer heutigen Begriffswelt definiert ist. Nicht sosehr die Einordnung in wohldefinierte Fachdisziplinen ist hier für uns entscheidend, sondern die Anwendung einer bestimmten Methodik. Diese »wissenschaftliche Methodik«, die uns als Leitlinie dienen wird, ist geprägt durch die kritische Auseinandersetzung mit den Dingen der »realen Welt«. Es geht hier um Erkenntnisse aus direkter Naturbeobachtung, aus gezielten Experimenten und aus all den anderen Anstrengungen, die der Mensch unternimmt, um sich ein Bild von der Welt zu machen. Die »wissenschaftliche Methodik« fordert jedoch nicht nur diese bewußte Auseinandersetzung mit der Welt, sondern auch die logische, systematische und kritische Interpretation dieser Beobachtungen. Es wird sich zeigen, daß diese Art des Herangehens nicht nur auf jene Disziplinen beschränkt ist, die wir heute als Wissenschaft akzeptieren.

Dieses Buch kann und will kein Fachbuch für die einzelnen hier dargestellten Fachgebiete der Wissenschaft sein. Es soll auch keine enzyklopädische Zusammenfassung des Wissens unserer Zeit werden. Die meisten wissenschaftlichen Erkenntnisse sind heute doch nur für einen sehr engen Kreis von Fachleuten interessant. Darüber hinaus sind wissenschaftliche Aussagen in ihrer direkten Fassung oft nur für einen kleinen Kreis von Wissenschaftlern wirklich verständlich. Was wir daher hier unternehmen wollen, ist eine (möglichst anschauliche) Darstellung jener Aussagen und Ergebnisse moderner Wissenschaft, die wir für zentral in Hinsicht auf ein neues Weltbild erachten. Die Auswahl dieser Aussagen wurde dabei einzig und allein nach dem Kriterium der Nützlichkeit als Mosaikstein eines neuen

Weltbildes getroffen, unbeeinflußt von der heutigen Werthaltung der jeweiligen Wissenschaft gegenüber diesen Aussagen oder der Notwendigkeit, ein möglichst konsistentes Bild der in Frage stehenden Disziplin zu geben. Wir werden diese Aussagen so einfach als möglich darstellen und bitten an dieser Stelle alle jene Leserinnen und Leser, die in einer der beschriebenen Wissensdisziplinen kundig sind, uns dieses verkürzte und vereinfachte Bild nachzusehen.

Bevor wir uns jedoch den Ergebnissen und Aussagen der modernen Wissenschaft zuwenden, wollen wir uns kurz der wissenschaftlichen Grundlage unseres jetzt vorherrschenden Weltbildes zuwenden. Wir wollen kurz darstellen, wie diese wissenschaftliche Basis unser Weltbild geprägt hat und wie sich die logischen Folgen dieses Weltbildes in den Problemen unserer Zeit widerspiegeln.

Die Mechanik –
Grundlage unseres heutigen Weltbildes

Die Grundlage unseres heutigen Weltbildes ist der positivistische Realismus, der auf der Revolution der Mechanik in der Wissenschaft am Beginn der Neuzeit fußt. Diese Basis ist eine außergewöhnlich solide. Sie bescherte der Menschheit eine Hochblüte der Wissenschaft und seit rund eineinhalb Jahrhunderten einen geradezu schwindelerregenden technischen Fortschritt. Gleichzeitig wächst in dieser Zeit die Menschheit, unterstützt durch die Fortschritte in der Medizin, der Landwirtschaft und anderer Wissenschaften, zahlenmäßig enorm an. Durch den Verstärkereffekt der ebenfalls in unglaublichem Maße angewachsenen technischen Möglichkeiten wird der Mensch zu jener dominierenden Spezies unseres Planeten, die sein Gesicht zunehmend prägt und die schließlich die »Fertigkeit« erlernt hat, mit Hilfe eines Knopfdruckes die Entwicklung der Erde zu einem gewalttätigen Stillstand kommen zu lassen.

Das alte Weltbild hat (so wie auch das von uns vorzustellende neue) eine Reihe von Wurzeln. Viele dieser Wurzeln sind der Entwicklung der Wissenschaft zuzuordnen, aber etwa auch in

der plötzlichen Erweiterung des Horizonts durch die Entdek-
kungsfahrten zuerst der Portugiesen und später der Spanier und
schließlich aller anderen Seefahrernationen Europas zu sehen.
Bevor wir uns diesen wissenschaftlichen Grundlagen widmen,
wollen wir versuchen, noch etwas tiefer zu graben und jene
Wurzeln freizulegen, die diese Entwicklung erst ermöglicht haben. Diese Wurzeln sind wissenschaftsphilosophischer Art.

Ende des 13. Jahrhunderts müssen die Risse in dem zu dieser
Zeit in Europa vorherrschenden Weltbild der christlichen Scholastik so groß gewesen sein, daß Franziskanerpatres versuchten,
eine geistige Verteidigungslinie gegen die aufkommende »Ver-
wissenschaftlichung« des geistigen Lebens zu errichten. Es ist die
These von der »doppelten Wahrheit«. Wilhelm von Occam
(1290-1349) nimmt, dieser These entsprechend, die christlichen
Dogmen der Dreieinigkeit, der Menschwerdung Gottes und
viele andere Lehraussagen der Kirche aus dem Bereich der
vernunftmäßigen Erfaßbarkeit aus. Sie seien nicht nur überver-
nünftig, sondern geradezu widervernünftig und mußten als
»Glaubenswahrheiten« einfach hingenommen werden.

Die Folgen dieser Verteidigungslinie gegen die aufkeimende
Wissenschaft waren einerseits weitreichend und andererseits
von den frommen Patres sicher nicht gewollt. Anstatt Glaubenswahrheiten außer Streit zu stellen, wurde mit dieser Position ein
Freiraum für eine Wahrheit geschaffen, in der die Vernunft des
Menschen die Regentschaft antritt. Die »doppelte Wahrheit«
schafft schließlich die Grundlage dafür, Wissenschaft betreiben
zu können, ohne die Religion zu beeinflussen. Der alte Gegensatz der europäischen Geistesgeschichte zwischen Geist und
Körper bricht für die nächsten Jahrhunderte erneut auf. Er führt
über die Forderung René Descartes (1596-1650), den Menschen
zum Maß aller Dinge zu machen, über die Aufklärung des 17.
und 18. Jahrhunderts und die menschzentrierte Ethik eines Immanuel Kant (1724-1804) bis in die Geisteshaltung unserer
Zeit.

Das erstaunlichste Ergebnis dieser These von der doppelten
Wahrheit war schließlich, daß sie sich vollständig gegen die
Konstruktionen der Glaubenswahrheiten stellte. Beginnend mit
den evangelischen Theologen wie Karl Barth (1886-1968) und

Rudolf Bultmann (1884), die auf den Gedanken von Sören Kierkegaard (1813-1855) aufbauen, wird der Ruf nach einer Entmythologisierung der Religion laut. Dies ist der Versuch, die doppelte Wahrheit des Bruders Wilhelm von Occam von der Seite der in den letzten Jahrhunderten so erfolgreichen wissenschaftlichen Wahrheit her aufzurollen und jene widervernünftigen Glaubenswahrheiten der vernünftigen, wissenschaftlichen und realistischen Sichtweise unseres Weltbildes anzupassen. Diese Absichten werden heute von den katholischen Theologen wie Hans Küng und Eugen Drewermann aufgenommen und weiter ausgebaut. Welch erstaunliches Schicksal hat somit eine (zuerst offensichtlich sehr erfolgreiche) Verteidigungsstrategie eines »überlebten« Weltbildes erlebt!

Kommen wir jedoch von diesem Diskurs der geistesgeschichtlichen Randbedingungen wieder zur Wissenschaftsentwicklung zurück. Neben den herkulischen Taten der ersten Entdecker, getrieben vom Genius Heinrich des Seefahrers (1394-1460), trat nun innerhalb der nächsten zwei Jahrhunderte das entscheidende Quartett der Forscherpersönlichkeiten, Nikolaus Kopernikus (1473-1543), Galileo Galilei (1564-1642), Johannes Kepler (1571-1630) und Isaac Newton (1643-1723) auf den Plan der europäischen Geistesgeschichte. Innerhalb dieser beiden Jahrhunderte bildete sich ein vollkommen neues, rational begründetes wissenschaftliches Paradigma heraus. Es bildet nach wie vor, wenngleich in den bis heute verstrichenen Jahrhunderten verfeinert, die Basis unseres heutigen Weltbildes!

Was war das Neue, das Zentrale dieser wissenschaftlichen Sichtweise? Es sind wohl zwei Dimensionen dieser Erkenntnisse, die bis heute wesentliche Relevanz für unser Weltbild haben. Einerseits haben sowohl die kopernikanische Wende als auch die (gleichzeitigen) Erfolge der Entdeckungsfahrten eine Art »planetarisches Bewußtsein« geboren. Die Erde wurde als (relativ kleines und endliches) Mitglied eines Sonnensystems verstanden. Vorbei war die Zeit der mystischen Zentriertheit der Erde, der Sicht der Erde als gottgewollter Mittelpunkt des Universums. Die Erde wurde damit entzaubert, zu einem um die Sonne fliegenden belebten Felsbrocken herunterstilisiert. Damit war natürlich auch eine »Spezialstellung« der Menschen im Universum nur mehr schwer haltbar geworden. Seine Sonderstellung wurde wesentlich relativiert, was schließlich in den Lehren Charles Darwins (1809-1882) einen sehr handgreiflichen Niederschlag fand.

Neben dieser Relativierung der Erde (und damit des Menschen!) gab es jedoch noch eine weitere Dimension der Geistesentwicklung, die mit der Erkenntnis der Stellung der Erde jedoch unmittelbar verbunden war. Es war dies die Erklärung der »Dynamik« physischer Dinge.

Aus der Antike war (über die Vermittlung insbesondere islamischer Gelehrter) ein sehr gutes Bild über die Geometrie (aufbauend auf den Gedanken von Euklid (um 300 v. Chr.) und der »Statik«, insbesondere durch die Erkenntnisse von Archimedes (gest. 212 v. Chr.) bekannt. Die Naturwissenschaft Europas in dieser Schlüsselzeit zwischen dem 15. und 17. Jahrhundert widmete sich nun vor allem der Erforschung der Dynamik.

Erstaunlich erscheint hier, daß die wesentlichen Erkenntnisse der Dynamik offensichtlich keineswegs aufgrund »terrestrischer« Experimente entwickelt wurden. Alle Mitglieder unseres Quartetts waren sehr eingehend mit Beobachtungen des Himmels befaßt! Selbst die Geschichte des vom Pisaer Turm steinewerfenden Galilei soll uns nicht über seine tatsächliche Profession hinwegtäuschen. Allesamt waren sie Himmelsbeobachter und Sterndeuter, die Mehrzahl von ihnen durchaus angesehene Astrologen! Damit können auch die Erkenntnisse über die Dynamik und über die Entdeckung der »uninteressanten« Stellung der Erde im Universum nicht voneinander entkoppelt werden!

Trotz dieser (teilweisen) Außengerichtetheit der wissenschaftlichen Beobachtungen dieser Zeit haben die daraus resultierenden Theorien eine revolutionäre Auswirkung auf unsere innere Auffassung von Realität hier auf unserer Erde bewirkt. Einerseits wurden wesentliche Denkkategorien, wie etwa die Gravitation, die Energie, die Masse und schließlich die Kraft in unsere Denkstrukturen eingeführt. Andererseits, und für unsere Überlegungen in diesem Buch hier entscheidend, wurde der physikalische Determinismus durch diese Erkenntnisse begründet.

Hier sollten wir ein wenig auf die Struktur der Physik eingehen, wie sie sich zu dieser Zeit eben herauszukristallisieren

begann. Abgeleitet aus den Beobachtungen der ehernen Bewegung der Himmelskörper entstand das System der mathemati-
sierten Gesetze der Dynamik. Kannte man die Stellung und die
Geschwindigkeit von Körpern im Raum zu einer bestimmten
Zeit, so war ihre Bewegung für immer festgelegt, ihr Schicksal
war besiegelt.

Diese »Berechenbarkeit der Natur« brachte einige ganz neue
Elemente in die Wissenschaft und schließlich in das Weltbild ein.
Beginnen wir bei der Wissenschaft. Die Möglichkeiten, die diese
Form des mathematischen Determinismus eröffneten, veränderte die Wissenschaft gleich auf zweierlei Art. Einerseits wurde
die Aufgabe der Wissenschaft verändert. Nicht mehr nur das
Verstehen der Natur war Gegenstand der Wissenschaft. Es war
das »Savoir pour Prevoir«. Die Wissenschaft war vom rein
erkenntnisorientierten, kulturellen Tun zu einem neuen Wirt-
schaftsfaktor geworden. Sie wurde mit dieser neuen Fertigkeit
der deterministischen Vorausschau auf die Zukunft zur Basis der
Technologie, die ihrerseits den sagenhaften technischen Fortschritt der letzten zwei Jahrhunderte bewirkte.

Andererseits bekam die Wissenschaft eine neue Methodik. Es
war die Descartessche Regel vom Teilen des Problems in seine
(lösbaren) Subprobleme. Die Welt wurde damit in einfache, der
mathematischen Analyse zugängliche Einzelteile zerlegt, die
dann bausteinartig wieder zu einem beschreibbaren System
zusammengefügt wurden. Alles Nicht-Beschreibbare, Numinose und Mystische, das sich der mechanistisch-reduktionisti-
schen Analyse widersetzte, wurde demzufolge auch nicht im
Kunstbau der wissenschaftlichen Welt wiederverwendet. Die
»wiederaufgebaute« wissenschaftliche Welt des mechanistischen Weltbildes enthält daher nichts Metaphysisches, daher hat
es auch keinen Anspruch auf »Realität«. Diese Kunstwelt, aufgebaut wie aus Legosteinen aus faßbaren und erklärbaren
Phänomenen, wurde immer stabiler, je mehr Steinchen über die
Jahrhunderte hinzukamen. Von Maxwells (1831-1879) Beziehungen, die die Ausbreitung elektromagnetischer Wellen beschreiben, über die Evolutionslehre Charles Darwins bis zur Biologie Jacques Monods und zur Entdeckung der chemischen
Struktur der DNA wurde alles in diese Kunstwelt eingebaut.

Jedes Stückchen für sich strikt und deterministisch erklärbar, jedes Stückchen ein Teil einer großartigen menschgemachten Kunstwelt, die in der Auffassung der Wissenschaft schließlich »realer« wurde als die Welt, von der sie durch wissenschaftliche Beobachtung abgeleitet worden war. Alles, was nicht in die Kunstwelt paßte, jede Wirkung, die nicht aus einer Ursache abgeleitet werden konnte, wurde dem dunklen Bereich des »Zufalles« zugeordnet. Es wurde zur Aufgabe der Wissenschaft, diesen Bereich des Zufalles immer weiter einzuschränken.

Betrachten wir nun den Einfluß des in der Wissenschaft aufgekommenen Determinismus auf das sich über Jahrhunderte bildende mechanistische Weltbild. Mit der Zeit wurde die Kunstwelt der Wissenschaft zur realen Welt der Menschen. Die Prozesse, die in der Welt ablaufen, wurden immer mehr in Kausalitätsketten aus Ursachen und den daraus mechanistisch und vorherbestimmbar folgenden Wirkungen. Diese strikte Vorherbestimmbarkeit der Folgen von Ursachen und Handlungen bot dem Menschen immer mehr Möglichkeiten einzugreifen, zu steuern, die Welt nach seinem Gutdünken zu verändern. Die Welt des mechanistischen Weltbildes, jene »Legowelt« der Wissenschaft, wurde immer mehr zur deterministisch bestimmbaren, lenkbaren Maschine.

Diese Sichtweise hatte weitreichende Folgerungen auf allen Ebenen menschlicher Handlungen. Wirtschaft, Politik, Sozialwesen, Technik, Gesundheitswesen, ja schließlich sogar die Religion wurden von diesem Denkmuster bestimmt und tiefgreifend verändert. Dieser Vorgang der Durchdringung der Gesellschaft mit dem neuen mechanistischen Weltbild prägte die Geschichte der Neuzeit und erreichte in unserem Jahrhundert seinen Höhepunkt und seine Blütezeit (siehe Abb. 1). Es würde zu weit führen, diese Veränderungen in allen Einzelheiten hier darzulegen. Wir wollen aber zwei Schlüsselbereiche besonders untersuchen, nämlich das Menschenbild und das Bild von der Zeit, das aus diesem mechanistischen Weltbild folgt.

Beginnen wir mit der Sicht, die der Mensch von sich selbst innerhalb des mechanistischen Weltbildes hat. Die durch die Wissenschaft erreichte Möglichkeit zur Vorhersage, die sich über die Jahrhunderte hervorragend bewährte und immer weiter

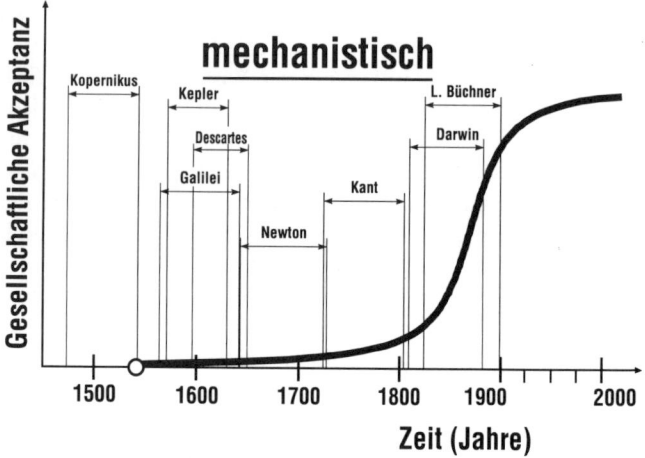

Abb. 1: Die Entwicklung des mechanischen Weltbildes

verfeinerte, gibt dem Menschen die Werkzeuge in die Hand, die Welt zu verändern. Er entwickelt sich vom »Erleider« der Welt zu deren Herren und Meister. Nichts mehr erscheint unmöglich, wenn man nur entsprechendes Wissen und entsprechende Mittel zur Verfügung hat. Der Mensch mausert sich von der Krone der Schöpfung zu deren König!

Diese neue Stellung des Menschen gegenüber der Natur bleibt natürlich nicht ohne Folge für sein Selbstverständnis der sozialen Struktur. Er wird nicht nur frei gegenüber der Natur, er wird auch frei gegenüber seinen Mitmenschen. Die Ideale der französischen Revolution, Freiheit, Gleichheit und Brüderlichkeit, sind die Folge der mechanistisch-deterministischen Sicht der Naturwissenschaft. Der Mensch als Beherrscher der Natur macht damit seine Herrscherrechte geltend. Er ist frei, da er über die Natur zu bestimmen gelernt hat und damit von »Natur aus« mit Herrscherrechten, den Menschenrechten, ausgestattet ist. Seine Person ist unverletzlich, seine geistige Entwicklungsmöglichkeit ist uneingeschränkt, seine Entscheidung ist frei.

Der Mensch ist den anderen Menschen gleich, denn er ist nicht mehr Teil einer »gottgewollten« Ordnung, die in der Legowelt der Wissenschaft nicht vorkommt. Die Fähigkeit, sein Leben zu gestalten, entspringt seinem Wissen und seiner Tatkraft, nicht seiner Stellung in einer »von außen« vorgegebenen Ordnung. Die Gleichheit der französischen Revolution ist die Gleichheit von Königen, die frei über ihre (und der Menschheit) Zukunft entscheiden können.

Schließlich muß der Mensch brüderlich sein, denn nur die gleichberechtigte Brüderlichkeit kann an die Stelle der »Ordnung von außen« treten. Es ist die Brüderlichkeit von Herrschern, ohne die die Herrschaft über die Natur nicht möglich wäre. So erstaunlich es klingt, die Erkenntnis, daß die Erde nicht mehr Mittelpunkt des von Gott geschaffenen Universums ist, sondern nur ein unbedeutender Planet einer unbedeutenden Sonne, hatte zur Folge, daß der Mensch selbst ins Zentrum des Universums trat. Die kopernikanische Wende war weniger der Übergang vom geozentrischen zum heliozentrischen Universum als der Beginn der Entwicklung vom geozentrischen zum anthropozentrischen Weltbild!

Diese zentrale Stellung des Menschen im mechanistischen Weltbild hatte jedoch ihren Preis. Ebenso wie der Herrscher über seine Untertanen gestellt war, stellte sich der Mensch über die Natur. Er löste sich aus seiner Mitwelt und stellte sich allein (und einsam) abseits, sei es als Lenker der Umwelt oder als ihr (wissenschaftlicher) Beobachter. Herausgerissen aus der Ordnung der Mitwelt wurde er zum »Maß aller Dinge«, wie es Descartes ausdrückte. Er wurde damit auch zum Maß seines eigenen Lebenssinnes und der seine Handlungen steuernden Ethik.

Schließlich wurde auch noch das Konzept des Determinismus auf den eigenen Körper übertragen. Die naturwissenschaftliche Medizin machte aus dem Menschen schließlich eine hochkomplexe physiologische Maschine, überdies noch eine denkende Maschine. Geist und Seele wurden gänzlich in den Bereich des Numinosen, ihre Wirkungen in den Bereich des Zufalles gedrückt, die Intelligenz und Denkfähigkeit als physiologische Funktion erklärt, so daß Virchow, der berühmte deutsche Arzt und Forscher, ausrufen konnte: »Ich habe schon viele Menschen seziert, eine Seele habe ich nirgends gefunden.«

Die zweite, für unsere weiteren Ausführungen wichtige Frage ist die nach der Sicht von der Zeit im mechanistischen Weltbild. Zeit bildet die wesentliche Verbindung von Ursache und Wirkung, der Ursache folgt die Wirkung in zeitlicher Ordnung. Allerdings ergibt sich hier die Schwierigkeit, daß die Gesetze der Dynamik symmetrisch in der Zeit sind. Betrachtet man ein System bewegter Körper, das sich von einem Zustand A in einen Zustand B entwickelt (siehe Abb. 2), und kehrt man im Zustand B (willkürlich) die Vektoren der Kräfte und Impulse um, so würde sich das System wieder in den Zustand A entwickeln. Nach den Gesetzen der Dynamik sind beide Zustände gleich wahrscheinlich, nichts unterscheidet daher den Ausgangszustand vom Endzustand des Systems, die Dynamik von sich aus fixiert daher nicht den Zeitpfeil. Dies steht jedoch im eindeutigen Widerspruch zur Beobachtung, in der eine gleichförmige »Entwicklung« von den Ursachen zu ihren Wirkungen erscheint.

Die entscheidende wissenschaftliche Erklärung dafür, daß Zeit nur in *eine* Richtung abläuft, gelang über das Konzept der Energie und der Entropie. Mitte des letzten Jahrhunderts erkannte Carnot, daß sich Energie immer in Richtung niedrigerer Qualität entwickelt. So wird mechanische Energie (etwa die eines fahrenden Autos) über die Reibung schließlich in Wärmeenergie (etwa beim Vorgang des »Ausrollen lassens« oder schneller durch Bremsen) umgewandelt. Wärme fließt immer vom wärmeren Gegenstand zum kälteren. Obwohl in all diesen Vorgängen die Gesamtmenge der Energie (gemäß dem 1. Hauptsatz der Thermodynamik) konstant bleibt, ändert sich die Qualität der Energie entlang des Zeitpfeiles immer mehr hin zu »unbrauchbareren« Energieformen. Der Zeitpfeil deutet damit eindeutig in Richtung Abbau, Zerstörung und Unordnung. Als Maß dafür wurde die Entropie eingeführt, die entlang des Zeitpfeiles immer zunimmt. Der Physiker Rudolf Clausius formulierte schließlich, daß die Welt dem »Wärmetod« entgegenstrebt, das heißt, daß die Welt sich entlang der Zeit unweigerlich dem Zustand größter Unordnung nähert (wir werden auf diesen Begriff der Entropie noch genauer eingehen).

Wie aber können sich in einer solchen, dem Untergang geweihten Welt komplexe Strukturen und Spezies, wie etwa der

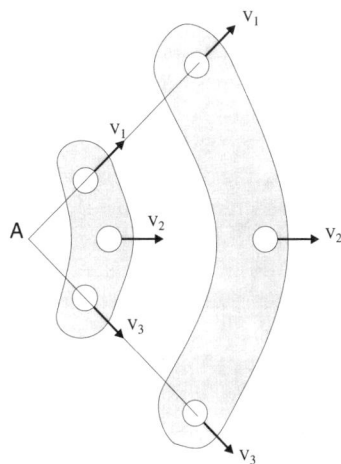

Abb. 2: Dynamisches System von
Körpern

Mensch, entwickeln und erhalten? Hier springt die Evolutionslehre von Charles Darwin ein. Er erklärt die Entwicklung von
komplexen Lebewesen aus einem Zusammenspiel von »zufälliger« (= unerklärlicher) Veränderung und der Selektion des
»besten« im Kampf gegen den unaufhörlichen Abbau und Dege-
neration, wie sie auch der Auffassung der Zeit aus der Sicht der
Thermodynamik entspricht. Nur dauernder Kampf gegen die
Kräfte der Zerstörung garantiert das eigene Überleben und die
Weiterentwicklung des Ganzen. Es ist die Pflicht des Starken in
einer ultimativ dem Untergang geweihten Welt auf Kosten des
Schwachen zu wachsen, um »seine« Ordnung aufrechtzuerhal-
ten und weiterzuentwickeln. Der Mensch als oberste und kom-
plexeste Lebensform hat damit geradezu den besonderen Auftrag zum Wachstum und zur Ausnutzung seiner Umwelt, um die
Evolution voranzutreiben. Diese Auffassung schlägt sehr schnell
in der westlichen Gesellschaft durch und kann heute unschwer in
unseren politischen, gesellschaftlichen und technischen Strukturen und Handlungen und sogar in unseren religiösen Auffassungen wiedererkannt werden.

Das Erstaunliche und Paradoxe am anthropozentrischen, mechanistischen Weltbild ist, daß es trotz der Menschzentriertheit eigentlich kein »menschliches« Weltbild darstellt. Die zentrale Stellung der Menschen wird kontrastiert mit einer sehr pessimistischen Auffassung von der endgültigen Zukunft. Der durch die Wissenschaft errungenen fast unbegrenzten Allmacht des Menschen, seine Zukunft zu lenken und über sie zu entscheiden, steht die Gewißheit des ultimativen und existentiellen Scheiterns des Menschen gegenüber. Losgelöst von seiner Mitwelt, definiert als denkende, physiologische, zeitlich endliche Maschine und aller Sinngebung von außerhalb seiner Person beraubt, hat er den Auftrag, sich seinen eigenen Sinn zu geben und im Kampf gegen die zerstörenden Kräfte der Zeit seine letztlich sinnlose Ordnung über der Welt zu errichten. Das ist die Weltsicht von Huxleys »Brave New World« und jene, über die der Biologe Jacques Monod sagen konnte: »Der alte Bund (zwischen Gott und Mensch; Anm. d. Aut.) ist zerbrochen. Der Mensch weiß endlich, daß er in der teilnahmslosen Unermeßlichkeit des Universums allein ist, aus der er zufällig hervortrat. Nicht nur sein Los, auch seine Pflicht steht nirgendwo geschrieben. Es ist an ihm, zwischen dem Reich und der Finsternis zu wählen.«

Die Quantenmechanik –
Der Beitrag der Physik zum
Aufbruch in das neue Weltbild

Seit dem Ende des 19. Jahrhunderts ist gerade die wissenschaftliche Disziplin im Umbruch, die das mechanistische Weltbild getragen hat. Wir sind seit dieser Zeit Zeugen, wie sich in der Physik ein neues Paradigma entwickelt, nämlich das Paradigma der Quantenmechanik. Wir wollen hier mit Paradigma ein »Weltbild einer wissenschaftlichen Disziplin« bezeichnen. Das ist die Summe jener Theorien und Axiome, die die Grundlage der wissenschaftlichen Arbeit innerhalb der Disziplin bilden, die bestimmen, was als »wahr« angesehen werden wird. Genauso wie das »Weltbild« der Menschen als Paradigma auf allgemeiner Ebene, so bestimmt auch ein Paradigma auf der Ebene der Wissenschaft die »Wahrnehmung«. Es bestimmt nicht nur das Theoriengerüst, das eine Wissenschaft als festgefügtes Gedankengebäude erscheinen läßt, es bestimmt auch die Fragen, die in einer wissenschaftlichen Disziplin gestellt werden dürfen. Jede Forschung außerhalb des schützenden Daches eines solchen Paradigmas wird von den Bewohnern des Paradigmengebäudes zumindest argwöhnisch betrachtet, meist aber rundweg abgelehnt.

Seit etwa hundert Jahren sind wir also Zeugen der Entstehung eines neuen Paradigmas in der Physik. Als eine der Leitwissenschaften des alten, mechanistischen Weltbildes hat ein neues Paradigma der Physik natürlich auch große Auswirkungen auf die Entstehung eines neuen Weltbildes. Die neue Sicht der Realität, wie sie durch die Quantenmechanik entstanden ist, wird ein wesentliches Fundament dieses neuen Weltbildes sein. Es lohnt sich daher, diesem neuen Paradigma einen aufmerksamen Blick zuzuwerfen, wenngleich bis jetzt die Physik noch nicht zu einem wirklich umfassenden Bild von dem, was ist, gefunden hat. Wir sehen in der Physik heute nicht nur die Entstehung eines neuen Paradigmas, wir sind auch Zeuge des Versuches der Physik, wieder eine generelle, alle Ebenen des Seins vom Mikroniveau der Elementarteilchen bis zum Makroniveau des Universums umfassende Theorie zu finden, die an die Stelle der Dynamik von Kopernikus, Kepler und Newton gestellt werden kann. Noch ist diese Theorie nicht gefunden, doch was wir bereits aus der Quantenmechanik erkennen können, deutet auf eine revolutionäre Sicht der Realität im neuen Paradigma der Physik und damit auch im neuen Weltbild hin.

Der experimentelle Zwang zur »Quantenlogik«

Das mechanistische Weltbild, gegründet auf dem Paradigma der Physik, wie es von Kopernikus, Kepler und Newton in den Grundzügen fixiert und später durch die Jahrhunderte verfeinert wurde, führte zwangsläufig auf die Position des erkenntnistheoretischen Realismus, der in vier Thesen zusammengefaßt werden kann:

1. Objekte existieren unabhängig von der Tatsache, ob sie beobachtet werden oder nicht (physikalischer Realismus). Ein Auto ist also vorhanden, egal ob wir es ansehen oder nicht.

2. Physikalische Eigenschaften, die diesen Objekten zugeordnet werden, existieren gleichfalls unabhängig von ihrer Beobachtung. Ein blaues Auto ist blau, ob wir es betrachten oder nicht.

3. Verschiedene Eigenschaften sind erkenntnistheoretisch voneinander unabhängig. Die Wahrnehmung oder Änderung der einen beeinflußt nicht eine andere. Ein blaues Auto bleibt daher blau, wenn wir auch etwa feststellen, daß ein anderes Auto rot ist.

4. Die zeitliche Veränderung aller Eigenschaften folgt definitiven »Naturgesetzen« (Determinismus). Für ein blaues Auto, das mit einer bestimmten Geschwindigkeit fährt, kann man genau angeben, wo es in 2 Sekunden ist, auch dann, wenn wir dieses rote Auto gelb lackieren.

Diese vier Grundthesen fassen eigentlich am präzisesten zusammen, was wir von der Welt erwarten, wenn wir uns experimentell mit ihr auseinandersetzen. Gerade wissenschaftliche Experimente waren es aber, die diese einfachen, klaren und bequemen Regeln auf den Kopf gestellt haben. Diese Experimente, die hier gemeint sind, stellen die Grundlage der Quantenmechanik dar.

Damit ist eine sehr interessante Situation gegeben. Gerade jene Theorie, die, wie wir zeigen werden, dem Realitätssinn des alten Weltbildes den entscheidenden Stoß verpaßt, kommt ausgerechnet aus der intensiven experimentellen Auseinandersetzung mit der Realität. Die Quantenmechanik, so wie sie sich heute darstellt, ist jene physikalische Theorie, die am stärksten experimentell abgesichert ist!

Welche experimentelle Realität stellt uns nun die Quantenmechanik vor? Wie stellen sich die Ergebnisse der quantenmechanischen Experimente zu den grundlegenden Thesen des erkenntnistheoretischen Realismus?

Beginnen wir zuerst mit einem Problem, das man am besten mit »Lokalität« umschreibt. Dies ist auch das Problem, das in der 3. These des erkenntnistheoretischen Realismus festgehalten wurde. Es ist die Grundfrage nach der gegenseitigen Beeinflussung physikalischer Objekte. Der erkenntnistheoretische Realismus geht davon aus, daß Objekte, die weit genug voneinander räumlich getrennt sind, so daß eine »mechanistische« Beeinflussung nicht möglich ist, sich auch vollständig autark benehmen. Man kann daher solche Systeme vollständig voneinander getrennt untersuchen. Diese Auffassung liegt ganz wesentlich unserer gesamten Wissenschaft zugrunde, die in ihrem Reduktionismus davon ausgehen muß, daß die »Teile des Ganzen«, die sie untersucht, möglichst unabhängig voneinander sind. Nur dann hat der analytische, reduktionistische, wissenschaftliche Zugang seine Berechtigung. Albert Einstein, der (trotz seiner wesentlichen Beiträge zur modernen Physik) erkenntnistheoretischer Realist war, hat zusammen mit seinen Mitarbeitern Boris Podolsky und Nathan Rosen für diese Frage eine wesentliche gedankliche Grundlage geschaffen, die als Einstein-Podolsky-Rosen (EPR)-Paradoxon in die Wissenschaftsgeschichte einging. Hier soll kurz versucht werden (mit all den Einschränkungen, die für einfache Darstellungen komplizierter Sachverhalte gelten), dieses Paradoxon darzustellen und seine experimentelle Lösung zu diskutieren.

Im Kern dieses Paradoxon steht die Frage, wie sich Teile eines Ganzen verhalten, wenn sie räumlich getrennt voneinander wirken. Die konventionelle, »sinnfällige« Antwort auf diese

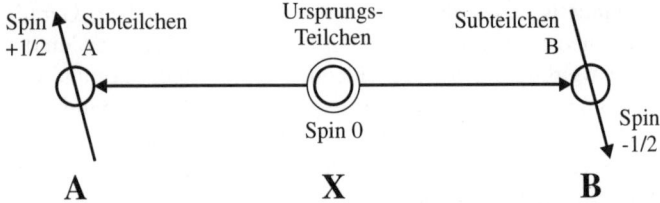

Abb. 3: Spin von Teilchen, die aus dem Zerfall eines anderen Teilchens
hervorgehen

Frage ist, daß solche Teilsysteme ihre gemeinsame »Vergangenheit« quasi vergessen. Wenn sie genügend weit voneinander
räumlich getrennt sind, so daß keine Wechselwirkungen mehr
möglich sind, würden sie sich in individuelle Systeme verwan-
deln, deren Reaktionen vollkommen unabhängig voneinander
sind.

Nehmen wir nun an, diese Subsysteme seien subatomare
Teilchen, die durch den Zerfall eines anderen Teilchens entstanden sind. Wir wollen weiter annehmen, dieses Ausgangsteilchen
habe einen »Spin« von o[1]. Zerfällt dieses Teilchen in zwei
Teilchen mit jeweils der Spinzahl 1/2, so muß das eine Teilchen
einen Spin von +1/2 h, das andere −1/2 h bezüglich paralleler
Achsen aufweisen (Abb. 3). h ist dabei eine Naturkonstante, das
Plancksche Wirkquant. Die Forderung nach dem gleichen Betrag, aber entgegengesetzter Wirkrichtung des Spins ergibt sich
aus der Forderung, daß der Gesamtspin beim Zerfall erhalten
wird, in unserem Fall ergibt die Summe aus +1/2 h und −1/2 h
wieder den Spin des Ausgangsteilchens o. Die Achsenrichtung
des Spins der beiden Teilchen ist vorerst noch unbekannt und
zufällig.

Diese Richtung ist auch nicht mit Sicherhcit feststellbar. Nehmen wir ein Meßgerät an, das eine ganz bestimmte Spinrichtung
im Raum überwacht. Für jedes Teilchen, das durch dieses Meß-

---

1 Als »Spin« bezeichnet man ein Maß für die Rotation eines Teilchens. Der
  Betrag des Spins einer Teilchengruppe ist dabei eine charakteristische
  Größe. So haben Elektronen immer den Spin 1/2. Sie sind damit Vertreter
  der Klasse der Fermionen (mit Spinzahlen 1/2, 3/2, 5/2 ...). Teilchen mit
  Spinzahlen o, 1, 2 ... werden Bosonen genannt.

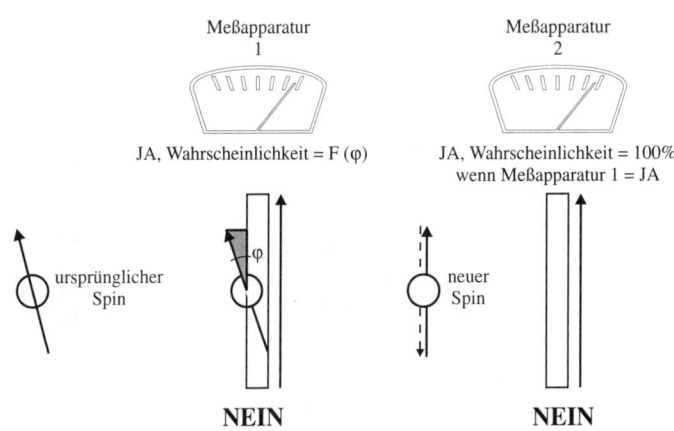

Abb. 4: Messung des Spins eines Teilchens

gerät erfaßt wird, besteht eine gewisse Wahrscheinlichkeit, daß dieses Meßgerät positiv ausschlägt. Diese Wahrscheinlichkeit ist abhängig vom Winkel Φ zwischen der (nicht bestimmbaren) ursprünglichen Richtung des Spins des Teilchens und der vom Meßgerät überwachten Richtung (siehe Abb. 4). Je größer dieser Winkel ist, desto unwahrscheinlicher ist ein JA. Schalten wir diesem einen Meßgerät ein nächstes nach, das exakt die gleiche Richtung überwacht, so werden wir sehen, daß dieses zweite mit dem ersten hundertprozentig übereinstimmt. Der Spin des Teilchens wurde durch die erste Messung in die Richtung (oder Gegenrichtung) der Meßapparatur gezwungen!

Was passiert nun, wenn wir in den Weg von zwei Teilchen, die, wie oben dargestellt, aus dem Zerfall eines Teilchens mit dem Spin o hervorgehen, zwei Meßapparaturen stellen (siehe Abb. 5)? Die klassische Antwort wäre, daß die beiden Meßgeräte je nach dem Winkel »wahrscheinliche« Antworten messen, die nicht voneinander abhängig sind. In Abb. 5 heißt dies, daß Meßapparatur 1 »wahrscheinlich« mit Ja antwortet, Apparatur 2 »wahrscheinlich« mit Nein.

Dies ist jedoch im Gegensatz zum tatsächlichen Meßergebnis. Apparatur 2 zeigt nämlich immer Nein, wenn Apparatur 1 JA zeigt! Würde etwa im Beispiel von Abb. 5 Apparatur 1 mit Nein

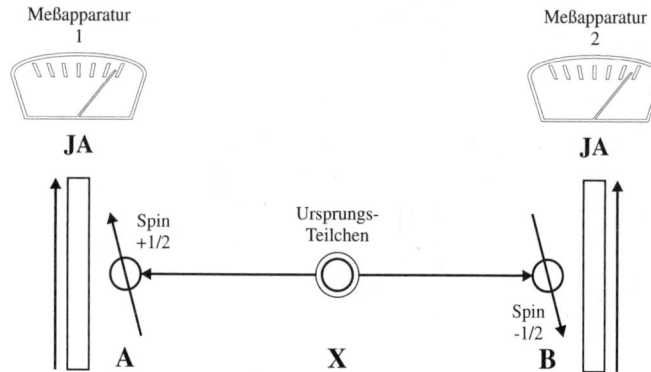

Abb. 5: Messung des Spins zweier zerfallender Teilchen

antworten (was mit einer geringen Wahrscheinlichkeit möglich ist), so zwingt sie damit Apparatur 2, mit JA zu antworten, was gegen die Wahrscheinlichkeit des »konventionell« zu erwartenden Ergebnisses ist!

Eine Erklärung für dieses »sinnwidrige« Verhalten auf Quantenebene wäre, daß jedes System ein »Ganzes« bleibt, egal wie weit es auch räumlich ausgedehnt wird. Zwingt daher die Meßapparatur 1 das Teilchen A in eine bestimmte Spinrichtung (durch die Messung selbst), so bleibt Teilchen B gar nichts anderes übrig, als in die entgegengesetzte Spinrichtung zur Meßapparatur 1 zu springen! A und B sind nach wie vor ein »Ganzes«, was dem einen geschieht, beeinflußt das andere, ganz egal, ob die beiden Zentimeter oder Lichtjahre voneinander entfernt sind.

Die Ergebnisse der Experimente auf der Basis des EPR-Paradoxons sind dabei außer Zweifel. Die überzeugendsten und umfassendsten Experimente wurden dabei von Alain Aspect 1986 durchgeführt. Damit wird aber die Tragweite des EPR-Paradoxon und seiner experimentellen Beantwortung klar. Es gibt nur drei Auswege, die aus dem Dilemma der experimentellen Resultate führen:

– Die Annahme, daß die Quantentheorie falsch sei. Da die Quantenmechanik und insbesondere auch die Überlegungen auf der Basis des EPR-Paradoxon auf der Grundlage unumstrittener Experimente stehen, würde dies bedeuten, daß (konkurrierende) wissenschaftliche Theorien dem experimentellen Befund widersprechen dürfen. Dies ist der Aufgabe der Wissenschaftlichkeit gleichzusetzen.

– Die Annahme, daß die Quantentheorie nicht vollständig sei. Das Ergebnis quantenmechanischer Experimente, oder besser dessen Interpretation, sei durch das Vorhandensein »verborgener Parameter« verzerrt. Diese Annahme wäre sicherlich der einfachste Ausweg, ein Ausweg, den auch Albert Einstein vertrat. Damit wären einerseits die erstaunlichen Ergebnisse der Quantenmechanik (und auch deren erstaunliche innere Konsistenz) möglich, ohne daß andererseits die Annahmen der klassischen mechanistischen (oder auch relativistischen) Physik aufgegeben werden müßten. Das einzige, was die Naturwissenschaft zugeben müßte, wäre, daß es einige Zusammenhänge (eben die »verborgenen Parameter«) gäbe, die sie noch nicht kennt und die die Verbindung zwischen klassischer Physik und Quantenmechanik herstellen. Sicherlich ein Weg, der jeden Naturwissenschaftler beruhigen würde, schafft er doch einerseits ein weites Betätigungsfeld (nämlich die Suche nach den »verborgenen Parametern«) und sichert andererseits das bequeme Ruhekissen altvertrauter, liebgewordener und »realistischer« Grundannahmen.

Allein dieser Weg ist durch eine ebenso feste Mauer verbaut, wie sie das grundsätzliche Infragestellen gesicherter Experimente der Quantenmechanik bildet. Diese Mauer ist der Satz des Physikers John S. Bell, der auf logischer Basis ein Kriterium erstellt hat, das zwischen experimentellen Ergebnissen unterscheiden kann, die aufgrund »realistischer« (d. h. lokal gültiger) verborgener Variablen entstehen, und solcher, die durch keine derartigen Variablen bestimmt werden. Die bisherigen Ergebnisse sprechen dabei eindeutig gegen das Vorhandensein von »verborgenen Variablen«.[2] Dieser Ausweg

2 Auf die Darstellung des Bellschen Satzes und seiner Anwendung auf die Experimente von Alain Aspect sei hier verzichtet. Sie kann unschwer in jedem populär-wissenschaftlichen Werk über Quantenmechanik nachgelesen werden. Der interessierte Leser sei hier an die Literatur aus der Liste im Anhang verwiesen.

kann also nur beschritten werden, wenn entweder wieder die experimentellen Ergebnisse (etwa von Alain Aspect) abgelehnt werden, oder schlimmer, die Logik in diesem Fall außer Kraft gesetzt wird. Dies sind jedenfalls Alternativen, die jede weitere (und bisherige) Wissenschaftlichkeit in Frage stellen!

– Als letzter, wenn auch radikaler Ausweg bleibt, die These der Lokalität aufzugeben. Dieser Ausweg läßt als einziger die Akzeptanz der experimentellen Ergebnisse der Quantenmechanik und das Beibehalten der Logik als Grundlage rationaler wissenschaftlicher Arbeit zu. Es ist also der einzige »wissenschaftlich-logische« Ausweg aus dem EPR-Paradoxon.

Wir haben hier ein wirkliches Paradoxon vorliegen. Die Naturwissenschaft, ja eigentlich unser gesamtes Weltbild, basiert auf Logik und dem erkenntnistheoretischen Realismus, dessen Grundsätze wir einige Seiten vorher niedergelegt haben. Diese Wissenschaft hat in ihrer Entwicklung schließlich auch die Experimente und Interpretationen der Quantenmechanik hervorgebracht. Die Quantenmechanik ihrerseits, als eine moderne und exakte Lehre, stellt ein in sich konsistentes logisches Gebäude dar. Die experimentelle Absicherung dieses Gebäudes ist solide, mindestens ebenso solide wie die jeder anderen vergleichbaren Naturwissenschaft. Die experimentellen Ergebnisse dieser Wissenschaft zwingen uns jedoch, die erkenntnistheoretische Grundlage aufzugeben. Denn die hier dargestellten Experimente lassen keinen Zweifel daran, daß die Annahme der Lokalität, das heißt, daß nur »realistische, lokale« Wechselwirkungen zugelassen sind, falsch ist. Wir stehen dabei vor einer in der Erkenntnisgeschichte wohl einmaligen Situation: Experimentelle Ergebnisse widerlegen (und zwar in konsistenter Weise!) die erkenntnistheoretische Grundlage der Naturwissenschaft, auf der sie schlußendlich selbst aufbauen! Der erkenntnistheoretische Realismus ist durch experimentelle Ergebnisse, und das heißt durch die Natur selbst, widerlegt!

Ein solches Paradoxon ist ein markantes Zeichen. Einerseits ist es ein Endzeichen für die gewohnte, bequeme Auffassung der Realität. Andererseits ist es ein Richtungspfeil in eine neue Auffassung der Realität, die im folgenden beleuchtet werden soll.

Die Realität der Quantenmechanik

Die Ergebnisse der Quantenexperimente zwingen uns nicht nur, das Postulat der Lokalität physischer Systeme aufzugeben. Sie widersprechen auch anderen Postulaten des erkenntnistheoretischen Realismus. Wir wollen uns vorerst diesen weiteren Widersprüchen widmen, um dann in groben Strichen jene neue Art der Realität zu skizzieren, auf die uns die Quantenmechanik hinweist.

Wir wollen als nächstes Postulat das von der Unabhängigkeit der Existenz physischer Systeme von ihrer Beobachtung im Lichte der Erkenntnisse aus der Quantenmechanik unter die Lupe nehmen.

Auch hier wollen wir uns vorerst an einem klassischen Experiment orientieren, dem Doppelspaltversuch, der auch nochmals die Nicht-Lokalität darstellt. Stellen wir zwischen eine Lichtquelle und einen Schirm eine Blende mit einem Doppelspalt, so erscheint auf dem Schirm ein Bild, bei dem sich helle und dunkle Streifen abwechseln. Dieses Bild ist aus der Wellentheorie her gut bekannt, es ist ein Interferenzbild, das daraus entsteht, daß sich Wellen gegenseitig verstärken und auslöschen können (siehe Abb. 6). Daran ist also an sich nichts Besonderes, wenn man, wie in der Wellentheorie üblich, die beiden Spalten als neue Wellenzentren annimmt und die von ihnen ausgehenden Wellen zur Interferenz bringt.

Erstaunlich wird das Experiment, wenn man die Lichtleistung soweit drosselt, daß nur noch ein Photon zur selben Zeit emittiert wird. Nach allen Regeln unserer bisherigen Realitätsauffassung müßte sich jetzt das Bild radikal ändern. Da das Bild aus der Interferenz entsteht, also aus der Wechselwirkung verschiedener Wellen, müßte man realistischerweise annehmen, daß auf dem Schirm nur zwei Lichtstreifen zu sehen sind (Abb. 7). Nach realistischer Auffassung könnte ein Photon ja nicht mit sich selbst interferieren. Es könnte entweder durch den Spalt 1 oder den Spalt 2 zu den entsprechenden Punkten des Schirmes gelangen, nicht jedoch die zwischen diesen Punkten liegenden Bereiche des Schirmes erreichen. Das tatsächliche Ergebnis des Experimentes widerspricht dieser konventionellen Auffassung. Wie weit man die Leistung der Lichtquelle auch drosselt, es ändert

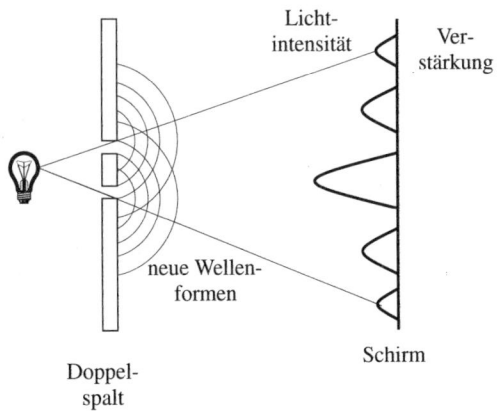

Abb. 6: Doppelspaltversuch (Lichtintensität auf dem Schirm)

nichts daran, daß der Schirm die Abfolge von hellen und dunklen Streifen zeigt, wie sie bereits in Abb. 6 dargestellt ist!

Dieses Ergebnis ist in der Tat erstaunlich. Es bedeutet, daß jedes Photon quasi »mit sich selbst« in Interferenz tritt. Es »weiß« also, daß es zwei Spalten gibt, wenn diese auch räumlich weit (zumindest auf die charakteristische Größe eines Photons bezogen!) voneinander getrennt liegen. Es verhält sich so, als würde es sich durch *beide* Spalten bewegen und später mit sich selbst in Interferenz treten!

Diesem experimentell gut bewiesenen und »unrealistischen« Verhalten liegt eine sehr interessante Naturgesetzlichkeit zugrunde. Während wir in der normalen Realität unserer Sinne gewohnt sind, Wahrscheinlichkeit als ausschließlich zu betrachten, so zeigt sich in der Quantenmechanik, daß Wahrscheinlichkeiten »nebeneinander« existieren können. Wenn wir hinter einer Straßenecke stehen, so können wir ein kleines Spiel daraus machen zu raten, welche Farbe das nächste Auto hat, das um die Ecke biegt. Wenn wir etwa die Verteilung der Farben aller auf unseren Straßen fahrenden Autos wüßten, so könnten wir mit einer gewissen Wahrscheinlichkeit annehmen, daß das nächste Auto blau oder rot ist. Nach gespanntem Warten wird dann

Realistische Annahme:

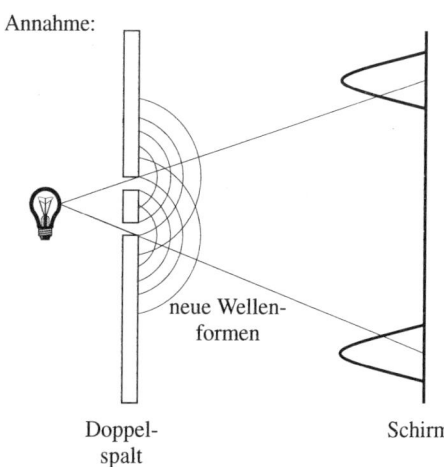

Abb. 7: »Realistisches« Ergebnis des Doppelversuches bei redu-
zierter Lichtleistung (1 Photon pro Zeiteinheit emittiert)

auch tatsächlich ein Auto um die Ecke biegen, und wir könnten
uns entweder ärgern, weil wir auf blau gesetzt haben, das Auto
aber rot ist, oder uns zu unserem Glück und unserer Weitsicht
gratulieren, weil das Auto tatsächlich blau ist. Wenn wir das
Auto dann anhalten würden und den Fahrer fragen, ob denn sein
Auto immer schon blau war, so würde uns dieser wohl verständ-
nislos ansehen und mit ja antworten. Mit dieser »Realität« sind
wir gewohnt umzugehen.

Wenn wir dasselbe Spiel mit einem »Quantenauto« machen
würden, wäre das Ergebnis wohl oberflächlich betrachtet gleich.
Das Auto wäre blau oder rot (oder grün oder weiß oder von
irgendeiner anderen Farbe). Würden wir aber den »Quantenfah-
rer« befragen, so würde er zur Antwort geben: »Mein Auto war
bis zu dieser Ecke ein wunderschönes grün-weiß-blau-rot-
schwarzes Auto. Sie haben es in ein langweiliges rotes Auto
verwandelt, *Sie* sind an Ihrer verlorenen Wette selbst schuld!«.[3]

3 Wir kommen noch auf das Problem zu sprechen, warum wir im täglichen
  Leben, also in unserer biologischen Wirklichkeit, Eigenschaften gleich
  (und damit intersubjektiv) wahrnehmen können.

Diese Antwort eröffnet uns eine ganz neue Sicht der Realität. Sie lehrt uns zwei Dinge. Einerseits gibt es für das Quantenauto auch vor der Ecke, an der wir es mit unserer Beobachtung »überfallen« haben, eine Realität, ein Sein. Es ist dies ein vielfältiges Sein, das viele »Entwicklungsmöglichkeiten« beinhaltet. Dieses Sein wird in der Physik durch die sogenannte »Schrödinger«-Gleichung beschrieben, die jedes Teilchen in seinen gesamten Wahrscheinlichkeiten in Raum und Zeit festlegt. Diese Realität ist vollständig exakt, sie ist auch symmetrisch in der Zeit. Sie ist aber nicht »lokal«, sondern sie beinhaltet alle räumlichen Möglichkeiten dieses Teilchens. Diese Realität herrscht bei unserem Spaltexperiment zwischen der Blende und dem Schirm vor. Sie ist dafür verantwortlich, daß jedes Teilchen faktisch das »Wissen« von beiden Spalten und von den Möglichkeiten zur Interferenz in sich trägt. Dies ist auch die Realität unseres Quantenautos vor der Ecke.

Dies ist eine Realität, die sich unserer sinnlichen, mechanistischen Weltsicht entzieht. Sie ist vielfältig, nicht an Zeit und Raum gebunden, sie ist »ewig« und »überall«. Zeit und Raum haben in dieser Realität nicht den ordnenden Charakter, den wir ihnen gewohnt sind zuzuordnen. Es ist eine atemporale und nicht-lokale Realität, es ist eine Realität der Möglichkeiten, eine ganzheitliche Realität, in der Zusammenhänge bestehen bleiben, unabhängig von Zeit und Raum in unserer herkömmlichen Auffassungsweise, wie sie uns das EPR-Paradoxon vor Augen führt. Wir wollen diese Realität dementsprechend in Zukunft auch »EPR-Realität« nennen. Sie soll damit den Unterschied zu der Realitätsauffassung klarstellen, die wir als biologische Wesen mit unseren Sinnen auffassen. Diese Realität, die Realität unserer Sinne (und auch des mechanistischen Weltbildes!) wollen wir daher als »biologische Realität« bezeichnen.

Trotzdem ist die EPR-Realität eine solide Realität, die nach ehernen Gesetzen ohne Zufälligkeit abläuft. Sie ist die Basis unserer biologischen Realität, denn sie ist die Realität, nach der sich die Bausteine unserer stofflichen, biologischen Realität richten. Trotz ihrer der biologischen Realität unserer Sinne oft widersprechenden Ergebnisse können wir sie in den Experimenten der Quantenmechanik sichtbar machen!

Ein zweites können wir aus unseren Experimenten lernen. Es gibt einen Vorgang, der EPR-Realität und biologische Realität verbindet. Dies ist der Vorgang der »Beobachtung«. Über diesen Vorgang des Beobachtens lernen wir drei Dinge:

— Es ist ein aktiver Vorgang. Wenn wir uns nicht entschlossen hätten, unser Spiel an der Ecke durchzuführen, wäre das Quantenauto bis in alle Ewigkeit jenes vielfältige grün-weiß-blau-rot-schwarze Gebilde geblieben.

— Es ist andererseits die Quelle dessen, was wir »Zufall« nennen. Das Beispiel mit dem Quantenauto macht dies deutlich. Unsere Beobachtung eines roten Autos ist für uns zufällig. Wir haben das vielfältige Sein des Quantenautos zu einer aus unserer Sicht zufälligen Beobachtung eines roten Autos reduziert. Diese Zufälligkeit entsteht aus der Wechselwirkung unserer Beobachtung mit der festen und exakten EPR-Realität, die für sich nichts Zufälliges an sich hat.

— Dieser Unsicherheits- und Zufälligkeitseffekt liegt auch der Unschärfe der Messung von Quantensystemen zugrunde. Dieser Effekt, der unter dem Begriff Heisenbergsche Unschärfe in der Physik bekannt ist, gehört ebenfalls zu den erstaunlichen Qualitäten der EPR-Qualität. Wir können nicht zwei, das System vollkommen beschreibende Eigenschaften eines Quantensystems, wie etwa seinen genauen Ort und Impuls (also die Geschwindigkeit und Richtung der Bewegung) gleichzeitig genau »beobachten«. Für unser Quantenauto konnten wir also nicht gleichzeitig genau das System beschreiben. Wir können nicht feststellen, ob es ein »roter Mercedes« oder »roter Opel« ist, wir sehen nur die Eigenschaft »rot« genau. Hätten wir nämlich unseren Fahrer etwa gefragt, in welchem Typ von rotem Auto er sitzt, hätte er uns nur sehr vage Auskunft gegeben!

— Schließlich können wir sehen, daß der aktive Vorgang der Beobachtung immer ein reduzierender, vereinfachender ist. Aus der Vielfalt des vielfarbigen Autos haben wir nur eine Möglichkeit herausgenommen. Man spricht hier vom »Kollaps« der durch die Schrödinger-Gleichung beschriebenen Vielfalt des »Wellenpaketes«, das ein Quantensystem in der EPR-Realität beschreibt. Unsere biologische Realität, die aus

SCHRÖDINGER´s Katzen Paradoxon

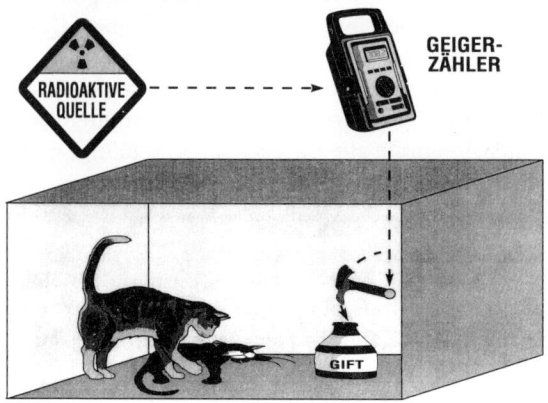

Abb. 8: Das Gedankenexperiment der Schrödinger-Katze

der Beobachtung entsteht, wird daher der Vielfalt der EPR-Realität in keiner Weise gerecht!

Es gibt ein klassisches Gedankenexperiment, das diesen Prozeß der Wechselwirkung zwischen der exakten, nicht-lokalen und atemporalen EPR-Realität und unserer biologischen Realität sehr drastisch beschreibt. Es ging als »Schrödingers Katze« in die Literatur ein. Stellen wir uns eine Versuchsanordnung, wie in Abb. 8 dargestellt, vor. Eine Katze befindet sich in einem nach außen hin vollkommen abgeschirmten und geschlossenen Raum. Mit der Katze befindet sich eine Apparatur in diesem Raum, die aufgrund eines Quantensystems, etwa einer Probe einer radioaktiven Substanz, die Freisetzung einer giftigen Substanz steuert. Diese Apparatur stellt etwa den Zerfall eines Atoms in dieser Probe fest. Wenn ein solcher Zerfall auftritt, löst die Apparatur die Freisetzung des Giftes aus.

Mit dieser Versuchsanordnung wird ein Quantenvorgang (der Zerfall des Atoms) so verstärkt, daß er makroskopisch in der biologischen Realität wirksam wird. Damit wird eine »beobachtbare« Verbindung zwischen der EPR-Realität und der biologischen Realität unserer Sinne hergestellt.

Nehmen wir jetzt an, ein (offensichtlich wenig tierliebender) Physiker würde die Katze tatsächlich in diese Höllenmaschine stecken. Er würde den Behälter für jene Zeit verschlossen halten, die entsprechend der Halbwertszeit der radioaktiven Substanz den Tötungsvorgang mit einer Wahrscheinlichkeit (in unserer biologischen Realität!) von 50% eintreten läßt.

Wie stellt sich nun dieses Experiment für beide Seiten, die Katze und den Physiker, dar? Die Katze lebt in Angst und Spannung in ihrer biologischen Realität in dem abgeschirmten Behälter. Zerfällt ein Atom, so erfüllt sich ihr Schicksal. Sie ist zwar auf Gedeih und Verderb dem Geschehen auf Quanten-ebene ausgeliefert, erlebt aber den Zerfall des Atoms, wenn er eintritt, als zufälliges und schmerzlich einschneidendes Ereignis. Das »Kollabieren« der Wellenfunktion des Atoms, also die »Beobachtung« des Atoms durch die Apparatur, trennt eindeu-tig den Zustand »lebende, ängstliche Katze« von dem der »toten Katze«. Für die Katze gibt es keine Unklarheit, sie lebt in der schmerzlichen Gewißheit der biologischen Realität, sie ist ent-weder tot oder lebendig. Sie weiß ganz genau über den Zustand des Atoms im Verhältnis zu »ihrer« Realität Bescheid, das Atom ist entweder ganz oder zerfallen. Atom und Katze sind ein vollständiges »Beobachter(Katze)-Prozeß(radioaktiver Zer-fall)«-System.

Nehmen wir nun an, ein tierliebender Laborant hätte bewußt einen Fehler in die Apparatur eingebaut. In diesem Fall würde vom (jetzt sicheren) Standpunkt unserer armen Katze aus gese-hen das Atom in der EPR-Realität verbleiben. Es würde in der Vielfältigkeit seines durch die Schrödinger-Gleichung exakt be-schriebenen Zustandes als ein System verbleiben, das sowohl die Möglichkeit des Zerfalles als auch die, ganz zu bleiben, nebenein-ander und gleichzeitig (atemporal) beinhaltet. Sein »Wellenpa-ket« würde nicht an der Beobachtung durch den Apparat zu einem konkreten Ereignis in der biologischen Realität »kollabie-ren«. Das Faktum, daß die Katze das Atom nicht »beobachtet«, ändert also ihre biologische Realität radikal zu ihren Gunsten!

Stellen wir uns nun auf die Seite des Experimentators. Er verschließt den Behälter, nach dem er genau den Anfangszu-stand (Katze lebt, Atom nicht zerfallen) feststellt. Nach dem

Verschließen ist für ihn der Behälter ein riesiges Quantensystem, das er nicht »beobachtet«. Für ihn ist der *gesamte* Inhalt des Behälters in der EPR-Realität, alle möglichen Zustände, wie etwa »Atom ganz, Katze ängstlich und am Leben«, »Atom zerfallen, Katze tot«, »Atom ganz, Katze durch den Streß getötet«, bestehen für ihn atemporal, gleichzeitig und nebeneinander! Da sie nicht »beobachtet« werden, kollabieren ihre in der EPR-Realität existierenden Wellenfunktionen nicht, sie werden für die biologische sinnliche Realität des Forschers nicht wirksam! Er erlebt eine vollkommen andere subjektive biologische Realität als seine arme Katze. Diese Realitäten bestehen nebeneinander.

Erst wenn er nach der abgemessenen Zeit den Behälter öffnet und damit das Quantensystem »beobachtet«, kollabieren diese Wellenfunktionen, werden also für ihn biologische Realität. Erst dann stellt er den Zustand des Systems fest und weiß, ob die Katze überlebt hat oder nicht.

Aus diesem Gedankenexperiment sehen wir einerseits erneut das faszinierende, vielfältige und atemporale Sein auf der Ebene der EPR-Realität. Andererseits zeigt uns dieses Experiment sehr genau, daß aus ein und derselben EPR-Realität vollkommen verschiedene biologische Realitäten (etwa die der Katze und des Forschers) folgen können, die nebeneinander existieren können. Der aktive Vorgang des Beobachtens verbindet das beobachtete Objekt und den Beobachter untrennbar miteinander. Aus diesem Wechselspiel zwischen Beobachter und Objekt entsteht erst die biologische Realität. Sie ist untrennbar mit dem Gesamtsystem Beobachter und Objekt verbunden, sie ist charakteristisch für dieses System und keineswegs allgemeingültig.

Die Ergebnisse der Quantenphysik zeigen uns ein vollkommen neues Bild der Realität. Unsere sinnliche biologische Realität ist keineswegs so solide und fest und schon gar nicht objektiv. Sie entsteht erst durch die »Beobachtung«, einem aktiven Vorgang, aus einer viel grundlegenderen solideren Realität, der EPR-Realität. Diese grundlegende Realität ist vielfältig, atemporal und nicht-lokal. In ihr gibt es keinen »Zufall«. Zeit, Raum und Zufall sind Kategorien der biologischen Realität unserer Sinne, die wir durch unsere Beobachtung, durch unsere sinnliche Wahrnehmung und unsere Handlungen erst erschaffen. Diese biologische Realität ist mit dem Vorgang der Wahrnehmung untrennbar verbunden, und sie ist daher vom wahrnehmenden Subjekt nicht zu trennen.

Vom Zufall zum Bewußtsein –
Die Triebkraft der Entwicklung
aus der Sicht der modernen Biologie

Jede mechanistische Weltsicht ist im Grunde auch eine statische Weltsicht. Ein mechanistisches Universum, einmal in Gang gesetzt, ob durch einen göttlichen Schöpfungsakt oder durch den unpersönlichen Urknall der Physiker, ist hier ziemlich bedeutungslos, läuft nach seinen ewigen, apriori festliegenden Gesetzmäßigkeiten ab. Entwicklung ist dann nur in dem Maße möglich, in dem sie dem Lauf dieser »Weltmaschine« entspricht.

Der strikte wissenschaftliche Reduktionismus des mechanistischen Weltbildes prägte bis heute unsere Sicht von der Entwicklung des Universums bis hin zum Leben und der Existenz des Menschen als selbstbewußtes, intelligentes Wesen und Krönung dieser Entwicklung. Dieser Reduktionismus führt alles »Reale« auf die ehernen Gesetze, die Wechselwirkung von Materie und Energie, wie sie die klassische Physik beschreiben, zurück. Biologie wird dabei zur »Physik des Komplexen« in den Worten des Biologen Manfred Eigen.

Diese Grundhaltung ist heute sicherlich die Basis der sehr erfolgreichen Molekularbiologie. Die chemischen und physikalischen Vorgänge in den Zellen, vor allem aber in den Zellkernen, sind ins Zentrum des Interesses der Forscher gerückt. Die Molekularbiologie ist heute auf dem besten Wege, der Teilchenphysik und der Astronomie den Rang als teuerste und hochtechnisierteste Wissenschaft abzulaufen. Wer immer den Fortgang dieser Wissenschaft verfolgt, ob es nun die Klonung menschlicher Embryonen oder das Auffinden immer neuer genetischer Ursachen für Erkrankungen ist, der wird erkennen, daß gerade auf dem Gebiet der Biologie das mechanistische Paradigma heute seine größten Triumphe feiert. Das Human-Genom-Project in den USA, an dem viele Hunderte Wissenschaftler arbeiten, soll schließlich nicht weniger erreichen, als die Eigenschaften und Möglichkeiten der menschlichen Rasse auf der Basis der Untersuchung und Identifikation aller Gene im menschlichen Erbgut zu erklären. Dieses Projekt ist sicherlich einer der interessantesten Versuche, den menschlichen Herrschaftsanspruch über die Natur, der inhärent im mechanistischen Weltbild enthalten ist, mit den Mitteln der Wissenschaft zu sichern.

Trotzdem ist das Gebiet der Biologie gleichzeitig auch ein Gebiet, auf dem sich tiefgreifende Umwälzungen vollziehen, die in ein ganz neues Verständnis des Sinnes und der Richtung der Evolution führen. Ähnlich wie im Falle der Quantenphysik werden durch diese neuen Resultate der Biologie unsere Auffassungen von Realität in ihren Grundfesten erschüttert. Die modernen Theorien der Biologie zwingen uns, unser Weltbild in ganz wesentlichen Punkten neu zu ordnen. Sie sind damit neben den Erkenntnissen der Quantenphysik fundamentale Bausteine des neuen Weltbildes und zeigen uns einen wichtigen Aspekt der Spielregeln Gottes.

Zufall und Notwendigkeit als scheinbares Entwicklungskonzept

Bevor wir uns dem aufregend Neuen zuwenden, wollen wir zuerst noch einmal festhalten, welche Folgerungen das mechanistische Weltbild für die theoretische Basis der Biologie hat. Es ist wichtig, dies sehr genau festzuhalten, um die Tragweite der neuen Theorien auch wirklich zu verstehen.

Die Grundzüge der mechanistischen Theorie in der Biologie gehen auf Charles Darwin zurück. Er meinte in der allgemeinen Entwicklung ein führendes Auswahlprinzip erkannt zu haben, nämlich den Erfolg im Überlebenskampf. Obwohl natürlich die molekularbiologischen Grundlagen zu seiner Zeit fehlten, so nahm er an, daß zufällige Mutationen die Triebkraft der Evolution seien. Bringen diese Mutationen neue Spezies hervor, die an die Anforderungen der »Realität« besser angepaßt sind, so setzen sie sich durch und vererben die mutierte Eigenschaft an ihre Nachkommen. Die Evolution ist daher ein Wechselspiel zwischen dem Zufall, als Quelle der Veränderung, und dem harten Existenzkampf der realen, sinnlichen Welt als stabilisierende Bremsfunktion.

Damit war die biologische Entwicklung der mechanistischen Wissenschaft zugänglich geworden. Nicht mehr ein schöpferischer Plan, sondern die Allmacht des Zufalles trieben sie an. Folgerichtig suchte die Wissenschaft auch die materielle Basis dieser Vererbungsvorgänge, denn schließlich fordert der Reduktionismus des mechanistischen Weltbildes ja, daß alle Vorgänge als physiko-chemische Wechselwirkung auf der Basis unserer sinnlichen Realität erklärt werden müssen. Das war der Auftrag an die moderne Molekularbiologie, und diesem Auftrag ist sie in eindrucksvoller Weise gerecht geworden. Heute sind die chemischen Vorgänge der Vererbung zu einem guten Teil erklärt, die komplexen Chemismen auf der Ebene der Zelle weitgehend bekannt. Jacques Monod hat für diese Biologie, die ihrer Bedeutung als »Physik des Komplexen« voll entspricht, die wesentlichen programmatischen Grundlagen formuliert. Für ihn kann ein Lebewesen durch drei Begriffe charakterisiert werden:

1. Teleonomie
2. Autonome Morphogenese
3. Invarianz

Was bedeuten diese Begriffe und wie definieren sie die Haltung des Menschen gegenüber dem Leben aus der Sicht des mechanistischen Paradigmas? Beginnen wir mit dem Begriff der Teleonomie. Er ist als Gegensatz zum Begriff der Teleologie zu sehen, worunter man die Lehre von der Zielgerichtetheit jeder Entwicklung im Universum versteht. Dem teleonomen Lebewesen ist daher für seine Entwicklung keinerlei Ziel vorgegeben. Es ist nach den Worten von Monod »ein Objekt, das mit einem Plan ausgestattet ist, den es in seiner Struktur darstellt und gleichzeitig in seinen Leistungen ausführt«. Das ist ein Satz von fundamentaler Bedeutung. Jedes Lebewesen hat also einen durch seine Erbanlagen vorgegebenen Plan, dessen Ergebnis einerseits seine eigene Gestalt als auch andererseits alle seine Handlungen sind. Jede Lebensäußerung, jede Gefühlsregung, einfach alles im Leben läßt sich auf diesen Plan zurückführen, läßt sich als zwingende Folge chemischer und physikalischer Vorgänge auf molekularbiologischer Ebene darstellen. Alles ist gebunden an das chemische Wechselspiel in den Zellen, an die chemische Funktion der DNS (Desoxyribonukleinsäure) als Träger der Erbfunktion und anderer Nukleinsäuren und Proteine, die diesen Erbplan chemisch entziffern und entsprechend »ausführen«. Monod läßt auch keinen Zweifel, wer der »Baumeister« ist, der diesen Lebensplan für jedes Lebewesen entwirft: Es ist der Vorgang aus Zufall (Mutation) und Anpassungsdruck, den schon Darwin beschrieben hat.

Eng mit diesen Gedanken verbunden ist auch der Begriff der autonomen Morphogenese. Er beschreibt die Fähigkeit eines Lebewesens, sich selbst aus der vorhandenen Erbinformation aufzubauen. Ist der Plan erst einmal fixiert, so ist es eine Eigenschaft des Lebens, sich selbst mit unerschütterlicher Notwendigkeit chemischer Reaktionen und physikalischer Vorgänge aufzubauen. So wesentlich der Zufall auf der Ebene der Erstellung des Planes agiert, so wenig Zufälliges gibt es bei der Ausführung des Planes. Die autonome Morphogenese jeden individuellen Lebewesens schließt den Zufall aus, sie führt den Bauplan getreulich den Naturgesetzlichkeiten aus, bis das »fertige« Lebewesen seinen Platz im Kampf ums Dasein einnimmt und seinen Beitrag zum Darwinschen Selektionsprozeß leistet.

Der dritte Begriff der Invarianz schließlich ist eine notwendige Annahme zur Erhaltung des Lebens. So erwünscht im mechanistischen Paradigma der Zufall als Baumeister des Lebens ist, so ist er doch ein Feind des Fortbestandes des Lebens. Es kann zwar experimentell nachgewiesen werden, daß Aminosäuren als Bausteine des Lebens aus der »Uratmosphäre« der Welt zufällig entstehen können. Was schwerer fällt, ist zu erklären, warum so komplexe und fragile Strukturen in einer vom Zufall regierten Welt überleben können. Tatsächlich bietet der Zufall eine sehr reiche Basis für Veränderungen. Glaubt man den Gesetzen der Thermodynamik (auf die später noch einmal in größerem Detail eingegangen wird), so tendieren die »zufälligen« Veränderungen jedoch in Richtung des Ausgleiches, in Richtung größter Unordnung, in Richtung des Amorphen und nicht in Richtung der feinen komplexen Strukturen. Von der relativ großen Anzahl der Mutationen, der zufälligen Veränderungen im Bauplan des Lebens, ist nur ein verschwindender Anteil »vorteilhafter« als der ursprüngliche Plan der nicht-mutierten Erbanlage!

Aus dieser Sicht erscheint das Aufflammen des Lebens weni-

ger unwahrscheinlich als die Erhaltung des schwachen Flämm-
chens. Diese Erhaltung basiert auf einer erstaunlichen Invarianz,
einer außergewöhnlichen Stabilität des Komplexen gegenüber
zufälliger Veränderung, eben der Invarianz als Prinzip des Lebens.

Damit stellt sich das Leben als ein zielloser Vorgang dar,
entstanden und entwickelt aus der Macht des Zufalles. Jacques
Monod ist hier ganz deutlich: Kein Plan, kein Entwicklungsprinzip haben das Leben geschaffen, sondern einzig der Zufall in
Zusammenspiel mit den Gesetzen der unbelebten Materie sind
die Quelle des Lebens. Unsere Existenz, unsere Intelligenz ist
nichts als ein Zufallsprodukt, gestählt und geschärft im Kampf
um das Dasein. Das Leben dient keinem Zweck, es ist Selbstzweck. Intelligenz und Bewußtsein sind Ausdruck einer hoch-
komplexen chemo-physikalischen Struktur, sie sind nur diesem
menschlichen Leben eigen. Das Leben ist aus dem Unbelebten
zufällig entstanden, es gehorcht den Gesetzen der unbelebten
Natur. Es ist aber als komplexes System den Kategorien Teleonomie, autonome Morphogenese und Invarianz unterworfen,
die Jacques Monod definiert hat.

Es versteht sich von selbst, daß diese materialistische Auffassung vom Leben auch sehr tiefgreifende Folgerungen für den
Umgang mit dem Leben hat, insbesondere in der Wissenschaft.
Das Leben ist in seiner Zufälligkeit nichts Außergewöhnliches
und nichts Heiliges. Es ist williges Objekt der Forscher, es ist
dem Menschen als dem zufälligen Höhepunkt der Evolution
vollständig zur Disposition gestellt.

Gleichzeitig ist diese Auffassung des Lebens auch wesentlich
für viele Ängste und Verhaltensweisen in unserer Gesellschaft.
Der »zerbrochene Bund«, von dem Jacques Monod spricht, das
Hinauswerfen des Lebens im allgemeinen und des Menschen im
besonderen in die Kälte einer zufallsregierten Welt, in der der
Kampf um das Dasein das bestimmende Leitmotiv ist, das alles
begründet eine tiefe existentielle Angst des Menschen. Ohne Ziel
und Zweck des Lebens wird schließlich das physische Leben
selbst der Zweck, wird Annehmlichkeit und die Befriedigung der
Bedürfnisse und Wünsche des Menschen der Inhalt des Lebens.
Wir sehen hier, welche Macht ein Weltbild, eine wissenschaft-

liche Theorie über das Verhalten des Menschen, ja sogar über seine innere Stimmung und Ängste hat.

Das Ahnen des Neuen – Teilhard de Chardin

Ebenso wie in der Physik so hat auch in der Biologie (und in der Chemie und Thermodynamik) eine Entwicklung eingesetzt, die über das mechanistische Weltbild hinausführt. Neue Theorien, gestützt auf erstaunliche Experimente und Beobachtungen, zerreißen auch hier den Vorhang unseres sinnlichen Realismus und lassen uns eine ganz neue Realität sehen. Diese neue Realität ist in vielem ebenso erstaunlich wie jene, die uns die Quantenphysik bietet. Sie ist auch in guter Übereinstimmung mit dieser neuen Weltsicht.

Diese neue Auffassung von der Entstehung des Lebens und von der Triebfeder der Evolution hat einen wichtigen, einen entscheidenden Vorläufer, Pierre Teilhard de Chardin. Dieser Naturforscher und Jesuitenpater legte die geistigen Fundamente für jene Theorien, die später die Auffassung von der Evolution revolutionieren sollten. Teilhard de Chardin stand der Erklärung des Lebens als eines zufälligen und sinnlosen Vorganges im Universum ablehnend gegenüber. Zu augenfällig war für ihn die Entwicklungsrichtung hin zum Höheren, Geordneteren, Komplexeren im ganzen Universum, als daß sie nur ein Zufallsprodukt hier auf diesem Planeten Erde sein könnte. Er suchte nach einer alternativen Erklärung, jedoch nicht auf religiöser, sondern auf wissenschaftlicher Ebene.

Mit dieser Suche war er einerseits seiner Zeit voraus, so daß er noch nicht auf dem Fundament entsprechender wissenschaftlicher Theorien und Experimente bauen konnte. Andererseits war er mit seiner Wissenschaftlichkeit dem System der Kirche gegenüber ein Außenseiter, so daß er auch von dieser Seite keine Unterstützung, sondern sogar Behinderung erfuhr. In dieser Lage entwickelte er eine sehr interessante wissenschaftliche Denkgrundlage. Abgeschnitten von der »normalen Wissenschaft« sowohl durch seine Fortschrittlichkeit als auch durch Behinderung in der Arbeit, schuf er keine Theorie im eigentli-

chen Sinn, sondern einen Theorierahmen. Er gab damit nachfol-
genden Wissenschaftlern die Möglichkeit, mit ihren Theorien
Halt zu finden, ja er gab ihnen zum Teil die Richtung ihrer
Forschung vor.

Die wesentlichen Grundfesten dieses Theorierahmens sind:
– Alle (realen) Dinge haben eine »Innenseite«.
– Dieser Innenseite wohnt eine inhärente Präferenz zur Komplexifikation, zur Entwicklung zum Höheren hin, inne.
Wir wollen uns vorerst einmal der geheimnisvollen »Innenseite«
der Dinge widmen. Teilhard de Chardin schreibt darüber: »Wir
müssen unter dieser ersten mechanischen Schicht eine biologische Schicht annehmen, die zwar äußerst dünn, aber absolut
unentbehrlich ist, um den Zustand des Kosmos in den folgenden
Zeilen zu erklären. Ein Innen, ein Bewußtsein, und deshalb
Spontaneität; diese drei Ausdrücke meinen die gleiche Sache.«

Dieser Satz ist der Schlüssel zum Verständnis des Theorienrahmens, den Teilhard de Chardin aufgespannt hat. Er ist auch
wesentlich, um diese Theorien in den größeren Kontext des
neuen Weltbildes zu setzen. Greifen wir wieder zurück auf das,
was wir aus den Ergebnissen der Quantenmechanik gelernt
haben: Erst der aktive Vorgang der »Beobachtung« läßt aus der
EPR-Realität der Quantenphysik unsere »biologische« Realität
entstehen. »Beobachtung« (oder allgemeiner: aktive Wechselwirkung) bedarf aber des »Bewußtseins« der »Spontaneität«.
Hier ist der Angelpunkt, der alle biologischen und physikalischen Theorien des neuen Weltbildes untereinander verbindet:
Alle jene Dinge unserer »biologischen Realität«, alles, was der
Realismus unserer Sinne wahrnimmt, hat Bewußtsein! Ohne
dieses Bewußtsein könnte es gar nicht aus der EPR-Realität in
die Realität unserer Sinne gelangen, denn dies ist nur über einen
aktiven und daher bewußten Vorgang möglich! Jeder Stein, jede
Pflanze, jedes Tier, alles, was unsere biologische Realität ausmacht, hat daher Bewußtsein. Bewußtsein ist ein Grundbaustein
unserer Realität!

Wir wissen, daß das eben »starker Tobak« für den Leser war!
Vielleicht sollten wir hier ein wenig innehalten und Zeit zum
geistigen Verschnaufen bieten, indem wir den Begriff des »Bewußtseins« ein wenig näher untersuchen. Wir tun dies am besten

mit den Worten Teilhard de Chardins selbst: »... der Ausdruck
›Bewußtsein‹ [wird hier] in seiner allgemeinsten Bedeutung an-
gewandt, um jede Art psychischer Äußerung zu bezeichnen, und
zwar von den einfachsten Formen innerer Empfindung an bis
zum menschlichen Phänomen der reflektierten Erkenntnis.«
Obwohl dies natürlich die Qualität des »Bewußtseins« ein wenig
relativiert und uns davon abhalten sollte, mit dem nächstbesten
Stein in einen Diskurs über *Gott* und die Welt einzutreten, so
bleibt doch dies bestehen: Alle Dinge unserer biologischen Realität haben Bewußtsein. Sie spinnen an dem Netzwerk dieser
biologischen Realität mit, denn durch ihr Bewußtsein können sie
am aktiven Vorgang, der diese Realität aus der Vielfältigkeit der
EPR-Realität hebt, teilnehmen. Bewußtsein wird damit zu einem
Baustein unserer Realität. Teilhard de Chardin hat jedoch in
seinem zweiten Postulat noch etwas anderes sehr Wesentliches
über diese »Innenseite« der Dinge, über ihr Bewußtsein, ausge-
sagt. Diese Innenseite der Dinge, dieses Bewußtsein, hat einen
inhärenten Drang zur »Komplexifikation«. Das Bewußtsein
führt die Dinge zu immer höherer Organisation, es ist eine
Eigenschaft dieses Bewußtseins, mit immer mehr anderen »Dingen« unserer biologischen Realität in Kontakt zu treten, Wechselwirkungen aufzubauen und sich zu organisieren. Damit wird
das Wechselspiel aus Zufall und Notwendigkeit als Entwicklungsprinzip abgelöst durch einen Drang zur Höherentwick-
lung, zur Komplexifikation, der eine Eigenschaft der »Innenseite« der Dinge, des Bewußtseins, ist.

Erstaunlicherweise bedeutet dies nicht eine volle Abkehr vom
Darwinschen Ausleseprinzip, wohl aber eine wesentliche Neu-
einordnung. Der Kampf ums Dasein muß unter diesem Aspekt
als eine jener Ebenen gesehen werden, auf der sich Lebewesen zu
neuen, größeren Strukturen organisieren. Das Überleben des
Angepaßtesten ist viel weniger der Richtungspfeil der Entwicklung an sich, als vielmehr Ausdruck dieser Selbstordnung des
Bewußtseins auf einer bestimmten Aggregationsebene, eben jener der Lebewesen. Von der Ursache hat sich das Darwinsche
Prinzip zum Symptom zurückentwickelt! Teilhard de Chardin
geht davon aus, daß dieser Komplexifikationsdrang des Bewußtseins eindeutig zielgerichtet ist. Abb. 9 zeigt schematisch

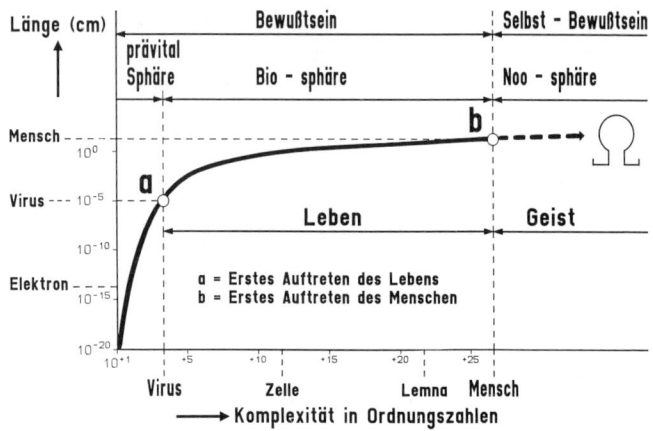

Abb. 9: Die Entwicklung der Komplexifikation nach Teilhard de Chardin

diese Entwicklung vom Beginn der Materialisierung (aus Energie) in den kleinsten Teilchen der Materie, die unsere biologische
Realität ausmachen, über die Entstehung des Lebens zur Selbst-
bewußtwerdung des Menschen bis hin zu jenem Endpunkt Ω,
dem Ziel aller Entwicklung. Im Gegensatz zur Auffassung Monods ist die Entwicklung eindeutig teleologisch und nicht mehr
teleonomisch.

In diesem neuen Bild von Entwicklung, das uns Teilhard de
Chardin bietet, ist zielgerichtete Evolution ein fester Baustein
unserer Realität. Sie ist eine Eigenschaft des Bewußtseins, das
allen Dingen unserer biologischen Realität innewohnt und ohne
die sie nicht existieren können.

Selbstorganisation als Triebfeder der Evolution

In den von Teilhard de Chardin entwickelten Theorienrahmen
lassen sich eine Reihe späterer Theorien einspannen, die eine
Erklärung des Phänomens der Evolution zu erreichen suchen.
Wesentliche Anstöße für eine solche neue Sicht der Entwicklung
kamen dabei aus der Thermodynamik. Die wichtigsten, auch

heute schon wissenschaftlich anerkannten Theorien in dieser Richtung sind die der »dissipativen Systeme« von Ilya Prigogine und der »Selbstorganisation« von Manfred Eigen, die hier im Kontext mit der neuen Sicht Teilhard de Chardins betrachtet werden sollen.

Ausgangspunkt für diese Theorien bildet eine zentrale Größe der Thermodynamik, die Entropie, die wir schon kurz kennengelernt haben. Die Entropie ist sicherlich eine der merkwürdigsten Größen der Naturwissenschaft. Sie ist weder direkt meßbar noch einfach und eindeutig definierbar. Je nach Standpunkt des Betrachters ändert sie ein wenig ihre Bedeutung. Damit wird die Entropie zum schillerndsten Konzept der Naturwissenschaft, das gerade durch seine Flexibilität (und vielleicht auch Unschärfe!) als Erklärungs- und Leitgröße wesentliche Bedeutung, auch über den engeren Bereich der Naturwissenschaft hinaus, erlangt hat.

Ein Faktor, der zur schillernden Erscheinung der Entropie beigetragen hat, ist einfach, daß sie im Laufe der Entwicklung der Naturwissenschaft von vielen Sparten zur Erklärung ganz verschiedener Phänomene herangezogen wurde. Dadurch bedeutet sie verschiedenen Wissenschaftlern auch verschiedenes. Als roter Faden durch all die Definitionen der Entropie zieht sich jedoch, daß sie als Maß und Richtungspfeil von »Entwicklung« angesehen wird.

Die verwirrende Geschichte der Entropie beginnt in den Ingenieurwissenschaften des 19. Jahrhunderts. Carnot, der berühmte französische Ingenieur und Naturwissenschaftler, erkannte, daß sich in einer Dampfmaschine Wärme nicht beliebig in mechanische Energie umwandeln läßt. Bei jeder Energieumwandlung wird ein Teil der Energie »entwertet«, d. h. in eine Form gebracht, in der man sie technisch nicht mehr nutzen kann. Der deutsche Physiker Rudolf Clausius erkannte schließlich ein allgemeines Prinzip hinter diesem Phänomen. Alle »natürlichen« Abläufe entwerten die ursprünglich vorhandene Energie, das Universum, das er als abgeschlossenes thermodynamisches System definierte, steuert unaufhaltsam dem »Wärmetod« entgegen. Er definierte die Entropie als Leitgröße der Entwicklung eines jeden solchen abgeschlossenen Systems. Solche Systeme

steuern immer einem Gleichgewichtszustand zu, der durch das
»Maximum der Entropie« gekennzeichnet ist. Dieser Gleichgewichtszustand ist jener Zustand, in dem die Temperatur vollkommen ausgeglichen und keine Energieumwandlung mehr
möglich ist. Dieser Lehrsatz bildet den Kern des sogenannten
»2. Hauptsatzes der Wärmelehre«.

In der Folge wurde dieses Konzept auch auf die Verteilung von
Stoffen ausgebaut. Nicht nur die Temperaturen, auch Konzen-
trationen[4] gleichen sich in abgeschlossenen Systemen aus. Der so
definierte Gleichgewichtszustand ist daher ein vollständig aus-
geglichener Zustand, indem keine »Entwicklungspotentiale«
mehr vorhanden sind. Alle Strukturen, die naturgemäß auf
»Unterschiedlichkeit« beruhen, sind daher dem Untergang ge-
weiht. Der 2. Hauptsatz, in der von Clausius definierten Form,
beschreibt Vorgänge, die vom Geordneten, Strukturierten hin
zum Ungeordneten, Gleichverteilten verlaufen. Der Gleichgewichtszustand als Ziel der »natürlichen« Entwicklung ist daher
ein toter, statischer Zustand. Die Entropie ist in dieser Interpretation ein Maß der Annäherung an diesen Zustand, je größer die
Entropie, desto gleichförmiger und unstrukturierter ist das betrachtete System.

Um die Jahrhundertwende zum 20. Jahrhundert fügt der
österreichische Physiker Ludwig Boltzmann eine neue Facette
zur Sicht der Entropie hinzu. Er betrachtet thermodynamische
Systeme als statistische mechanische Systeme, aufgebaut aus
einer Unzahl von individuellen Molekülen. Boltzmann beschreibt diese Systeme mit Hilfe statistischer Verteilungen. Er
übersetzt dabei das Konzept der Entropie in statistische Begriffe
der Häufigkeit. Für ihn ist aus dieser Sicht die Entropie ein Maß
für die Verteilung der Energie auf die Moleküle eines thermodynamischen Systems. Je breiter diese Verteilung ist, d. h. je ähnlicher die Häufigkeiten der Besetzung verschiedener Energie-
niveaus in dem betrachteten System ist, desto größer ist seine
Entropie. Damit wurde die Entropie fest mit den Begriffen
»Häufigkeit«, vor allem aber auch mit dem Begriff der »Ordnung« auf molekularer Ebene verknüpft. Je höher die »Ord-

---

4 Exakter sollte hier von Fugazitäten gesprochen werden.

nung« eines Systems ist, je höher strukturiert ein System sich darstellt, was dadurch zum Ausdruck kommt, daß große Unterschiede in der Häufigkeit verschiedener Zustände existieren, desto niedriger ist seine Entropie.

Dieser Vielfältigkeit der Bedeutungen des Begriffes Entropie setzt Claude Shannon noch eine weitere zur Seite. Er untersuchte die Informationsübertragung und entwickelte eine erste umfassende Informationstheorie. Auch in dieser Theorie bildet der Begriff der Entropie ein Fundament, auf dem das ganze Gedankengebäude aufgebaut ist. Für die Informationstheorie ist Entropie jedoch ein Maß für die Information, die notwendig ist, um ein System vollständig zu beschreiben. Ein System, für das wir viel Information benötigen, um es zu beschreiben, ist ein System mit hoher Entropie. Mit dieser letzten Definition ist der Bogen vom Begriff der Entropie hin zur Information gespannt.

Vielleicht mag es den Leser erstaunen, wie vielseitig der Entropiebegriff in der Wissenschaft verwendet wird. Tatsache ist jedoch, daß all die hier angesprochenen Phänomene sich in dieselbe mathematisch-logische Erklärung fügen. Oberflächlich betrachtet so verschiedene Dinge wie der thermodynamische Zustand eines Gases und der Informationsgehalt einer kodierten Nachricht (wie sie etwa auf einer Computerdiskette gespeichert ist oder wie sie unser Fernsehapparat empfängt) lassen sich mathematisch ähnlich, nämlich mit Hilfe der Entropie, beschreiben. Diese erstaunliche Tatsache läßt sich jedoch mit Hilfe des von Teilhard de Chardin aufgestellten Theorienrahmens auflösen. Es ist eben jene Innenseite der Dinge, das Bewußtsein der Dinge, die sowohl für die Entwicklung und Evolution (also etwa das Streben zu einem thermodynamischen Gleichgewichtszustand) als auch für die Wechselbeziehung der Dinge untereinander (also etwa die Information) zuständig ist. Aus dieser Sicht ist es keineswegs mehr so erstaunlich, daß die Entropie eben eine so schillernde, für viele Phänomene angewandte Größe ist. Sie erscheint in diesem Zusammenhang eben als eine erste, grobe Quantifizierung dieses viel allgemeineren Phänomens des Bewußtseins aller Dinge in unserer biologischen Realität.

Vor diesem Hintergrund müssen wir die Erkenntnisse von Ilya Prigogine und P. Glansdorff sehen. Das wesentlich Neue an

ihrem Ansatz ist die Erkenntnis des »Nicht-Gleichgewichtszu-
standes« der normalen Entwicklung. Bis zu ihren Arbeiten
wurden alle Vorgänge, also auch die Vorgänge in lebenden
Organismen oder komplexere chemische Reaktionen, als relativ
nahe am thermodynamischen Gleichgewichtszustand angesehen, dem sie unweigerlich zustrebten (und dabei ihre Struktur
verlieren mußten). Prigogine nahm nun an, daß alle natürlichen
Entwicklungen nicht nah, sondern fern vom Gleichgewicht ablaufen würden.

Erstaunlicherweise ändert diese Annahme auch die Auffassung von der Entwicklungsrichtung. Prigogine und Glansdorff
konnten zeigen, daß selbst in einfachen Reaktionssystemen, die
noch weit weg von der Komplexität lebender Systeme sind,
qualitativ ganz neue Verhaltensmuster auftreten. Notwendig für
diesen vollkommen neuen Entwicklungsablauf ist lediglich, daß
neben einer chemischen Reaktion auch noch Transportvorgänge
(wie etwa Diffusion oder Wärmeübertragung) eine Rolle im
Gesamtverhalten des Systems spielen. Dann können (meta)sta-
bile Ordnungen entstehen, sogenannte »dissipative Strukturen«,
und zwar dann, wenn ein »Fluß« durch das System aufrecht
erhalten wird. Dieser Fluß könnte etwa ein konstanter Wärme-
fluß von einer Herdplatte in eine Pfanne sein (was zur Ausbildung metastabiler Rollzellen in einer Flüssigkeit in der Pfanne
führt) oder aber ein Stoffstrom in ein reagierendes System.
Das Erstaunliche ist, daß sich fern vom thermodynamischen
Gleichgewicht eine Ordnung herausbildet, und zwar eine Ordnung, die weit über die molekulare Ebene hinausgeht, in der die
Reaktion (und auch der Stoff- und Wärmetransport, die ebenfalls an dem Vorgang dissipativer Strukturen beteiligt sind)
stattfindet.

Die dissipativen Strukturen sind damit echte »Fernordnun-
gen«, Ordnungen, an denen das gesamte System mitbeteiligt ist.
Das makroskopische System (etwa der Flüssigkeit in der beheiz-
ten Pfanne) »ordnet und organisiert sich selbst«! Diese Fernord-
nung, dieser wohlgeordnete und organisierte Zustand bleibt
auch bestehen, solange der »stabilisierende« Fluß (etwa die
Wärmezufuhr durch die Herdplatte) aufrecht erhalten wird. Er
strebt keineswegs dem »strukturzerstörenden« Gleichgewichts-

zustand zu, die Struktur, die sich aufgrund der »Selbstorganisation« gebildet hat, hat Bestand! Sieht man etwa den »Fluß« der Sonnenenergie durch das System Erde und die mannigfaltigen Strukturen der belebten Welt, die allesamt von der Sonnenenergie abhängen, so könnte man unseren Planeten und das Leben auf ihm als eine gigantische dissipative Struktur ansehen, stabilisiert vom Sonnenlicht und weit weg vom verzehrenden thermodynamischen Eintopf des Gleichgewichtszustandes. Es gibt also eine Entwicklungskraft, eine Triebfeder, die entgegen dem Trend zur Auflösung von Strukturen wirkt. Diese Triebfeder, die Selbstorganisation, läßt Strukturen unter der Ausnutzung von Flüssen durch ein System entstehen. Sie bricht spontan die impotente und kalte Homogenität von Zeit und Raum und läßt dynamische Strukturen entstehen. Diese Strukturen sind auf einer viel größeren Ebene geordnet, als es die Ebene der Vorgänge (etwa der chemischen Reaktionen und des molekularen Austausches von Stoff und Energie) ist, die diesen Ordnungen zugrunde liegen.

Diese Strukturen maximieren nicht mehr ihre Entropie, sie nutzen ein bestehendes »Entropiegefälle« aus. So strahlt die Sonne »hochwertige« Energie (d. h. Lichtwellen mit kurzer Wellenlänge) auf die Erde ein. Diese gibt die empfangene Energie wieder an den Weltraum ab, allerdings mit niedrigerer Energiequalität in Form langwelliger Wärmestrahlung. Das »Gefälle« von niedriger Entropie zur abgestrahlten Wärmestrahlung nutzen wir zu unserer wunderbaren dissipativen Struktur der Erde und des Lebens auf dieser Erde aus. Entropie verliert dabei ihre Eigenschaft als strukturzerstörende, dem toten Gleichgewicht entgegenstrebende Entwicklungsrichtung. Sie wird vielmehr zu einem neuen Entwicklungsprinzip, ohne das keine Struktur denkbar wäre.

Noch eine weitere interessante Eigenschaft haben die hier dargestellten dissipativen Strukturen. Sie sind keineswegs starr, sondern sie sind ihrerseits »entwicklungsfähig«. Betrachtet man etwa, was passiert, wenn der Fluß, der einer dissipativen Struktur zugrunde liegt, sich ändert, so sieht man, daß ab einem kritischen Wert alte Struktur zerstört wird. Die bisherige Struktur, die man in einfachen Fällen auch sehr gut mathematisch als

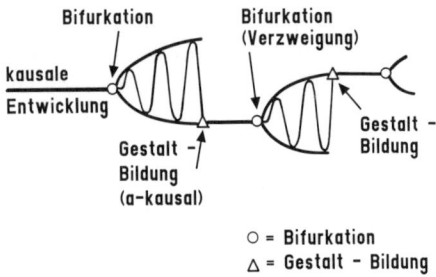

Abb. 10: »Bifurkation« dissipativer Strukturen

System von algebraischen Gleichungen und Differentialgleichungen darstellen konnte, ist unhaltbar geworden.

An einem solchen kritischen Punkt stehen dem System plötzlich neue strukturelle Möglichkeiten offen, sein Entwicklungsweg verzweigt sich (siehe Abb. 10). Aus diesem Grund wird
dieser Punkt auch »Bifurkationspunkt« genannt. Das System
beginnt nun auch zwischen diesen Möglichkeiten zu schwingen,
wenn wir den Fluß weiter ändern. Schließlich wird eine der
beiden Entwicklungspfade bestimmend für das System, das
System hat seine neue Ordnung gefunden, es hat seine neue
Gestalt angenommen. Das Erstaunliche bei diesem Vorgang ist,
daß man nicht voraussagen kann, welche Struktur schließlich
bestimmend für die weitere Entwicklung sein wird. Wohl kann
man mathematisch die Entwicklungslinien beschreiben, die endgültige »Entscheidung« für eine bestimmte Struktur ist aber
nicht vorherbestimmbar, sie ist akausal! Während der Schwingung zwischen den beiden Strukturen schließlich ist das System in einem Zustand, der beide Strukturen »gleichzeitig«
enthält.

Diese Eigenschaft erinnert wieder sehr stark an das, was wir
bereits in der Quantenmechanik gesehen haben. Einerseits sind
alle Strukturen klar beschreibbar, die ihnen zugrunde liegenden
Gleichungen können von jedem halbwegs begabten Mathematiker aufgestellt werden. Sie sind auch durchaus »zeitlich unbe-
schränkt« gültig, solange der Fluß durch das System aufrecht
erhalten wird. Andererseits ist die Entscheidung für eine Struk-

tur, also die tatsächliche Realisierung in unserer biologischen Realität, ein akausaler Vorgang. Dieser akausale Vorgang der »Gestaltfindung« bricht auch wieder die zeitliche Symmetrie, die Gestalt bzw. die entstandene Struktur hat plötzlich einen Anfang (und damit auch eine Zukunft!).

Mit dieser Neuinterpretation der Entwicklung aus thermodynamischer Sicht hat Prigogine auch den Weg geebnet für eine neue Betrachtung der Evolution. Diese neue Sicht der Evolution wurde dabei insbesondere durch Manfred Eigen formuliert, der seine Forschungen auf jenen »Übergang« zwischen unbelebter und belebter Natur richtete, also auf die Entstehung des Lebens. Die wesentlichen Aussagen von Manfred Eigen lassen sich dabei so zusammenfassen:

— Betrachtet man das Verhalten der Bausteine des Lebens, der Nukleinsäuren und Proteine, so deutet nichts darauf hin, daß ihnen irgendwelche »eigentümlichen« Kräfte innewohnen. Es gibt keine Lebenskraft, keine vis vita der Vitalisten, die Belebtes von Unbelebtem trennt. Die Strukturierung, vor allem aber die Auslese und Formstabilisierung tritt bereits auf molekularer Ebene zutage. Es ist eine Eigenschaft komplexer Reaktionen, eine Eigenschaft der Materie. Leben ist daher eine inhärente Stoffeigenschaft!

— Das Auftreten von Mutationen kann mit Hilfe des Prinzips der Instabilitäten und Bifurkationen von Prigogine und Glansdorff erklärt werden. Dabei wird angenommen, daß »Leben« ein stationärer, irreversibler Prozeß weit vom thermodynamischen Gleichgewicht sei. Der stetige Zwang zur Erneuerung und zur Auswahl neuer Formen und Lebensweisen ist damit ebenfalls ein der Materie (und damit unserer biologischen Realität) innewohnendes Prinzip. Allerdings, und das geht bereits aus den Aussagen von Prigogine hervor, kann die individuelle Route der Evolution nicht vorherbestimmt werden, sie ist eine Folge akausaler Formfindungen, Realisierungen von Bifurkationen.

— Schließlich läßt sich kein «Ursprung des Lebens» definieren. Alle Lebenseigenschaften, alle Eigenschaften der Evolution lassen sich auf Eigenschaften der Materie zurückführen. Damit wird Leben nicht zum Produkt eines einmaligen Schöpfungsaktes, sondern, viel spannender, zu einem zwangsweise entstehenden Phänomen, das unserer biologischen Realität zugrunde liegt.

Es ist sicherlich nicht weiter erstaunlich, daß diese Aussagen von Manfred Eigen in zweifacher Weise interpretiert wurden. Einerseits sind sie natürlich die Grundlage der modernen Molekularbiologie, die aus diesen Aussagen sowohl den grundlegend chemisch-physikalischen Charakter aller Lebensvorgänge ableitet, als auch andererseits die moralische Machbarkeit aller Eingriffe in das Leben mit der durch diese Aussagen verschwundenen Trennung zwischen Belebtem und Unbelebtem begründet. In dieser Hinsicht können die Ergebnisse von Eigen (und zum Teil auch von Prigogine) durchaus in die mechanistische Denkrichtung Jacques Monods gestellt werden.

Andererseits weisen diese Aussagen und Forschungsergebnisse, stellt man sie in den Kontext des Theorienrahmens von Teilhard de Chardin, weit über das mechanistische Weltbild hinaus. Sie weisen nach, daß die »Innenseite« der Dinge, das Bewußtsein, in großartiger Weise strukturierend wirkt. Materie, die alle Dinge und Lebewesen in unserer biologischen Realität aufbaut, hat durch dieses Bewußtsein die Eigenschaft, sich selbst zu organisieren. Selbstorganisation als inhärente Eigenschaft der Materie löst damit das mechanistische Zwillingspaar Zufall und Notwendigkeit als Entwicklungsprinzip ab!

Autopoiese und morphogenetische Felder

Die Entwicklung der biologischen Wissenschaften hat jedoch noch andere wesentliche Bausteine für ein neues Weltbild geschaffen, die neben das neue Ordnungsprinzip der Selbstorganisation treten. Die Biologie nimmt damit die Stafette dort auf, wo sie die Quantenmechanik liegen läßt; Biologie wird in dieser Sicht tatsächlich zur »Physik des Komplexen«. Sie gibt uns nicht nur Einblicke in die Entwicklung unserer biologischen Realität, sie zeigt uns auch auf, welchen Platz und welche Verantwortung wir selbst in dieser Entwicklung haben.

Um dies zu erkennen, wollen wir uns vorerst mit den Arbeiten zweier chilenischer Biologen vertraut machen, nämlich Humberto Maturana und Francisco Varela. Sie tragen den Gedanken der Selbstorganisation weiter in Richtung des neuen Weltbildes.

Die Grundlage ihrer Ideen liegt im Begriff der Autopoiese (von griechisch autos = selbst und poiein = machen). Sie gehen dabei von systemtheoretischen und kybernetischen Ansätzen aus, um das Zusammenwirken von Lebewesen mit ihren Sinneseindrükken und schließlich ihrer Mitwelt zu beschreiben.

Was ist nun die Essenz der Autopoiese, des Selbstschaffens lebendiger Systeme? Maturana definiert dies so:

»Es gibt lebende Systeme. Diese erzeugen eine spezifische Erscheinungswelt, die Erscheinungswelt lebender Systeme ... Es gibt eine Klasse mechanistischer Systeme, in der jedes Element ein dynamisches System ist, das als eine Einheit durch Relationen definiert wird, welche es als ein Netzwerk von Prozessen der Produktion von Bestandteilen konstituieren. Diese Bestandteile wirken einmal durch ihre Interaktionen in rekursiver Weise an der Erzeugung und Verwirklichung eben jenes Netzwerkes von Prozessen der Produktion von Bestandteilen mit, das sie selbst erzeugte, und bauen zum anderen dieses Netzwerk von Prozessen der Produktion von Bestandteilen dadurch als eine Einheit im Raum auf, in dem sie (die Bestandteile) existieren, so daß sie die Grenzen dieser Einheit erzeugen.

Ich nenne solche Systeme autopoietische Systeme, die Organisation eines autopoietischen Systems heißt autopoietische Organisation. Ein autopoietisches System, das im physikalischen Raum existiert, ist ein lebendes System.«

Hinter dieser sehr dichten Definition verbirgt sich eine außerordentlich interessante und wichtige Erkenntnis, die Maturana knapp so beschreibt: »Wir erzeugen buchstäblich unsere Welt, in der wir leben, indem wir sie leben.« Noch ein Weiteres steht in dieser Definition, nämlich, daß autopoietische Systeme im »physikalischen Raum« (oder in unserer Diktion: in der biologischen Wirklichkeit) lebende Systeme sind.

Wir wollen ein wenig bei diesen Gedanken und Definitionen verweilen, wollen sie in den Kontext mit dem bisher Dargestellten bringen und danach entsprechend in unser neues Weltbild

einordnen. Maturana trägt hier den Grundgedanken der Selbstorganisation konsequent weiter. Nicht nur »organisiert« sich
Materie selbst, durch das Zusammenwirken der verschiedenen
dynamischen (und weit vom lähmenden Gleichgewicht entfernten) Elemente eines Organismus entsteht eine höhere Form der
Selbstorganisation. Diese Teile wirken rekursiv aufeinander ein,
sie definieren damit das neue Ganze und geben ihm eine umfas-
sendere Form im Raum. Es ist dies die konsequente Weiterver-
folgung des Gedankens der Innenseite der Dinge, des Bewußtseins der Materie. Dieses Bewußtsein organisiert nicht nur die
Materie, es organisiert sich auch selbst zu immer höherer Komplexität, es schafft sich im aktiven Vorgang der Wahrnehmung
(der anderen Teile und seiner Relation zu den anderen Teilen des
Ganzen) selbst. Das Bewußtsein hat also nicht nur die Neigung,
aus der EPR-Realität die biologische Realität zu schaffen, es hat
auch die Neigung, sich selbst zu organisieren und zu immer
»höheren« (weil komplexeren) Bewußtseinsstufen zu entwik-
keln!

Ein weiteres interessantes Detail sei hier noch angemerkt.
Maturana spricht von »autopoietischen Systemen im physikalischen Raum« als Kennzeichen des Lebens. Erkennt man aber die
Ergebnisse von Manfred Eigen an, die keine wirkliche Trennung
zwischen Belebtem und Unbelebtem mehr erlauben, setzt man
diese Aussagen auch wieder in den Rahmen jener, die Teilhard
de Chardin gemacht hat, so sieht man eigentlich, daß Maturana
hier vielleicht zu kurz gegriffen hat. Denn wenn es das Bewußtsein der Dinge ist, das ihre Fähigkeit zur Selbstorganisation
bedingt, und wenn Bewußtsein seinerseits autopoietisch wirkt,
dann sehen wir, daß unsere ganze biologische Realität ein
ganzheitliches System der Autopoiese ist. Ähnlich wie Bewußtsein nicht auf »lebendige« Systeme eingeschränkt werden kann,
sondern eine Eigenschaft der Dinge unserer biologischen Realität ist, so ist auch Selbstorganisation (der Materie) und Autopoiese (des Bewußtseins) eine Eigenschaft, der wir zwingend in
unserer Realität begegnen.

Wichtig ist, daß die Gedanken Maturanas keineswegs solipsi-
stisch aufgefaßt werden dürfen. Die vereinfachende Lösung, daß
nur »ich« existiere und alles andere durch »meine« Erfindung,

Einbildung, »meine« Gedanken erschaffen wird, ist unhaltbar. Die Realität, die uns aus diesen Erkenntnissen entgegentritt, zeigt vielmehr, daß wir alle, zusammen mit allen Dingen der biologischen Realität, emsig am bunten Teppich unseres biologischen Seins weben.

Dieser Aspekt tritt uns noch verstärkt in der Theorie der morphogenetischen Felder von Rupert Sheldrake entgegen. Wir wollen hier zuerst den Ausgangspunkt dieser Theorie und ihre experimentelle Grundlage darstellen und uns dann den erstaunlichen Folgerungen aus diesen Ideen zuwenden.

Der Ursprung der Überlegungen, die zur Annahme der Existenz morphogenetischer Felder führen, liegt in einer lange bestehenden Kontroverse über die Weitergabe von Wissen. Nach konventioneller, mechanistischer Sicht kann angelerntes Wissen nicht vererbt werden. Die Evolution geht ihren Weg, angetrieben durch den Zufall der Mutation und die Notwendigkeit der Auslese. Diese These war natürlich bereits weit vor den Theorien der modernen Molekularbiologie Grundlage der mechanistischen Evolutionstheorie. Die Ergebnisse der Molekularbiologie haben dieser Theorie schließlich ihre materialistische Grundlage gegeben. Das Erbgut als Summe aller »evolutionärer« Erfahrung ist materiell in der Doppelhelix der DNS im Zellkern manifest. Das Verhalten des Lebewesens wird durch die chemisch-physikalischen Vorgänge, die in dieser materiell vorhandenen »Betriebsanleitung« festgelegt sind, bestimmt. Die im Rahmen eines individuellen Lebens angehäufte Erfahrung ist in anderer Weise (nämlich im Gehirn) gespeichert. Sie ist diesem Einzelindividuum zugänglich und kann von ihm »gelehrt«, also in die Hirne der Nachfahren eingepflanzt werden. Sie wird aber nicht vererbt, da sie ja die chemisch-physikalischen Eigenschaften der Erbmasse nicht verändert. Das kann nur der Zufall durch die (materiell manifeste) Mutation. Soweit die bekannte Position der mechanistischen konventionellen Wissenschaft.

Diese Position wurde seit langem durch Antoine de Lamarck und seine Denkschule angegriffen. Nach deren Position kann das individuell angeeignete Wissen sehr wohl vererbt werden. Der Widerstreit dieser Positionen hat natürlich weitreichende gesellschaftliche Folgen und ist daher von erheblicher Bedeu-

tung. Folgt man der mechanistischen Interpretation, so ist jedes
Individuum bei seiner Geburt nur durch sein Erbgut bestimmt.
Die Kinder von Massenmördern können, so nur das »Umfeld«
stimmt und sie die richtige Ausbildung erhalten, zu feinsinnigen
Klaviervirtuosen heranreifen. Die Gesellschaft, das Milieu, prägen die Individuen, die dieser Prägung nach Maßgabe ihrer
Erbanlagen auch gerecht werden. Folgt man hingegen der La-
marckschen Interpretation, so haben die Kinder von Massenmördern eine gute Chance, selbst Verbrecher zu werden, und die
Kinder von Monarchen geben jedenfalls bessere Herrscher ab als
die von Industriearbeitern. Man sieht, daß die Bedeutung dieses
Theorienstreites offensichtlich auch aufwendige Experimente
zur Entscheidung rechtfertigt!

Das wichtigste Experiment begann W. McDougall im Jahre
1920 in Harvard. Er hoffte, eine gründliche Prüfung der Möglichkeit Lamarckistischer Vererbung vorlegen zu können. Die
Versuchstiere waren weiße Ratten des Wistar-Stammes, die
unter Laborbedingungen viele Generationen hindurch reinrassig
gezüchtet wurden. Sie mußten lernen, aus einem speziell kon-
struierten Wasserbecken zu entkommen, indem sie zu einem der
beiden Durchgänge schwammen, die aus dem Wasser heraus-
führten. Der »falsche« Durchgang war hell erleuchtet, der »richtige« nicht. Wenn die Ratte versuchte, das Wasser über den
falschen Durchgang zu verlassen, bekam sie einen elektrischen
Schock. Die Position des »richtigen« Ausganges wurde laufend
gewechselt. Die Anzahl der Fehlentscheidungen einer Ratte, bis
sie gelernt hatte, das Wasser jeweils über den nicht beleuchteten
Durchgang zu verlassen, galt als Maß für ihre Lerngeschwindigkeit (vgl. Abb. 11).

Einige Ratten brauchten bis zu 330 Versuche, die ihnen etwa
halb soviele elektrische Schocks eintrugen, bis sie lernten, den
hell erleuchteten Durchgang zu meiden. Der Lernprozeß lief in
allen Fällen auf einen plötzlich erreichten kritischen Punkt zu.
Über einen längeren Zeitraum zeigte das Tier eine klar erkenn-
bare Abneigung gegenüber dem hellen Gang; es zögerte häufig
davor, wandte sich dann davon ab, oder es nahm ihn mit
verzweifelter Eile; weil es jedoch die konstante Beziehung zwischen hellem Licht und elektrischem Schock nicht erkannt hatte,

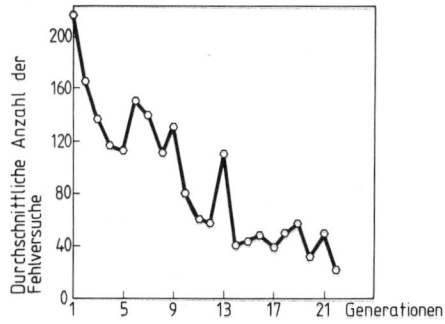

Abb. 11: Lerngeschwindigkeit für verschiedene Generationen von Versuchs-Ratten im Versuch von McDougall

wählte es den hellen Weg fast genauso oft wie den anderen. Danach kam schließlich ein Punkt im Trainingsprogramm, an dem das Tier sich beim Anblick des hellen Lichtes entschieden endgültig abwandte, den anderen Ausgang suchte und ruhig durch den dunklen Ausgang hinauslief. Nach diesem Punkt begingen die Tiere nur noch ganz selten den Fehler, den hellen Gang zu benutzen.

In jeder Generation wurden die Ratten, die zur Weiterzucht genommen werden sollten, aufs Geratewohl ausgewählt, bevor ihre Lerngeschwindigkeit gemessen wurde. Die Paarung fand dann erst nach dem Test statt. Dieses Verfahren wurde gewählt, um die Möglichkeit bewußter oder unbewußter Wahl schneller lernender Ratten auszuschließen.

Dieses Experiment wurde über 32 Generationen fortgesetzt und dauerte bis zu seiner Beendigung 15 Jahre. In Übereinstimmung mit Lamarcks Theorie stellte sich die deutliche Tendenz heraus, daß Ratten aufeinanderfolgender Generationen zunehmend schneller lernten (vgl. Abb. 11). Das läßt sich aus der durchschnittlichen Anzahl von Fehlversuchen ablesen, die die Ratten in den ersten 8 Generationen machten, nämlich über 56, während in der 2., 3. und 4. Gruppe von je 8 Generationen die Anzahl der Fehlversuche bei durchschnittlich 41, 29 und 20 lag. Dieser Unterschied zeigte sich nicht nur in den quantitativen

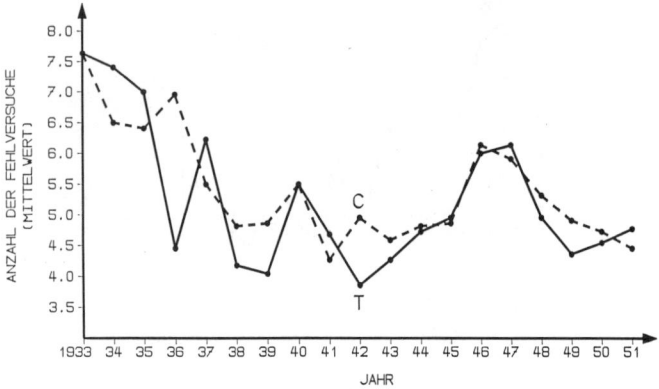

Abb. 12: Lernerfolg der *trainierten* Ratten (T) im Vergleich zu *untrainierten* (C), im Versuch von Agar

Ergebnissen, sondern auch im tatsächlichen Verhalten der Ratten, die in den späteren Generationen vorsichtiger wurden.

Diese Experimente wurden im Jahre 1954 nach heftigen Kontroversen abgebrochen, da die Ergebnisse nach der mechanistischen Theorie völlig unerklärlich sind.

Diese Experimente sind offensichtlich sowohl an Zeit als auch bezüglich der verwendeten Methodik sehr aufwendig. Trotzdem wurden wegen ihrer großen Bedeutung die Experimente von McDougall von anderen Forschern, und zwar von F. A. E. Crew aus Edinburgh und W. E. Agar aus Australien, wiederholt und teilweise bestätigt. In Übereinstimmung mit McDougall stellte man eine deutliche Tendenz zu schnellerem Lernen bei den nachfolgenden Generationen trainierter Ratten fest. Das würde also die Lamarcksche Theorie bestätigen.

Jedoch – und das ist die wichtige Abweichung – kam man zu genau denselben Ergebnissen auch bei den Nachkommen untrainierter Ratten. In einer Arbeit von W. E. Agar und Mitarbeitern heißt es: »Dies ist der letzte Bericht eines Versuches von 20 Jahren Dauer, in welchem wir die bekannten Versuche von William McDougall wiederholten, um festzustellen, ob Lamarcksches Lernverhalten bei Ratten gegeben ist. Unsere Versuche bestätigen McDougall in der Weise, daß auch wir eine Verbesserung

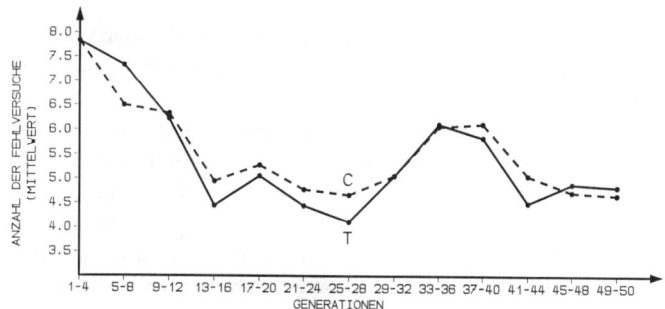

Abb. 13: Lernerfolg der *trainierten* Ratten (T) im Vergleich zu
untrainierten
(C), im Versuch von Agar

der Lerngeschwindigkeit über längere Zeiträume feststellten.
Wir fanden jedoch, daß dieser Effekt nicht anhält. Außerdem
konnten wir in einem Kontroll-Versuch bemerken, daß die
*Verbesserung der Lerngeschwindigkeit auch bei untrainierten
Ratten festzustellen ist.* Dadurch aber wird eine Lamarcksche
Interpretation ausgeschlossen. Während der ganzen Dauer des
Versuches war die Übereinstimmung der Ergebnisse zwischen
den trainierten Ratten und den Kontroll-Linien überraschend,
wobei für die letzten Generationen die Kontroll-Linien sogar
bessere Ergebnisse zeigten als die trainierten.«

Diese Ergebnisse sind in Abb. 12 und Abb. 13 dargestellt.

Diese Ergebnisse sind außergewöhnlich. Nicht nur, daß Lernen den eigenen Nachkommen zugute kommt, es verbessert
auch die Problemlösungskapazität der ganzen Art! Diese experimentellen Ergebnisse führten Sheldrake nun dazu, eine ganz
neue Theorie über die Weitergabe von Wissen und Erfahrung zu
entwickeln. Er postuliert die Existenz morphogenetischer Felder. Diese Felder übertragen die Information der »Gestaltbil-
dung« zwischen einzelnen Individuen. Sie bilden faktisch einen
Speicher, in dem Einzelvorgänge und individuelle Erfahrungen
abgespeichert werden, die dann von jedem Individuum abgeru-
fen werden können. Je häufiger ein Vorgang wiederholt wird,
desto stärker und prominenter ist die Eintragung in diesem
Speicher und desto ausgeprägter ist das morphogenetische Feld
dieses Vorganges. Je stärker das morphogenetische Feld, desto

größer wird aber auch die Wahrscheinlichkeit, daß der Vorgang wiederholt wird, was seinerseits wieder das morphogenetische Feld stärkt.

Morphogenetische Felder haben außer dieser Selbstverstärkung auch noch andere interessante Eigenschaften. Sie sind z. B. nicht örtlich gebunden. Der Lernerfolg einer Rattenkolonie in London kommt ihren englischen Artgenossen ebenso zugute wie jenen in New York, Wien oder Melbourne. Sie sind zur Aufrechterhaltung jeder Form unumgänglich notwendig, da etwa auch die Vorgänge der Morphogenese von Lebewesen ihre morphogenetischen Felder aufbauen, ebenso wie die Vorgänge beim Bau eines Ameisenhaufens. Die Formfindung ebenso wie die Weitergabe von Erfahrung ist nach dieser Theorie ganz wesentlich von der Existenz und Stärke der entsprechenden morphogenetischen Felder abhängig. Aus der Sicht dieser Theorie kommt dem Erbmaterial der DNS eher die Bedeutung von »Antennen« zum »Empfang« morphogenetischer Felder zu, als die Ursache für Formwerdung und Aufbau eines Organismus zu sein. Ebenso kommt der genetischen Vererbung in dieser Theorie nur eine untergeordnete Rolle zu.

Auf den ersten Blick mag die Theorie von Rupert Sheldrake gewagt erscheinen, hat doch noch niemand ein morphogenetisches Feld »gesehen«, geschweige denn seine Feldstärke definiert oder gemessen. Doch auch die gut erforschten Felder der Physik, wie etwa das Gravitationsfeld oder das Magnetfeld der Erde, erkennt man an seinen Wirkungen. Wir »wissen«, daß das Gravitationsfeld existiert, weil wir unser Gewicht spüren, und daß das Magnetfeld existiert, weil sich die Magnetnadel eines Kompaß immer in die Nord-Südrichtung bewegt. Neben den Experimenten (die hier nur zur Erklärung dargestellt und die keinesfalls umfassend geschildert wurden) kann auch unsere Alltagserfahrung die Existenz morphogenetischer Felder belegen. Wer jemals gesehen hat, wie ein Zehnjähriger seinen ratlosen Eltern die Funktionsweise eines Videorekorders erklärt oder wer je seine Kinder mit einem Computer hat arbeiten sehen, die dabei selbst technisch vorgebildete Eltern an Professionalität weit in den Schatten stellen, wird zugeben müssen, daß ihr Wissen nicht aus der genetischen Vererbung stammen kann und schon gar nicht von der Vorbildwirkung der Eltern erlernt worden ist. Hier muß ein anderes Prinzip walten, ein Prinzip, das durch morphogenetische Felder (für die Kinder offensichtlich empfänglicher sind als bereits inflexibel gewordene Erwachsene) sehr gut erklärt werden kann.

Betrachten wir die Theorie der morphogenetischen Felder aus der Sicht der bisher in diesem Buch dargestellten wissenschaftlichen Erkenntnisse, so fügt sie sich nahtlos in ein neues Realitätsbild. Morphogenetische Felder scheinen einen hervorragenden Erklärungsrahmen für Wirkung und Zusammenhang des Bewußtseins, der Teilhard de Chardinschen »Innenseite der Dinge« zu bieten. Dabei müssen sie weit über den engen biologisch-genetischen Bereich hinaus betrachtet werden, wie dies auch von Rupert Sheldrake getan wird. Nicht nur die Gestaltwerdung biologischer Systeme und Organismen, nicht nur die Handlungen von Lebewesen bilden morphogenetische Felder. Auch chemische Reaktionen, die Gestaltwerdung von Kristallen, ja selbst die aktive »Wahrnehmung«, die aus der EPR-Realität unsere biologische Realität erzeugt, bilden derartige Felder.

Damit werden faszinierende neue Facetten der Realität sichtbar. Nicht nur wird der Aspekt der Autopoiese, dieses gemeinschaftlichen »Webens am Teppich der Realität«, durch diese Theorie verstärkt. Die Gesetze der biologischen Realität, unsere konventionellen Naturgesetze, bekommen plötzlich einen habituellen Charakter. Sie sind nicht sosehr fest vorgegebene, »von Gott eingesetzte« Gesetze als vielmehr der Ausdruck sich selbst verstärkender morphogenetischer Felder. Sie sind Ausdruck der oftmaligen Wiederholung von Vorgängen, von Bewußtseinshandlungen. Wir weben nicht nur am Teppich der biologischen Realität, wir bestimmen auch noch dazu die Gesetzmäßigkeit, mit der diese Realität abläuft!

Die neue Realität des Werdens

Die Ergebnisse der Thermodynamik und der biologischen Wissenschaften bieten uns eine wichtige Ergänzung zur Realitätssicht des neuen Weltbildes. Die grundlegende Erkenntnis ist die

von der Existenz der Innenseite der Dinge, des Bewußtseins in
allen Dingen unserer biologischen Realität. Diese Erkenntnis
fügt sich nahtlos in die Sicht, die wir aus der Quantenphysik
gewonnen haben. Wir haben dort gesehen, daß unsere sinnliche,
biologische Realität durch einen aktiven Vorgang aus einer
vielfältigen Realität, der EPR-Realität, erzeugt wird. Das Bewußtsein der Dinge ist daher eine notwendige Voraussetzung
zur Entstehung unserer biologischen Realität.

Die zweite wesentliche Erkenntnis ist die, daß Entwicklung
und Evolution zu höherer Komplexität, vom unbelebten über
die organische Grundbausteine hin zum Leben und schließlich
zum selbstbewußten Menschen nicht eine zufällige Anormalität
ist, die in dauernder Bedrohung durch die desintegrativen, nivel-
lierenden und strukturauslöschenden Kräfte des thermodynamischen Zerfalls steht. Vielmehr ist es eine unserer biologischen
Realität innewohnende Eigenschaft, basierend auf der Selbstorganisation. Das generelle Prinzip der Selbstorganisation löst
damit das Entwicklungsprinzip von Zufall und Auslese des
Angepaßtesten ab.

Schließlich und endlich zeigt sich, daß (in Fortsetzung der
Argumentation der Quantenphysik) unsere biologische Realität
nicht etwas Vorgegebenes ist, sondern durch unser Handeln,
durch unser Leben selbst geschaffen wird. Das Bewußtsein der
Dinge, das diese Realität dauernd erzeugt, wird seinerseits durch
ein allgemein ordnendes Prinzip, das der morphogenetischen
Felder, beeinflußt und zusammengeschlossen. Dabei zeigen
diese Felder Eigenschaften, die wir schon in der quantenmechanischen EPR-Realität erkennen konnten: Sie sind nicht lokal und
synchron zumindest in dem Sinn, als sie alles »Vergangene«
speichern und zur Erzeugung der momentanen biologischen
Realität heranziehen.

Die Theorie der morphogenetischen Felder kann uns auch
helfen, das Mysterium intersubjektiver Erfahrung zu lösen, das
die Quantenmechanik noch offen ließ. Wir haben dort davon
gesprochen, daß ein »Beobachter« durch den aktiven Vorgang
der Wahrnehmung die EPR-Realität zur biologischen Realität
reduziert. Warum jedoch sehen *alle* Beobachter, die dasselbe
Auto betrachten, daß dieses Auto rot ist? Die Antwort auf diese

entscheidende Frage kann aus der Sicht der morphogenetischen Felder einfach gegeben werden. Der Akt des Bewußtseins, der zur Wahrnehmung führt, baut ein morphogenetisches Feld auf. An diesem morphogenetischen Feld hat die ganze biologische Realität teil. Sie verstärkt dieses Feld durch ihre eigene Wechselwirkung mit dem Beobachteten und dem Beobachter. Das morphogenetische Feld wird damit zu jener Klammer, die unsere biologische Realität zusammenhält, die ihr die scheinbare Festigkeit intersubjektiver, sinnlicher Wahrnehmbarkeit verleiht. Gleichzeitig wird Wahrnehmung dabei zu einem sozialen Akt. Er verbindet uns (eben über das morphogenetische Feld) mit allem, was in unserer biologischen Realität existiert. Die Intersubjektivität der sinnlichen Wahrnehmung wird damit zum vielleicht stärksten Argument für die Existenz morphogenetischer Felder.

Unsere biologische Realität erhält durch diese Erkenntnisse einen ganz neuen und aufregenden Charakter: Sie ist nicht mehr eine statische Kulisse, in der wir unser Leben gebunden und eingeengt durch Naturgesetze nach unserem Belieben leben. Sie ist vielmehr ein Vorgang, den wir selber, zusammen mit allem Mitexistierenden durch unser Bewußtsein erschaffen!

Gedanken und Symbole als Kraft –
Der Beitrag der Parapsychologie
zum neuen Weltbild

In diesem Abschnitt wollen wir uns mit einem Bereich beschäftigen, der nicht allgemein als Wissenschaft (oder besser Naturwissenschaft) im herkömmlichen Sinn bezeichnet werden kann. Wir wollen uns fragen, ob Gedanken und Symbole auf Dinge und Vorgänge in unserer biologischen Realität wirken können. Diese Fragestellung ist an sich eine Fragestellung, die bestenfalls am Rande der konventionellen Wissenschaft steht oder die überhaupt im Bereich des Methaphysischen (oder schlimmer noch im Bereich der Scharlatanerie) angesiedelt wird. Trotzdem ist sie für das Verständnis des Weltbildes entscheidend und muß daher hier behandelt werden.

Gerade bei dieser Problemstellung erscheint es besonders wichtig, Wissenschaft nicht so sehr als festgefügte, in Disziplinen eingeteilte Tätigkeit zur Wissensgenerierung anzusehen. In diesem starren Geleis ist für die Behandlung eines (zumindest aus der Sicht des mechanistischen Weltbildes) so heiklen Themas kein wirklicher Platz zu finden. Wir müssen hier Wissenschaft viel weiter fassen, als eine Methode der Auseinandersetzung mit »neuen« Phänomenen. Diese wissenschaftliche Methodik, an die wir uns in diesem Abschnitt streng halten wollen, soll diese Phänomene einer rationalen Diskussion öffnen und auf eine intersubjektiv nachvollziehbare Basis der Darstellung bringen. In manchen Fällen werden wir auf gewohnte wissenschaftliche Anforderungen, wie etwa die strikte Nachvollziehbarkeit von Experimenten, verzichten müssen. Wir glauben aber, daß sowohl die Wichtigkeit der Erkenntnisse als auch die geradezu atemberaubenden Perspektiven, die sich aus der Analyse solcher Grenzphänomene wie Präkognition, Telepathie und Telekinese ergeben, dies rechtfertigen.

Diese Phänomene, ebenso wie die Phänomene und Wirkungen der »Neuen Homöopathie«, wie sie Erich Körbler gefunden und systematisch beschrieben hat, sind heute sicherlich noch in den

Bereich des »Wunderbaren« einzuordnen. Wir sollten jedoch nicht vergessen, daß Wunder etwas durchaus Relatives sind. Hätte man einen Seefahrer des 16. Jahrhunderts etwa mit Funk, Radar, ganz zu schweigen von Fernsehen und Satelitenortung konfrontiert, so wäre er entweder in religiöse Ehrfurcht verfallen oder, was noch wahrscheinlicher ist, er hätte diese Dinge und Möglichkeiten als Teufelszeug abgetan (und den Überbringer dieser Technologien als Hexe oder Zauberer verbrannt!). Obwohl unser Seefahrer bereits den Kompaß verwendet hat und damit jenes Phänomen ausnützte, das schlußendlich all diesen modernen Technologien zugrunde liegt, so wäre ihm die moderne Anwendung dieses Prinzips als »Wunder« begrifflich verschlossen geblieben.

Dieses zugegebenerweise etwas grobe Exempel soll nur zeigen, daß der Begriff ›Wunder‹ durchaus standortabhängig ist. Schließlich ist auch die moderne Wissenschaft seit der Aufklärung mit dem Anspruch angetreten, die Welt zu »entzaubern« und Wunder sukzessive aufzuklären und dem Menschen schließlich als Technologie nutzbar zu machen. So gesehen ist die Anwendung der wissenschaftlichen Methodik auf heute noch »wunderbare« Phänomene nicht nur zulässig, sondern auch im Einklang mit dem Selbstverständnis der Wissenschaft.

Der konventionell(natur-)wissenschaftliche Zugang allein vermag jedoch den in diesem Abschnitt behandelten Grenzphänomenen nur in Teilbereichen gerecht zu werden. Dies schlägt sich insbesondere in der Auswahl der hier konkret behandelten Arbeiten nieder. Diese Auswahl wurde vor dem Hintergrund ihrer »naturwissenschaftlichen Darstellbarkeit« getroffen. Sie soll daher eher exemplarisch gesehen werden, wobei noch eine Fülle von vergleichbar interessanten Phänomenen zur Behandlung anstehen würde. Eine Aufarbeitung dieser Grenzphänomene bedarf jedoch auch einer grundsätzlichen Neudefinition der wissenschaftlichen Methodik, wie sie in einem späteren Abschnitt dargestellt wird.

Die Revolution in der Parapsychologie –
Oder: Was ist Geist?

> »Es gibt mehr Ding' im Himmel und auf Erden,
> Als Eure Schulweisheit sich träumt, Horatio«
> Shakespeare, »Hamlet«, 1600

In diesem Kapitel sollen einige wissenschaftliche Untersuchungen vorgestellt werden, die der Äußerung von »Geist« oder dem Bewußtsein zuzuschreiben sind. Dazu ist es notwendig, auch sogenannte »außer-normale« Phänomene des Bewußtseins zu behandeln. Diese werden bereits seit längerer Zeit auch wissenschaftlich untersucht, haben sich aber bisher einer eindeutigen experimentellen Behandlung entzogen. Mit dem Fortschritt der elektronischen Meßtechniken und der Möglichkeit der Erfassung und Auswertung einer sehr großen Anzahl von Meßdaten mittels Computer hat sich diese Situation jedoch grundlegend verändert.

Die experimentelle Basis der Erforschung außernormaler psychischer Phänomene

Seit den dreißiger Jahren, in denen J. B. Rhine an der Duke University mit der Erforschung außernormaler psychischer Phänomene begann, sind diese umstritten. Die Schwierigkeiten, die sich bei der wissenschaftlichen Behandlung dieser Phänomene ergeben, betreffen die Reproduzierbarkeit der Versuche und die intersubjektive Prüfbarkeit. Dazu kommt noch bei den Versuchen zur Psychokinese die Notwendigkeit der Durchführung einer großen Anzahl von Versuchen. In diesen Versuchen müssen mit größter Genauigkeit geringste Abweichungen gemessen werden. Schließlich ist die Frage relevant, ob diese Versuche mit »sensitiven Personen« durchzuführen seien oder ob jeder »normale« Mensch als Versuchsperson geeignet ist.

Die lange Diskussion um die wissenschaftliche Anerkennung parapsychologischer Versuche – insbesondere von Psychokinese und Telepathie – scheint nun zugunsten dieser Phänome abgeschlossen zu sein. Den Durchbruch in dieser Beziehung erzielten vor allem amerikanische Elite-Universitäten, die in wissenschaftlich eindeutiger Weise das Vorhandensein dieser Phänomene zeigen konnten.

Die Arbeiten an der Universität in Princeton sind jüngeren Datums. Sie stellen aufgrund ihrer wissenschaftlichen Qualität und wegen des hohen Ansehens und des wissenschaftlichen Rufes dieser Universität Erkenntnisse von größter Bedeutung dar. Die Versuche wurden an der School of Engineering von Robert G. Jahn und Mitarbeitern durchgeführt. Im folgenden wird eine Zusammenfassung der Ergebnisse der Versuche zur Psychokinese und Telepathie gebracht, die am Princeton Engineering Anomalies Research Laboratory der School of Engineering der Universität von Princeton erhalten wurden.

Die Versuche zur Psychokinese, d.h. der Beeinflussung von Materie mittels willentlich gerichteter Gedanken, wurden mit verschiedenen Typen von Zufallsgeneratoren durchgeführt und zwar an

– zwei verschiedenen elektronischen Zufallsgeneratoren, sogenannten REG-Apparaten[5] (vgl. Abb. 14)
und
– einem mechanischen Zufallsgenerator RMC[6] (vgl. Abb. 15), bestehend aus einer 2 × 3,3 m Platte, versehen mit 330 Stiften, über welche in wenigen Minuten 9000 Styrol-Kügelchen von 19 mm Durchmesser fallen, die sich in 19 Auffang-Segmente verteilen.

In allen Fällen wird durch die Versuchsperson versucht, das Zufallsgesetz – die Gaußsche Normalverteilung – willentlich zu verändern, d.h. zu größeren (PK+)[7] oder niedrigeren (PK-) Werten in der Verteilungskurve zu verschieben. Die Versuchsanordnung mit dem RMC-Zufallsgenerator und einer Versuchsperson zeigt Abb. 16. Hier versucht die Versuchsperson den Styrol-Kügelchen bewußt eine »Fallrichtung« aufzuzwingen,

5 REG = Random Event Electronic Generator
6 RMC = Random Event Mechnaical Cascade
7 PK = Psycho-Kinetic

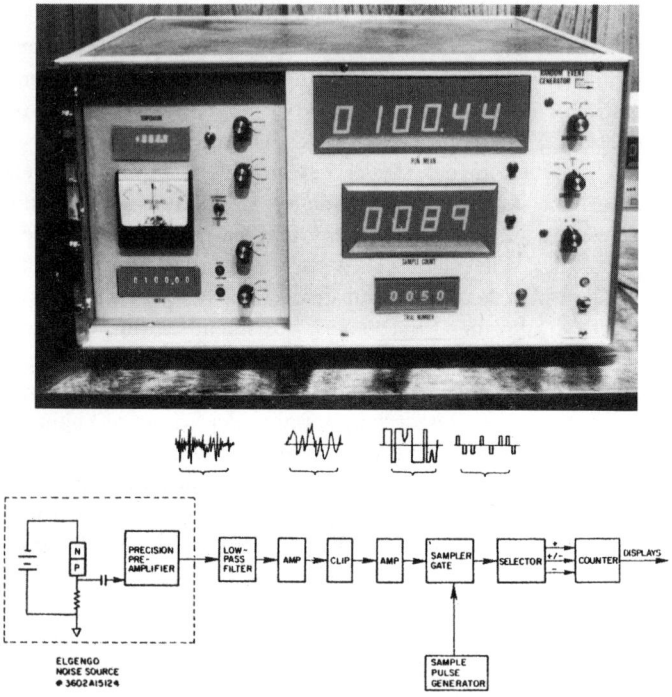

Abb. 14: Elektronischer Zufallsgenerator; REG

d. h. mehr Kügelchen auf die linke (oder die rechte) Seite fallen
zu lassen. Gemessen wird, ob tatsächlich mehr Kugeln in den
Auffangbehältern auf der jeweiligen Seite gelandet sind als auf
jenen der anderen Seite. Ausnahmslos waren die Versuchspersonen Studenten oder Universitätsangehörige ohne besondere psychische Fähigkeiten, die sich freiwillig zur Verfügung stellten. Im
ganzen wurde eine sehr große Anzahl von Einzelversuchen –
insgesamt ca. 766 200 in 87 Versuchsserien mit 33 Versuchspersonen für den REG-Apparat und für den RMC-Apparat ebenfalls 87 Versuchsserien mit 3393 Experimenten und insgesamt
30 537 000 Einzelversuchen mit 25 Versuchspersonen – über
einen Zeitraum von acht Jahren durchgeführt. Die Wahrschein-

Abb. 15: Mechanischer Zufallsgenerator; RMC

lichkeit einer rein zufälligen Abweichung der Ergebnisse von der Normalverteilung ist im Prinzip außerordentlich gering.

Wesentlich in allen Fällen ist die Tatsache, daß die statistischen Abweichungen von der Normalverteilung, die willentlich in einem Einzelversuch erzielt werden können, sehr gering sind. Eine mathematische Summierung der Versuchsergebnisse zeigt dann aber sehr wohl eine signifikante Verstärkung der Effekte. Das scheint auch der Schlüssel zum Verständnis der Phänomene zu sein. Aus diesem Grunde wohl sind diese Phänomene erst meßbar, seitdem man mit größter Präzision eine sehr große Anzahl von Experimenten durchführen kann. Das ist der wesentliche Durchbruch der Versuche von Princeton.

Abb. 16: Versuchsanordnung mit RMC-Apparat und
Versuchspersonen

Die Ergebnisse

In Abb. 17 sind die experimentell bestimmten Werte im Vergleich zur Gaußschen Verteilungskurve gezeigt. Wie aus den Kurven (Abb. 17) zu ersehen ist, sind die Abweichungen von der Normalverteilung scheinbar gering. Daher wurde eine andere Darstellungsart gewählt, wobei für jede Versuchsperson die kumulativen Abweichungen vom theoretischen Mittelwert angegeben werden (vgl. Abb. 18). In dieser Abbildung deuten die gestrichelten Linien den Grenzwert an, welcher mit einer gewissen Wahrscheinlichkeit rein durch Zufall überschritten werden könnte. Die angegebenen Linien entsprechen einem Signifikanz-

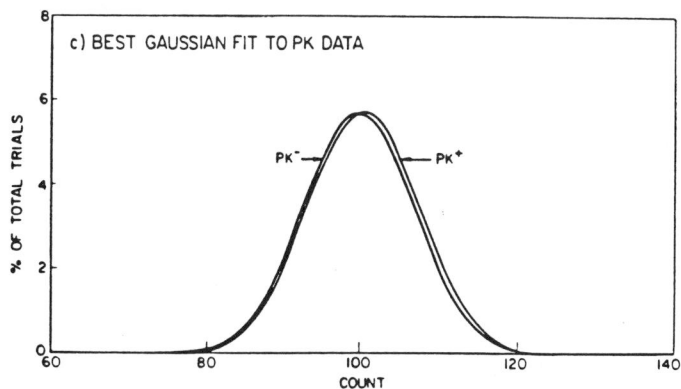

Abb. 17: REG-Häufigkeitsverteilung der PK-Werte

wert von 5%, d.h. ein Versuch in 20 Versuchen könnte rein durch Zufall überschritten werden. (Eine Signifikanz von 1% bedeutet dann ein Versuch in 100, Signifikanz von 0,1% ein Versuch in 1000 Versuchen könnte durch Zufall überschritten werden.) Man bezeichnet nun den Wert von

5 % als »wahrscheinlich signifikant« $\qquad (5.10^{-2}) = 0,05$
1 % als »bestimmt signifikant« $\qquad (1.10^{-2}) = 0,01$
0,1% als »höchst signifikant« $\qquad (1.10^{-3}) = 0,001$

Aus der Fülle der Versuche, die durchgeführt wurden, kann man sehr deutlich einerseits die Unterschiede der Ergebnisse bei verschiedenen Versuchspersonen sehen und andererseits feststellen, daß nicht jede Versuchsperson imstande ist, gleich signifikante Ergebnisse zu produzieren.

Diese Ergebnisse beziehen sich alle auf den elektronischen Zufallsgenerator REG. In Abb. 19 ist ein Vergleich der Ergebnisse am elektronischen Zufallsgenerator (REG) mit den Werten am mechanischen Zufallsgenerator (RMC) für eine Versuchsperson gezeigt. Offensichtlich ist die Signifikanz beim elektronischen Apparat größer als beim mechanischen, obwohl in beiden Fällen signifikante Ergebnisse erzielt werden konnten. Man kann daraus schließen, daß diese Versuchsperson sehr geeignet für diese Versuche war und daß es einfacher ist, den elektronischen Apparat zu beeinflussen als den mechanischen.

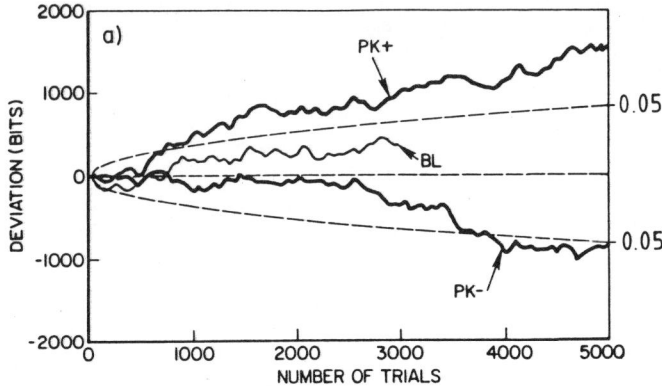

Abb. 18: REG-Summenkurve der Versuche für eine Versuchsperson

Schließlich hat man die Ergebnisse aller durchgeführten Versuche mit allen Versuchspersonen addiert und diese kumulativen Werte in Abb. 20 für den REG-Apparat und in Abb. 21 für den RMC-Apparat dargestellt. Hier ergibt sich eine ähnliche Signifikanz für den RMC und den REG, mit einer statistischen Wahrscheinlichkeit von 10^{-4}, was als höchst signifikant eingestuft werden kann, bzw. 10^{-2} bis 5.10^{-2} für den RMC, was bestimmt bzw. wahrscheinlich signifikant ist.

Man kann als Ergebnis dieser Versuche festhalten:

— Für die Versuche wurde eine wissenschaftliche Methodik verwendet, die den Ansprüchen der intersubjektiven Prüfbarkeit der Versuche gerecht wird.

— Die Methodik bestand in der systematischen Erfassung sehr geringer Effekte in einer sehr großen Anzahl von Einzelversuchen.

— Daraus läßt sich schließen:

Laborversuche zur Beeinflussung von Materie durch Gedankenkräfte unter kontrollierten Bedingungen zeigen anormale Effekte, die mit den vorgefaßten Intentionen der Versuchsperson korrelierbar sind. Oder einfacher ausgedrückt: Gedanken sind Kräfte.

Weitere Versuche wurden zum Phänomen der Präkognition

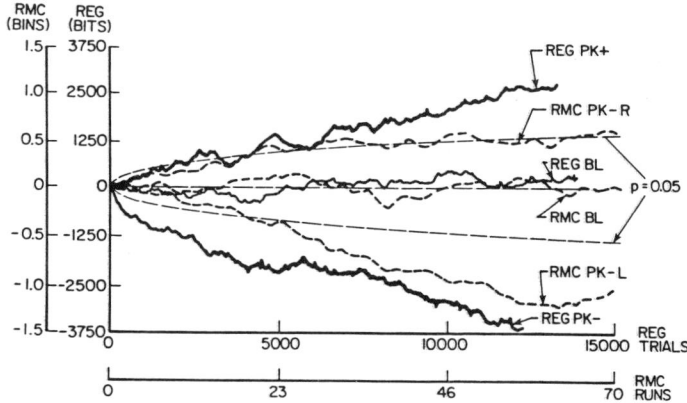

Abb. 19: Vergleich der Ergebnisse mit dem REG zu jenen der Versuche mit
dem RMC für eine Versuchsperson

durchgeführt. Unter Präkognition bzw. telepathischer Präkognition versteht man die Voraussage eines Ereignisses oder die
Beschreibung einer in der Zukunft liegenden Situation bzw. der
seelischen Vorgänge eines anderen Menschen ohne Sinneskon-
takt mit den in diesen Situationen teilnehmenden Personen oder
Dingen. Telepathische Retro-Kognition ist das »Nachher-Wis-
sen« einer Situation unter denselben Bedingungen der Nicht-
Kontaktaufnahme. Telepathie ist Gedankenübertragung oder
die Wahrnehmung der seelischen Vorgänge von einem Menschen zu einem anderen, zum selben Zeitpunkt, bzw. zu einem
früheren oder späteren Zeitpunkt.

Bei diesen Versuchen ging man folgendermaßen vor: Zwei
freiwillige Versuchspersonen wurden angewiesen, der eine als
Sender (A), der zweite als Empfänger (P) zu agieren. Zu einem
vorher bestimmten Zeitpunkt mußte (A) eine Situation beschreiben und »senden«, d.h. sich auf diese konzentrieren. Die Beschreibung mußte in Worten, in Form einer Tabelle und unter
Umständen mittels Fotografie festgehalten werden.

Der Empfänger (P) sollte zum angegebenen Zeitpunkt versuchen zu beschreiben, was er »sehen« konnte, d.h. welche Eindrücke er in seinem Bewußtsein hatte, und das in geeigneter
Weise festhalten.

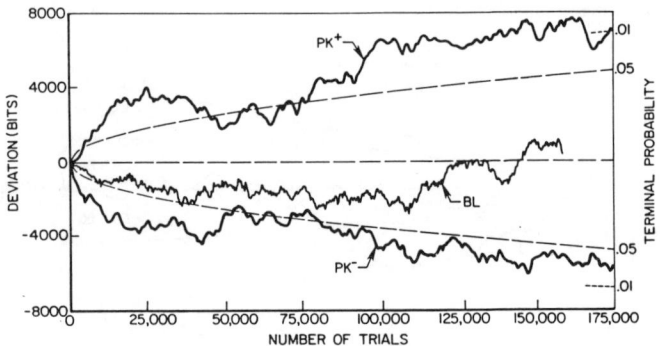

Abb. 20: Kumulative Ergebnisse der Versuche mit dem REG-Apparat

Wenn der Zeitpunkt des Versuches gleich war, konnte man von Telepathie sprechen, war der Zeitpunkt der Sendung früher als der des Empfanges, von »Retrokognition« und schließlich wenn der Zeitpunkt der Sendung später war als jener des Empfanges, von »Präkognition«.

Als Beispiel für die Durchführung und Auswertung der Versuche wird die Übersetzung der Aufzeichnungen eines retrokognitiven und eines präkognitiven Versuches gebracht, wie diese in einem Forschungsbericht des Laboratoriums zum Studium anormaler psychischer Phänomene der Universität Princeton beschrieben wird.

A) Retrokognitiver Versuch
Der retrokognitive Versuch wurde über eine Distanz von 5500 km durchgeführt, wobei der Sender sich in Schottland, der Empfänger in New York befand. Der Empfänger wurde 14,5 Stunden später aktiv. Der Sender wählte sein Zielobjekt frei.

Beschreibung des Zielobjektes durch den Sender:
»Ich fahre auf der Straße, die entlang Loch Ness führt, nach Süden, schaue nach dem Seeungeheuer aus – keines gesehen. Wundervolle Szenerie. Auf der anderen Seite der Straße während eines guten Teils der Zielperiode steile Felsen (Loch Ness zu

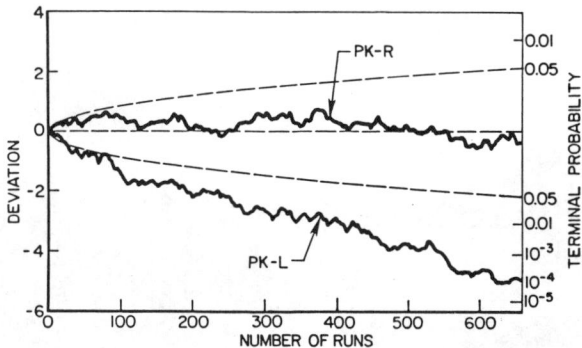

Abb. 21: Kumulative Ergebnisse der Versuche mit dem RMC-
Apparat

meiner Linken, Felsen rechts). Lieblich, friedliche Szene, ruhig –
einiger Verkehr, nicht viel, manchmal Gebäude. Hatte gerade
die Ruinen des Schlosses von Urquardt passiert und diese noch
im Sinn, sowie die Steinzeit-Steinhaufen, die wir vorher besuch-
ten.«

Darstellung des Empfängers:
»Felsen mit ungleichen Löchern, auch Glattheit, Höhe,
Ozean, dunkel, dunkelblau, weiße Kronen, Wellen, die gegen
Felsen schlagen?

Auf einem Berg oder hohem Felsen mit Blick über Wasser,
dunkles Grün in der Ferne. Möven fliegen? Pelikan auf einem
Pfahl, Sand. Ein Leuchtturm?

Hohes Gebäude – und mit komischem Dach, hohe Fenster
oder Fensteröffnung, mit einem Weg, der hineinführt, oder ein
größeres Gebäude oder Schloß. Alt, nicht in Verwendung, ver-
fällt. Muffiges, dunkles Gefühl. Moos oder Gras wächst in den
Mauern. Hölzerne Zugbrücke? Ein schwarzer Hund mit langem
krausem Haar? Hohes, großes, höhlenartiges Hallen-Schloß.
Starke, positive gefühlsmäßige Reaktion.«

Abb. 22: Fotografie des Zielobjektes des retrokognitiven Versuches
(Loch Ness)

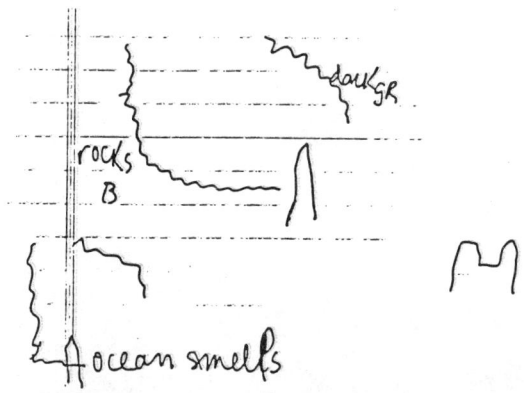

Abb. 23: Skizze des Zielobjektes angefertigt vom
Empfänger

B) Präkognitiver Versuch
Der präkognitive Versuch wurde über eine Distanz von 300 km
bei einer präkognitiven Zeitdifferenz von 0,5 Stunden durchgeführt.

Beschreibung des Zielobjektes durch den Sender:
»Gehe zum Jadwin hinüber, verirrte mich ein wenig, um die
›richtige‹ Position zu finden, aber fand sie und machte ein Foto.
Eine sehr nette, einfache Aussicht auf domähnliche Ausschnitte
der Jadwin Halle, einschließlich der Wege und Zaunstangen
(und ein klarer Pfosten). Auf dem Weg komme ich an Spielplät-
zen vorbei, zuerst Baseball, dann Lacrosse, und ich höre das
Geschrei und die Pfiffe von letzteren sowie einen leisen, windge-
tragenen Radiogesang und einige Vögel. (Wie so oft höre ich
Flugzeuge gerade, wie in mir die Frage aufkommt – ist das eine
›signifikante‹ Situation?)«

Darstellung des Empfängers:
»Erster Eindruck: Gefiltertes, bunt-geflecktes Licht – ein un-
regelmäßiges, beinahe schachbrettartiges Gefühl für die Grund-
fläche. Zuerst scheinen dies abgewinkelte Wege mit Gras dazwi-

Abb. 24: Fotografie des Zielobjektes des präkognitiven Versuches

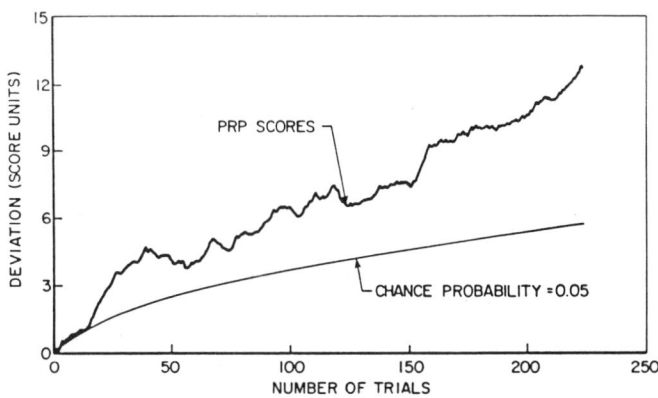

Abb. 25: Präkognitive-Kumulativ-Abweichungen vom empirischen Mittel-wert. PRP = Precognitive Remote Perception

schen zu sein, aber es wird enger und löst sich in eine feste Oberfläche und engeres Muster auf – weniger zufällig. Gefühl der Bedeckung über Kopf, wie ein Baldachin – von Blättern? Etwas anderes – wie ein Dom, aber läßt eine ziemliche Menge Licht durch? Sehr ambivalent, ob innen oder im Freien – Gefühl einer rechteckigen Einschließung mit großen Abmessungen – aber ein Teil des einschließenden Elementes ist niedrig – 2 bis 3 Fuß – vielleicht eine Abgrenzungsmauer, mit Steinen – man könnte darauf sitzen. Jemand fährt auf einem Rad. Menschen sind hier und da. Gemusterte ›Grund‹fläche ist ein wenig niedri-ger als die anderen Ebenen – eine Menge vertikaler Irgend-etwas-Träger? Baumstümpfe? (In dieser Größe ungefähr.) Große Glaswand, plötzlicher Übergang von Innen/Außengefühl eines großen überdeckten Schwimmbades in einem Gebäude mit hoher Decke, aber das Wasser ist irgendwie nicht so wichtig. (Oder ich wehre mich einfach gegen das Wasser, weil beim letzten ›go-round‹ keines da war.) Auch ziemlich leer – vielleicht ein paar Leute, aber nicht super-aktiv.«

Abb. 25 zeigt nun die Signifikanz der Versuchsergebnisse, welche den 5%-Signifikanzwert weit übertrifft und höchste Signifikanz (10^{-11}) aufweist, d. h. mit an Sicherheit grenzender

Wahrscheinlichkeit sind die Ergebnisse nicht durch den Zufall zu erklären.

Als Ergebnis dieser Experimente kann man festhalten, daß es offensichtlich eine Kommunikationsmöglichkeit von Mensch zu Mensch über Raum und Zeit hinweg gibt. Von besonderer Bedeutung dabei sind die retro- und präkognitiven Versuche, weil diese logisch nur erklärbar sind mit der Annahme, es gäbe eine Dimension unseres Seins, in der die Begriffe der Zeit und des Raumes nicht mehr gültig sind. Diese Ergebnisse decken sich vollkommen mit den Erkenntnissen, die wir in der Quantenphysik gewonnen haben. Prä- und Retrokognition sind somit mit der Annahme der EPR-Realität im Einklang.

Information als Einflußkraft –
Die Universalrute Erich Körblers
und die Neue Homöopathie

Dieser Abschnitt widmet sich einer ebenso erstaunlichen wie experimentell auch von Laien nachvollziehbaren Gruppe von Phänomenen, deren empirische Untersuchung und wissenschaftliche Deutung auf immer mit dem Namen Erich Körbler verbunden sein wird. Die hier dargestellten Versuche sind nach Körbler dem »Umkehrprinzip der Systeminformation« zuzuschreiben. Es besagt, daß jedes Material im hohen Frequenzbereich eine bestimmte elektrische Leitfähigkeit hat und seiner geometrischen Form entsprechend selbst zu einer »Sekundärantenne« wird. Damit können geometrische Formen selbst wiederum zu Feldern führen, die ihrerseits andere Felder und damit auch stoffliche Vorgänge beeinflussen können.

Das grundsätzliche Problem ist jedoch die Meßbarkeit derartiger Felder. Störfelder, die Einfluß auf den Organismus nehmen, sind seit langem bekannt, etwa in der Form sogenannter »Erdstrahlen« oder den Störungen, die von unterirdischen Wasseradern ausgehen. Ein seit jeher erprobtes (zumindest qualitatives) Meßinstrument für derartige Störfaktoren sind Wünschelruten oder Pendel. Der Nachteil dieser Meßmethode liegt jedoch insbesondere darin, daß nur besonders empfindliche Personen zu entsprechenden Ergebnissen gelangen. Dies ist sicherlich der Hauptgrund für die weitgehende Ablehnung dieser Messungen durch die konventionelle Wissenschaft, da ein wesentliches Merkmal von Experimenten, nämlich die Intersubjektivität der Ergebnisse, nicht gewährleistet werden kann. Es hängt eben davon ab, ob man »rutenfühlig« ist oder nicht, der Umgang mit Wünschelrute oder Pendel ist nicht im herkömmlichen wissenschaftlichen Sinn intellektuell erlernbar. Trotz dieses Mangels beginnt jedoch in letzter Zeit das wissenschaftliche Interesse an diesen uralten Meßmethoden zuzunehmen.

Das Entscheidende an Wünschelruten und Pendel ist wohl, daß sie nicht selbst das Meßinstrument sind. Vielmehr ist es die Person des Messenden selbst, wobei hier nicht nur der Organismus, sondern auch die mit der Person verbundenen Felder (etwa morphogenetische Felder oder auch Energiefelder) gemeint sind. Erich Körbler gelang es nun unter der Annahme, daß diese Felder elektromagnetischer Natur sind, eine ebenso einfache wie wirkungsvolle »Universalrute« zu konzipieren (siehe Abb. 26). Dabei handelt es sich um eine insgesamt 64,5 cm lange Rute, die einen 8,5 cm langen Plastikgriff und eine 54 cm lange, dünne Kunststoffstange besitzt, an deren Ende eine 2 cm große Holzkugel befestigt ist. Der Vorteil dieses Gerätes ist, daß auch für Wünschelruten nicht empfindliche Menschen gute Ergebnisse erzielen können.

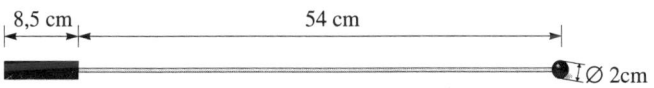

Abb. 26: Körblersche Universalrute

Was man mit dieser Rute empirisch erfahren kann, ist in der Tat erstaunlich. Sie zeigt nicht nur so wie Wünschelruten und Pendel Erdstrahlen und andere Störfaktoren an. Sie kann auch (durch meist horizontale Schwingung) Verträglichkeit bzw. (durch vertikale Schwingungen) Unverträglichkeit verschiedener Nahrungsmittel oder Substanzen für die messende Person anzeigen. Der Anwendung der Rute selbst in diesen Bereichen ist

Abb. 27: Verhalten der Rute bei einem geraden Strich

bereits eine breite Literatur gewidmet und sie soll hier trotz ihres unbestreitbaren theoretischen und praktischen Gehaltes nicht weiter dargestellt werden.

Wir wollen uns vielmehr einem interessanten empirischen Phänomen zuwenden, das mit Hilfe der Rute erkennbar wird. Es ist die Wirkung von Symbolen und Formen auf jene Felder, die durch die Universalrute angezeigt werden. Die Versuchsanordnung ist dabei denkbar einfach: Man prüft mit der Rute einen Gegenstand, der für den Prüfer verträglich ist, etwa einen gesunden, frischen Apfel. In der Regel wird die Rute diese Verträglichkeit mit horizontaler Schwingung anzeigen, wenn man die Rute in die Arbeitshand (die rechte Hand bei Rechtshändern bzw. die linke bei Linkshändern) nimmt und diesen Gegenstand in der anderen Hand hält.

Macht man nun mit einem Bleistift einen geraden, etwa 10 cm langen Strich auf einem unlinierten Blatt Papier, nimmt Rute und Apfel wieder wie vorher auf und berührt mit dem Zeigefinger der Hand, die den Apfel hält, das linke Ende des Striches, so wird sich am Schwingungszustand der Rute nichts ändern. Berührt man aber den rechten Endpunkt des Striches, so wird die Rute ihre Schwingungsrichtung ändern, von horizontal zu vertikal. Berührt man den Mittelpunkt der Strecke, so wird die Rute ruhig stehen (siehe Abb. 27). Testet man schließlich die Ebene um den Strich herum mit der Rute, so erhält man das Ergebnis, das in Abb. 28 dargestellt ist, eine ebene Feldverteilung der Ausschläge der Universalrute.

Erweitert man die experimentelle Betrachtung auf andere Symbole, so wird man zu sehr erstaunlichen Ergebnissen kommen (siehe Abb. 29). Besonders interessant erscheint die Reak-

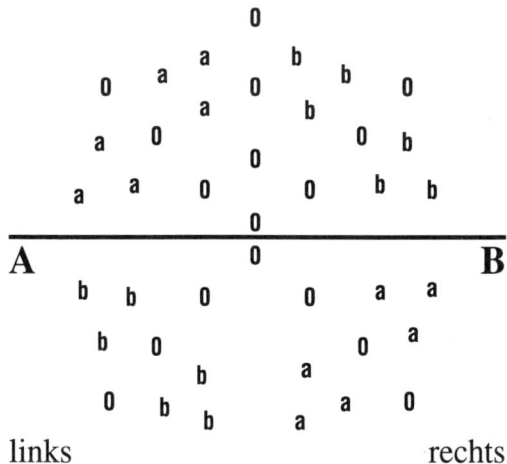

Abb. 28: Feldverteilung der Rutenausschläge (Kleinbuchstaben bezeichnen selben Schwingungszustand wie der entsprechende Großbuchstabe an einem Streckenende darstellt)

tion der Rute bei der Ypsilonform und bei der Kreuzform. Die Ypsilonform ergibt in jedem Fall einen horizontalen (verträglichen) Ausschlag, auch wenn die Rute auf das Meßgut selbst, das man in der Hand hält (etwa eine Packung Salz), unverträglich reagiert. Die X-Form wiederum scheint eine allgemein dämpfende Wirkung aufzuweisen. Es erfolgt kein Ausschlag, weder mit verträglichem noch mit unverträglichem Gut.

Diese Besonderheit mag die Bedeutung dieser beiden Symbole in der Kulturgeschichte erklären. Das balkengleiche Kreuz als Universal-Schutzsymbol und das Y als Friedensrune und damit positive Kraftquelle.

Diese ebenso einfachen wie verblüffenden Experimente zeigen uns ein erstaunliches Bild:

– Es gibt offensichtlich eine Wirkdimension der Wechselwirkung der gesamtheitlichen menschlichen Dimension mit seiner Mitwelt, in der Symbole, also eine sehr reine Form von Information, direkt auf materielle Systeme wirken können. Es

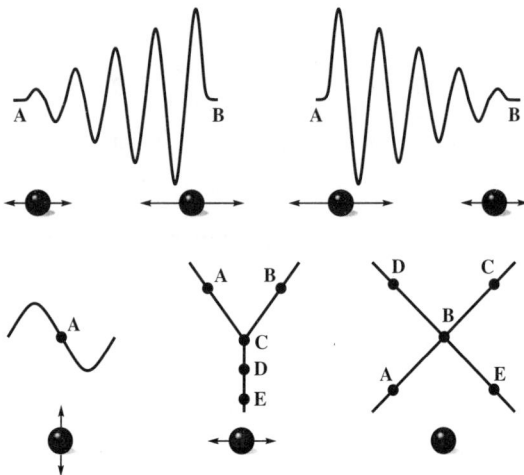

Abb. 29: Rutenausschläge bei verschiedenen Symbolen bei
Test mit verträglichem Meßgut (etwa einem gesunden,
frischen Apfel)

ist dabei zu beachten, daß diese Wirkungen keineswegs über
den Umweg der sinnlichen Wahrnehmung laufen. Wir sehen
hier vielmehr eben jenes Bewußtsein (wenn auch nicht Selbstbewußtsein) am Werk, das uns schon im Vorgang des »Beobachtens« in der Quantenmechanik entgegengetreten ist.

– Über die bereits an sich interessante Wechselwirkung zwischen Symbolen und dem Bewußtsein hinaus ergibt sich noch
ein weiterer wesentlicher Aspekt. Die Wechselwirkung zwischen verschiedenen Einheiten ist nicht nur eine physikalische. Sie ist auch eine qualitätsbestimmte. Wenn man einen
Gegenstand oder einen Ort mit der Universalrute prüft, so
bewegt sie sich nicht nur, sie gibt auch auf das qualitative
Verhältnis des Gegenstandes zum Prüfer Aufschluß. Sie zeigt
an, ob sich der Gegenstand harmonisch oder disharmonisch
in bezug auf den Prüfer verhält. Damit müssen wir in unseren
Überlegungen nun auch noch qualitative Maße der Wechsel-
beziehungen berücksichtigen.

Information in der Form der Steuerung von Energie ist dabei

jedem stofflichen System eigen. Jede Substanz, jeder Körper und jeder Organismus besitzt diese Eigenschaft der Information. Dies ist auch in sehr guter Übereinstimmung mit jenem Bild, das wir bereits aus der Quantenmechanik her kennen. Wir können nun klarer formulieren, wie dieser aktive Bewußtseinsakt der »Beobachtung«, der aktiven Interferenz abläuft, der aus der synchronen und raumlosen EPR-Realität unsere biologische Realität erzeugt. Es ist die Wechselwirkung zwischen Energie und Information, die verantwortlich für den »Effekt« der biologischen Realität zeichnet. Interessant dabei ist, daß dieses Zusammenwirken immer auch einen Qualitätsaspekt hat, daß es daher keine »wertfreie« Realität gibt. Jede Wechselwirkung ist durch Verträglichkeit, Harmonie (oder das Fehlen davon!) gekennzeichnet.

Dieser Qualitätsaspekt der Wechselwirkung ist eine wesentliche Grundlage einer weiteren interessanten Anwendung des hier dargestellten Umkehrprinzips der Systeminformation. Einerseits können nicht nur externe Gegenstände auf ihre Verträglichkeit geprüft werden. Die Universalrute, wie auch bereits seit alters her das Pendel, erlaubt eine Prüfung der Harmonie von Teilen des Organismus mit der Gesamtperson und damit der Gesundheit dieser Teile. Damit sind neue Wege für nicht-invasive Diagnosemethoden möglich geworden.

Ein zweiter Grundstein einer neuen Heilungsmethodik auf dieser Basis, die wir die »Neue Homöopathie« nennen wollen, ist das Prinzip von der Übertragbarkeit der Information. Dazu wieder ein Experiment (siehe Abb. 30). Nimmt man einen metallenen Gegenstand (etwa einen Schlüssel) in die eine Hand und die Universalrute in die Arbeitshand, so wird diese mit hoher Wahrscheinlichkeit kreisen. Nimmt man nun einen Gegenstand, der einen positiven (horizontalen) Ausschlag der Rute bewirkt, etwa unseren in der Zwischenzeit etwas abgegriffenen frischen Apfel, in die andere Hand und hält beides einige Minuten lang, so wird bei einer neuerlichen Prüfung des Schlüssels mit der Universalrute (nachdem wir den Apfel aus seinem anstrengenden Dienst entlassen haben) ein horizontaler Ausschlag erfolgen. Die Information des Apfels (Verträglichkeit) wurde auf den Schlüssel übertragen, offenbar durch den Energiespender der messenden Person! Neben Metallen weisen auch Wasser und

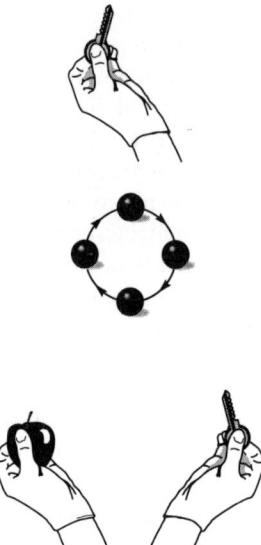

Beides 4 Minuten halten

Abb. 30: Übertragung von
Information

einige Mineralien die Eigenschaft auf, Information, die durch
Personen als Mittler aufgeprägt wurde, zu speichern. Erstaunlich ist, daß nicht nur stoffliche Information übertragen und
gespeichert werden kann, sondern auch die Information »positiven« Denkens. Denselben Effekt wie der Apfel hätte auch eine

mehrminütige Konzentration auf positive Gedankeninhalte gehabt. Hätte der Experimentator während dieser Zeit den Schlüssel in der Hand gehalten, so hätte bei einer Prüfung des Schlüssels die Rute wieder positiv (horizontal) ausgeschlagen!

Diese Übertragung von Information mag auch eine Erklärungsmöglichkeit für die Wirksamkeit von homöopathischen Hochpotenzen sein. Sie ist jedoch auch eine Erklärungsmöglichkeit für das Versagen der Homöopathie in den Spielregeln der konventionellen Wissenschaft. Nicht nur, daß die Manipulation von Proben durch Menschen, die den zu untersuchenden Proben bewußt oder unbewußt ihre (negative) Einstellung und Information aufprägen, die Ergebnisse verfälschen kann. Homöopathische Mittel sind Interaktionsmittel. Versuchsbedingungen, die diese Interaktionen abschneiden (etwa die bekannte Doppel-Blindversuche), sind nicht adäquat für die Beschreibung dieser Vorgänge und führen damit auf nicht zuverlässige Daten!

Doch nun zurück zur Neuen Homöopathie. Neben der Ausnutzung der nicht-invasiven Diagnosemöglichkeiten und des Informationstransfers stofflicher Information (im Sinne der »alten« Homöopathie!), aber auch der neu gewonnenen Möglichkeit, geistige Information zu übertragen (die die Religionen in Form von Talismanen, Glücksbringern, »Medizinen« oder Weihwasser schon einige Zeit kennen), ergibt sich aus dem Umkehrprinzip der Systeminformation noch eine dritte Möglichkeit der Einflußnahme auf eine Person. Dies ist die Anwendung von Symbolen auf die Person. Diese Anwendung hat eine lange Tradition in der Menschheitsgeschichte, insbesondere in rituellen Bemalungen oder in Bemalungen zu Heilzwecken. Die bisher geschilderten Symbole wirken nämlich auch, wenn sie auf einen Körper appliziert werden!

Ein sehr einfaches Experiment dazu kann jeder unternehmen, den eine Gelse (Schnake) gestochen hat. Durch Applikation einer Sinusform (Abb. 31) erreicht man, daß Schmerz und Juckreiz wesentlich reduziert werden! Dies ist aus Abb. 29 klar ersichtlich. Dort führt die Sinusform zu einer Umkehr des Ausschlages. Auf den Gelsenstich bezogen bedeutet dies eine Umkehr der (disharmonischen) Information des Juckreizes. Einen ähnlichen Effekt nutzen offensichtlich Christen beim Schlagen

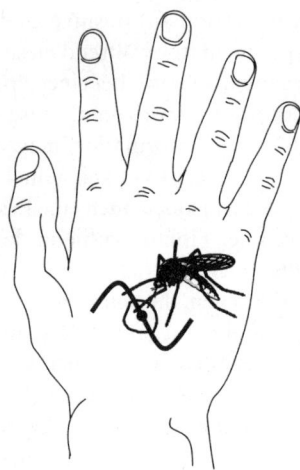

Abb. 31: Verhalten der Rute bei
Applikation eines Sinus-Symbols
auf einen Gelsenstich

des Kreuzes aus, wo ebenfalls ein Schutzsymbol verwendet
wird.

Interessant ist auch, daß man Symbole offensichtlich auch zu
»Schaltelementen« zusammenfassen kann. Dies sei anhand des
einfachen Strichsymbols dargestellt (Abb. 32). Mit Hilfe dieser
einfachen Symbole kann man offensichtlich Schaltungen herstellen, die von einer Informationsumkehr (5 Striche) bis zu einer
wesentlichen Verstärkung der Information laufen (9 Striche). Es
ergibt sich hier eine interessante Übereinstimmung mit dem
Hexeneinmaleins in Goethes »Faust«:

Du mußt verstehn
Aus eins mach zehn
und Zwei laß gehn
und Drei mach gleich
so wirst Du reich
Vorher die Vier
Aus Fünf und Sechs

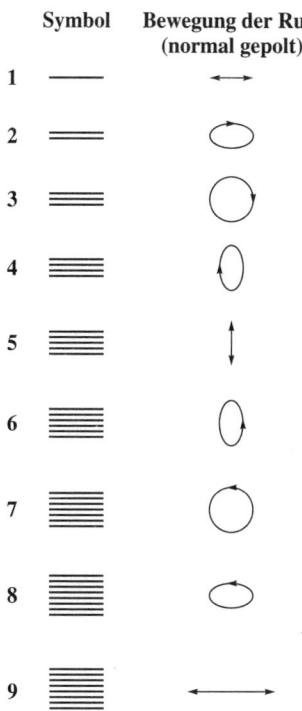

	Symbol	Bewegung der Rute (normal gepolt)

Abb. 32: Wirkung der Strichsymbole auf die Universalrute

So sagt die Hex,
mach Sieben und Acht
So ist's vollbracht
und Neun ist Eins
und Zehn ist keins
Das ist das Hexeneinmaleins!

In engem Zusammenhang mit den Erkenntnissen der Neuen Homöopathie Körblers steht auch die Zahlentheorie, die in jüngster Zeit gerade in dieser Hinsicht durch die Arbeiten von Peter Plichta neue Impulse erlebt hat. Die zentrale Idee der Zahlentheorie ist dabei, daß Zahlen eine ontische (= seinsmäßige) Bedeutung zukommt. Zahlen sind nach dieser Theorie nicht eine Erfindung des Menschen, sie sind Teil des Seins und der Ordnung des Seins. Sie sind Ausdruck und gleichzeitig Medium der Information, also des Austausches und der Wechselwirkung verschiedener Bewußtseinseinheiten. Als solches kommt ihnen fundamentale Bedeutung in der Ordnung und im Aufbau des Seins zu.

Ähnlich wie die Symbole, deren Wirkung auf die Körblersche Rute wir bereits kennengelernt haben, so sind auch Zahlen nicht wertfrei. Da Zahlen als Archetypen der Symbole angesehen werden können, ist diese Feststellung auch keineswegs verwunderlich. So gibt es auch in der Zahlentheorie von Plichta harmonische Zahlen (etwa die geraden Zahlen), disharmonische Zahlen (die ungeraden Zahlen) und neutrale Zahlen (etwa die 19).

Viele der Zahlen, die unsere (biologische) Realität ausmachen, können durch die Zahlentheorie in ihrer seinsmäßigen Bedeutung erkannt und abgeleitet werden. Dies gilt etwa für die dezimale Ordnung der Natur (dargestellt etwa durch die Zahl der Finger des Menschen), aber auch für Zahlen, die für jeden Naturwissenschaftler zum täglichen Brot gehören, wie die Zahl e, π oder die Lichtgeschwindigkeit, die Masse und Energie verbindet.

Sowohl die Körblersche Theorie als auch die Zahlentheorie lassen uns eine weitere Dimensionalität unseres Seins erkennen, die sogar noch über die an sich ausreichend erstaunliche EPR-Realität der Quantenphysik hinausgeht. Es ist dies eine wertende Dimensionalität, eine Qualitätsdimensionalität, in der es harmonische und disharmonische (oder auch neutrale) Zustände gibt. Es ist dies eine Realität, die von *Zahl, Ordnung und Harmonie* bestimmt wird.

Die in diesem Abschnitt dargestellten sehr einfachen Versuche mögen im ersten Augenblick verblüffend erscheinen. Sie sind jedoch in guter Übereinstimmung mit den bisher dargestellten Ergebnissen der Quantenmechanik und der Selbstorganisation. Sie weisen auf ein Entwicklungsprinzip hin, in dem Information und Energie sich zu Bewußtsein vereinigen und in dieser Form mit der Umwelt in Interaktion treten.

Es ist in diesem Buch nicht der richtige Platz, die Anwendungen der Erkenntnisse zu erklären, deren Phänomenologie dieser Abschnitt gewidmet war. Jedenfalls ist das Potential dieser Anwendungen heute noch nicht einmal im Ansatz bekannt. Dies nicht nur deshalb, weil die aktive Forschung (im engeren wissenschaftlichen Sinn) auf diesem Gebiet noch relativ jung ist. Ein weiterer und entscheidender Grund liegt in der allgemeinen und heute noch dominanten Ablehnung der hier geschilderten Methoden und Theorien durch die Schulwissenschaft. Dies geht jedoch weniger zu Lasten der Glaubwürdigkeit der hier geschilderten Phänomene, sondern zu Lasten der Ignoranz der vorherrschenden mechanistischen Wissenschaftsauffassung. Wenn wir uns ohne Vorbehalte und vor allem ohne Angst vor dem Nichtgewußten, Numinosen, diesen Phänomenen zuwenden, dann kann daraus eine neue und wichtige Technologie (im Sinne von »techne« = Kunst) zum Wohle der Menschen werden.

Neue Realität und neue Wissenschaft

In den vorangegangenen Abschnitten haben wir versucht, aus der Sicht moderner Wissenschaft eine Darstellung der Realität zu geben. Naturgemäß konzentrieren sich die Arbeiten verschiedener Wissensgebiete auf bestimmte Aspekte des Seins, und so ist die Sicht, die in diesem Buch bisher gebracht wurde, gezwungenerweise teilheitlich. Dabei ist bereits in der bisherigen Darstellung der einzelnen Wissenschaften ein Maß an Interdisziplinarität erreicht worden, das zweifelsfrei weit über das übliche Maß hinausgeht. Es gibt nämlich heute keinen »Quantenphysiker« oder »Entwicklungsbiologen«, sondern nur Spezialisten in engen Gebieten. Diese erste grobe Zusammenfassung ist jedoch notwendig, um zu einer Ahnung der Struktur der Realität zu gelangen. Wer sich in einer Landschaft zurecht finden will, verwendet auch nicht ein starkes Fernrohr, das nur an einen bestimmten Punkt des Horizontes gerichtet ist. Mit diesem Fernrohr mag man vielleicht einen weit entfernten Baum sehr schön untersuchen können, man erhält aber keinen Aufschluß darüber, wo man selbst steht und wie man zu einem Ziel gelangen kann. Dazu ist es notwendig, mit dem freien Auge um sich zu blicken, die Berge und Täler in der Landschaft zu erkennen, den Stand der Sonne und die Richtung der Wege in Rechnung zu stellen. Kurz, was man braucht, ist ein gesamthaftes, holistisches Bild der Landschaft, das naturgemäß nicht alle Einzelheiten am Horizont beinhalten kann.

Wir haben bisher schon ein sehr schwaches Fernrohr verwendet, das uns einen breiten Ausschnitt der Landschaft zu erkennen erlaubte. Mit diesem Fernrohr haben wir in ganz bestimmte Richtungen geblickt und so einen groben Eindruck der Landschaft in diesen Richtungen erhalten. Wir haben aber darüber hinaus auch eine Ahnung davon erhalten, daß diese Landschaft ein zwar erstaunliches und neuartiges, aber eben doch harmonisches und einheitliches Ganzes bildet. Wir wollen nun das Fernrohr ablegen und uns eine Zusammenschau der Landschaft gönnen. Dabei werden die Eindrücke, die wir durch das Fernrohr der einzelwissenschaftlichen Betrachtung gewonnen haben, relativiert und zueinander in Beziehung gesetzt, sodaß ein neues Bild dieser Landschaft, ein neues Weltbild aus wissenschaftlicher Sicht, entsteht.

Die neue Realität

Wir alle sind gewohnt, uns in jener Realität zurechtzufinden, die uns unsere Sinne und unsere Erfahrungen von der Welt vermitteln. In unserem Alltagsleben nehmen wir diese Realität als eine festgefügte, robuste Wahrheit an. Wir zweifeln nicht daran, daß der Tisch, an dem wir essen, der Sessel, auf dem wir sitzen, und das Buch, das wir lesen, reale, festgefügte Dinge sind.

Wir gehen auch davon aus, daß das Gesetz von Ursache und Wirkung in allem gültig ist. Wir erleben die Zeit als eine Aufeinanderfolge solcher Ursache-Wirkungsketten, und wenn es nur die Ursache der Bewegung der Unruhe (oder heute besser, der Schwingung eines Quarzes) und die Wirkung der Bewegung eines Zeigers auf der Uhr ist. Ebenso festgefügt ist unsere Auffassung von Raum. Wir leben in drei räumlichen Dimensionen, die wir mit unseren Sinnen (insbesondere mit unserem Auge) eindeutig erleben. Zeit und Raum sind dabei gekoppelte Sinneindrücke, da Raum durch Bewegung »erlebt« wird. Damit hängt unser Verständnis von Raum ursächlich auch mit dem der Zeit zusammen, ein Umstand, der durch die Einsteinsche Relativitätstheorie Eingang in das mechanistische Weltbild gefunden hat. Diese »handgreifliche, sinnfällige« Realität ist in unserem Alltagsleben eine feste Grundlage unserer Handlungen, so fest und dicht, daß wir diese Realität in den letzten drei Jahrhunderten immer stärker als die einzige Realität erlebt haben. Wir haben darauf das imposante Gebäude des mechanistischen Weltbildes unserer mechanistischen Hochwissenschaft und unserer Technologie und Hochtechnologie erbaut, von der wir annehmen, daß sie unser Leben bestimmt.

Was wir allerdings nicht so häufig bedenken ist, womit wir uns diese »Sicherheit« der Alltagsrealität erkaufen: Wir verdrängen einen Gutteil der Phänomene, vor allem aber auch einen Gutteil der »Ursachen« in dem Bereich des Zufalls! Wir glauben zwar fest an die Verbindung von Ursache und Wirkung, viele der Ursachen sind und bleiben uns jedoch verborgen. Diese Unsicherheit in bezug auf die Basis der Realität und die existentielle Angst vor dem Wollen des blinden Zufalls geht untrennbar mit dem »Luxus« der Annahme einer festgefügten sinnlichen Realität einher!

Die Ergebnisse der wissenschaftlichen Forschung, insbesondere unseres Jahrhunderts, zeigen jedoch ein ganz anderes Bild der Realität. Einerseits verliert die Realität ihre Robustheit, andererseits löst sich der Gegensatz zwischen Realität und Zufall immer mehr auf. Wir wollen hier kurz die wesentlichen Eigenschaften und Aspekte der »neuen Realität« zusammenfassen.

»Biologische Realität« und »EPR-Realität«

Durch die ganze Argumentation dieses Buches zieht sich bisher die Unterscheidung zwischen zwei Realitäten, der biologischen Realität und der EPR-Realität. Diese Trennung sieht im ersten Augenblick ein wenig nach einem Taschenspielertrick aus, so als würde man den Begriff der EPR-Realität erfinden, um den lästigen Stachel des Zufalls aus unserer Alltagsrealität, die ja identisch mit der biologischen Realität ist, zu ziehen. Diese beiden Realitäten stehen jedoch nicht in Konkurrenz zueinander oder gar in irgendeiner Form im Widerstreit. Es ist vielleicht auch irreführend, von zwei Realitäten gleichzeitig zu sprechen, da dies immer in einem gewissen Maße erwarten läßt, daß eine von beiden »richtig« und die andere »falsch« ist. Die beiden Realitäten sind jedoch Aspekte unseres Seins, die einander bedingen und die rekursiv aufeinander wirken. Sie sind nur in ihrer Wechselwirkung zu erklären, keine ist ohne die andere von Interesse für unser Sein. Unser menschliches Sein, ja alles Sein in dieser biologischen Wirklichkeit, ist in *beiden* Realitäten begründet. Um das Sein daher zu verstehen, wollen wir diese beiden Realitäten in ihrem Zusammenwirken untersuchen.

Das Hauptproblem bei der Beschreibung dieser beiden Realitäten ist, daß wir gewohnt sind, in den Kategorien der einen,

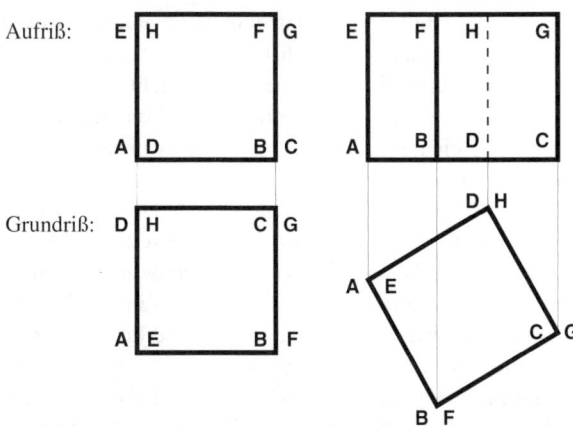

Abb. 33: Zwei Möglichkeiten der Darstellung eines Würfels in
Grund- und Aufriß

biologischen, mechanistischen Realität zu denken. Die EPR-Realität ist in ihrer Nicht-Lokalität, Akausalität und Synchronizität nicht gerade dafür geschaffen, vom Menschen erkannt und verstanden zu werden. Sie ist aus der Sicht unserer Alltagserfahrung »widernatürlich«. Trotzdem ist sie in gewissem Maße umfassender als die biologische Realität. Schließlich wird die biologische Realität aus der EPR-Realität erzeugt.

Wir wollen uns zuerst diesem »Erzeugen« der einen Realität aus der anderen widmen. Natürlich ist jedes Bild, das man sich davon macht, gezwungenerweise unscharf (und potentiell auch irreführend). Trotzdem wollen wir es hier mit einem Gleichnis versuchen:

Stellen wir uns vor, wir hätten die Aufgabe, »einen Würfel mit a cm Seitenlänge« in Grund- und Aufriß darzustellen. Abb. 33 stellt zwei der unendlich vielen Möglichkeiten dar, dies zu tun. Diese Abbildungen in Grund- und Aufriß können als Darstellung der biologischen Realität aufgefaßt werden. »Ein Würfel mit a cm Seitenlänge« ist dabei die EPR-Realität. Wir wollen nun (soweit es diese Analogie erlaubt!) Eigenschaften und Zusammenwirken dieser beiden Realitäten diskutieren.

Betrachten wir zuerst einmal die EPR-Realität des Würfels. Es mag bereits aufgefallen sein, daß wir nicht einen bestimmten Würfel meinen, sondern den »Würfel mit a cm Seitenlänge«. Die Abbildungen in Grund- und Aufriß sind nicht das Bild eines physisch vorhandenen Würfels, sondern konkretisieren eher ein Prinzip, wenngleich ein sehr viel konkreteres Prinzip, als wenn hier nur von »Würfel« gesprochen würde.

Die Angabe »Würfel mit a cm Seitenlänge« hat keinerlei Dimension, weder eine räumliche noch eine zeitliche. Andererseits ist sie aber vollständig exakt, sie ist eindeutig definiert, es gibt keinerlei Unsicherheit. Sie ist »synchron« in der Art, als sie auch in tausend Jahren ebenso wie vor tausend Jahren gültig und klar war und sein wird (so man nur die Länge entsprechend den zeitlich-kulturellen Gegebenheiten angibt). Die Angabe ist nicht-lokal, da sie in Wien, Paris und sogar London (allerdings nicht ohne lästige Umrechnung in Zoll!) gültig ist.

In dieser Sichtweise ähnelt die EPR-Realität sehr stark den platonischen Ideen. Im berühmten Höhlen-Epos beschreibt Platon, wie die »Seele« in einer Höhle die Schatten der »Dinge« zu sehen bekommt. Diese Schatten sind die »Ideen«, die Archetypen, die es dem Menschen erlauben, im Leben alles wahrzunehmen. Ähnlich den Ideen des Platon ist die EPR-Realität ohne räumliche Ausdehnung und zeitlos gültig. Ebenso wie bei Platon wird von diesen Ideen die wahrgenommene Realität abgeleitet.

Betrachten wir nun den Übergang von der EPR-Realität in die biologische Realität des Zeichenblattes und der Bilder auf diesem Zeichenblatt. Als erstes ist festzustellen, daß diese neue Realität eines Mittlers, eines aktiven Vorganges bedarf, um existent zu werden. Es bedarf des Zeichners und seines Entschlusses, die Zeichnung zu entwerfen. Die »Geburt« dieser Realität ist ein aktiver Schöpfungsakt!

Als zweites ist festzustellen, daß die neue Realität plötzlich eine Zeit- und Raumdimension aufweist. Die Striche auf dem Zeichenblatt haben einen genau bestimmbaren Abstand, das Zeichenblatt selbst hat räumliche »Dimension«. Schließlich könnten wir sogar einen »echten« Würfel nach der Zeichnung bauen!

Andererseits ist das Zeichenblatt nichts »Ewiges«. Es wird vergilben, zerfallen oder vielleicht verheizt werden. Jedenfalls schafft der bewußte Schöpfungsakt des Zeichners etwas, was sowohl in Raum als auch in Zeit Anfang und Ende hat.

Eine weitere Eigenschaft läßt sich noch an Hand dieses Bildes herleiten. Die Zeichnungen in Abb. 33 stellen zwei von unendlich vielen Möglichkeiten dar, »einen Würfel mit a cm Seitenlänge« zu zeichnen. Diese Angabe selbst beinhaltet noch alle Möglichkeiten der Darstellung. Die Zeichnung jedoch reduziert diese Möglichkeiten radikal (auf zwei im konkreten Fall). Welche Möglichkeit der Darstellung gewählt wird, ist (zumindest für alle Personen, außer dem Zeichner) »zufällig«. Obwohl also die EPR-reale Annahme »Würfel mit a cm Seitenlänge« nichts Zufälliges enthält und vollkommen definiert ist, so ist die Zeichnung schließlich ein Produkt des »Zufalls«, der zufälligen psychischen Verfassung des Zeichners, die seinen Sinn für Ästhetik im Augenblick der Zeichnung bestimmt. Der Übergang von der EPR- zur biologischen Realität ist damit die Quelle des »Zufalls«.

Obwohl es noch eine Reihe von interessanten Folgerungen aus unserem Gleichnis gäbe, wollen wir es damit belassen. Man soll Gleichnisse nicht über Gebühr ausnützen, sie werden sonst leicht zum Ersatz der Wirklichkeit. Sinn dieses Gleichnisses war es, uns die nicht leicht verständliche EPR-Realität ein wenig vertrauter zu machen und darzustellen, daß zwar ihre Eigenschaften im ersten Hinsehen sehr »widersinnig« erscheinen, sie jedoch keineswegs vollkommen undenkbar ist.

Die »neuen« Dimensionen

In der biologischen Realität unserer Sinne sind wir fest eingespannt in ein Raster der Dimensionen. Wir erleben die Welt dreidimensional, als fest vorgegebene, körperhafte und solide Realität. Wir können uns in den drei Dimensionen dieser biologischen Realität (fast) nach Belieben bewegen. Diese drei Raumdimensionen spannen unseren Lebensraum, also buchstäblich den »Raum«, in dem wir »leben«, auf.

Schließlich erfahren wir auch die Zeit als Dimension, aber in einer ganz anderen Art und Weise. Wir haben keinen Einfluß auf diese Dimensionen, wir sind dem Ablauf der Zeit »ausgeliefert«, wir können uns nicht nach Belieben in ihr bewegen, sondern immer nur vorwärts, im unerbittlichen Rhythmus des Uhrpendels. Trotzdem ist es für uns lebenswichtig, diese Dimension zu verstehen und richtig zu interpretieren. Nur wenn wir die Abfolge von Ursachen und Wirkungen, die der Ablauf der Zeit für uns darstellt, richtig erkennen und für jede Ursache die Wirkung in der Zukunft richtig vorhersagen, wird unser Leben erfolgreich sein.

Bereits aus der Betrachtung der Dimensionen der biologischen Realität können wir einige interessante Schlüsse ziehen, nämlich in bezug auf das Wesen einer Dimension. Dimensionen sind Wahrnehmungskategorien, sie ordnen unsere Wahrnehmung. Sie helfen uns, ein Beziehungsnetz aufzubauen, uns in der Welt zurechtzufinden. Sie sind jedoch gleichzeitig inhärent relativ. Was ist wirklich der Unterschied zwischen hoch und tief? Das kommt sehr wesentlich auf unseren Standort an. Stehen wir etwa vor einem Berg, so wird uns dessen Gipfel hoch erscheinen. Haben wir den Gipfel erklommen, so haben wir keineswegs mehr den Eindruck von hoch in bezug auf den Gipfel, sondern von tief, wenn wir ins Tal blicken. Dimensionen sind Ordnungselemente, als solche verbinden sie, sie trennen nicht. Wenden wir die Dimension der Höhe auf das System Berg und Tal an, so erkennen wir, daß es etwas Gleiches gibt, das beide verbindet, nämlich das Ordnungsprinzip Höhe. Wir können auch eine »Polarität« angeben, nämlich daß in die eine Richtung der Dimension »höher« und in die andere Richtung »tiefer« ist. Die beiden Pole »Hoch« und »Tief« erscheinen auf den ersten Blick unvereinbar, jedoch hat bereits das einfache Beispiel mit Berg und Tal gezeigt, daß diese Einschätzung relativ ist. Was zuerst hoch war, kann gleich hoch oder tief werden, je nachdem, wie wir unseren Standpunkt wählen. Die Pole Hoch und Tief geben uns ein Ordnungsmaß an die Hand. Sie sind keine Gegensätze, sie spannen eine graduelle Vergleichsmöglichkeit innerhalb eines und desselben Wahrnehmungsprinzips auf. Pole sind das Ordnungsprinzip innerhalb der Dimensionen, sie erlauben die Gradualisierung der Wahrnehmung, sie sind aber keine Gegensätze im absoluten Sinn.

Diese Eigenschaft der »nicht vorhandenen Gegensätze« führt zu einer weiteren Eigenschaft von Dimensionen: Sie sind unendlich. Wenn nämlich die Pole nicht absolute Gegensätze, sondern Ordnungsprinzipien innerhalb von Dimensionen sind, dann können sie nie »erreicht« werden. Andererseits, wenn eine Dimension ein »Ende« hätte, dann wäre dieses Ende zwangsläufig ein Pol, der im Gegensatz (und zwar im absoluten Gegensatz) zum Rest der Dimension stehen würde. Diese Unendlichkeit einer Dimension kann jedoch durchaus auch die geschlossene Unendlichkeit eines Kreises sein. Dies ist sehr einfach am Beispiel unseres Planeten einsichtig. Stellen wir uns vor, wir gehen von einem Punkt aus nach »Osten«, so gibt es immer einen »östlicheren« Punkt. Wir werden nie zu einem Ende gelangen, obwohl wir durchaus mehrmals am Ausgangspunkt vorbeikommen werden.

Damit ist jedoch eine weitere interessante Eigenschaft von Dimensionen gegeben. Die Geschlossenheit einer Dimension kann nicht in dieser selben Dimension erkannt werden, sie kann immer nur aus einer anderen Dimension heraus betrachtet werden. Wieder sei unsere Erde als williges Opfer eines Gedankenexperimentes mißbraucht. Wir wollen unserem Wanderer rund um die Erde Kollegen zur Seite stellen, die immer weiter nördlich ihren Ausgangspunkt nehmen. Für einen Beobachter am Nordpol[8] werden ihre Wege als immer engere Kreise um ihn selbst herum erscheinen. Er erkennt die Geschlossenheit der Dimension Ost-West! Für die Wanderer selbst ergibt sich (bis auf die zunehmende Kälte) kein wirklicher Unterschied, sie können immer einen Punkt aufsuchen, der »östlicher« von ihnen ist. Ein Wanderer schließlich, der am Pol selbst nach »Osten« geht, würde schließlich nie über den Punkt hinauskommen, obwohl er sich ständig nach Osten bewegen könnte! Das bedeutet, daß Dimensionen aus der Sicht anderer Dimensionen bis zur »Di-

---

8 Auch Nord- und Südpol sind naturgemäß keine »Pole der Gegensätzlichkeit«. Jeder, der sich die (nicht geringe) Mühe machen würde, vom Nord- zum Südpol und auf der anderen Seite der Erde wieder zurück zu reisen, würde dasselbe erleben wie unser »Ostwanderer«. Wie viele Expeditionen glaubhaft versichert haben, sind die Pole »ganz normale« Punkte, an denen die Welt keineswegs »endet«!

mensionslosigkeit« verkümmern können, ohne in der eigenen Dimension ihre Unendlichkeit zu verlieren.

Kehren wir nach diesem Exkurs in die Eigenschaften von Dimensionen und die Kälte der Polregion wieder zu unserer Hauptfrage nach den neuen Dimensionen der Realität zurück. Wir haben in den vergangenen Abschnitten dargestellt, daß unsere biologische Realität durch den Vorgang der Wahrnehmung erzeugt wird aus einer umfassenderen und vielfältigeren Realität, der EPR-Realität. Damit wird eine weitere erstaunliche Tatsache sichtbar: Wir spannen uns unseren Lebensraum, die Dimensionen unserer Welt, selbst auf! Sie sind nicht vorgegebene, starre Raster. Wir schaffen sie durch unser Bewußtsein und durch unsere bewußtseinsbehaftete Wahrnehmung selbst! Raum und Zeit sind daher Archetypen der wahrnehmenden Auseinandersetzung unseres Bewußtseins mit einer umfassenderen Realität. Raum und Zeit der biologischen Realität entstehen aus unserem Bewußtsein! Sie sind die Ordnungsprinzipien unseres Bewußtseins, mit denen wir unsere Wahrnehmungen miteinander verknüpfen. Wenn wir wieder zu dem Bild des Webens unserer Realität zurückkehren, so bilden die Dimensionen die Kette des Gewebes, in das wir mit den Schüssen der Wahrnehmung unser Muster einbringen.

Wir erkennen jetzt auch leichter, wie es zu so offensichtlichen Widersprüchen kommen kann, wie etwa jenem, daß die EPR-Realität nicht-lokal und synchron ist, während unsere biologische Realität Raum und Zeit kennt. Dies bedeutet, daß die EPR-Realität durch andere Dimensionen bestimmt ist, in denen »unsere« Dimensionen von Raum und Zeit als geschlossene, möglicherweise auch »dimensionslose« Gebilde auftreten. Die Unterscheidbarkeit etwa des Raumes wird damit in der EPR-Realität aufgehoben. Das Teilchenpaar im Versuch von Alain Aspect existiert in der EPR-Realität eben als Teilchenpaar, der Effekt der räumlichen Trennung, die wir in unserer Realität wahrnehmen, existiert in der EPR-Realität nicht, weil aus der Sicht der EPR-Realität die Dimensionen des Raumes (und damit auch die Pole der Raumdimensionen!) nicht relevant sind.

Wir können noch weitere Schlüsse aus dieser Sichtweise ziehen. Wenn die Dimensionen der Realität durch das Bewußtsein bestimmt sind, da Dimensionen die Archetypen der Wahrnehmung sind, dann bedeutet ein anderer Satz von Dimensionen in einer Realität auch eine andere Bewußtseinsform. Wenn wir Menschen etwa auch Wirkungen in der EPR-Realität (oder Beeinflussungen durch diese Realität) erfahren, dann heißt das, daß wir auch ein dieser Realität adäquates Bewußtsein haben müssen. Das bedeutet weiter, daß wir Menschen offensichtlich über verschiedene Bewußtseinsqualitäten verfügen müssen, wenn wir uns dessen auch nicht immer eingedenk sind und wir unsere Fähigkeiten in diesen anderen Bewußtseinsstufen (und Realitäten) auch nicht immer ausüben. Der Mensch, und das zeigen wissenschaftliche Experimente, die Effekte der EPR-Realität mit dem Menschen in direkte Verbindung bringen (wie etwa die geschilderten Versuche der Präkognition), hat eindeutig auch noch andere Bewußtseinsqualitäten. Diese stehen über jenen, die die biologische Realität erzeugen.

Hier stellt sich nun eine neue Frage. Welche Dimensionen bestimmen denn jene EPR-Realität, aus der wir unsere biologische Realität erzeugen, und wie verhalten sich diese Dimensionen zu den gewohnten Dimensionen der biologischen Realität? Um diese Frage zu klären, müssen wir die in den vorangegangenen Abschnitten erklärten wissenschaftlichen Erkenntnisse auf ihre »Dimensionalität« untersuchen und versuchen, die Ergebnisse dieser Untersuchung zu systematisieren.

Beginnen wir mit den Erkenntnissen der Quantenmechanik. Wir haben dort zwei Vorgänge erkannt, einerseits den »zeitlosen, raumlosen« Vorgang der Schrödinger-Gleichung, andererseits den Vorgang der »Beobachtung«, in der das Wellenpaket der Schrödinger-Gleichung kollabiert und einen (biologisch) realen Effekt ausübt. Diese beiden Vorgänge spielen sich klar in zwei unterschiedlichen Dimensionen ab. Die eine Dimension ist die der zeitlichen Indifferenz, der Zeitlosigkeit, die andere ist die der Festlegung der Realität durch den Vorgang der Beobachtung. Diese letzte Dimension ist faktisch mit unserer Zeitdimension der biologischen Realität identisch (auf die wir aus unserer Realität und mit dem »biologischen« Bewußtsein jedoch keinen Zugriff haben).

Betrachten wir jetzt jene Erkenntnisse, die wir aus der Diskussion der Entwicklung gewonnen haben. Auch dort sehen wir jene »Vergangenheitsdimension«. Es ist die Dimension, in die sich etwa morphogenetische Felder vertiefen und verstärken. Je länger die Geschichte einer Verhaltensweise, einer Formwerdung ist, desto stärker und eingeprägter ist das dazugehörige morphogenetische Feld, desto stabiler wird Form oder Verhalten. Das ist die Dimension der Formstabilität.

Wir erkennen hier aber noch einen anderen Vorgang, den der Selbstorganisation. Es ist der Drang zur höheren Komplexität, der zu immer neuen Verknüpfungen und Verknotungen im Gewebe des Seins führt, an dem wir alle so emsig weben. Dieser Vorgang findet ebenfalls in einer eigenen Dimension statt, es ist die Dimension der Komplexität.

Wir haben also neben unseren bekannten Raumdimensionen der biologischen Realität drei weitere »Entwicklungsdimensionen«. Einerseits die Dimension der Zeitlosigkeit von Quantensystemen, die Dimension des »sowohl als auch« der Schrödinger-Gleichung. Als zweites jene Dimension, in der Realität durch Beobachtung, durch Interaktion, festgelegt wird. Dies ist auch die Dimension morphogenetischer Felder. Schließlich die Dimension der Selbstorganisation, die Dimension der Komplexität, des Werdens.

Aus der Sicht der biologischen Realität fallen alle diese Entwicklungsdimensionen zu einer diffusen Zeitdimension zusammen. Die Dimension der Realisierung und der morphogenetischen Felder wird dabei eher der Vergangenheit zugeordnet, jene der Komplexität und Selbstorganisation wird von uns als »Zukunft« erlebt. Die Zeitlosigkeit der Quantensysteme schließlich ist die Grundlage unserer momentanen Wahrnehmung und repräsentiert so die Gegenwart, das Faktum unseres Seins.

Generell »erleiden« wir aber diese diffuse »Zeit«, wir haben keinen echten Einfluß auf den Lauf der Zeit. Das biologische Bewußtsein kann zwar wohl die Raumdimensionen »beherrschen«, auf der anderen Seite erkennen wir zwar die »Entwicklung«, die dafür entscheidenden Dimensionen fallen jedoch in eine diffuse »Zeitdimension« zusammen und entziehen sich damit dem Zugriff unseres selbstbewußten Handelns. Wie die Versuche zur Präkognition jedoch zeigen, gelingt es uns mit einem »anderen« Teil unseres Bewußtseins, in diese Dimensionen einzudringen.

Eine weitere Dimensionalität ergibt sich aus den Überlegungen zur Neuen Homöopathie und der Zahlentheorie. Dort erkennen wir Qualitätsdimensionen, auf die etwa in der Heilung Einfluß genommen wird. Jede Handlung, die wir setzen, alles was wir in die biologische Realität einfügen, indem wir eine Wahrnehmung machen, und alles was wir denken, wirkt fort (etwa über die entstehenden oder verstärkten morphogenetischen Felder). Diese Handlungen sind immer an Entscheidungen gebunden, und diese Entscheidungen können in harmonischer Übereinstimmung mit dem Universalgesetz sein. In dieser Dimension tragen die Handlungen zur Erfüllung eines Universalgesetzes (auf das wir später noch eingehend zurückkommen werden) und auch zur »Entwicklung« des Bewußtseins bei.

Andererseits können Entscheidungen auch in Disharmonie mit dem Universalgesetz stehen. Dies ist nicht als ein »Fehlen« von Harmonie zu verstehen, sondern als ein tatsächlich anderer, verschiedener Vorgang. Es ist das Selbstzentrieren, das gewollte Zurückziehen auf eine tiefere Bewußtseinsstufe. In dieser Dimension entsteht die »Trennung« und »Partikulierung« des Bewußtseins, von der später aus der Sicht der Esoterik und Philosophie noch gesprochen werden wird.

Schließlich gibt es noch eine weitere Dimension, nämlich die der neutralen Entscheidungen. Wieder ist dies nicht als Fehlen von Harmonie oder Disharmonie zu verstehen, sondern erneut als ein eigener Vorgang. Es ist die Dimension des Selbstbewußtseins, des Wissens über seine eigene Situation bzw. der Handlungen, die zum Selbstbewußtsein beitragen. Auf jeder Stufe des Selbstbewußtseins können dabei Entscheidungen in harmonischer und nichtharmonischer Dimension getroffen werden, wobei Selbstbewußtsein selbst nicht wirklich etwas über die Harmonie (oder Disharmonie) einer Entscheidung aussagt. Dieses Selbstbewußtsein ist dabei jener Teil des Bewußtseins, in dem wir selbst klar die Ergebnisse unserer Handlungen, die Wirkung des Bewußtseins, erkennen können. Für viele, ja die meisten Menschen wird dies gleich sein dem Bewußtsein ihrer sinnlichen Wahrnehmung und ihrer Handlungen in der biologischen Reali-

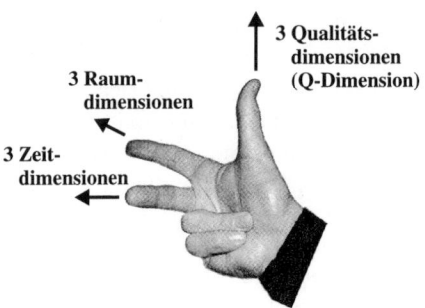

Abb. 34: Darstellung der Dimensionalität
des Seins

tät. Manche Menschen jedoch haben ihr Selbstbewußtsein bereits weiter entwickelt, so daß sie auch in anderen Teilen der Realität (und damit in anderen Teilen ihres Bewußtseins) ihr eigenes Tun willentlich bestimmen können. Sie erleben damit jene anderen Dimensionen des Seins, ob in der EPR-Realität oder in der noch höheren Realität der Qualitätsdimensionen, als (selbst-)bewußt wahrnehmbar. Sie können sich damit selbstbewußt, willentlich und wissend, in diesen weiteren Dimensionen des Seins bewegen und »dort« handeln.

Wenn wir nun versuchen, in diesen Dimensionssalat eine gewisse Ordnung zu bringen, so kann uns Abb. 34 helfen. Wir sehen darauf eine Hand, die drei Dimensionen aufspannt. Wir wollen die Finger mit biologischer Realität, EPR-Realität und Qualitäts-Realität bezeichnen. Der Finger biologische Realität weist dabei auf die biologische Realität und ihre drei Raumdimensionen hin. Es ist die Realität, in der wir »leben«.

Der Finger EPR-Realität wieder weist auf die drei Entwicklungsdimensionen hin. Diese Dimensionen repräsentieren die ordnenden Einflüsse der Selbstorganisation und der morphogenetischen Felder auf die biologische Realität. Schließlich weist der Finger Qualitäts-Realität auf jene drei Qualitätsdimensionen hin, die unsere Handlungen in bezug auf das Universalgesetz bewerten und in der die ontische Bedeutung von Zahlen und Symbolen voll zum Tragen kommt. In dieser Abbildung steht daher jeder Finger seinerseits für eine Hand, die wieder drei »Dimensionsfinger« aufspannt.

Wir haben bereits mehrfach darauf hingewiesen, daß jedem Dimensionsset eine entsprechende Bewußtseinsstufe zugeordnet werden kann, die diese Dimensionen als Archetypen ihrer Wahrnehmung verwendet. Für das Bewußtsein auf dieser Stufe degenerieren die Dimensionen anderer (höherer) Dimensionssysteme zu diffusen, undeutlichen und zusammenfallenden Dimensionen, die nicht aktiv bearbeitet, sondern passiv erlitten werden, wie etwa die Zeit in der biologischen Realität.

Alle Dimensionen sind prinzipiell unendlich. Viele sind jedoch, von einer anderen Dimension aus betrachtet, geschlossene Systeme, die in dieser anderen Dimension endliche (oder gar keine) Ausdehnung aufweisen.

Dieser Abschnitt sollte das Problem der Vieldimensionalität der holistischen, über die biologische Realität hinausgehenden Realität darstellen. Es ist jener Teil, den wir aufgrund wissenschaftlicher Überlegungen sehen können. Dies bedeutet nicht, daß die hier diskutierten Dimensionen (und damit auch die diesen Dimensionen zugeordneten Bewußtseinsstufen) vollständig sind. Ganz im Gegenteil, es ist damit zu rechnen (und im nächsten Teil des Buches wird dies auch dargestellt), daß noch viel mehr Bewußtseinsstufen existieren. Die Probleme werden jedoch immer ähnlich sein, insbesondere im Verhältnis des Bewußtseins zu den Dimensionen, für die es »adäquat« ist, bzw. auch im Hinblick auf Dimensionen (und Realitäten), die »über den Begriff« einer bestimmten Bewußtseinsstufe hinausgehen.

Wirkung und Ursache

Die neue Sicht der Wissenschaft, wie sie in den vorangegangenen Abschnitten dargestellt wurde, hat die konventionelle Auffassung vom Zusammenhang zwischen Ursache und Wirkung erschüttert. Diese Erschütterung erfolgt dabei auf zwei Ebenen: Einerseits im Bereich der »festen« Abfolge der Zeit. Andererseits im Bereich der möglichen Ursachen für Wirkungen in unserer biologischen Realität. Wir haben gesehen, daß nicht nur die

bekannten »physikalischen« Kräfte als Ursachen zu wirken
vermögen, sondern auch Gedanken.

Beginnen wir jedoch mit der Abfolge der Zeit. In der Analyse
der Dimensionalität der Realität haben wir gesehen, daß unsere
Zeitdimension nicht wirklich eine einzige Dimension ist, sondern aus mehreren zusammenfallenden Dimensionen besteht,
die wir mit Hilfe der Wissenschaft in einzelnen Bereichen auch
erkennen können. In unserer Realität erleiden wir diese Zeitdimension, wir haben keinen Einfluß auf sie. Wir interpretieren
die Zeit als eine Abfolge von Ursache und Wirkung und versuchen die Wirkungen von Ursachen vorauszusehen, um unser
Verhalten »richtig« einzustellen.

Die wissenschaftliche Auseinandersetzung mit unserer Realität zeigt uns aber etwas Erstaunliches und Neues. Erstens erkennen wir in den hier dargestellten Versuchen zur Präkognition
eindeutig, daß wir aus dem Zeitfluß austreten können, wenn wir
auch nicht genau wissen, wie dies vor sich geht. Wir können
zeitlich eine Ursache einer Wirkung *folgen* lassen! Wir stehen
hier einem neuen und qualitativ anderem Phänomen gegenüber,
als wir es bei der normalen Ursache-Wirkungsforschung, die den
Großteil unserer Wissenschaft ausmacht, erwarten.

Ein zweites, sehr interessantes Phänomen verdanken wir den
Ergebnissen der Quantenmechanik. Aus der EPR-Realität, die in
der zeit- und raumlosen »Schrödinger-Dimension« liegt, holen
wir mit der Wahrnehmung reale Dinge in unsere biologische
Realität, mit einem Vorgang, der in ganz anderen Dimensionen
abläuft. Die Ursache für diesen Vorgang ist Bewußtsein, ein
aktiver Informationsaustausch. Aber ohne Bewußtsein wäre
auch kein anderes Ding in unserer biologischen Realität vorhanden, und damit auch keine Wechselwirkung mit anderen Dingen
der biologischen Realität möglich. Die »Ursache« unserer wahr-
nehmbaren biologischen Realität sind daher primär Bewußt-
seinsakte! Hier kommen wir aber zu einer sehr machtvollen
Rückbeziehungskette: Einerseits ist das Bewußtsein der Dinge
die ursächliche Grundlage der Existenz der Dinge. Nur ein Ding
mit Bewußtsein kann »real« im Sinne unserer biologischen
Realität sein, da es durch »Wahrnehmung«, also durch einen
aktiven Informationsaustausch zwischen Bewußtseinseinheiten

aus der Möglichkeitswelt der EPR-Realität erzeugt wurde. Andererseits fungiert dieses Bewußtsein auch als Bindeglied innerhalb der biologischen Realität, indem es alle anderen realen Dinge wahrnimmt und mit ihnen in Wechselwirkung tritt. Dabei scheint die Wahrnehmung in der biologischen Realität wieder in der Dimension der Selbstorganisation immer in Richtung zunehmender Komplexität zu verlaufen. Das heißt, die Dinge der biologischen Realität versuchen immer mehr andere Dinge wahrzunehmen und sich mit ihnen zu organisieren.

Damit wird das Bewußtsein jedoch zu einem rückbezüglichen, rekursiven System. Es erzeugt die Realität (nämlich die biologische), und es ist gleichzeitig in dieser Realität aktiv und formt und organisiert diese Realität. Schließlich wirkt die Realität auf das Ding und sein Bewußtsein wieder zurück. Damit formt und beeinflußt die Realität wieder das Bewußtsein, seine Wahrnehmung und damit wiederum die Entstehung der Realität. Abb. 35 soll dies graphisch darstellen. Dabei ist wesentlich, daß Wahrnehmung als aktiver Bewußtseinsakt jeweils die Ursache (nämlich der Realitätsentstehung und -formung) darstellt. Das Bewußtsein wird damit zur Ursache der Realität, die es rekursiv auch gestaltet!

In diesem Prozeß verändert sich jedoch auch das Bewußtsein. Die Rekursivität des Prozesses wirft es immer wieder auf sich selbst zurück. Hier hilft uns sicher das Bild des morphogenetischen Feldes weiter. Das Bewußtsein vertieft den Prozeß der Rückbezüglichkeit immer weiter, es verstärkt sein morphogenetisches Feld immer mehr. Schließlich wird die Korrelation zwischen »aktivem« Wahrnehmen und »passivem« Erleiden der Wirkung so stark, daß das Bewußtsein »sich selbst als Ursache« erkennt. Dies ist der Augenblick der Selbsterkenntnis, der Augenblick des Selbstbewußtseins. Von dort an gestaltet das Bewußtsein die Realität im Bewußtsein seiner selbst, nämlich aktiv und willentlich. Obwohl weiterhin die EPR-Realität die Basis bildet, so wird der Vorgang der Realitätserzeugung durch das starke morphogenetische Feld »automatisiert«. Das Bewußtsein beginnt sich verstärkt mit der Realität auseinanderzusetzen, die seinem Selbstbewußtsein entspricht. Wieder tut es dies über den aktiven Wahrnehmungsvorgang, wobei es hinter

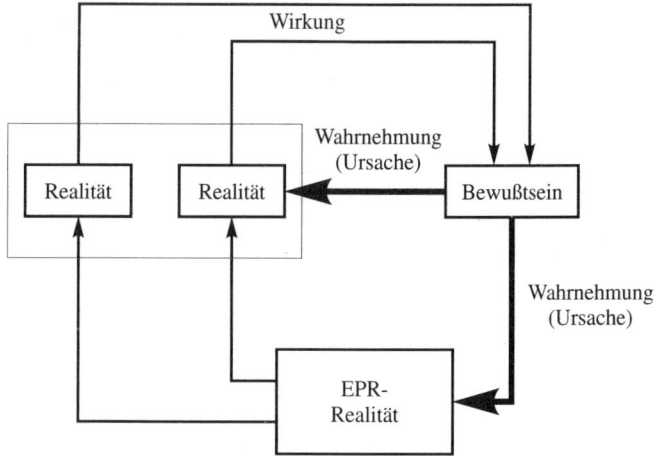

Abb. 35: Rekursive Ursache – Wirkungsbeziehung des Bewußtseins

der wahrgenommenen Realität sich selbst als wesentlicher Akteur erkennt.

Dabei sind die Realitätsstufen durchaus unterschiedlich. Damit sind auch die Stufen des »Selbstbewußtseins« durchaus verschieden. Ein Baum etwa »erleidet« die Raumdimension weitgehend. Sein Same ist der biologischen Realität von uns Menschen passiv ausgeliefert. Wind und Terrain entscheiden über den künftigen Lebensraum des Baumes. Vielleicht entscheidet sogar ein Wesen, dessen Selbstbewußtsein die aktive Auseinandersetzung mit der Raumdimension zuläßt, etwa ein Tier oder ein Mensch darüber. Für den Baum jedoch wird die Raumdimension eine erlittene Dimension bleiben, eine Dimension außerhalb seines Selbstbewußtseins. Dafür ist er sehr wohl in der Lage, aktiv die chemischen und physikalischen Vorgänge in seinem Inneren zu steuern und zu regeln. In dieser Ebene verfügt er über eine Art »Selbstbewußtsein«.

Bewußtsein ist damit als die wirkliche Ursache unserer Realität entlarvt worden. Immer dann, wenn Bewußtsein seiner eigenen Stellung in der Realität bewußt wird, wird Realität aktiv gestaltet. Der rekursive Vorgang der Wahrnehmung, der auch entlang der Dimension der Selbstorganisation wirksam wird, führt zu einem immer umfassenderen Selbstbewußtsein der Dinge unserer biologischen Realität. Bewußtsein ist damit die Ursache der Realität, die Auseinandersetzung mit der Realität wiederum ist Ursache der Entwicklung des Bewußtseins hin zum Selbstbewußtsein und damit zur Beherrschung einer bestimmten Realität. In dieser rekursiven Evolution schreitet die Entwicklung des Bewußtseins fort.

Wenn aber die eigentliche Ursache der Realität unser Bewußtsein ist, was sind dann die vielen Ursache-Wirkungsbeziehungen, die unsere biologische Realität durchziehen? Sie sind eben jenes Gewebe der Realität, an dem wir andauernd emsig weben, sie bilden Kette und Schuß dieses Stoffes. Niemandem würde es einfallen, den vorangegangenen Schuß eines Gewebes für die Ursache des aktuellen Schusses anzusehen. Trotzdem ist die Abfolge von Fäden im Gewebe natürlich ein Ordnungsprinzip. Nicht der Faden ist Ursache des Musters, er ist Teil davon. Je öfter aber die Fäden in einer ganz besonderen Weise, in einem Muster, aufeinander folgen, desto klarer wird dieses Muster und seine Wiederholung erkannt, desto eher »weiß« man, in welcher Art der nächste Faden folgen wird. In den Worten der wissenschaftlichen Erklärung der Phänomene bedeutet dies, daß jedes Muster ein morphogenetisches Feld aufbaut, das um so stärker wird, je öfter dieses Muster wiederholt wird. Es ist im Wissen des Webers (des Bewußtseins!) gespeichert, der die eigentliche Ursache für den Stoff der Realität ist.

Wir sind einerseits eingewoben in das Gewebe der Realität und sehen damit immer nur die Abfolge von Fäden, obwohl wir natürlich mit unserem Bewußtsein (wenn auch nicht immer im Bereich des Selbstbewußtseins!) an diesem Gewebe mitweben. Unsere Entscheidungen treffen wir auf der Erfahrung, wie sich die Fäden zu einem Muster fügen, wobei wir die Abfolge der Fäden als Ursache-Wirkungsketten auffassen, und wir bilden uns eine Theorie über den »nächsten Faden«, die Zukunft. Entspricht der Faden unseren Vorstellungen, so sehen wir uns bestärkt darin, daß wir die Ursache-Wirkungsbeziehung richtig gedeutet haben, und sind daher um so überzeugter, daß der vorangegangene Faden tatsächlich »Ursache« für den jetzigen

Faden war. Tritt die als Folge der »Ursache« erwartete Zukunft nicht ein, so hat eben »der Zufall« zugeschlagen, und wir werden nicht müde, andere Ursache-Wirkungsbeziehungen aus den vorangegangenen Fäden herauszudestillieren, die der tatsächlich eingetretenen Zukunft entsprechen. Diese neue Ursache-Wirkungsbeziehung wird dann wieder zur Grundlage unserer zukünftigen Entscheidungen.

Mit jeder der Entscheidungen, die wir treffen, bauen wir aber am morphogenetischen Feld mit. Jede dieser Entscheidungen ist eine Manifestation des Bewußtseins und beeinflußt das Muster des Realitätsgewebes. Erst wenn wir unsere eigene Entscheidung in dem Muster wiedererkennen, dann haben wir Selbstbewußtsein erlangt, dann weben wir an dieser Realität nicht nur mit unserem Bewußtsein, sondern auch im »Bewußtsein dieses Bewußtseins«, eben mit »Selbstbewußtsein«. In diesem rekursiven Vorgang gewinnen wir langsam, sehr langsam, an Selbstbewußtsein!

Von dieser Überlegung aus, die dem Bewußtsein eine zentrale Rolle als Ursache zuweist, ist es nur ein kleiner Schritt, um das zweite erstaunliche Ergebnis der modernen wissenschaftlichen Erkenntnis zu erklären, nämlich, daß Gedanken und Information zu Kräften werden. Gedanken können also Kräfte »verursachen«, die auch physikalische »Wirkungen« hervorrufen, die Basis für viele unvorstellbare und »wunderbare« Vorgänge wie Telekinese, Levitation und ähnlichem, aber auch die Grundlage von Geistheilung und der hier dargestellten Neuen Homöopathie von Erich Körbler.

Zahlen, Zeichen und Symbole wirken hier ganz offensichtlich als Information und als solche direkt auf das Bewußtsein (wenn schon nicht in seiner speziellen Form des Selbstbewußtseins) ein. Daß wir uns heute hier vor allem auf empirische Ergebnisse verlassen müssen und uns nicht eine feste Theorie zur Verfügung steht, die diese Effekte erklärt, hat weniger mit fehlender Wissenschaftlichkeit auf diesen Gebieten zu tun als vielmehr mit der Neuheit der Erkenntnisse (oder sollte man besser sagen, der Neuheit für die Wissenschaft, da es sich hier ja um Phänomene handelt, die bereits sehr lange bekannt sind?!).

Noch stärker ist dies sicher bei den geschilderten Versuchen der Telekinese zu erkennen. Hier werden Gedanken, also aktive Handlungen unseres Selbstbewußtseins, dazu verwendet, als Ursachen für physikalische Wirkungen zu fungieren. Hier ist eher erstaunlich, daß die Wirkung (obwohl signifikant) relativ schwach ausfällt. Dies ist wohl am ehesten dadurch zu erklären, daß unser Selbstbewußtsein in der Regel noch nicht weit genug entwickelt ist, um derartige Effekte wirkungsvoll zu erreichen. Aus der Sicht der neuen, holistischen Realität sind derartige Phänomene keinesfalls etwas Besonderes. Durch ihre unmittelbare und sichtbare Verbindung zu Bewußtsein und Selbstbewußtsein sind sie vielmehr prädestiniert als besonders interessante und wichtige Forschungsgebiete der Zukunft, wenn es darum geht, das Wirken und die Entwicklung des Bewußtseins näher zu untersuchen.

Vom Wissen zum Bewußtsein

Die neue holistische Interpretation moderner wissenschaftlicher Erkenntnisse bringt nicht nur eine ganz erstaunliche Realität ans Licht, sie erfordert auch eine neue Art, sich mit dieser Realität auseinanderzusetzen. Dies heißt, daß Wissenschaft sowohl ihrem Ziel als auch ihrer Methodik nach auf die holistische Weltsicht hin ausgerichtet werden muß, will sie weiterhin erfolgreich sein.

Um hier Klarheit zu schaffen, müssen vor allem drei Problemkreise behandelt werden: Was ist Wissenschaft eigentlich, was ist ihr Ziel im Rahmen des holistischen Weltbildes und schließlich, was sind die Werkzeuge, deren sie sich in Verfolgung dieses Zieles bedienen kann?

Beginnen wir mit der Frage nach der Definition von Wissenschaft aus der Sicht der holistischen Realität. Das Wesentliche ist, daß Wissenschaft als Methode gesehen wird und keineswegs als Selbstzweck. Das Wesen der wissenschaftlichen Methode ist es, sich mit der Ratio, also dem Verstand, der Realität zu stellen und in dieser aktiven Konfrontation mit der Realität Erkenntnis zu gewinnen. Es ist der Einsatz des Verstandes und darüber hinaus die methodische Planung, die Wissenschaft von anderen Formen und Methoden der Erkenntnisgewinnung abhebt. Ein

weiteres Kennzeichen der Wissenschaft ist, daß sie zwar die
Auseinandersetzung mit der Realität sucht, diese aber nicht
individuell führt. Wissenschaft ist immer ein kollektiver Vorgang, er bedarf einer wissenschaftlichen Gemeinschaft, einer
scientific community. Diese Gemeinschaft ist nicht ein Ergebnis
der Auseinandersetzung mit Realität, denn es gibt genügend
individuelle Wege der Auseinandersetzung (etwa die Esoterik
und die ewige Philosophie, der der nächste Teil des Buches
gewidmet wird). Sie ist Teil der wissenschaftlichen Methode.
Wissenschaft wird dadurch zu einem profund gesellschaftlichen
Vorgang. Davon legen sowohl die vielen Kongresse und Semi-
nare im Namen der Wissenschaft Zeugnis ab, der gesellschaftliche Kontext ist sicher auch verantwortlich für den hohen Stellenwert der menschlichen Eitelkeit in der Wissenschaft. Nicht allein
der, der wissenschaftliche Erkenntnis erlangt, sondern vor allem
der, der diese Erkenntnis auch anderen nahebringt, sie überzeugt
und seine Erkenntnis vermarktet, ist ein erfolgreicher Wissenschaftler. Diese gesellschaftliche Funktion der Wissenschaft ge-
biert natürlich auch ihre Erfordernisse. Wissenschaft muß nicht
nur rational, sondern auch mitteilbar sein. Der echte wissenschaftliche Diskurs ist die Diskussion innerhalb der wissenschaftlichen Gemeinschaft, nicht mit der Realität als solcher.
  Betrachten wir nun die Wissenschaft aus der Sicht der holistischen Realität und versuchen wir eine Zieldefinition der Wissenschaft unter dieser Sichtweise zu formulieren. Hier muß erstens
gesagt werden, daß auch in Zukunft die Ratio einen wesentlichen Stellenwert im menschlichen Erkenntnisprozeß einnehmen
wird. Sie ist wahrscheinlich nicht die schnellste Möglichkeit, sich
Erkenntnis über die Realität zu beschaffen. Sie ist aber jene
Möglichkeit, die sich am leichtesten reglementieren, katalogisie-
ren und normieren läßt. Sie ist damit prädestiniert zur effektiven
Weitergabe an andere Menschen. Wissenschaft auf der Basis der
Ratio und der rationellen Diskussion formt damit eine Art Norm
für das Wissen über die Realität, die auch unter dem holistischen
Gesichtspunkt unverzichtbar bleibt. Obwohl manche Menschen
schneller vorwärts kommen und mehr Erkenntnis über das Sein
erlangen, so bleiben die Erkenntnisse der rationalen Wissenschaft ein Grundstock, auf den jeder Mensch zurückgreifen

kann, insbesondere weil er im Hinblick auf Verständlichkeit im Feuer der wissenschaftlichen Diskussion geformt wurde.

Damit wird die Wissenschaft für die Entwicklung des Bewußtseins des Menschen besonders wichtig. Wir haben bereits dargestellt, daß sich aus Bewußtsein Selbstbewußtsein in einem rekursiven Vorgang der Auseinandersetzung mit der Wirklichkeit bilden kann. Gerade die Wissenschaft, die sich mit dieser *Wirk-lichkeit* auseinandersetzt, die immer wieder Ursache und Wirkung untersucht, hat hier eine zentrale Rolle. Sie ist für den Stand des Selbstbewußtseins, in der Form der Erkenntnis der Wirkung des Bewußtseins, zuständig. Sie formt unser Bild von der Wirklichkeit, vom Wirken der Ursachen, sie formt, wie wir in diesem Buch darstellen wollten, unser Weltbild! Insofern kommt der Wissenschaft eine wichtige Rolle in der Entwicklung unseres Selbstbewußtseins zu. Die Weiterentwicklung des Selbstbewußtseins ist damit die Hauptaufgabe der Wissenschaft der Zukunft. Sie muß vom Wissen (der Erkenntnis) zum Selbstbewußtsein führen.

Wir wollen uns nun den Methoden zuwenden, die die Wissenschaft zur Erreichung dieses Zieles zur Verfügung hat. Hier stoßen wir vorerst auf ein Paradoxon, das wir das Erkenntnisparadoxon nennen wollen:

– Im Grunde ist es unmöglich, aus dem Geflecht der biologischen Realität die wahre Erkenntnis über die ganze holistische Realität zu gewinnen, da das allem Sein zugrunde liegende Universalgesetz und das Wirken des Bewußtseins grundsätzlich verdeckt bleiben.

– Die Wissenschaft ist jedoch dazu aufgerufen, möglichst vollständige Erkenntnis zu erzeugen.

Dieses Paradoxon ist Ausdruck des rekursiven Vorganges der Selbstbewußtseinsbildung. Nur dadurch, daß die Wissenschaft das Unmögliche versucht, nämlich eine vollständige rationale Erklärung der Realität herzustellen, die es nicht geben kann, nur dadurch ist sie in der Lage, das Selbstbewußtsein (langsam) zu erweitern.

Damit wird der Wissenschaft zwar eine grundsätzlich unlösbare Aufgabe zugewiesen. Es ist jedoch der Versuch der Lösung dieser Aufgabe, die die Menschheit weiterbringt. Es ist eine wahre Sisyphusarbeit, die nur Sinn aus ihrem Scheitern bezieht! Trotzdem, oder gerade deswegen, ist es vielleicht auch eine noble und wichtige Aufgabe, sicherlich aber eine notwendige.

Wir wollen uns, ehe wir noch die Mittel der Wissenschaft im einzelnen betrachten, fragen, wie es mit der Wertung der Wissenschaft im allgemeinen aussieht. Wenn wir uns die Dimensionalitäten der Realität noch einmal vor Augen halten, so sehen wir auch eine Qualitäts-Dimensionalität. Dort haben wir drei Richtungen vorgegeben, harmonisch, disharmonisch und die Dimension des Selbstbewußtseins. Das Ziel der Wissenschaft, nämlich die Steigerung des Selbstbewußtseins, ist für sich wertfrei (wenngleich es mehr Komplexität bedeutet und damit der Selbstorganisation entspricht). Jede konkrete Entscheidung eines Wissenschaftlers, wie er zur Erkenntnis gelangt, ist jedoch eine konkrete Entscheidung im Rahmen der harmonischen oder disharmonischen Dimension. Sie ist daher *nicht* wertfrei. Das bedeutet, daß Wissenschaft an sich in ihrer Zielsetzung aus der Sicht der holistischen Realität zwar wertfrei, jede Tätigkeit eines Wissenschaftlers (als Individuum) aber wertbehaftet ist. Die Wertfreiheit der Wissenschaft bezieht sich damit auf ihr Ziel (den Erkenntnisgewinn zum Zweck der Selbstbewußtseinsentwicklung), nicht aber auf die Tätigkeit an sich, die, wie jede andere Tätigkeit, wertgebunden bleibt.

Die Zielsetzung der Wissenschaft in der holistischen Realität ist also auf die Erweiterung des Selbstbewußtseins des Menschen gerichtet. Damit geht aber auch eine tiefgreifende Änderung der wissenschaftlichen Methode einher, insbesondere in der Naturwissenschaft. Wir wollen diese Änderung, die durch die neue Zielgebung bedingt wird, nun näher untersuchen. Dies setzt aber voraus, daß wir uns der bisherigen Zielsetzung der Naturwissenschaft und der daraus folgenden Methodik klar werden. Im Rahmen des mechanistischen Weltbildes ist nämlich der Hauptzweck der Wissenschaft keineswegs die Erweiterung des Selbstbewußtseins. Wissenschaft wird vielmehr als ein Mittel zur Bewältigung der biologischen Realität angesehen. Das Aufdecken der Ursache-Wirkungsbeziehungen, so wie wir sie wahrnehmen, steht im Mittelpunkt der konventionellen Naturwissenschaft. Ihre Hauptaufgabe ist damit das »savoir pour prevoir«, das heißt, eine möglichst lückenlose Interpretation der Ursache-Wirkungsbeziehungen, die es uns erlaubt, die »Zukunft« vorauszusagen und uns so zu verhalten, daß diese Zukunft möglichst vorteilhaft ausfällt. Es war also Ziel der Wissenschaft, die Abläufe der Natur abzubilden und der menschlichen Planung zugänglich zu machen.

Das wesentliche Mittel der Naturwissenschaften, dieses Ziel zu erreichen, war bisher das naturwissenschaftliche Experiment. Zwei Grundprinzipien liegen dem wissenschaftlichen Experiment zugrunde: Einerseits die Schaffung einer (einfachen) »Kunstwelt« und andererseits die strikte Kontrollierbarkeit des Experimentes. Das Prinzip der Kunstwelt resultiert dabei vorerst aus einer ökonomischen Überlegung. Je weniger Einflüsse auf ein bestimmtes Phänomen zugelassen werden, je simpler daher die Kunstwelt des Experimentes ist, desto weniger Experimente braucht man, um die »Naturgesetzlichkeit« eines bestimmten Vorganges herauszufinden und zu quantifizieren. Will man etwa nur das Fallgesetz untersuchen, so ist es sinnvoll, den Luftwiderstand (und damit den Einfluß der Form und des Materials des fallenden Körpers) durch eine geschickte Versuchsanordnung aus der Kunstwelt auszuschließen. Bereits wenige Versuche werden dann den fundamentalen Parameter der Erdbeschleunigung zutage fördern. Hat man schließlich dieses Gesetz erkannt und quantifiziert, so kann man sich der nächsten Aufgabe widmen und den Luftwiderstand als Abhängige der Form eines Körpers untersuchen, wobei man den Einfluß anderer Größen, etwa Materialeinflüsse, wieder tunlichst auszuschalten trachtet. Hinter dieser sehr ökonomischen Problemzerteilungsstrategie der Naturwissenschaft verbirgt sich natürlich der Glaube, daß unsere biologische Realität durch ewige Gesetze in ihrem Ablauf bestimmt ist und daß nur diese Gesetze, die wir einzeln und billig durch Experimente untersuchen können, Einfluß auf die Zukunft haben. Die Realität ist damit eine große komplexe, aber aus einfachen Teilen aufgebaute Maschine. Die Aufgabe der Wissenschaft ist aus dieser Sicht durchaus eine endliche. Haben wir »alle« Naturgesetze entschlüsselt, könnten wir nach Gutdünken die Zukunft vorhersagen und auch steuern. Diese Haltung ist nach den hier dargestellten Überlegungen einer holistischen Weltsicht unhaltbar geworden!

Das zweite Grundprinzip, nämlich die vollständige Kontrolle über das Experiment, kommt aus der gesellschaftlichen Dimension der Wissenschaft. Es wird meist als das Prinzip der »Reproduzierbarkeit« von Experimenten bezeichnet. Hinter diesem Grundprinzip steht die Forderung nach Mitteilbarkeit der Wissenschaft. Natur selbst ist nicht mitteilbar, sie ist an menschliche Wahrnehmung gebunden. Wohl aber kann man die Randbedingungen der Kunstwelt des Experimentes mitteilen und zwar vollkommen »objektiv« und für jedes Individuum gleich. Das Experiment bezieht daher einen großen Teil seines Charmes aus der Tatsache, daß es leicht vermittelbar ist. Jeder, der unter den gleichen Bedingungen seine Kunstwelt aufbaut, kann Resultate erzielen, die ihn ermächtigen, an der Diskussion über die Naturgesetzlichkeiten eines bestimmten Vorganges mitzureden. Abweichungen sind dabei im Bereich der »Meßfehler« zu erwarten, wobei diese Meßfehler (so sie nicht grob fahrlässig durch nicht rigorose Arbeit bedingt werden) eben nichts anderes sind als Einflüsse anderer Vorgänge, die nicht effektiv genug aus der Kunstwelt des Experimentes ausgeschlossen werden können. Es ist erklärtes Ziel herkömmlicher Naturwissenschaft, diese Meßfehler zu minimieren. Möglichst wenig darf dem »Zufall« überlassen werden!

Welche Grundprinzipien können nun für die Aufgabe der Wissenschaft im holistischen Paradigma, nämlich Selbstbewußtsein zu entwickeln, formuliert werden und wie verhalten sie sich zu den herkömmlichen methodischen Grundprinzipien der Naturwissenschaft? Sicher ist, daß das Primat des naturwissenschaftlichen Experimentes nicht haltbar ist. Einerseits lehrt uns die Quantenphysik, daß Beobachter und Beobachtetes ein untrennbares System sind. Wahrnehmung beeinflußt das Entstehen und den Ablauf in unserer biologischen Realität. Die Scheinwelt des Experimentes ist daher keineswegs die sichere Basis, für die sie die konventionelle Naturwissenschaft hält. Daß so viele Experimente »gelingen«, ist wohl eher auf die Stärke der morphogenetischen Felder zurückzuführen, die die untersuchten Phänomene formen.

Schließlich aber läuft die Intention eines Experimentes, nämlich Kausalketten in der biologischen Wirklichkeit aufzudecken, der holistischen Auffassung der Realität entgegen. Es ist das Bewußtsein, das die Realität erzeugt, und es gilt dem Bewußtsein nachzustellen, will man die Realität verstehen und damit dem Wirken des Bewußtseins auf die Spur kommen und weiter dem Bewußtsein seine eigene Wirkung vor Augen halten. Nur so kann das Ziel der Entwicklung des Selbstbewußtseins erreicht werden.

Ein zweiter Grund gegen die zentrale Stellung des Experimentes in einer holistischen Wissenschaftsauffassung ist die Unhaltbarkeit der wissenschaftlichen Teilungsstrategie. Wir gehen bisher davon aus, daß es ökonomisch ist, ein Problem in möglichst simple Teilprobleme zu gliedern. Das ist aber nur solange richtig, solange wir annehmen, daß in der biologischen Realität eindeutige, von uns und unseren Handlungen (mit anderen Worten, unserem Bewußtsein) unabhängige »Naturgesetze« walten, die wir beliebig superponieren dürfen. Sobald wir jedoch annehmen, daß wir selbst Einfluß auf die von uns erlebte Realität haben, sobald wir erkennen, daß für diese Realität die gegenseitige Wahrnehmung durch Bewußtseinseinheiten verantwortlich ist, ändert sich die Einschätzung des Nutzens der Problemreduktion. Es ist dann nicht mehr Ziel der Wissenschaft, Naturgesetze möglichst rein darzustellen, sondern die Vernetzung zwischen den Prozessen, die durch die Bewußtseinseinheiten ausgelöst werden, klarzulegen. Die Reduktion in der Scheinwelt des Experimentes wirkt diesem Ziel entgegen. Sie durchschneidet bewußt dieses Netz. Damit würde gerade der Gegenstand der Forschung aus der Forschung ausgeschlossen!

Ein weiterer Grund gegen das Primat des wissenschaftlichen Experimentes im herkömmlichen Sinn kommt schlicht aus der gesellschaftlichen Anforderung an die Wissenschaft, selbst unter den bisherigen Bedingungen. Die zu untersuchenden Phänomene werden immer ganzheitlicher. Es geht nicht mehr darum, vergleichsweise einfache Phänomene, wie den Fall fester Körper oder den Widerstand gegen die Bewegung eines Körpers in Luft, zu erforschen. Es geht um Treibhauseffekt, Ozonloch und Klimaveränderung. Diese Phänomene (oder vielleicht sollte man besser von Syndromen sprechen) sind einer vereinfachenden Scheinwelt von Experimenten nicht zugänglich. Ganz im Gegenteil, sie sind komplex und intrinsisch mit gesellschaftlichen Entwicklungen verbunden. Sie rufen nach neuen Allianzen der wissenschaftlichen Sparten in der Form interdisziplinärer Zusammenarbeit, da ihre Komplexität die der normalen wissenschaftlichen Disziplinen weit überschreitet. Sie sind auch keineswegs nur rein naturwissenschaftlich interessante Phänomene, sondern sie zeigen die Wirkung unserer Handlungen auf die Natur und damit auch sehr direkt unseres Bewußtseins auf die Realität, die wir erleben, auf. Dies bedeutet, daß nicht nur unser Weltbild zunehmend holistischer wird, sondern auch unsere Probleme!

Dieser holistischen Natur der Probleme entspricht schließlich auch, daß Experimente weder ökonomisch noch in Hinsicht auf Sicherheit akzeptabel werden. Keine Gesellschaft würde großangelegte Klimaversuche erlauben, ebensowenig wie sie den experimentellen Nachweis der Ungefährlichkeit eines atomaren GAUs erlauben würde. Hier werden der Wissenschaft ganz klare Wertgrenzen von seiten der Gesellschaft auferlegt, und das durchaus zu Recht.

Bedeutet dies nun das Ende des wissenschaftlichen Experimentes? Nein, keineswegs. Es bedeutet jedoch eine Änderung im Stellenwert des Experimentes in der Erkenntnisfindung der Wissenschaft. Es bedeutet weiters eine Änderung im Aufbau und der Wertung des Experimentes.

Experimente machen nach wie vor dort Sinn, wo es um Vorgänge mit starken morphogenetischen Feldern geht. Die Beschreibung dieser Vorgänge wird jedoch zusehends Aufgabe der Technologie (oder der angewandten Forschung) und nicht sosehr der Grundlagenforschung. Als Vorbereitung für Technologien in einem sehr weiten Bereich, vom Mikroprozessor bis zur Biotechnologie, bleibt das Experiment selbst in der herkömmlichen Art der wissenschaftlichen Scheinwelt sinnvoll und wichtig. Nur, in diesem Bereich ist der echte Erkenntnisgewinn, also der Gewinn an Selbstbewußtsein, gering. Wohl wirken die auf der Basis dieser Experimente aufbauenden Technologien auf die Entwicklung der Gesellschaft und auf unsere Auseinandersetzung mit der Mitwelt zurück, die ihrerseits zum Erkenntnisgewinn beitragen. Die Wirkung des Experimentes, das zu einer Technologie geführt hat, ist jedoch dabei eher gering einzustufen.

Andererseits können Experimente aber eine hervorragende Möglichkeit darstellen, dem Wirken des Bewußtseins auf die Spur zu kommen. Wesentlich dabei ist jedoch eine andere Herangehensweise, als wir sie bisher gewohnt sind. Es gilt in diesem Fall nicht, eine Kunstwelt nach unserem Belieben aufzubauen, sondern die »Muster« im Gewebe der Realität zu erkennen und nicht die kausalen Zusammenhänge zwischen einem Faden und dem nächsten herstellen zu wollen. Diese Art von Experimenten ist daher ein Hinhorchen auf die Mitwelt. Es bedarf keines Herausschälens eines besonderen Teiles dieser Mitwelt, der dann losgelöst von allem anderen (auch vom Experimentator!) untersucht werden soll. Ganz im Gegenteil, diese Art von Experimenten gleicht eher dem »Verweilen bei den Dingen«, wie es Johann Wolfgang Goethe fordert.

Diese Experimente beziehen auch bewußt den Experimentator mit ein. Schließlich ist es ja auch sein Bewußtsein, das (ganz entscheidend) am Fortgang des Experimentes mitwirkt. Nur wenn dieses Bewußtsein aktiv in Rechnung gestellt wird, kann überhaupt erwartet werden, daß Selbstbewußtsein erlangt wird. Ohne Einsatz des Bewußtseins des Forschers, ohne Hereinnahme des Bewußtseins des Forschers in das Experiment, gibt es auch keinen Fortschritt im Selbstbewußtsein. Diese Forderung mag sicherlich für viele Wissenschaftler schwer zu akzeptieren sein, sie ergibt sich aber aus der holistischen Weltsicht zwingend.

Für diese Art der Experimente müssen nun eine Reihe von Anforderungen fallengelassen werden, die wir an wissenschaftliche Experimente bisher zu stellen gewohnt waren. Als erstes müssen wir die beliebige Wiederholbarkeit und Reproduzierbarkeit aufgeben. Solange ein Phänomen nicht vollständig im Bereich des Selbstbewußtseins ist, werden wir immer mit »Überraschungen« zu rechnen haben, wenn wir unser Bewußtsein in einer aktiven Naturbeobachtung einsetzen. Erst wenn wir uns des Wirkens des Bewußtseins selbst bewußt werden, werden diese unvorhergesehenen, nicht »reproduzierbaren« Effekte erklärlich und aktiv steuerbar.

Wir haben aber am Beginn dieses Abschnittes festgestellt, daß Wissenschaft ganz entscheidend auch mit Mitteilbarkeit zu tun hat. Die Reproduzierbarkeit von Experimenten war bisher ein wesentliches Fundament dieser notwendigen wissenschaftlichen Extrovertiertheit. Wenn wir diese Forderung für Experimente in einer holistischen fallenlassen, so müssen wir etwas Adäquates an ihrer Stelle einführen, das die Fähigkeit zur Mitteilung für die Wissenschaft innerhalb der Gesellschaft sichert, sonst verliert die Wissenschaft ihren Stellenwert in der Entwicklung des Selbstbewußtseins. Wir müssen fordern, daß das Ergebnis, aber auch der Verlauf und der Ausgangspunkt eines Experimentes mitteilbar bleibt. Entscheidend dabei ist zu erkennen, daß der Akt des Experimentierens stets ein aktiver Akt des Bewußtseins ist. Wichtig ist daher nicht nur eine kritische und logische Beschreibung des Experimentes selbst, sondern auch eine klare Darstellung der Intention, des Wollens, des Experimentators. Nicht nur die Daten der Beobachtungen eines Experimentators, auch die Theorie, auf der er dieses Experiment (oder die Beobachtung) aufbaut, müssen klar und logisch dargestellt werden. Erst damit wird ein Experiment vollständig beschreibbar und auch diskutierbar. Kein Experiment kann daher aus holistischer Weltsicht ohne Theorie bewertet werden. Jedes Experiment, dem keine Theorie und damit kein Wollen, keine bewußte Zielsetzung durch den Experimentator zugrunde liegt, ist wertlos.

Neben dem indirekten Vorgang der aktiven Mitweltbetrachtung im Experiment gibt es auch noch eine direktere Auseinandersetzung mit dem Bewußtsein. Dies ist das Gedankenexperiment oder die Simulation. Bis jetzt war diese Gattung von »Experimenten« in der Naturwissenschaft eigentlich nicht wirklich zum Erkenntnisgewinn eingesetzt. Vielmehr dienten sie der logischen Darstellung und Untermauerung von Theorien, deren wirklicher Test in empirischen Experimenten gelegen war. Aus holistischer Sichtweise werden empirische Experimente und Gedankenexperimente oder Simulationen einander weitgehend gleichgestellt in ihrer Bedeutung für den Gewinn von Selbstbewußtsein. Die bewußte Reflexion auf die eigenen Gedanken, die bewußte Ausnutzung der vielfältigen Realität, die die Simulation bietet, eröffnen der Wissenschaft ganz neue Möglichkeiten, sich des Bewußtseins selbst bewußt zu werden.

Aber auch für diese Form des direkten »Bewußtseinsexperimentes« muß die Forderung nach Mitteilbarkeit der Wissenschaft gelten. Dies bedeutet, daß Gedankenexperimente logisch nachvollziehbar, ihre Ergebnisse plausibel sein müssen.

Die Bedeutung der Plausibilität von Gedankenexperimenten und der Klarlegung der Theorien hinter dem »Verweilen bei den Dingen« der empirischen Experimente wird um so wichtiger, als gleichzeitig mit dem Fallenlassen der Forderung nach Reproduzierbarkeit auch einige Beschränkungen der konventionellen wissenschaftlich-empirischen Experimente wegfallen. Zum ersten ist es möglich, die Reduktion auf eine eng umrissene wissenschaftliche »Versuchs-Scheinwelt« fallen zu lassen. Nachdem der Gegenstand holistischer Wissenschaft die Erweiterung des Selbstbewußtseins ist, ist es nicht mehr notwendig, streng isolierte Systeme unserer biologischen Realität zu untersuchen. Vielmehr muß es Ziel der Wissenschaft sein, das Wirken des Bewußtseins in der Realität in ihrem umfassendsten Sinn zu erfassen. Hier kommt es zu einer sehr fruchtbaren Kooperation zwischen empirischen Versuchen und Gedankenexperimenten. Empirische Versuche und aktive Naturbeobachtung zeigen uns Trends und Zusammenhänge in Form eines unscharfen Bildes des »Musters« des Realitätsgewebes. Das Gedankenexperiment oder die Simulation dient dazu, dieses Muster zu analysieren und besser sichtbar zu machen. Dabei dient die Simulation dazu, die Mitweltbeobachtungen durch die Einbeziehung möglichst vieler vernetzter Effekte in einen möglichst gesamthaften Kontext zu stellen. Das Gedankenexperiment übernimmt damit die Aufgabe der Lupe im herkömmlichen naturwissenschaftlichen Experiment. Nur mit dem Unterschied, daß diese Lupe nicht den Gegenstand der Untersuchung aus seiner Umgebung reißt, sondern gerade diese Vernetztheit darlegt und der Untersuchung zugänglich macht (siehe Abb. 36).

Ähnlich wie im bisherigen Wissenschaftsbetrieb schreitet auch der holistische Wissenschaftsbetrieb in einer Art Trial and Error fort. Immer wird am Anfang eine Theorie (oder besser gesagt: eine Hypothese) stehen, die dann gegen eine Realität

herkömmliches Experiment   holistisches Experiment

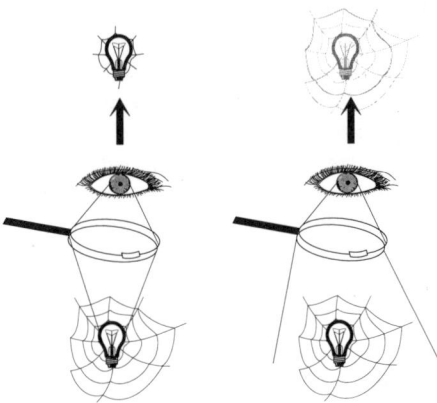

Abb. 36: Unterschied zwischen herkömmlichem
und holistischem Experiment

getestet und solange verfeinert wird, bis sie diese Realität beschreibt. Der wesentliche Unterschied besteht jedoch darin, daß
in unserer bisherigen Wissenschaftstradition das Objekt der
Betrachtung die biologische Realität unserer Sinne war, die
jedoch durch unser Bewußtsein erzeugt wurde. In einer Wissenschaft innerhalb eines holistischen Weltbildes ist der Gegenstand
der Betrachtung das Bewußtsein selbst. Die Theorien werden
nicht länger gegen »Kausalitäten« in unserer biologischen Realität getestet, sondern gegen den Vorgang der Erzeugung dieser
Realität, gegen das Bewußtsein selbst. Wenn dieser Vorgang
erkannt wird, wenn also das Bewußtsein sein eigenes Handeln,
seine eigene Aktivität erkennt, wenn das »Muster«, das vom
Bewußtsein in den Teppich der Realität gewoben wurde, mit
dem Muster der Theorie hinter den empirischen Experimenten,
das durch die Gedankenexperimente in den richtigen Kontext
gerückt wurde, übereinstimmt, dann wurde das Selbstbewußtsein erweitert. Wenn gleichzeitig die Kriterien für die Mitteilbarkeit dieser Experimente, nämlich klare und logische Definition
der Theorie, kritische Darstellung der empirischen Experimente

und Plausibilität der Gedankenexperimente und Simulationen erfüllt sind, so wird diese Erweiterung des Selbstbewußtseins der ganzen Gesellschaft (über den nicht immer einfachen Umweg der scientific community) zugänglich. Im ganzen ist dies sicherlich ein langwieriger, aber dafür sehr sicherer und unaufhaltsamer Weg, das Selbstbewußtsein innerhalb der Gesellschaft zu erweitern.

Eine weitere Beschränkung neben der Beschränkung auf die Versuchs-Scheinwelt kann in einer holistischen Wissenschaft fallengelassen werden. Eine holistische Wissenschaft muß nicht länger auf Phänomene in der biologischen Realität bzw. auf mechanistische Ursachenforschung beschränkt bleiben. Es ist nicht länger unwissenschaftlich, sich mit »Übersinnlichem« auseinanderzusetzen. Ganz im Gegenteil, gerade jene Phänomene, die über unsere biologische, sinnliche Realität hinausweisen, sind sicherlich auch jene, die uns wesentliche Aufschlüsse über die Wirkungsweise des Bewußtseins liefern, das diese Realität ja erzeugt. Damit wird der wissenschaftlichen Tätigkeit eine entscheidende Fessel abgenommen. Es gibt kein wissenschaftliches Tabu mehr. Sowohl Parapsychologie als auch Homöopathie (neu und alt!), aber auch alle anderen »übersinnlichen« Phänomene bis hin zu »Wundern« kehren wieder in den Schoß der Wissenschaft zurück. Die selbstgewählte und sehr enge Beschränkung der (Natur-)Wissenschaft auf alles, was wir mit unseren Sinnen wahrnehmen können, wird damit aufgehoben. Damit erlangt die Wissenschaft wieder ihre Reputation als spannende und aufregende intellektuelle Tätigkeit ohne Grenzen (aber mit nach wie vor *sehr strikten* Spielregeln!).

Wenn wir zusammenfassen, so sehen wir, daß auch die Wissenschaft selbst durch ein holistisches Weltbild wesentlich verändert wird. Wissenschaft wird zwar auch in Zukunft eine gesellschaftliche Aktivität zum Erkenntnisgewinn bleiben. Allerdings wird die Bedeutung des Erkenntnisgewinnes weg von der Darstellung von Kausalitäten in der biologischen Realität hin zur Erweiterung des Selbstbewußtseins verändert werden. Dies wird zu einer Neubewertung der wissenschaftlichen Methodik führen, in der empirische Experimente, die auch den Experimentator miteinbeziehen, und Gedankenexperimente weitgehend gleichbereichtigt als Instrumentarien des Erkenntnisgewinnes auftreten. Die Qualitätsanforderungen an diese Instrumentarien werden sich von der Forderung nach Reproduzierbarkeit weg und hin zur klaren Darstellung der zugrunde liegenden Theorie, der kritischen Darstellung des Experimentes und schließlich der Plausibilität der Gedankenexperimente entwickeln. Der Gegenstand der Forschung wird wesentlich erweitert und wird auch bisher als unwissenschaftlich bewertete Gebiete der Parapsychologie, der Homöopathie und vieler weiterer »metaphysischer« Phänomene umfassen, bis hin zu »Wundern«, die heute von der Wissenschaft abgelehnt werden.

Die neue holistische Wissenschaft wird damit zu einer wesentlichen Stütze der Entwicklung des Selbstbewußtseins. Sie greift zum erstenmal nicht nur in die Entwicklung der menschlichen Technologien, sondern auch wesentlich in die Entwicklung des Selbstbewußtseins und damit in die Evolution des Geistes des Menschen ein.

Teil II

Was wir denken können
Der Beitrag der Philosophie und Weisheitslehren
zu den Spielregeln Gottes

Wir haben uns bis jetzt in diesem Buch mit einer neuen Weltsicht vor allem aus dem wissenschaftlichen Blickwinkel auseinandergesetzt. Die Ergebnisse dieser Auseinandersetzung waren für sich schon erstaunlich. Wir haben erkannt, daß die festgefügte Realität keinesfalls so solide ist, wie sie uns der naive wissenschaftlich-materielle Ansatz glauben macht. Wir haben gesehen, daß wir selbst maßgeblich am Entstehen dieser Realität beteiligt sind, und zwar aktiv, durch den Vorgang des Lebens selbst. Wir haben weiters gelernt, daß hinter den Dimensionen unserer Realität, dem Raum und der Zeit, weitere Dimensionen stehen, die wir nicht wirklich »wahrnehmen«, deren Wirkung wir aber »erleiden«.

Ein wesentliches Thema der Auseinandersetzung mit den modernen wissenschaftlichen Theorien war die Erkenntnis der zentralen Stellung des Bewußtseins. Das Bewußtsein erzeugt unsere Realität durch den aktiven Vorgang der Beobachtung und Wahrnehmung und durch die Handlungen, die wir setzen. Hinter der sinnlichen Realität, die wir als biologische Wesen erleben, steht eine andere Realität. Diese andere Realität ist eine Realität des Bewußtseins und der Energien, wir wollen sie daher *Energie-Bewußtseins-Realität (EB-Realität)* nennen. Sie ist vieldimensional und vielfältig. Wir können aktiv in diese EB-Realität eingreifen, in dem Maße, wie wir den Grad unseres Selbstbewußtseins erhöhen. Egal jedoch, ob wir aktiv eingreifen können, wir sind in dieser EB-Realität eingespannt, und unsere Handlungen wirken in dieser Realität. Es ist diese Realität, in der die Spielregeln Gottes wirken, die im Untertitel dieses Buches stehen. Wir wollen diese Spielregeln in der Folge als *Universalgesetz* bezeichnen. Je weiter wir unser Selbstbewußtsein entwickeln, je mehr dieser Spielregeln wir erkennen und anwenden, desto aktiver gestalten wir unsere Realität auch auf der Ebene dessen, was wir als biologische Wesen in Zeit und Raum erleben. Dinge und Vorgänge, die wir heute noch als »Wunder« (also als nichterklärlich und »widersinnig«) erkennen, werden somit eher eine Frage des Selbstbewußtseins und seiner Entwicklung als eine Frage der prinzipiellen Glaubwürdigkeit.

Diese Entwicklung ist jedoch keineswegs neu. Der technische Fortschritt selbst zeigt uns eine ganze Reihe von »Wundern«, die inzwischen alltäglich geworden sind. Vom Fliegen angefangen bis zum gewaltigen Wissen, das in Computern gespeichert ist, bedienen wir uns heute Technologien, die vor noch wenigen Jahrzehnten oder Jahrhunderten wundersam gewesen sind. Die Erfüllung des Daedalus-Mythos entlockt heute keinem gestreßten Flugpassagier auf einem der zahllosen Flughafen mehr als ein müdes Lächeln! Die Beschäftigung mit der modernen Wissenschaft hat uns nur gezeigt, daß wir unseren Katalog an »Wundern« bereits heute ganz entschieden reduzieren müssen. Dinge wie Einflußnahme von Gedankenenergie auf sinnlich wahrnehmbare Objekte sind nicht mehr wunderbar, sondern »nur mehr« Gegenstand rationaler wissenschaftlicher Diskussion.

An dieser Stelle scheint es notwendig, eine Begriffsklärung vorzunehmen. In den vorangegangenen Abschnitten haben wir sehr häufig von der »EPR Einstein-Podolsky-Rosen)-Realität« gesprochen und damit die Realität von Quantenvorgängen gemeint. Wir haben nun eine neue Realität eingeführt, nämlich die EB-Realität (als Energie-Bewußtseins-Realität). Wie verhalten sich nun diese beiden Realitäten zueinander?

Wie wir bereits gesehen haben, ist die Quantenwelt nur *ein* Aspekt der generelleren Dimensionalität unseres Seins. Sie beinhaltet nicht die Dimensionen der Selbstorganisation oder der Entwicklung des Selbstbewußtseins. In diesem Sinne ist die EPR-Realität von Quantensystemen nur eine »Unterrealität« einer gesamthaften Seinsbetrachtung, ähnlich wie die biologische Realität nur eine Unterrealität der EPR-Realität darstellt. Die EPR-Realität ist somit ein für die wissenschaftliche Diskussion sinnvoller Aspekt des Seins.

In der Folge wollen wir uns aber philosophischen Betrachtungen und den Aussagen von Weisheitslehren zuwenden. Diese Art der Betrachtung ist vom Prinzip her ganzheitlicher Natur. Sie umfaßt alle Dimensionen unseres Seins, also auch jene, die nicht in der EPR-Realität manifest werden. Sie umfaßt über jene Dimensionen, die wir in unserer wissenschaftlichen Diskussion bereits festgelegt haben, hinaus auch die des göttlichen Seins. In diesem umfassenden Sinn wollen wir daher den Terminus EB-Realität verwenden. Es ist jener Teil unseres Seins, der über unsere biologische Raum-Zeit-Realität hinausgeht und in dem die Spielregeln Gottes wirken.

Bereits am Anfang dieses Buches haben wir festgestellt, daß es zwei verschiedene Arten des Erkenntnisgewinnes gibt, den wissenschaftlichen Weg und den Weg philosophischer Einsicht und mystischer Erkenntnis, der in den Weisheitslehren beschritten wird. Diese beiden Wege aufzuzeigen ist Aufgabe des Buches. Obwohl wir erwarten, daß beide Wege tendenziell ähnliche Ergebnisse ergeben, so wird jedoch keineswegs Übereinstimmung zu erreichen sein. Dafür gibt es sowohl logische als auch methodische Gründe. Der logische Hauptgrund liegt gerade in der Vieldimensionalität der EB-Realität. Da die Wissenschaft (selbst in ihrer modernen Ausprägung) nur eine relativ geringe Anzahl von Dimensionen erforscht, unser Sein aber eine weit größere Anzahl von Dimensionen aufweist, die Gegenstand der Weisheitslehren und philosophischer Überlegungen sind, ist bereits von dieser Seite eine Diskrepanz der Ergebnisse zu erwarten.

Zusätzlich dazu stellen Philosophie und Weisheitslehren auch noch andere Fragen. Sie fragen nach der Stellung des Menschen innerhalb des Seins, nach der Beziehung zum Anderen, nach dem Sinn der Endlichkeit. Sie fragen aber auch nach der Entstehung, der Erkennung und der Auflösung von Problemen, mit denen wir in unserem Leben konfrontiert werden.

Wir wollen in diesem Buch bewußt nicht versuchen, diese Gegensätze der Betrachtung aufzulösen. Das Spannungsfeld zwischen Wissenschaft und Weisheitslehren muß aufrecht erhalten werden, es ist ein wichtiger Antrieb für den menschlichen Erkenntnisgewinn und damit für die Entwicklung des Selbstbewußtseins. Trotzdem oder gerade deswegen erscheint eine Gegenüberstellung dieser Erkenntnisse wesentlich, wenn es darum geht, ein neues Weltbild zu erarbeiten. Aus der Sicht beider Standpunkte wollen wir im nächsten Teil des Buches dann jene Spielregeln Gottes ableiten, die unser Leben mit diesem neuen, holistischen Weltbild bestimmen.

Die Entwicklungs-Hypothese

Die Phasen der Lebenszeit-Entwicklung

Wenn das neue Weltbild so entscheidend vom Bewußtsein geprägt ist, wie wir das im ersten Teil des Buches festgelegt haben, dann müssen wir uns zuallererst fragen, wie sich das Bewußtsein im Menschen entwickelt. Diese Frage ist nicht nur eine philosophische oder esoterisch. Sie wird auch durchaus im Rahmen der konventionellen Wissenschaft innerhalb der Psychologie und der Wissenschaftstheorie behandelt.

Jedes biologische und erkenntnismäßige – also auch geistige – Wachstum läßt sich in der Form einer S-Kurve (vgl. Kurve 1 in Abb. 37) darstellen. Am Beispiel des Wachstums eines Bakterienstammes in einer Nährlösung kann man dieses Verhalten wie folgt beschreiben: Zu Beginn gibt es wenige Bakterien, die sich nur langsam vermehren. Man spricht von einer »lag-Phase«. (Aus dem Englischen von to lag behind = nachhinken.) Dann folgt eine starke Wachstumsphase, wenn die Bakterien sich stark vermehren. Das nennt man die logarithmische (log)-Wachstumsphase. Schließlich ist der Nährstoff verbraucht, das Wachstum kommt zum Stillstand. Die Bakterien sterben ab.

In Analogie dazu kann man auch die Entwicklung des menschlichen Bewußtseins – des paradigmatischen Lebensprogrammes – betrachten:

- Im Kindesalter entwickelt sich das Bewußtsein im Verhältnis zur Gesamtentwicklung nur wenig. Es wird in dieser Zeit vornehmlich durch die Eltern- und Umwelteinflüsse in unbewußter bzw. halbbewußter Weise geprägt.
- In der Jugend erfolgt eine starke Entwicklung. Es werden die wesentlichen, den Charakter und den Menschen formenden Ideen aufgenommen.
- Danach entwickelt sich das Bewußtsein (im Normalfalle) kaum mehr. Der Mensch hat sein »Weltbild« abgeschlossen, er »taucht« in die Ereignisse des Lebens ein, die da sind: Beruf, Familie usw. Er sammelt Erfahrung und Wissen, das er in sein bestehendes Programm einordnet.

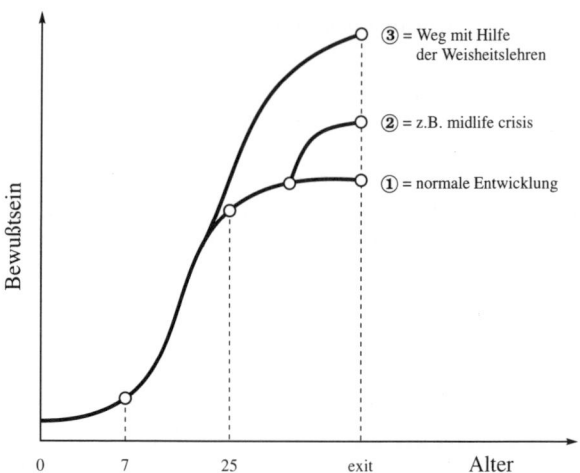

③ = Weg mit Hilfe
    der Weisheitslehren

② = z.B. midlife crisis

① = normale Entwicklung

Bewußtsein

0   7   25   exit   Alter

Abb. 37: Die Entwicklungskurve des menschlichen Bewußtseins

Nun wird man einwenden, daß die »Erfahrung«, das Wissen des
Menschen doch lebenslang zunimmt und daher diese Bewußt-
seinsentwicklungskurve nicht stimmen könne. Bewußtsein aber
ist nicht gleichbedeutend mit Wissen, Können oder Erfahrung.
Bewußtsein ist vielmehr gleichbedeutend mit »Wissen von der
Welt« – als Weltbild – bzw. Bewußtheit, d. h. Einstellung zur
Welt auf einer bestimmten Entwicklungshöhe des Menschen. Es
ist das Selbstbewußtsein, das wir bereits in unserer Analyse der
Qualitätsdimensionen kennengelernt haben. Die Entscheidun-
gen, Taten und Erfahrungen, die ein Mensch auf seinem Lebensweg nach der Fixierung seines Weltbildes macht, ändern seine
Stellung in all den anderen Dimensionen (einschließlich der
anderen Qualitätsdimensionen!). Kaum jedoch mehr in der
Dimension seines Selbstbewußtseins!

   Es gibt aber Möglichkeiten oder Anlässe zur Veränderung der
Qualität bzw. der »Höhe« des Selbstbewußtseins. Eine solche
kann vor allem durch existentielle Krisen, wie z.B. Scheidung,
schwere Krankheit, Tod von Partnern, Kindern usw., hervorge-
rufen werden.

   Diese Krisen sind sozusagen eine »Störung« des bestehenden

»Bewußtseins-Programmes«. Man kann das Bewußtsein mit einem Computerprogramm vergleichen. Der Mensch – also der Computer – kann, wenn er ein anderes, neues Selbstbewußtsein (Programm) einlegt, eine vollkommene Charakterveränderung durchmachen. Eine solche Veränderung in der Qualität des Bewußtseins, z. B. durch eine »midlife«-Krise, ist in Kurve 2 der Abb. 37 dargestellt.

Die zweite Möglichkeit zur Veränderung der Qualität des Selbstbewußtseins ist die »sanfte« Änderung desselben durch dauernde Achtsamkeit und Kontrolle der eigenen Handlungen und Gedanken (vgl. Kurve 3 der Abb. 37). Hier ist es wesentlich, einen Zollstab, ein Vergleichsmaß für seine Handlungen zu haben. Wir erkennen ja die Qualitätsdimension nicht wirklich, und wir erleben unsere biologische Realität nur mit dem Hilfsmittel des Weltbildes. Und dieses Weltbild ist gerade an die Qualität des Selbstbewußtseins gebunden, die verändert werden soll. Aus diesem Dilemma hilft nur ein »externer« Maßstab, etwa ein ethischer Standard, oder eine esoterische Einsicht (oder eben eine Religion oder Weisheitslehre, die meist beides verbindet). Diese Lebensweise bedarf der Konsequenz und der Fähigkeit zur Selbstbeobachtung.

Wer seine Mitmenschen beobachtet, wird feststellen, daß es nur sehr wenige gibt, die während ihrer Lebenszeit das in der Jugend erworbene Selbstbewußtsein (Weltbild) während ihres Lebens ändern. Die meisten Menschen verbleiben bei den erworbenen Ansichten und Lebensprogrammen. Das stellen auch die Wissenschaftstheoretiker bei den Wissenschaftern fest. Thomas S. Kuhn erwähnt Max Planck, der in seiner Selbstbiographie meint, die Theorien der Wissenschafter würden nicht durch logische Argumente überholt werden, sondern durch die »biologische Lösung« des Aussterbens derer, die diese Theorien vertreten.

Die meisten Menschen ändern ihr Bewußtsein und ihre Lebenseinstellung, wie wir also feststellen können, während ihres Lebens nicht. Ist eine solche Änderung also überhaupt notwendig oder erwünscht?

Der Sinn einer Lebensphase ist die Erfüllung spezifischer Lebensaufgaben. Der Sinn allen Lebens in allen Wesen ist

(Selbst-)Bewußtseinszunahme durch Informationsaufnahme. Sonst wäre Leben einfach das Werden und Vergehen ohne eine Veränderung des Bewußtseinszustandes, also sinnlos.

Die Evolutionstheorien
des menschlichen Selbstbewußtseins

Für die Evolution des Menschen gibt es vier Grundansichten:

1) Die Annahme einer nur auf den biologischen Körper des Menschen beschränkten Evolution. Diese Ansicht wird von den Materialisten vertreten.

2) Die Annahme einer Evolution, die nur durch den einmaligen Eintritt einer EB-Monade (Seele) in einen biologischen Träger-Körper gekennzeichnet ist. Dieser Ansicht wird vor allem im Christentum gefolgt. Man spricht dann von einmaliger Inkarnation.

3) Die Annahme einer Evolution, die durch den oftmaligen Eintritt einer EB-Monade in einen biologischen Träger-Körper gekennzeichnet ist. Diese Ansicht findet man im esoterisch-gnostischen Christentum sowie vor allem im Hinduismus und im Buddhismus (Reinkarnations-Hypothese).

4) Die Annahme einer zeitlosen Evolution. In diesem Fall müßten alle Reinkarnationsexistenzen zur selben »Zeit« erfolgen, und die Vorstellung von nacheinander erfolgenden Existenzen wäre eine Illusion.

Diese letztere Ansicht entspricht am ehesten den aus den wissenschaftlichen Erkenntnissen, wie sie in den vorangegangenen Abschnitten dargestellt wurden, resultierenden multidimensionalen Realitätsvorstellungen. Da sie aber von allen Annahmen am wenigsten vorstellbar ist, wird sie offensichtlich auch in den Weisheitslehren nicht gelehrt.

Im Prinzip sind alle diese Hypothesen nur teilweise richtig, weil sie eine dem Menschen unvorstellbare Situation mit Hilfe der menschlichen Sprache wiedergeben.

Aus diesem Grunde soll auch hier keine ausführliche Begründung für die Reinkarnations-Hypothese gegeben werden. Trotz-

dem wird hier aus verschiedenen Gründen[1] für diese dritte
Hypothese optiert, obwohl auch sie nur eben teilweise richtig ist
und aus guten Gründen abgelehnt werden kann. Man sollte aber
bei der Beurteilung der Gründe für die Ablehnung der Reinkarnations-Hypothese zwischen logischen und pädagogischen unterscheiden.

Die logischen Gründe einer Ablehnung sind zum Großteil mit
dem bereits behandelten Problem der Sprache und des Gesichts-
punktes verbunden, von dem aus Inkarnationen gesehen werden. Wir wissen, daß wir mit unserem Denken und unserer
Sprache dieses Problem nur unzureichend behandeln können.
Aus dem Gesichtspunkt der zeitlosen EB-Realität ist jede in
Zeitenfolge zu sehende »Wieder-Verkörperung« unlogisch. Daher haben wir hier, wie unzureichend immer, den einfacher
verständlichen Gesichtspunkt der biologischen Realität mit der
Annahme einer zeitlichen Abfolge von Reinkarnationen gewählt.

Auch die pädagogischen Gründe der Ablehnung der Reinkarnations-Hypothese sind gut begründbar und daher akzeptabel.
Man sollte daher auch sie berücksichtigen. Diese Gründe haben
mit dem Grad des Verständnisses und der Selbstverantwortung
zu tun, die man einem Menschen zumuten kann. Wenn man ihm
sagt: »Du kannst alles tun, was du willst, und wirst dafür erst in
einem zukünftigen Leben die Folgen zu spüren bekommen«, ist
das offensichtlich ein zu schwaches pädagogisches Mittel, um
Selbstbeherrschung zu fordern. Man kann daher verstehen, daß
manche Menschen und auch Institutionen aus diesen Gründen
diese Hypothese ablehnen.

Es gibt in jüngster Zeit tatsächlich auch wissenschaftliche
Untersuchungen, die sich mit dieser Hypothese beschäftigen.
Hier sind es vor allem die von Ian Stevenson, Professor für
Psychiatrie und Parapsychologie an der Universität von Virgi-
nia, durchgeführten Untersuchungen. In dieser Studie wurden
zwanzig Fälle vorgelegt, die überzeugende und wissenschaftlich

---

[1] Einerseits, weil sie in vielen Weisheitslehren gelehrt wird und andererseits
der Idee des selbstgeschaffenen Schicksals (Karma) und damit der Theorie
der Selbstorganisation am ehesten und einfachsten gerecht wird.

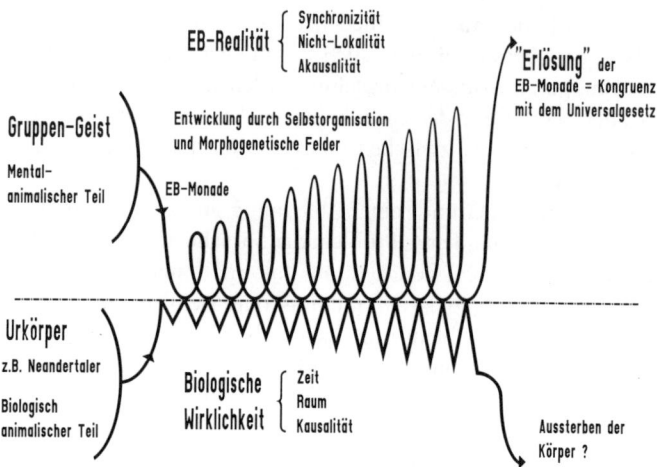

Abb. 38: Das Reinkarnations-Modell

beweisbare Tatsachen für die Existenz von Reinkarnation angaben. Zumeist sind es Kinder, die genaue Angaben über eine
frühere Existenz machen können, die überprüft werden konnten, oder eine Sprache sprechen und Kulttänze kennen, die ihrer
jetzigen Umgebung fremd sind. Durch mühsame Nachforschun-
gen fanden dann Wissenschafter den früheren Kulturkreis, zum
Teil sogar die früheren Eltern heraus und verglichen die Angaben des Kindes mit diesen Umständen. Diese Erkenntnisse sind
natürlich auch mit der Annahme einer zeitlosen Evolution in
Einklang zu bringen.

Wie kann man sich nun die Reinkarnations-Hypothese als
vereinfachendes Modell vorstellen? (Vgl. Abb. 38.)

Es geht im Prinzip um das Zusammenwirken einer EB-Monade, die immer in der EB-Realität existent bleibt, mit einem
wechselnden biologischen Träger. Letzterer »entsteht« jeweils
aus der EB-Realität durch »Reduktion«. Trotzdem zieht sich
diese Existenz des Trägers von den Urahnen bis zum jetzigen
Menschen fort.

Die EB-Monade »erlebt« also im biologischen Träger die
Welt, sammelt Erfahrung, entwickelt Selbstbewußtsein und

»kehrt« dann aus dem Träger austretend in die EB-Realität zurück.

So entwickeln sich EB-Monaden aus niedrigeren Bewußtseinszuständen aus dem EB-Gruppen-Bewußtsein, wie es den Tieren zukommt, in ein höheres, individualisiertes Bewußtsein. Der Übergang von dem den Tieren eigenen EB-Gruppengeist zu den höheren Tieren, die bereits Ansätze eines individualisierten Selbstbewußtseins zeigen, das sich von dem des sehr primitiven Menschen kaum zu unterscheiden scheint, ist ein kontinuierlicher.

In zahllosen Inkarnationen entwickelt sich dann die EB-Monade im Zusammenwirken mit den biologischen Trägern zu immer höheren Selbstbewußtseinsstufen. (Diese werden im Detail im folgenden Abschnitt behandelt.)

Die dabei zur Wirkung kommenden Prinzipien des Universalgesetzes sind die Selbstorganisation und das morphogenetische Feld. Die Selbstorganisation bewirkt die Entwicklung der EB-Monade durch den fortwährenden Informationsaustausch mit der Umwelt.

Das morphogenetische Feld bewirkt nach der Hypothese von Rupert Sheldrake die Entwicklung innerhalb einer ganzen Bewußtseinsgruppe. Was etwa eine einzelne Ratte lernt, überträgt sich durch morphogenetische Felder auf alle anderen Ratten, ganz gleich, wo diese sich aufhalten, da das morphogenetische Feld in der raum- und zeitlosen EB-Realität wirksam ist. Ebenso wirkt ein Mensch auf alle Menschen. Auf das menschliche Bewußtsein übertragen, bedeutet dies: Jede Lernanstrengung und jeder Lernerfolg – z. B. in handwerklicher Fertigkeit, Verstehen von Zusammenhängen usw. – tragen zur Bewußtseinserweiterung aller Menschen bei.

In ähnlicher Weise entwickelte sich der biologische Träger des Menschen aus dem Urkörper z. B. des Australopithecus oder des Homo erectus über den Cro-Magnon Menschen zum Homo sapiens, dem heutigen Menschentyp. Die treibenden Kräfte dieser Entwicklung sind die Sprache und die Entwicklung der Kultur. Aber was ist Kultur anderes als: »Bewußtsein im Umgang mit sich selbst und der Natur«, also Selbstbewußtsein. Wieder kommen, wie bei der Entwicklung der Psyche, nun auch bei der Entwicklung des Trägers (und diese Entwicklungen sind nicht zu trennen) die Prinzipien der Selbstorganisation und der morphogenetischen Felder zum Tragen.

Das Kausalitätsprinzip, die Aktion-Reaktions- oder Ursache-Wirkungs-Beziehung, das im Universalgesetz ebenfalls begründet ist, schafft in der Abfolge der EB-Monaden-Wiederverkörperung das, was die Inder »Karma« nennen oder im Westen als »Schicksal« bezeichnet wird. Karma kann man sich vereinfacht wie folgt vorstellen: Eine Ursache in der Qualitätsdimension, z. B. eine Willensentscheidung zu einer bestimmten Handlung, zeitigt eine bestimmte Wirkung in einer Qualitätsdimension. Zufolge der Reinkarnationshypothese wird die (für den Menschen nicht erfaßbare) Qualitätsdimension in die leichter faßbare biologische Zeitdimension projiziert. Daraus folgt dann für die Reinkarnation: Jede Handlungsursache in diesem Leben zeitigt eine qualitative Wirkung (Schicksalsfolge) in einem »zukünftigen« Leben. Auf diese Weise wirken die Spielregeln Gottes, gerecht, aber als unerbittlicher Lehrmeister in der Evolution aller Wesenheiten – und auch des Menschen. Die Reinkarnationshypothese macht also diese Zusammenhänge für den Menschen in seiner biologischen Realität faßbar.

Schließlich steht am Ende dieser Evolutionsperiode für die EB-Monade die Unnotwendigkeit weiterer Inkarnationen. Dies wird mit »Erlösung« bezeichnet. Auf der Seite des biologischen Trägers könnte dies, nach der »Erlösung« aller oder eines Teiles der EB-Monaden einer Evolutionswoge, wie z. B. der des Menschen, dessen »Aussterben« bedeuten. Genaues hierüber wird jedoch in der Literatur nicht angegeben.

Abschließend können wir zum Fragenkomplex der Reinkarnation festhalten: Die Annahme der Reinkarnation als eine Hypothese zur Erklärung bestimmter, sonst unverständlicher Zusammenhänge (z. B. Theodizee und Schicksal) ist als vereinfachte Sichtweise anzusehen. Ein Teil der Menschheit, in den Religionen der Hinduisten und Buddhisten, bekennt sich zu diesen Vorstellungen. Auch im Westen gab es immer wieder Menschen, die dieser Hypothese anhingen. Zu diesen zählten u. a. Leibniz, Lessing, Goethe, Schiller, Schelling, Novalis und viele andere. Trotzdem ist die Ablehnung der Reinkarnations-Hypothese durch verschiedene Institutionen, vor allem durch die Kirchen, aus pädagogischen Gründen verständlich. Mit dem Mündigwerden des westlichen Menschen wird jedoch eine Neubewertung der Reinkarnationshypothese notwendig werden. In diesem Zusammenhang ist die Meinung des bekannten Religionswissenschafters Ernst Benz von Bedeutung, der schreibt:

»In einem jahrhundertelangen Prozeß der Säkularisierung, in dem der moderne wissenschaftliche Materialismus und Rationalismus als angeblich allein maßgebliche Wortführer der Wahrheit auftreten, hat sich die Kirche immer mehr verängstigen und verunsichern lassen. Sie hat es häufig vorgezogen, zum Thema des Lebens nach dem Tode zu schweigen, aus Angst, sich lächerlich zu machen, wenn sie im herkömmlichen Sinne vom ›Fegefeuer‹ oder den ›armen Seelen‹ redete. Sie hat absurde Umdeutungen der kirchlichen Lehre, wie die Ganz-Tod-Theorie in Kauf genommen, in der der entscheidende Punkt, der Glaube an die Kontinuität der menschlichen Persönlichkeit, ihre Freiheit und ihre Verantwortung beseitigt wurden. Sie mußte zusehen, wie in das von ihr selbst geschaffene und geduldete Vakuum Ideen östlicher Religionen einzogen und ungeprüft eingepflanzt wurden, deren Grundvoraussetzungen sich von den christlichen Grundgedanken – vor allem in der Idee der Persönlichkeit Gottes, der Welt als Schöpfung und des Menschen als der zum Mitarbeiter Gottes berufenen gottesbildlichen Kreatur – fundamental unterscheiden. Dieser Zustand ist unbefriedigend und auf die Dauer im Hinblick auf die Bemühung um die Wahrheit unzumutbar.«

Abschließend ist also festzustellen: Wenn auch die Annahme von Reinkarnation aus logisch-wissenschaftlicher Sicht wegen der Erkenntnisproblematik eine Hypothese genannt werden muß, sollte doch außer Streit gestellt werden, daß sie als logisch-heuristisches Prinzip wertvolle Dienste leisten kann.

Die Bewußtseinsstufen

Der Mensch ist uns, heute wie vor tausend Jahren, ein Rätsel. Er vereinigt in sich die höchsten Qualitäten geistiger und künstlerischer Kreativität und die tiefsten Abgründe niederster Grausamkeit. Und dies seltsamerweise teilweise sogar in derselben Person. Wie ist das möglich?

Überblickt man die politisch-geschichtliche Entwicklung der Menschheit, etwa von den Mitteilungen des Herodot (5. Jh. v. Chr.) bis zu den Genoziden der Gegenwart, so wird man kaum versucht sein, eine Evolution des Bewußtseins des Menschen anzunehmen. Es sind doch vor allem diese so menschlichen »unmenschlichen« Qualitäten der Grausamkeit, der Machtgier, des Neides, der Intoleranz, die die menschliche Geschichte maßgeblich bestimmt zu haben scheinen.

Daneben aber vollzieht sich auch eine kultur-geschichtliche Entwicklung, die, trotz ihrer engen Verbindung mit der politisch-geschichtlichen, Zeiten hoher und höchster ästhetischer Entfaltung aufzeigt. Der Mensch und seine Geschichte werden also nicht nur von Taten unmenschlicher Grausamkeiten geprägt, sondern auch von den Werten des Guten und des Schönen. Zwei »Seelen« scheinen sich in seinem Verhalten zu streiten. Zeigt sich also eine Evolution des Bewußtseins im Verlaufe der Geschichte? Und wo beginnt die Geschichte des Menschen? Sind die 5000 Jahre, die wir als überlieferte Geschichte kennen, genug, um zu beurteilen, ob es eine Evolution des Bewußtseins seit dem Auftreten des homo sapiens vor ca. 250000 Jahren gegeben hat?

Die Beantwortung kann erfolgen, wenn man sowohl die Entwicklungspsychologie als auch die geschichtlichen Gegebenheiten im Hinblick auf diese Fragen untersucht. Unter anderem hat Ken Wilber für das Gebiet der Entwicklungspsychologie neue Einsichten und vor allem die notwendige Übersicht geschaffen. Seine Bücher »The Atman Project« und »Halbzeit der Evolution« sind daher auch für die in diesem Buch angestellten Überlegungen wichtig. Zum Unterschied von Wilber, der sehr im Detail die psychologischen Aspekte der Evolution des Bewußtseins behandelt, soll hier die große Linie dieser Entwicklung modellhaft aufgezeigt werden, um daraus die für unsere Überlegungen notwendigen Schlüsse ziehen zu können.

Dazu wird von folgenden Annahmen ausgegangen:
- Die menschliche Evolution vollzieht sich sowohl als biologische am Träger-Körper, als auch als geistig-kulturelle Evolu-

tion der EB-Monaden am (Selbst-)Bewußtsein des Menschen.
Für beide gilt das biogenetische bzw. psychogenetische
Grundgesetz. Das biogenetische Grundgesetz wurde von
Ernst Haeckel (1834-1919) aufgestellt und lautet: »Die Ontogenesis ist die Rekapitulation der Phylogenesis.« Das bedeutet: In der Lebenszeitentwicklung des Menschen spiegelt sich
die gesamte stammesgeschichtliche Evolution vom Einzeller
bis zum Menschen. Für die psychische Entwicklung war der
gleiche Satz schon von Goethe, Hegel und Comte ausgesprochen worden. Man kann das psychogenetische Grundgesetz
also formulieren: *In der Bewußtseinsentwicklung des Individuums vom Fötus zum Erwachsenen spiegelt sich die gesamte
Bewußtseinsentwicklung der Menschheit vom Urmenschen
bis heute.*

– Sowohl die biologische als auch die psychische Evolution des
  Menschen vollziehen sich über Zeiträume von Tausenden von
  Jahren und mehr. Sie sind also bei Betrachtung von zu kurzen
  Zeiträumen kaum erkennbar.
– Die stammesgeschichtliche Evolution des Bewußtseins durch-
  läuft verschiedene Bewußtseinsstufen. Diese sind (in der No-
  menklatur von K. Wilber):
  – Der Uroboros
  – Der Typhon
  – Der Kentaur
  – Der subtil-mentale Typ.

Eine erste Charakterisierung der angeführten Bewußtseinstypen
kann wie folgt gegeben werden:

1. Entwicklungsstufe – Uroboros
(Griechisch: Schwanzfresser. Die sich in den Schwanz beißende Schlange; Symbol für das ursprüngliche Enthaltensein des
Ich im Unbewußten.) Damit wird der Bewußtseinszustand des
prähistorischen Menschen gekennzeichnet, der mehr noch in-
stinkthaft-animalisch als bewußt lebt. Es ist auch der Bewußtseinszustand des Fötus und Säuglings.

2. Entwicklungsstufe – Typhon
(Griechisch: Wirbelsturm). Dies kennzeichnet die »Sturm-
und Drangperiode« des Bewußtseins. Krieg und Kampf sind
Selbstzweck, aber auch Mittel zur Bewußtseinsentfaltung.

3. Entwicklungsstufe – Kentaur
(Fabelwesen der griechischen Sage – der Pferdmensch; Tiermensch). Der Kentaur kennzeichnet das Bewußtsein des Tätigkeitsmenschen; des rastlos Schaffenden. Tätigkeit wird einerseits zum Selbstzweck und andererseits auch zum Mittel der Bewußtseinsentfaltung.

4. Entwicklungsstufe – Subtil-Mental-Bewußtsein
Dies ist der kontemplative Mensch; Ruhe und Kontemplation sind Mittel zur Bewußtseinsentfaltung.

Es wäre nun falsch, den verschiedenen Bewußtseinsentwicklungsstufen eine Wertung zuzuordnen. Jede ist für die Evolution unbedingt erforderlich und hat – je nach den Zielen, die dabei verfolgt werden – positive und negative Aspekte. Jede körperliche oder mentale Aktivität trägt zur Selbstbewußtseinsbildung bei.

Nach diesem Modell ist das Bewußtsein eine Energie-Informations-Struktur. Jede Struktur hat ein Muster, eine Form, beinhaltet also Ordnungs- und Unordnungszustände. Die Entwicklung des Bewußtseins verläuft von Zuständen niedriger Ordnung bzw. geringen Informationsgehaltes zu solchen höherer Ordnung.

Dieser Entwicklung dient jede Form des Informationsaustausches zwischen Bewußtseins-Einheiten. Ein solcher ist z. B. gegeben bei der Bearbeitung eines Werkstückes durch einen Menschen. Er braucht Konzentration, um die Arbeit zu verrichten. Er wählt das Arbeitsmaterial aus, bearbeitet es, formt es nach seiner Idee, nach dem Ziel und dem Zweck, den es erfüllen soll. In allem und jedem, was wir tun, ist also das Bewußtsein tätig. Aber nicht nur das. Das Bewußtsein gewinnt auch an »Volumen«, an der Menge an Erfahrung und zu einem gewissen Anteil auch an Bewußtsein über sich selbst, an Selbstbewußtsein.

Die verschiedenen Entwicklungsstufen, wie sie individuell erreicht werden, sind schematisch in Abb. 39 dargestellt. Die Bewußtseinshöhe, die von verschiedenen Menschen innerhalb einer Lebensperiode erreicht wird, kann demnach verschieden sein. Jeder Mensch durchläuft auf der in Abb. 37 gezeigten Entwicklungskurve zu bestimmten Lebenszeiten verschiedene

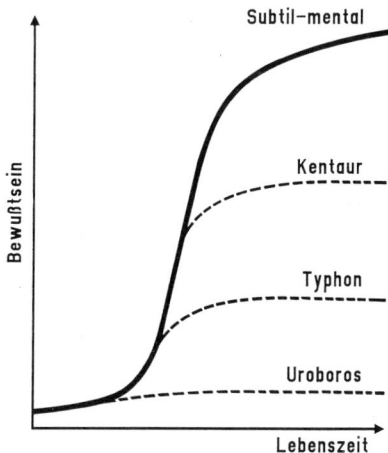

Abb. 39: Die verschiedenen Entwicklungsstufen des individuellen (Selbst-)Bewußtseins

(Selbst-)Bewußtseinsstufen, um schließlich auf einer bestimmten
Höhe einzuschwenken.

Die jeweilige Entwicklungshöhe wird dabei schon in relativ
jungen Jahren (etwa zwischen 21 und 28 Jahren) erreicht. Bis
dahin durchläuft der Mensch die davor liegenden Bewußtseinsstufen. Wer etwa spielenden Kindern zusieht, wird oft in ihrem
Umgang miteinander z. B. an den typhonischen Zustand erinnert.

Nun sind aber auch zu jeder Zeit in einer bestimmten Gesellschaft bzw. Kultur alle Selbstbewußtseinsstufen in verschiede-
nem Anteil vertreten. Ein Grundanliegen in diesem Buch ist es zu
zeigen, daß das mittlere Selbstbewußtsein einer Kultur sich im
Laufe der Zeit von niedrigen zu höheren Bewußtseinszuständen
bewegt. Diese These wurde von Ken Wilber übernommen, der
sie ausführlich begründet. Will man sie schematisch darstellen, um sie augenscheinlicher zu machen, so kommt man auf die
in Abb. 40 gezeigte Kurve. Das Bewußtsein geht immer mehr
vom Uroboros über den Typhon und den Kentauren hin zum
Subtil-Mental-Typ. Heute sind wir in der Geschichte – das wird

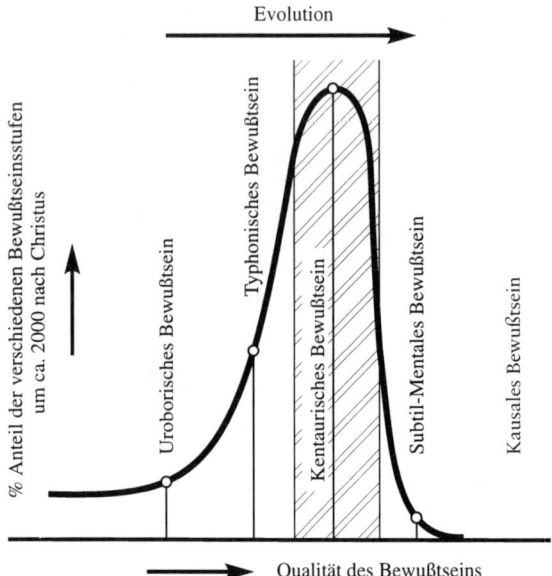

Abb. 40: Die Entwicklung des mittleren Bewußtseins einer
Kulturepoche über einen längeren Zeitraum

hier zumindest angenommen – am Höhepunkt der Entwicklung
des Kentauren angelangt.

Diese Hypothese, daß die gesellschaftliche Bewußtseinsentwicklung vom Typhon zum Kentauren heute weit fortgeschritten ist, scheint der Entwicklung in der Welt, bedenkt man die
beiden Weltkriege in diesem Jahrhundert und die noch immer
andauernden kriegerischen Auseinandersetzungen, zu widersprechen. Man könnte aber zu ihrer Verteidigung anführen, daß
einerseits Reste eines typhonischen Bewußtseins in einer Gesellschaft immer vorhanden sein werden und daher auch in diesem
Jahrhundert noch vorhanden sind. Die Entwicklungszeit von ca.
500 Jahren für den Übergang vom Typhon zum Kentauren als
dem mittleren Bewußtseinszustand in der westlichen Gesellschaft ist in dieser Beziehung auch relativ kurz. Andererseits
scheint die westliche Gesellschaft gerade durch dieses hoffent-

lich letzte Aufbäumen des Typhons in diesen Kriegen diese Bewußtseinsstufe, zumindestens als Gesellschaft, überwunden zu haben.

Charakterisierung der Bewußtseinsstufen

Wir gingen davon aus, daß der Mensch eine Energie-Informationspersönlichkeit sei. In ihr wirken verschiedene Energieformen. Diese Energien werden nun auf verschiedenen Stufen der Selbstbewußtseinsentwicklung verschieden umgesetzt. Es geht also darum zu erkennen, in welcher Art und Weise der einzelne mit diesen Energien umgehen kann. Die Fähigkeit dazu wird verschieden sein und von der Höhe des Bewußtseinsentwicklungszustandes abhängen. Diese Erkenntnis ist wichtig, weil daraus folgt, daß kein Mensch überfordert werden darf in dem, was von ihm als Einsicht im Umgang mit seinen Energien zu erwarten ist. Wer z. B. versucht, sich selbst zu überfordern, d. h. mit seinen Absichten sich zu weit von seinen Möglichkeiten der Umsetzung entfernt, wird zum »Pharisäer«, d. h. zu einem Menschen, der mehr von sich hält, als ihm möglich ist auch einzulösen. Ähnliches läßt sich von anderen Typen sagen, wie z. B. vom übertriebenen Asketen, der versucht, mit extremen Willensäußerungen seine Triebe zu zügeln, oder dem übertriebenen Rationalisten, der die Ratio auf Kosten der Gefühle überbewertet.

Es geht darum, die für uns wichtigsten Grundbewußtseinsstufen der Umsetzung der Lebensenergie zu kennen, um zu sehen, wie die Umsetzung möglich ist und welche Entwicklungsrichtungen im Verlaufe der Geschichte daraus resultieren. Nur wenn wir die große Linie der Entwicklung sehen können – das Woher und das Wohin –, werden wir uns auch selbst einordnen und uns auf diese Entwicklung einstellen können. Eingrenzend soll festgestellt werden, daß die folgende Beschreibung der Bewußtseinstypen auf den westlichen Kulturkreis abgestimmt ist.

Als erstes haben wir das Uroboros-Bewußtsein erwähnt. Dieses ist für den prähistorischen Menschen bzw. den Säugling und das Kleinkind typisch. Es wird hier nicht näher behandelt, weil es für das Thema des Buches keine besondere Bedeutung hat.

Der Typhon

Diese Bewußtseinsstufe ist als »mittlere« Stufe der westlichen Gesellschaft ganz grob ungefähr mit der Zeit vom Eintritt des Menschen in die dokumentierte Geschichte bis zum Ausgang des Mittelalters (ca. 1500 n. Chr.) zu begrenzen.

In dieser Zeit sind der Kampf, die Eroberung von Ländern und Völkern, die Unterwerfung und Beherrschung des Menschen durch einzelne im Mittelpunkt des Sinnens und Trachtens der Leitfiguren dieser Zeit. Die Macht von Kaisern, Königen, Fürsten und Kalifen ist absolut. Es ist – aus unserer Zeit gesehen – eine unbeschreiblich grausam-bittere Zeit, getränkt vom Blut unzähliger Individuen und ganzer Völker und voll unvorstellbarer Greueltaten. Die Kämpfe der Griechen gegen die Perser, die Herrschaft der Römer, die Zeit der Völkerwanderung und der Hunnenzüge, danach das Aufkommen der islamischen Herrscher, bis in das Mittelalter, prägen den Bewußtseinstyp des Typhons.

Der Typhon zeichnet sich durch kämpferischen Mut, Heldenhaftigkeit, aber auch oft durch rücksichtslose Grausamkeit aus. Er setzt seine Energien im Streit, in der Eroberung von Menschen und Gütern um. Er lebt eine triebhaft-natürliche Sexualität in einer zumeist streng patriarchalischen Gesellschaft. Die Frau ist praktisch rechtlos, oft eine Ware.

Die bekannten Mythen, Sagen und Märchen, wie z. B. die Siegfried-Sage, die Sage von König Arthus Tafelrunde sind typisch für diesen Bewußtseinszustand, den sie aber zumeist positiv verherrlichen, während die tatsächliche Geschichte dieser Zeit eher die negative Seite dieser Selbstbewußtseinsstufe aufzeigt.

Selbst in den großen christlichen Heiligen dieser Zeit äußert sich, wie sollte es anders sein, das typhonische Bewußtsein. Hier wird es zu übertriebener Askese, wie bei den christlichen Mönchen des 3. und 4. Jh., oder zur rücksichtslosen Unterwerfung von Heiden eingesetzt. Die Kirchenväter waren christliche »Gottes-Streiter« im echten Sinne des Wortes. Wer etwa die Lebensberichte des hl. Hieronymus (340-ca. 400) liest, ist von der Härte des Heiligen gegen sich selbst und der Heftigkeit gegen andere betroffen.[2] Die Bischöfe kämpften mit allen Mitteln für die Ziele der Kirche und waren in der Wahl dieser Mittel unbarmherzig.

Es wäre falsch zu meinen, im 20. Jh. sei dieses Bewußtsein überwunden. Es ist auch heute noch – in jedem von uns – mehr oder weniger vorhanden. Wir haben aber gelernt, besser mit diesen Energien umzugehen und sie zum Teil auf einem höheren Selbstbewußtseinsniveau, dem des Kentauren, in ungefährlichen Kampfspielen zu transmutieren bzw. umzusetzen.

Der Kentaur

Den Höhepunkt der Entwicklung dieser Bewußtseinsstufe in unserem Kulturkreis könnten wir in der Zeit, die beginnend mit Ende des Mittelalters bis in die Gegenwart reicht, ansiedeln. Das Ideal des Kriegers wird in dieser Zeit mehr und mehr durch den Tätigkeitsmenschen abgelöst. Dieser richtet sein Bewußtsein und seine Energien nicht mehr so sehr auf die Eroberung und Unterwerfung von Menschen durch Kriege, sondern auf die Beherrschung der Natur durch Tätigkeit. Der Kaufmann, der Arbeiter, der Entdecker und der Wissenschafter sind die Idealfiguren dieser Periode. Die Bewußtseinsentwicklung erfolgt durch die sorgfältige Erledigung von Aufgaben, die der Mensch sich durch die Konfrontation mit der Umwelt stellt. Das Herstellen eines Werkstückes, der Bau von Brücken, Dämmen, Raketen usw. erfordert die volle Konzentration auf eine Aufgabe. Dabei werden die Lebensenergien eingesetzt und umgesetzt. Anstelle der wilden, ungezügelten Umsetzung der Lebensenergien des Typhons erfolgt hier eine konzentrierte, gesteuerte, kontrollierte Umsetzung: ein entscheidender Unterschied.

Die Ausdrucksformen der Sexualität ändern sich von einer

---

2 So schreibt W. Durant über den hl. Hieronymus: »Hieronymus war ein Heiliger nur in dem Sinne, daß er ein der Kirche geweihtes Asketenleben führte; dem Charakter und dem Ausdruck nach war er schwerlich ein Heiliger. Es ist betrüblich, bei einem so bedeutenden Menschen so viele heftige Haßausbrüche, Entstellungen und wilde Polemiken zu finden ... Es wäre uns lieber, wir hätten ihm einige fleischliche Sünden als diese seelische Schärfe zu verzeihen.«

triebhaft-natürlichen zu einer triebhaft-raffinierten Form, die
bis zu überbetonten und teilweise perversen Praktiken, wo
Sexualität zum Selbstzweck wird, ausufert. Sexualität wird neben dem Sport zum Ventil für die überschüssige Lebensenergie
des Kentauren, die nicht durch Tätigkeit freigesetzt werden
kann.

Dem Kentauren ist die Haben-Mentalität zu eigen. Macht,
Ansehen, Status sind Ausdruck seiner umgesetzten Lebensenergie. Der Macher-Typ ist dafür kennzeichnend. Die Transmuta-
tion von solchen Energien in der Kunst oder ähnlichen Aktivitä-
ten ist unbewußt und ohne Methode. Das »Ausleben« der
Lebensenergien ist daher der vorherrschende Lebensstil. Im
moralischen Bereich lebt er das von ihm wörtlich verstandene
mosaische Gesetz des Alten Testamentes nach dem Prinzip:
»Wenn ein Schaden entsteht, dann mußt du geben Leben um
Leben; Auge um Auge, Zahn um Zahn; Hand um Hand, Fuß um
Fuß, Brandmal um Brandmal, Wunde um Wunde, Striemen um
Striemen.« (Exodus 23,24) Es ist die Basis des Prinzips der
Vergeltung, der Abschreckung.

Die subtil-mentale-Bewußtseinsstufe

Auf dieser Bewußtseinsstufe, in die ein Teil unseres Kulturkrei-
ses eben einzutreten scheint, beginnt der Mensch bewußt und
methodisch seine Lebensenergien kennenzulernen und dann zu
steuern. Dazu sind Phasen der Ruhe und Kontemplation, neben
Phasen der Aktivität, notwendig. Er beginnt den Versuch, Energie »hinaufzubringen«, d. h. zu transmutieren.

Das bewußte Umsetzen von Lebensenergie kann sich in viel-
fältiger Weise zeigen. Jede Betätigung mit Musik, Kunst, Spiel ist
die Folge einer solchen Transmutation. Aber auch soziale Hilfe-
leistungen, Wissenschaft, Politik usw. gehören dazu.

Transmutation selbst heißt nur, daß Energien umgesetzt werden. Das werden sie immer, auch im kentaurischen Zustand. Die
Umsetzung verschiebt sich nun aber von den Zielen des »Machens«, des Habens und der Machtausübung zu jenen der
Künste, der Schönheit und des Dienens. Roberto Assagioli gibt

eine kurze Übersicht vom Standpunkt des Psychologen zu dieser Frage.

Assagioli definiert vier Stufen des Transmutations-Prozesses:

1. Stufe – (Selbst-)Bewußtmachung der Triebe, Gefühle und Emotionen, die bisher unbewußt waren.

2. Stufe – Kontrolle und »Speicherung« dieser Energien.

3. Stufe – Transformation und Sublimation, um diese schließlich in der

4. Stufe effektvoll zum Ausdruck zu bringen.

Eine wesentliche Rolle nimmt in dieser Entwicklung das Willens-Training ein. Transmutation und Sublimation bedeuten dann die Neuorientierung vorhandener Energien in eine gewünschte Richtung des positiven Ausdrucks.

Die »unbewußte« Transmutation von Lebensenergien fand zu allen Zeiten ihren Ausdruck in der Literatur und der Kunst. Der typhonische oder kentaurische Künstler folgt einem »inneren Drang« zu schaffen. Im Subtil-Mentalen dagegen macht man auch ohne den inneren Drang den Versuch, die Lebensenergien, und dabei vor allem die Sexualenergie, bewußt zu steuern. Jede Art von Tätigkeit, die im »Sein« gelagert ist, eignet sich dafür. Üblicherweise zählen dazu, wie schon erwähnt, neben den Künsten die geisteswissenschaftliche Betätigung, die soziale, karitative Tätigkeit, das Erleben von Natur und der Umgang mit Natur.

Wenn wir uns nun abschließend noch einmal Abb. 39 vergegenwärtigen, dann können wir sehen, daß jeder Mensch alle Bewußtseinsformen, die es unter den von ihm erreichten gibt, in seinem Bewußtsein trägt. Wir können sagen: Das niedrigere Bewußtsein ist im höheren, nicht aber das höhere im niedrigeren. Dabei sollte man nicht vergessen, daß »höher« nicht mit »besser« gleichzusetzen ist. Die höhere Bewußtseinsform gibt andere, neue Möglichkeiten der Umsetzung von Energien. Wenn sie richtig genutzt werden, führen sie auch zu einer besseren Lebenseinstellung, weil ein besseres Verständnis über die Ziele und den Sinn des Lebens mit der höheren Einsicht einhergeht. Eine höhere Bewußtseinsform hat aber keinesfalls etwas mit mehr Wissen oder größerer Intelligenz allein (oder etwa gar einem höheren Intelligenzkoeffizienten) zu tun. Das wäre ein grobes Mißverständnis.

Unser Woher und Wohin?

Die Frage, von der wir in diesem Kapitel ausgegangen waren, lautete: Welche Art von Wesen ist der Mensch eigentlich? Wenn wir nun die verschiedenen, teilweise wissenschaftlichen und die darüber hinausgehenden Hypothesen zusammenfassen, dann ergibt sich ein Menschenbild, das man wie folgt umschreiben kann:

— Der Mensch ist eine Energie-Informationspersönlichkeit (EB-Monade), die sich (scheinbar) in einem biologischen Trägerkörper seit Tausenden oder Hunderttausenden von Jahren immer wieder inkarniert. Ziel dieser Inkarnation ist die Entwicklung des Bewußtseins von einem tierhaft-menschlichen Zustand zu einem »göttlich«-menschlichen Zustand.

— Dieser Übergang vom tierhaften in einen »göttlichen« Zustand vollzieht sich über viele Selbstbewußtseinsstufen. »Göttlich« wird ein Zustand genannt, bei dem keine Notwendigkeit einer Reinkarnation mehr besteht, weil der Bewußtseinszustand der EB-Monade die Übereinstimmung mit dem Universalgesetz gefunden hat.

— Die Möglichkeit des Überganges vom tierhaft-menschlichen zum übermenschlichen Zustand ist in der Überwindung der tierhaft-sinnlichen Anlagen des Menschen zu sehen. Diese sind zwar für die Existenz des biologischen Trägers notwendig, nicht aber für die Existenz der EB-Monade in der EB-Realität. Die EB-Monade orientiert und identifiziert sich am Beginn ihrer Evolution vornehmlich an der biologischen Realität des Trägers. »Ich bin mein Körper«, ist die Folge dieser Identifikation. Daraus resultiert z. B. ein naiver Realismus, der die Welt so nimmt, wie sie den Sinnen erscheint. Diese Identifikation aber schafft, wie wir in den folgenden Kapiteln sehen werden, die Hauptprobleme, mit denen der heutige Mensch im Laufe seines Lebens ringt. In diesem Entwicklungsstadium ist der freie Wille des Menschen limitiert, weil er von der instinkthaften Natur noch weitgehend gelenkt wird.

— Die Überwindung der triebhaften Natur des Menschen kann nur durch die vernunftmäßige Erkenntnis seiner »wahren« Natur erfolgen. (»Ich habe einen Körper, aber ich bin nicht mein Körper.«) Dazu ist ihm die Wissenschaft dienlich. Mit Hilfe rationaler Einsicht und intuitiven Erfassens der übermenschlichen Zielsetzung der Evolution kann hier ein wichtiges Hilfsmittel zur Selbstbewußtseinsentwicklung gefunden werden. Es geht darum zu verstehen, daß die Evolution wider die Sinne verläuft, aber nicht wider die Vernunft. Das bedeutet keine Abwertung der Sinnenhaftigkeit des Menschen, aber eine richtige Bewertung und Einschätzung. Niemand kann oder soll gegen seine Sinnennatur leben, aber es geht darum, sie zu transzendieren.

Wenn wir uns daher fragen: Woher kommt der Mensch und wohin wird er sich entwickeln?, dann ist folgende Antwort zu geben:

Der Mensch entwickelt sich aus einem tierhaften Zustand zu einem Übermenschen. Dieser Übermensch ist in dem Sinne ein »göttliches« Wesen, weil er imstande ist, vollkommen nach dem Universalgesetz, den Spielregeln Gottes, zu leben. »Göttlich« zu sein ist also nichts anderes, als die Spielregeln des Universalgesetzes erkannt zu haben und umsetzen zu können. Daß damit die sogenannte »Erlösung« von der Notwendigkeit zur Wiedergeburt verbunden ist, ist demnach logisch einsichtig. Der Schüler, der die Matura oder das Abitur geschafft hat, braucht nicht mehr die Schulbank zu drücken, er ist »reif« geworden.

Die Zwischenzustände auf diesem Weg wurden in diesem Kapitel beschrieben. Daß es über dem Subtil-Mental-Stadium noch weitere Entwicklungsstufen gibt, ist anzunehmen.[3] Diese spielen hier jedoch nur eine geringe Rolle. Es geht hier darum, den Menschen, die sich verzweifelt fragen, wozu sie leben und was der Sinn ihrer Existenz ist, eine Antwort zu geben, die auch dem kritischen Denken standhält. Diese Antwort lautet in Kurzform: Der Mensch ist auf dem Weg der Evolution von einem Tier – zu einem Geistwesen. Die Überwindung der sinnlichen Anteile in seinem Bewußtsein ist die über zahlreiche Reinkarnationen zu bewältigende Aufgabe.

---

3 Die dem Subtil-Mental-Typ folgende Bewußtseinsstufe wird die »kausale« genannt.

Niemand wird gezwungen so zu leben, wie die Evolution (das Gesetz) es verlangt. Es gibt keine Zeit in der Evolution, das Gesetz ist geduldig, aber auch unerbittlich, weil es eben ein Gesetz ist. Daher sagte Jesus: »Ich bin nicht gekommen den Frieden zu bringen, sondern das Schwert«. (Matth. 10/34)

Damit soll gesagt werden: Das Universalgesetz, die Spielregeln Gottes, sind wie ein Schwert. Ganz gleich, ob man es akzeptiert oder nicht, wir sind ihm unterworfen. Es wirkt unerbittlich. Jeder Gedanke, jede Tat wird registriert und zeitigt Folgen, die wir zu tragen haben. Es ist das Gesetz von Karma, das hier zum Ausdruck kommt.

Die Parabel von Igor

Überblickt man die Geschichte der Menschheit, geprägt von Grausamkeit, Krieg und Zerstörung, was sich bis heute in unsäglichem Leid niederschlägt, so kann man sich am Ende dieser Darstellung des Menschenbildes fragen: Wieso kann der Mensch seine Evolutionssituation nicht besser verstehen? Wieso versteht er die Zusammenhänge der Welt, des Seins, wie sie sich aus den Wissenschaften und den Weisheitslehren ergeben, nicht? Warum gibt es so viele verschiedene einander widersprechende Ansichten über die Welt und unser Dasein, so daß viele Menschen an diesem verzweifeln?

Um die Situation des Menschen, in die er evolutionsmäßig gestellt ist, zu erhellen, kann man ihn mit dem Hund vergleichen, den wir Igor nennen wollen, und fragen: Warum kann Igor nicht das verstehen, was wir Menschen verstehen können? Warum kann Igor keine höhere Mathematik, z. B. Differentialgleichungen, verstehen? Differentialgleichungen beschreiben Vorgänge in der Welt. Sie sind also ein Teil der Wahrheit des Seins bzw. ein Modell davon. Igor aber lebt instinktmäßig ohne diese höhere Erkenntnis von der Wahrheit. Und er fühlt sich sogar in seiner »Wurst-Realität«, in der eine Wurst zu erhalten sein größtes Glück bedeutet, sehr wohl.

Und der Mensch? Auch wir können die Wahrheit des Seins, also die Spielregeln Gottes, wie sie sich aus den Wissenschaften

und den Weisheitslehren ergeben, nicht oder nur ansatzweise
verstehen. Wer von uns kann sich eine Wahrscheinlichkeitswelt
mit 9 oder 12 Dimensionen vorstellen, in der wir existieren
sollen? Wer von uns kann sich die zeit- und raumlose Existenz
einer EB-Monade vorstellen, wie sie sich aus der Quantentheorie
ergibt? Das heißt, der Mensch ist ebenso überfordert, die Wahrheit des Seins zu verstehen, wie Igor überfordert wird, wenn wir
von ihm erwarten, daß er Differentialgleichungen verstehen soll.
Beide, das Universalgesetz und die Differentialgleichungen, repräsentieren aber die Wahrheit des Seins. Wir sind also erkenntnismäßig in einer ähnlichen Situation wie Igor, der Hund.

Was folgt aus dieser Parabel?

– Es gibt keine rationale Möglichkeit, dem Hund Igor Differentialgleichungen beizubringen. Wir können ihn so grob oder
  grausam behandeln, wie es uns angemessen scheint, er wird
  sie nicht verstehen. Daher müssen wir ihn akzeptieren, »wie er
  ist«, und geduldig mit ihm sein. Geduld, Toleranz und Liebe
  sind also die einzigen Möglichkeiten, die Evolution von Igor
  zu fördern.

– Dasselbe gilt für die Menschen. Man kann den Menschen
  nicht überfordern. Er kann nur das verstehen, was seiner
  Bewußtseinsentwicklung entspricht. Man muß ihn daher
  »dort abholen, wo er steht«. Das ist die Aufgabe aller pädagogischen Institutionen, die eine Führungsaufgabe haben.

Trotzdem, ob nun Igor die Differentialgleichungen kennt oder
nicht, ob der Mensch die Spielregeln Gottes akzeptiert oder
nicht, beide sind diesen Gesetzmäßigkeiten unterworfen. Man
kann eine gewisse Zeit gegen das Gesetz leben, aber nicht immer.
Denn zum Unterschied von Igor, der keinen freien Willen hat
und daher immer instinktiv dem Gesetz folgt, haben wir einen
freien Willen, mit dem wir mit oder gegen das Gesetz leben
können. Unsere Aufgabe ist es, früher oder später mit freiem
Willen vollkommen dem Gesetz entsprechend zu leben. Aus der
völligen Gebundenheit des Tieres, das keinen freien Willen hat,
muß sich der Mensch über alle Zwischenstadien in die Situation
erheben, wo er mit freiem Willen versteht, nach den Spielregeln
Gottes zu leben. Das ist eigentlich alles. Die Schwierigkeit dabei
ist aber, daß der Mensch auf diesem Weg die Tiernatur, die er

sich im Laufe von Jahrmillionen in der Evolution erworben hat, ablegen und überwinden muß, um »frei« zu werden für das Leben in der EB-Realität. Dieser Gegensatz zerreißt unser Inneres in zwei Teile, zwei Einheiten, die gegeneinander stehen oder zu wirken scheinen. Daher sagt Goethe zu Recht: »Zwei Seelen wohnen, ach, in meiner Brust.« Das Tier in uns, der Sinnenmensch, steht gegen den Geistesmenschen. Beide sind wichtig für unsere Existenz, und kein Teil darf zu kurz kommen. Aber die Kunst des Lebens – die ars vivendi – ist es, beide Teile auf dem jeweiligen Entwicklungsniveau, das sehr verschieden sein kann, zu harmonisieren.

Wo ist Sinn?

Der »Sinn« eines Menschenlebens wird für jeden Menschen verschieden sein. Den gemeinsamen Sinn kann man aber nur in der Evolution selbst sehen. Die Entwicklung an sich ist das Ziel. Der gemeinsame Weg der Menschheit zum Ziel ist der Sinn der Evolution.

Für den einzelnen aber wird dieses Ziel in seinem Leben nicht immer deutlich sein. Der Sinn eines einzelnen Lebens wird bestimmt vom Karma, also den Aufgaben, die dem Individuum auf Grund seines Verhaltens in einer vorhergehenden Existenz gestellt werden. Auf diese Weise ergeben sich die Begegnungen mit anderen Menschen als Eltern, in der Partnerschaft usw. und die daraus resultierenden und aufzulösenden Spannungen durch schuldhaftes Verhalten bzw. die positiven Zuneigungen auf Grund von harmonischem Verhalten.

So gesehen liegt also der Sinn eines Lebens in der Bewältigung und Auflösung von disharmonischen Spannungen, um größere Ordnung und Harmonie der Seele (Energiebewußtseins-(EB)-Monade) zu erreichen. Dies kann in verschiedenster Weise, am besten aber im Dienst am anderen, erreicht werden. Dabei kann man davon ausgehen, daß vieles, wenn nicht alles, in einer gewissen, uns nicht erkennbaren Weise vorherbestimmt ist.

Wenn wir die Welt und das Geschehen in ihr, weil dies alles uns paradox und daher unglaublich erscheint, auf das reduzieren, was wir verstehen können, geben wir allem nur den Sinn, den das menschliche Maß erfassen kann. Nach allem, was wir heute aber wissen, ist dieses menschliche Maß nicht geeignet, als Maßstab unseres Denkens und Handelns zu dienen. Wir würden die Welt verfremden und keinen wirklichen Sinn in ihr sehen. Erst wenn wir uns dem uns unverständlichen Sinn des Seins, der Evolution des Menschen vom Tier zum Geistwesen, dem Karma, dem Leid und der Freude gleichermaßen vertrauensvoll hingeben, erhält dieses Sein einen neuen, höheren Sinn. Das zu erkennen ist nicht jedermanns Sache. Daher gilt auch hier das Wort von Meister Eckhart: »Wer diese Rede nicht versteht, der bekümmere sein Herz nicht damit. Denn solange der Mensch dieser Wahrheit nicht gleicht, solange wird er sie nicht verstehen.«

Geduld und Toleranz mit den anderen und uns selbst ist daher gefragt, wenn wir, jeder von uns für sich, dem Sinn des Seins näher kommen wollen.

Mystik, Magie und Erkenntnis

»Alles ist Wahrheit.«

Walt Whitman

Seit Menschengedenken wird das Übersinnliche, das Mystische, das Magische, das Metaphysische entweder verleugnet, abgelehnt, negiert und verfolgt oder als »göttlich« oder »teuflisch« überbewertet, und deswegen falsch gesehen. Die Geschichte der menschlichen Entwicklung ist die Geschichte der Entfaltung von Selbstbewußtsein und von Wissen. Aus dieser Sicht sollte man immer wieder versuchen, das Numinose, die göttliche oder teuflische Macht des Unbegreiflichen, die Schauer, Furcht und Mißtrauen in den Menschen bewirkt, von der Unwissenheit zu befreien. Hexen, Quacksalber, Sekten und Aberglaube gehen einher mit Märtyrertum, Ekstase und wundersamen Ereignissen. Es ist an der Zeit, zu fragen, wie wir heute, auch aus wissenschaftlicher Sicht, zu diesen Phänomenen stehen können.

Die gegenwärtige Zeit des gesellschaftlichen Aufbruches scheint reif zu machen für eine neue Einschätzung auch des Numinosen. Diese neue Einschätzung wird ein wesentlicher Teil des neuen Weltbildes sein. Es geht bei diesen Fragen um komplexe und tiefgreifende Probleme, die nicht nur den einzelnen, sondern die Gesellschaft und alle ihre Teile, einschließlich der religiösen Institutionen, berühren.

»Das Schattenreich ist das Paradies der Phantasten«, schreibt I. Kant am Anfang seiner Schrift gegen Swedenborgs »Träume eines Geistersehers«. Es scheint das Schicksal vieler Denker zu sein, entweder nur teilweise, gar nicht oder falsch verstanden zu werden. Kant erging es wohl auch so. Seine differenziert-kritische Einstellung paranormalen Phänomenen gegenüber wurde in der Folge bis heute als krasse Ablehnung dieser Phänomene durch die sogenannte »aufgeklärte« intellektuelle Gesellschaft entwertet. Dabei schreibt Kant dazu: »Nicht als ob ich vermeinet, die Unmöglichkeit davon eingesehen zu haben (denn wie wenig ist uns doch von der Natur eines Geistes bekannt?), sondern weil sie insgesamt nicht genügsam bewiesen sind.«

Gerade der letzte Teil dieses Urteils scheint von Bedeutung. Es geht um die Verstehens- und Beweisfähigkeit, also um die Möglichkeit der Einbindung bislang unverständlicher Phänomene in unser Verstehen. Und Kant weiter: »Wir müssen also warten, bis wir vielleicht in der künftigen Welt durch neue Erfahrungen und neue Begriffe von den uns noch verborgenen Kräften in unserem denkenden Selbst belehrt werden.« Kant denkt hier sehr fortschrittlich und befindet sich damit im Gegensatz zu den noch heute vorherrschenden Denkvorstellungen.

Mit dieser neuen Einstellung kann man versuchen, ohne Voreingenommenheit, ohne Überheblichkeit, ohne Dogmen und Autoritätsgläubigkeit und -hörigkeit rational, sachlich, kritisch-prüfend, aber gleichzeitig mit Ehrfurcht und Respekt, mit Toleranz und Bescheidenheit das vorliegende Material zu prüfen und dann Aussagen zu machen. Das Tabu um ungeklärte Facetten des Seins, das um das Numinose von einer einseitig-engstirnigen Aufklärung gelegt wurde, kann heute neu überdacht und unter Umständen auch beseitigt werden, um eine freiere und bessere Entwicklung der Erkenntnis möglich zu machen.

Nun könnte man auch der Meinung sein, diese Probleme seien eher theoretischer Art und würden unseren Alltag und das praktische Leben kaum beeinflussen. Letzten Endes geht es hier aber um unsere Einstellung zur Welt. Es geht wieder einmal um unser Weltbild. In diesem Kapitel wird eine Theorie einer rational-mystischen Weltsicht entwickelt, die beitragen könnte, ein besseres Verständnis übersinnlicher und mystischer Phänomene aus heutiger Sicht zu erlangen.

Was ist Mystik? Was ist Magie?

Unter Mystik versteht man eine besondere Form der Religiosität, bei der der Mensch durch Hingabe und Versenkung zu »persönlicher Vereinigung« mit »Gott« – was immer man darunter versteht – zu gelangen sucht. In diesem Sinne könnte man sagen, daß »Gott« auf mystischer Ebene als eine Realität eines Bewußtseinszustandes erfahrbar ist.

Durch die ganze Geschichte der Menschheit zieht sich der

Strom des mystisch-gnostisch-magischen Wissens und Unwissens, der Verklärung, der Verfolgung und Ablehnung dieses menschlichen Seinsbereiches. Phänomenologisch und erkenntnismäßig wird man Mystik von Magie und Gnosis kaum trennen können. Die Frage ist, ob man eine Trennung für die Zwecke einer möglichst rationalen Erklärung dieser Phänomene und Aspekte überhaupt vornehmen soll.

Unter Mystik versteht man die »persönliche Vereinigung« mit Gott und als Gnosis die Erlösung durch philosophisch-rationale Erkenntnis Gottes. Es ist deutlich, daß beide Richtungen verschiedene Aspekte des menschlichen Seins betonen, die ohne genaue Trennungslinie ineinander übergehen. Dasselbe gilt für die Magie. Viele Mystiker hatten »magische« Kräfte. Es ist wahrscheinlich, daß mystisches Verständnis magische Kräfte fördert.

Magie und Religion sind zwei ursprüngliche Verhaltensweisen des Menschen. Beide setzen eine hintergründige Welt, die nicht mehr in Raum und Zeit eingespannt ist, voraus. Aus der in diesem Buch gebrachten Sicht ist Magie nichts anderes als der Umgang mit und die Beherrschung von bisher ungeklärten Phänomenen, die im Zusammenhang mit den Eigenschaften und der Existenz einer Energie-Bewußtseins-Realität gegeben sind. Zu diesen Phänomenen zählen die in diesem Buch bereits behandelten Phänomene Telekinese, Telepathie und Präkognition, aber auch Bilokation, Levitation und Materialisation. Die aus diesen Phänomenen sich ergebenden Möglichkeiten sind Visionen, Exorzismus und anormale Heilungen und Spukphänomene, die seit alters her bekannt und beschrieben wurden.

Je nachdem, ob die Fähigkeiten zur Hervorrufung dieser Phänomene in schädigender oder in fördernder Weise angewendet werden, spricht man von »schwarzer« oder »weißer« Magie. Es ist anzunehmen, daß in gewisser Weise jedem Menschen magische, d. h. also anormale, unerforschte psychische Kräfte zur Verfügung stehen und daß diese durch bestimmte Übungen bzw. Drogen erworben bzw. verstärkt werden können. So schreibt Gebhard Frei: »Zur Magie fähig ist jeder Mensch, soweit er zu einer tiefen Konzentration von Vorstellungsbildern, die effektiv geladen werden, fähig ist, eventuell zur Trance bzw. zur Ekstase, wodurch er bewußt zum Besessenen wird.«

Der Unterschied zwischen Magie und Religion oder Mystik liegt in der ethischen Einstellung zu den Phänomenen. Magie will die Macht über die Urkräfte, also das »Machen«, der religiöse Mensch will »dienen«.

Jedenfalls scheint es am Beginn dieser Überlegungen richtig, keine Trennung dieser Phänomene oder Gebiete zu unternehmen, da dies eine willkürliche Abgrenzung darstellen würde. Es kann aber festgehalten werden, daß, von einem gemeinsamen Oberbegriff des »Übersinnlichen« ausgehend – der alle diese Gebiete einschließt –, eine Abgrenzung auf Grund eines Wertmaßstabes möglich erscheint. Nach diesem würde man trennen in »schwarze« Magie auf der einen Seite, »weiße« Magie, Mystik und Gnostik auf der anderen Seite. Mystik und Gnostik würden sich dann dadurch unterscheiden, daß erstere einen mehr emotional-intuitiven, letztere einen mehr rational-kognitiven Aspekt aufweist.

Phänomenologie der Mystik und Magie

Eine vollständige Erfassung aller Phänomene mystisch-magischen Erlebens ist wegen ihrer großen Zahl kaum versucht worden. Großartige Arbeiten sind von Ernst Benz über die Visionen, von William James und Emile Durkheim über die allgemeinen Elemente religiöser Phänomene bekannt. Eine »Phänomenologie der Mystik« hat Gerda Walther erarbeitet. Insbesondere aber sind hier die ausgedehnten Veröffentlichungen zahlreicher Forscher in den seit Jahren von A. Resch herausgebrachten Imago-Mundi-Bänden zu erwähnen. Sie geben eine gute Übersicht über diese Phänomene und die damit verbundene Problematik.

Wesentlich für eine unvoreingenommene klare Sicht auf mystische und magische Phänomene ist, daß man sie nicht in den Bereich des Pathologischen abdrängt. E. Benz schreibt dazu: »Es ist eine unglückselige Fragestellung, ob Mystik und andere außergewöhnliche Erlebnisse religiösen Lebens krankhafte Phänomene des Seelenlebens seien. Besser wäre zu fragen, ob die Träger mystischer Erlebnisse psychisch krank oder konstitutionell abnorm seien. Daß unter ihnen seelisch Kranke vorkommen, erscheint unzweifelhaft, daß aber alle Mystiker psychotisch seien, ist eine ganz abwegige Annahme. Mystische Schau ist etwas so Ungewöhnliches, daß sie nur wenigen Menschen eignet.«

Aufgrund der bereits gegebenen Ausführungen über die Aspekte des (Selbst-)Bewußtseins kann man vielmehr annehmen, daß mystische Schau und übersinnliche Kräfte auf einem bestimmten Evolutions-Niveau menschlichen Bewußtseins möglich und »normal« sind. Damit werden diese Phänomene und Sichtweisen aber rational beschreibbar (wenn auch nicht mechanistisch erklärbar).

Methodologie der Mystik

Mystische Sicht ist, wie bereits dargestellt, eine Methode des Erkenntnisgewinnes und damit auch der Selbstbewußtseins-Entwicklung. Im Gegensatz zur Betonung der intuitional-rationalen Wissenschaft wird in der mystischen Erkenntnisfindung der intuitional-emotionalen Qualität stärkeres Gewicht beigemessen. Im Grunde aber führen alle Erkenntnisformen auf die Erkenntnisfunktionen Empfindung, Fühlen, Denken und Intuition zurück, wie das C. G. Jung aufzeigen konnte.

Auch in der Tätigkeit des wissenschaftlichen Forschers spielt die Intuition eine wesentliche Rolle. Karl Popper wies darauf hin, wenn er schreibt: »Unsere Auffassung, daß es eine logische, rational nachkonstruierbare Methode, etwas Neues zu entdekken, nicht gibt, pflegte man oft dadurch auszudrücken, daß man sagt, jede Entdeckung enthalte ein ›irrationales Moment‹, sei eine ›schöpferische Intuition‹ (im Sinne Bergsons)«; ähnlich spricht Einstein über »... das Aufsuchen jener allgemeinsten ... Gesetze, aus denen durch reine Deduktion das Weltbild zu gewinnen ist. Zu diesen ... Gesetzen führt kein logischer Weg, sondern nur die auf Einfühlung in die Erfahrung sich stützende Intuition«.

Die Wissenschaftstheorie geht demnach davon aus, daß im Wissenschaftsprozeß zwei Schritte maßgebend sind. Der erste

Schritt des intuitiv-irrationalen »Einfalles« – der Hypothese –, der zweite Schritt der logisch-rational-empirischen Überprüfung.

Vergleicht man nun die wissenschaftliche Methode mit der »religiösen Erfahrung«, so zeigen sich überraschende Ähnlichkeiten. Ernst Benz, der sachlich-kritische Prüfer mystischer Phänomene, schreibt dazu: »Zu einer Gliederung der visionären Phänomene scheint sich am ehesten das Einteilungsschema derjenigen Visionäre anzubieten, die selbst über die verschiedenen Formen ihrer visionären Erfahrung mit wissenschaftlicher Sorgfalt reflektiert ... haben. Eine solche theoretische Selbstauslegung der religiösen Erfahrung ist im Wesen der Religion selbst begründet. Jede echte religiöse Erfahrung drängt von sich aus dazu, sich intellektuell zu verdeutlichen. Gerade das außergewöhnliche seelische Erleben regt den Empfänger solcher Erlebnisse aufs stärkste an, den ungewöhnlichen Vorgang rational zu rekonstruieren, sich zu verdeutlichen, wie es eigentlich zuging, welches die Folgen dieses Erlebnisses und die Voraussetzungen und Bedingungen für seine Wiederholung sind.«

Nimmt man diese Analyse von E. Benz an, welche ja auch von anderen, etwa W. James bestätigt wird, so kann man folgern, daß die wissenschaftliche und mystische Methode der Erkenntnisgewinnung vom Prinzip her ähnlich sind. Zu dieser Schlußfolgerung kamen auch amerikanische Forscher, die die Yoga-Methode des Patanjali analysierten und die wissenschaftlichen Kriterien der Verifikation und Vorhersagbarkeit bestätigt fanden, so daß sie von der »Wissenschaft des Yoga« sprechen konnten. Ähnliche Aussagen trifft auch der indische Wissenschafter-Philosoph I. K. Taimni in »Science Occultism«. Eine ganz ausgezeichnete wissenschaftstheoretische Analyse dieses Problems aus neuester Zeit wird von Kurt Hübner in seinem richtungsweisenden Buch »Die Wahrheit des Mythos« gegeben. Beim Vergleich des griechischen Mythos mit der modernen Wissenschaft, wobei insbesondere die Zeit- und Raumvorstellungen einer genauen Analyse unterzogen werden, kommt Hübner zu folgendem Ergebnis: »Wissenschaftliche und mythische Erfahrung haben die gleiche Struktur. Sie verwenden dasselbe Erklärungsmodell. In beiden können wir reine Erfahrung von einer solchen unter Voraussetzungen unterscheiden. Die Unterschiede zwischen wissenschaftlicher und mythischer Erfahrung liegen also ausschließlich im Inhaltlichen. Die rationale Struktur ihrer Erklärung und intersubjektive Begründung bleibt davon unberührt.« Hübner schließt dann auch seine Analyse mit dem Ergebnis ab: »Unser sogenanntes aufgeklärtes und wissenschaftliches Zeitalter ist in Wahrheit weder rationaler noch vernünftiger als andere, es wird nur so genannt«.

Wer oder was ist Gott?

Über Jahrhunderte hinweg hat man den Begriff »Gott«, unter dem immer stärker werdenden Einfluß der Wissenschaften, dazu verwendet zu erklären, was von der Wissenschaft noch nicht »erklärt« werden konnte. »Gott« geriet damit in einen immer größeren Beweisnotstand für seine Existenz, und mit der scheinbaren Allmacht der Wissenschaften schien eine Gottexistenz unnötig geworden zu sein. Man kann einerseits annehmen, jede historische Entwicklung, also auch diese, sei sinnvoll. Andererseits liegen die Ursachen dieser Entwicklung wohl in einem Fehlverständnis der Gesamtzusammenhänge von Welt, Evolution und Menschsein. Jedes Fehlverständnis entspringt aber einem Nicht-Verstehen-Können, einem Nicht-Wissen, also einem Unverständnis von dem, »was ist«.

Wir können daher fragen:

1. Welches neue Wissen kann uns zu einem neuen, besseren Verständnis von dem, »was ist«, bringen?

2. Kann man aus diesem neuen Verständnis einen Gottesbegriff entwickeln?

3. Brauchen wir überhaupt einen Gottesbegriff und wenn ja, wozu?

Denkt man an die verschiedenen Vorstellungen von »Gott« und verschiedenen Auslegungen sowie die wachsende Zahl der Vorbehalte diesem Begriff gegenüber, so wird man versucht vorzuschlagen, für einige Zeit den Begriff »Gott« im Sprachgebrauch zu vermeiden und aus den Büchern zu streichen. Danach, nach einer angemessenen Denkpause, sollte man beginnen, sich mit einem neuen Verständnis diesem Begriff zuzuwenden. Trotz dieses generellen Vorbehaltes gegen jeden Versuch einer allgemeingültigen Gottesbegriffs-Definition soll versucht werden, eine möglichst klare Definition der Begriffe und Vorstellungen zu geben. Dabei soll vor allem auf die esoterischen Teile der Weisheitslehren Bezug genommen werden.

Grundlegend ist die Unterscheidung zwischen der »Gottheit« und dem »Gott«. Gott ist dabei eine bewußte, persönliche metaphysische Wesenheit, während die Gottheit als das »Alles, was ist«, angesehen wird.

Der Begriff der »Gottheit«

Was können wir von der Gottheit erkennen? Die Frage nach der Gottheit, dem »Alles-was-da-ist« oder dem Eins-Seienden ist die Frage nach der menschlichen Erkenntnis schlechthin. Diese wurde bereits mit dem Erkenntnis-Paradoxon behandelt.

Die Gottheit stellt sich uns in der Form des »Alles, was ist«, als eine Gesetzmäßigkeit dar, der alles Sein unterworfen ist. Es ist das Universalgesetz, nach dem dieses Sein strukturiert ist. Hierzu gehören die »mechanistischen« Naturgesetze ebenso wie die Gesetze der Bewußtseinswelt.

Das Universalgesetz ist dem Menschen im transzendenten Teil (der EB-Realität) nur teilweise, wenn überhaupt, zugänglich. Nur die Mystiker haben Zutritt zu diesem Bereich. Der immanente Teil des Universalgesetzes – die Welt oder die biologische Wirklichkeit – ist uns zur Alltagsexistenz gegeben. Wir können hier untersuchen, verstehen, erfahren. An dieser biologischen Wirklichkeit erkennen wir eben diese allgemeine Gesetzmäßigkeit, wenn gilt: »Wie unten, so oben; wie oben, so unten.«

Die Schwierigkeiten, die heute viele Menschen mit diesem Begriff der Gottheit haben, resultieren zum Teil aus dem Versuch der Vermenschlichung, der Anthropomorphisierung in der Form des »Vater-Gott«-Begriffes. Die zahlreichen bildlichen Darstellungen, so sehr sie oft vom Künstlerischen her begeistern, prägen eine Vorstellung, die der religiösen Hinwendung und der mystischen Erkenntnis Abbruch tun kann.

Meister Eckhart (1260-1327) beschreibt diesen Unterschied zwischen der Gottheit und dem Gott in einer seiner Predigten wie folgt:

»Hätte ich einen Gott, den ich erkennen könnte, ich würde ihn nimmer für Gott ansehen.«

»Du sollst ihn bildlos erkennen, unmittelbar und ohne Gleichnis.«

»Du sollst ihn lieben, wie er ist: ein Nicht-Gott, ein Nicht-Geist, eine Nicht-Person, ein Nicht-Bild, mehr noch: wie er ein lauteres, reines, klares Eines ist, abgesondert von aller Zweiheit.«

Hier werden bereits die wichtigen Eigenschaften dieses Gottheits-Begriffes genannt – die Nicht-Attribute und die Einheit.

Ähnlich wie Meister Eckhart beschreibt auch Lao Tsu im Tao te Ching dieses Absolute als Tao, den Weg oder das Gesetz wie folgt:

»Das Tao, von dem man sprechen kann, ist nicht das rechte.

Der Name, den man nennen kann, ist nicht der richtige.

Das Namenlose wird der Anfang von Himmel und Erde.

Das Benannte ist die Mutter der Schöpfung.

Befreie dich daher von großer weltlicher Begierde, um dieses Geheimnis ergründen zu können!

Aber – erlaube dir genug Begierde, um auch die Schöpfung erleben zu können. Beide – das Namenlose und das Benannte – der Geist und die Materie, sind dasselbe.

Sie unterscheiden sich nur im Namen, wenn sie entstehen.

Weil sie dasselbe sind – ohne dasselbe zu sein – nennt man sie ein Mysterium.

Mysterium über Mysterium – Tor zu vielen Geheimnissen.«

Platon gibt in seiner Ideenlehre eine Darstellung des Begriffes der Gottheit. In dieser wird die Ideenreinheit des Guten, des Schönen und des Gerechten angezogen, um das Absolute, das Eins-Seiende zu charakterisieren. Dort heißt es:

»Das Eins-Seiende hat weder Bestehen noch Wechsel und ist weder einerlei noch verschieden, weder ähnlich noch unähnlich, weder gleich noch ungleich, sei es mit sich selbst oder einem anderen.«

Ähnliches äußerte Plotin (205-270 n. Chr.): »Alles Seiende ist durch das Eine ein Seiendes, sowohl das, was ein ursprünglich und eigentlich Seiendes ist, wie das, was nur in einem beliebigen Sinne als seiend vorhanden bezeichnet wird.«

Der Begriff der »Gottheit« bzw. eine Vorstellung davon entzieht sich vollkommen dem menschlichen Fassungsvermögen. Daher haben die Mystiker, u. a. auch der Buddha, dafür auch den Begriff des »Nichts« oder des »Nirvana« geprägt. Das aber wurde von den realistisch denkenden Philosophen gründlich mißverstanden. Daher wurden auch idealistische Denker, wie etwa Platon oder Hegel, verlacht und verspottet. Was denn sollte dieses »Nichts« sein, das die eigentliche »Fülle des Seins« darstellen sollte? Gershom Scholem schreibt dazu in dem Buch »Die jüdischen Mystiker in ihren Hauptströmungen«:

»Auch die Mystiker sprechen von der Schöpfung aus dem ›Nichts‹. Dieses ›Nichts‹, aus dem alles entsprungen ist, ist keineswegs eine bloße Negation; nur von uns aus entzieht es sich allen Bestimmungen, weil es der intellektuellen Erkenntnis entrückt ist. In Wirklichkeit aber hat dieses ›Nichts‹ ein unendlich höheres Sein als alles andere Sein in dieser Welt. Wer in die Tiefen dieses ›Nichts‹ hinabsteigt, der begegnet Gott. Das ›Nichts‹ ist ein Nichts voll mystischer Fülle. Das Nichts ist die Gottheit selbst in ihrem verborgensten Aspekt«.

Nun klingen solche Darstellungen für einen Realisten sicher unrealistisch. Aber das ist eben das Problem. Wir wissen heute, aufgrund der Erkenntnisse der Quantenphysik, daß die Welt aus erkenntnistheoretischer Sicht keine realistische, sondern eine idealistische Qualität hat. Das »Nichts« ist also die wirkliche Wirklichkeit, die letzte Essenz des Seins. Zu verstehen ist das nur, wenn man annimmt, dieses »Nichts« sei ein raum-, zeit- und formloses Ur-Energiezentrum mit Bewußtsein.

Auf die überraschende, oft wörtliche Übereinstimmung der Aussagen über die Gottheit zwischen dem Mystiker Meister Eckhart und dem Philosophen des Vedanta, Shankara (788-820 n. Chr.), wurde von Rudolf Otto hingewiesen. Shankara betont immer wieder die »Advaita«, die Nicht-Zweiheit der Gottheit in der vedantischen Lehre des Non-Dualismus. Ähnlich wie bei Meister Eckhart zeigen sich also auch im Hinduismus und im Buddhismus große Übereinstimmungen zwischen den Weisheitslehren. Die Übereinstimmung der mystischen Aussagen mit der nicht-lokalen, nicht-dualen und synchronen Wirklichkeit, wie sie uns die Quantenphysik darstellt, ist ebenfalls erstaunlich.

Im Hinduismus ist der Begriff der »Gottheit« mit dem Brahman identisch. Im Buddhismus wird vom »dharma« gesprochen. Darunter versteht man das »Weltgesetz« oder das »Universalgesetz«. Im Christentum könnte man den »Vater«-

Gottbegriff mit diesen Begriffen gleichsetzen. In diesem Falle ist dafür aber auch die Deutung eines Gott-Begriffes möglich, die nicht dem der »Gottheit« entspricht, sondern eher dem einer höheren Gotteswesenheit.

Zusammenfassend kann man festhalten, daß wir uns unter dem Begriff der Gottheit, soweit er überhaupt für den Menschen erfaßbar ist, ein Ur-Energie-Zentrum vorstellen können, das über verschiedene Evolutionsebenen bis in das letzte Sein eindringt, es erfaßt, es belebt. Alles wird von dieser Ur-Energie durchdrungen. Wesentlich und schwierig zu erfassen ist dabei die Erkenntnis, daß dieses Ur-Energie-Zentrum auch ein allumfassendes (Selbst)-Bewußtsein hat. Das eben übersteigt unsere Vorstellungskraft. Diese Gottheit ist raumlos, zeitlos und formlos, aber eben, wie erwähnt, mit vollkommenem Bewußtsein erfüllt.

Der Begriff des »Gottes« oder der Götter

Die Evolution als eine Ausformung des Prinzips der Selbstorganisation ist eine sowohl wissenschaftlich untermauerte als auch intuitiv erfaßbare Tatsache. Die materialistische Wissenschaft konnte zeigen, daß die Evolution von der »Ursuppe« bis zum Menschen eine gut belegte Theorie darstellt. Die offene Frage aber ist: Geht die Evolution über den Menschen hinaus? Gibt es supra-humane Wesenheiten? Wenn ja, welche Eigenschaften haben sie? Wenn nein, warum sollte die Evolution beim Menschen aufhören?

Auf welche Informationen können wir heute zurückgreifen, wenn man diese Fragen beantworten will? Es sind wiederum die Wissenschaften, die Weisheitslehren und der »common sense«, der »gesunde Menschenverstand«. Faßt man alle Informationen dieser drei Erkennntisquellen nach dem heutigen Stand des Wissens unvoreingenommen zusammen, dann kann man mit einiger Sicherheit und Überzeugung feststellen: Die Annahme eines holistischen Weltganzen, einschließlich der metaphysischen Gegenheit supra-humaner Wesenheiten, ergibt ein wesentlich konsistenteres, aber auch wesentlich einfacheres Modell

zur Erklärung aller »paranormalen« und paradoxen Phänomene als ein materialistisch-mechanistisches.

Wie kann man in einem holistischen Weltbild den Unterschied
der Gottes-Begriffe deuten?

Das Ewig-All-Eine, die Gottheit, das Universalgesetz ist nicht
eigentlich Gott. Keiner hat die begriffliche Trennung im westlichen Denken deutlicher vollzogen als Meister Eckhart, wenn er
schreibt: »Faßt das Unerhörte: Gott und Gottheit sind unterschieden wie Himmel und Erde. Der Himmel steht wohl tausend
Meilen höher. Und so die Gottheit über Gott. Gott wird und
entwird.«

Auf wissenschaftlicher Basis formuliert heißt das: Die Entwicklung supra-humaner Wesenheiten ist auf Grund der Theorie der Selbstorganisation und zufolge der Evolution des Seins
logisch. Diese Wesenheiten wurden in der Geschichte von den
Menschen als »Götter« bezeichnet und gesehen. Sie entwickeln
sich jedoch genauso wie alle übrigen Lebenswogen – Minerale,
Pflanzen, Tiere und Menschen – nach dem Universalgesetz und
sind diesem unterworfen. »Gott wird und entwird«, sagt Eckhart: Aus der »Gottheit« wird alles Sein – also auch Gott. Die
Götter kommen und vergehen. Sie entsteigen der Gottheit und
kehren in diese zurück. Am Ende hat nur die »Gottheit« – das
All-Eine – Bestand.

Zu diesen Göttern zählt man im Hinduismus auch den
Schöpfer-Gott, der die Welt, das uns bekannte Universum,
erschaffen hat. Er wird »Ishwara« genannt. Aber auch dieser
Schöpfergott ist ein Teil der Gottheit. In der Bhagavadgita, dem
heiligen Buch des Hinduismus, wird dieser Schöpfergott als
Krishna wie folgt beschrieben: Krishna spricht zu Arjuna, dem
Menschen:

9/4   »Dieses ganze sichtbare Universum gründet in meinem
      unsichtbaren Sein. Alle Wesen ruhen in mir, aber ich ruhe
      nicht in ihnen.

9/5   Und in Wahrheit: Ich ruhe nicht in ihnen. Beachte
      dieses heilige Mysterium: Ich bin der Urgrund allen
      Seins; ich trage alles, und doch ruhe ich nicht in diesem
      Sein.

9/7   Am Ende der Nacht kehrt alles zu mir zurück, und wenn

der neue Tag der Zeit beginnt, bringe ich alles wieder ans Licht.

9/17 Ich bin der Vater dieses Universums, und sogar der Urgrund des Vaters. Ich bin die Mutter des Universums und der Schöpfer von Allem.

9/18 Ich bin der Weg und der Meister, der alles in Stille beobachtet.

9/19 Die Hitze der Sonne kommt aus mir, und ich sende den Regen oder die Dürre. Ich bin das unsterbliche Leben und der Tod. Ich bin, was ist, und ich bin das, was nicht ist.«

Aus diesen Versen geht auch die untrennbare Einheit des Schöpfergottes mit der Gottheit deutlich hervor. Dieses Eins-Sein ist für ein Verständnis der Begriffe Gott und Gottheit von großer Bedeutung, wie dies auch im Evangelium ausgedrückt wird: »Wer mich sah, hat den Vater gesehen« (Joh. 14/10). Und: »Glaubst du nicht, daß ich im Vater bin und der Vater in mir ist?« (Joh. 14/11)

Ganz wesentlich für unser Verständnis eines Gottes sind nach wie vor die Aussagen von Jesus von Nazareth.

Unsere ganze Einstellung zu einem »Gott« können und müssen wir ändern, wenn wir ein neues, echtes und direktes Verhältnis zu diesem entwickeln wollen. Und diese Entwicklung ist für eine Umsetzung eines holistischen Weltbildes von ausschlaggebender Bedeutung. Die Götter oder der Gott, den wir anbeten, sind nicht mehr menschenferne, unnahbare Geistwesen, sondern »Brüder« aus unserem Geschlecht.

Das wird deutlich, wenn wir in dem Einsprechungsbuch »Ein Kurs in Wunders« lesen:

»Ebenbürtige sollten keine Ehrfurcht voneinander haben, weil Ehrfurcht Ungleichheit impliziert. Sie ist daher eine unangemessene Reaktion mir gegenüber. Ein älterer Bruder hat Anspruch auf Achtung um seiner größeren Erfahrung und auf Gehorsam um seiner größeren Weisheit willen. Er hat auch Anspruch auf Liebe, weil er ein Bruder ist, und auf Hingabe, wenn er hingebungsvoll ist. Nur meine Hingabe gibt mir ein Anrecht auf die deine. Ich habe nichts an mir, was du nicht erreichen kannst.

Ich habe nichts, was nicht von *Gott* kommt. Der jetzige

Unterschied zwischen uns ist, daß ich nichts anderes habe.
Dadurch bin ich in einem Zustand, der in dir nur potentiell
vorhanden ist.

Niemand kommt zum *Vater*, denn durch mich, bedeutet
nicht, daß ich in irgendeiner Weise von dir getrennt oder anders
bin außer in der Zeit, und die Zeit existiert nicht wirklich. Diese
Aussage hat mehr Bedeutung, wenn man sie auf eine senkrechte
statt eine waagrechte Achse bezieht. Du stehst unter mir, und ich
stehe unter *Gott*. Im Prozeß des Aufstieges stehe ich höher, weil
ohne mich die Entfernung zwischen *Gott* und Mensch zu groß
wäre, als daß du sie umfassen könntest. Ich überbrücke die
Entfernung einerseits als dein älterer Bruder und andererseits als
Sohn Gottes. Meine Hingabe an meine Brüder hat mir die Obhut
über die *Sohnschaft* übertragen, die ich vollständig mache, weil
ich an ihr teilhabe. Das mag der Aussage »Ich und der *Vater* sind
eins« zu widersprechen scheinen, aber die Aussage besteht aus
zwei Teilen, in Anerkennung dessen, daß der *Vater* größer ist«.

Seit Jahrhunderten lesen wir im Johannes Evangelium die
Sätze:

*»Wahrlich, wahrlich ich sage euch: Wer an mich glaubt, wird
auch selber die Werke tun, die ich tue, und größere als diese wird
er tun.« (Joh. 14/12)*

Und wir haben sie nicht glauben können, weil wir sie nicht
verstehen konnten. Heute aufgrund der Theorie der Selbstorganisation können wir diesen Satz verstehen und wortwörtlich
annehmen. Das ist die letzte Essenz der Theorie der Selbstorganisation, wenn H. Maturana schreibt: »Wir schaffen die Welt, in
der wir leben, buchstäblich, in dem wir sie leben.« So finden
Wissenschaft und Weisheitslehren zusammen.

Das gleiche drückt Sai Sathya Baba (geb. 1929) aus, wenn er
am 9. März 1967 in einer öffentlichen Rede sagt:

*»Yes, you too can become divine; I have nothing that you too
do not possess. It is latent in you, it is patent or potent here; that
is the only difference.«*

Nach unserem bisherigen Verständnis ist »ein Gott zu sein«
etwas ganz Außergewöhnliches. Nach dem holistischen Weltbild aber ist es nichts Unmögliches. Es ist die Anschauung, daß es
supra-humane Wesenheiten gibt, die sich ebenso wie die übrigen

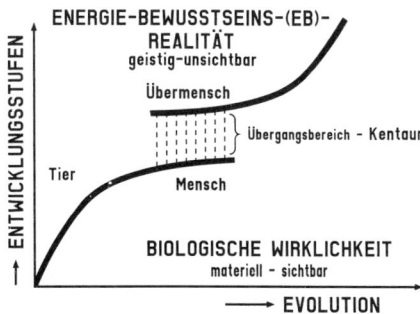

Abb. 41: Die Evolutionsstruktur Tier – Mensch –
Gott

Evolutionswogen aus dem »Alles, was da ist« entwickelt haben
und noch weiter entwickeln. Daß der Mensch die »Krone der
Schöpfung« sein sollte, ist aus seinem ganzen bisherigen Verhalten nicht abzuleiten und würde auch diesem Verständnis nicht
entsprechen.

Ein Gott zu sein bedeutet, einer anderen, höheren Evolutionswoge anzugehören, die über jener des Menschen steht. Der
Unterschied zwischen Tier, Mensch und einem Gott und die
dazugehörige Evolutionsstruktur kann dann schematisch wie
folgt dargestellt werden (Abb. 41).

Das Tier lebt vollkommen »in der Ordnung«, also nach dem
Gesetz, aber ohne Selbstbewußtsein und ohne freien Willen.
Eine supra-humane Wesenheit lebt ebenfalls vollkommen in der
Ordnung, also in der Gottheit, aber mit vollkommen freiem
Willen und Selbstbewußtsein.

Der Mensch steht zwischen beiden, dem Tier und dem Dar-
über. Er ist halb Tier und halb Gott. Ein Geistwesen, dem
Sinnbild des Kentauren entsprechend. Durch sein partielles
Selbstbewußtsein und seinen partiell freien Willen ist er im-
stande, sich in seinem Verhalten und Tun für oder gegen das
Gesetz zu entscheiden. So lernt er zufolge von Ursache und
Wirkung, des Karmas, das ein Teil des Universalgesetzes ist,
dieses kennen.

Mit diesem neuen Gottverständnis könnte man auch lernen,

mit Gott besser umzugehen. Die Zeiten, wo man vor seinem Gott Angst hatte und sich ihm nur »im Staube kriechend« nähern durfte, sind noch nicht überwunden. Sie können aber bewältigt werden. Die Bedingungen seines Seins kennend – es sind jene der Energie-Bewußtseins-Realität –, kann man zumindest in Ansätzen schließen, wie man mit Gott umgehen kann. Man kann annehmen, daß eine Kommunikation über Raum und Zeit hinweg möglich ist. Man kann schließen, Wunder seien »außer-normale« Phänomene nur in unserem vierdimensionalen Weltverständnis. Auch wir vollbringen in unserer Welt unzählige »Wunder«, wenn wir z. B. Flugzeuge fliegen lassen und Phantomwesen im Fernsehen zeigen.

Das Wesen Gottes könnte uns damit näher kommen durch unser Wissen, mit wem wir es zu tun haben. Wir könnten damit veranlaßt werden, dieses Wesen als Freund und nicht als Richter zu sehen. Dafür aber sollten wir auch Gott um so ernster nehmen. Ein solches Wissen nimmt aber nichts von unserer Bewunderung und Verehrung für Gott und die Gottheit weg. Wir sollten aber auch verstehen, daß die Gottheit, und damit Gott, als Gesetz unerbittlich ist und sein muß. Daher heißt es:

»Ich bin nicht gekommen Frieden zu bringen, sondern das Schwert«. (Matth. 10/34)

Wir sind, ob wir es wollen oder nicht, dem Gesetz verfallen. Aber wir haben auch die Möglichkeit, die Hilfe anzunehmen, die uns geboten wird. Das ist die Hoffnung und die Liebe, die aus dem Gott spricht, der uns führen will.

Wir können aber auch wissen, daß der Spruch des Alten Testamentes, der vom Menschen sagt: »Nur wenig geringer als einen Gott hast du ihn gemacht« (Psalm 8/6), eine große Herausforderung an uns darstellt. Dieses Eingebundensein in die Schöpfung wird auch bei Meister Eckhart deutlich, wenn er sagt: »Gott ist dasselbe Eine, das ich bin«. Dies entspricht dem hinduistischen »Tat tvam asi« (Du bist es), womit gemeint ist, daß auch wir Götter sein können und sind, sobald wir freiwillig und vollkommen nach dem Universalgesetz leben.

Die Beziehung zu Gott und das Leben nach dem Universalgesetz – soweit wir es begreifen können – werden jedoch durch diese Erkenntnisse und selbst durch die Annahme einer neuen Einstellung nicht einfacher. Wir werden dadurch keine anderen und vor allem keine »besseren« Menschen. Selbst »Wunder« wirken zu können, ändert daran nichts. Das Umgehen mit unseren Schwächen, das sind jene tierhaften, biologisch-genetischen, über Jahrmillionen erworbenen Eigenschaften, die zufolge eines ungeordneten freien Willens nicht im Einklang mit dem Universalgesetz stehen, wird eben durch das Wollen allein nicht wesentlich einfacher. Wir bleiben, was wir sind. Erst durch die Änderung unserer Zielvorstellung können wir den Weg, auf dem wir uns entwickeln, neu gestalten. Es geht also letztlich um die Normen, um die Werte, um die Ethik. Erst aus einer Ethik, die in Übereinstimmung mit dem Universalgesetz ist, können die Leitlinien für unser tägliches Bemühen resultieren. Das ist der Sinn und Zweck einer neuen, adäquaten Gottesvorstellung. Daß uns dazu auch eine Beschäftigung mit den nicht-christlichen Religionen und Weisheitslehren dienlich sein kann, sollte aus dem Vorhergehenden deutlich geworden sein. Sie geben nämlich sehr klare und dem logischen Empfinden entsprechende Erkenntnisse, die ohne Dogmatik zu einer Öffnung des Denkens Anleitung sein können. Diese Art des Denkens ist der wissenschaftlichen Sichtweise nahe.

Gott und die Herkunft des Bösen – das Problem der Theodizee

Generationen von Menschen und von Philosophen, seit den Anfängen der Geschichte bis heute, fragten sich: Kann es einen gütigen, liebevollen Gott geben, wenn es soviel Krieg, Krankheit und Leid in der Welt gibt? An dieser Frage sind bis heute alle Antwortgeber letztlich verzweifelt. Hier soll ein Vorschlag zur Lösung dieses Problems gebracht werden.

Die wesentlichen Fragen sind: Wenn es eine Macht über uns gibt – eine Gottheit –, die gut ist, wie kann diese das Böse zulassen? Ist sie etwa Teil des Bösen oder das Böse Teil der Gottheit? Ist unser Schicksal vorherbestimmt, wenn ja, wer bestimmt es – ein gütiger Gott? Wie hängt die Willensfreiheit des

Menschen, falls es diese überhaupt gibt, mit dieser Frage des Bösen zusammen?

Die scheinbaren Widersprüche, die sich aus diesen Fragen ergeben, hat viele Denker aller Zeiten, darunter bedeutende Theologen und Philosophen unserer Zeit, an diesem »Gott« verzweifeln lassen. So formulierte der bekannte Theologe Johann Baptist Metz: »Gott paßt nicht zu uns – weder zu unseren klerikalen noch zu unseren Selbstverwirklichungsphantasien«. Und Eckhard Nordhofen formulierte als Ergebnis einer Tagung von Philosophen im Jahre 1993: »Aufklärung und negative Theologie sagen nein zu einer Wirklichkeit, in der industrieller Mord, die Neuheit des Jahrhunderts, neben atavistischen Schlächtereien möglich sind. Sie sagen Nein im vollen Wissen, daß ein Ausweg in das Reich der Freiheit, in das Land des guten Lebens, in den Himmel der Metaphysik, oder wie immer die Surrogate des Paradieses heißen mögen, nicht möglich sind.«

Dieses Denken schließt nahtlos an die Philosophie eines Jacques Monod, des französischen Nobelpreisträgers für Molekularbiologie, an, der den »Zufall und die Notwendigkeit« als die primären Evolutionsprinzipien für die biologische Welt, einschließlich des Menschen, postulierte (vgl. Abschnitt »Zufall und Notwendigkeit als scheinbares Entwicklungskonzept«). Denn wenn der Mensch nach dieser Sicht ein Zufallsprodukt der Evolution ist, dessen Schicksal nirgendwo bestimmt wird, dann ist deutlich, daß das menschliche Leben absolut sinnlos ist. Oder anders formuliert: Es ist aus dieser Sicht wesentlich für den Menschen zu erkennen, daß sein Leben absolut ohne Sinn ist bzw. nur den Sinn hat, den er selbst dem Leben willkürlich gibt.

Auf die Spitze getrieben, kann man formulieren: Wenn wir alle beschließen, Massenmörder oder Heilige zu werden, so ist dies gleichwertig, solange der Mensch selbst dem Leben Sinn gibt. Jede Ethik, jede Moral ist eine willkürliche Wahl, denn das Leben ist seinsmäßig sinnlos. Wer dieser Denkweise folgt, für den ist das Problem eines »guten« Gottes sinnlos.

Das Problem der Theodizee war immer schon wichtig. Augustinus (354-430 n. Chr.) schreibt in seinen »Bekenntnissen«: »Wenn Gott gut ist, von woher hat sich das Böse eingeschlichen?

Was ist seine Wurzel, sein Same? Oder ist es überhaupt nicht? Oder wenn wir uns ohne Grund fürchten, dann ist die Furcht wohl selber das Böse? Aber woher kommt das, da doch Gott selbst gut ist und alles geschaffen hat, allmächtig, allwissend, allgütig ist?«

Das sind große Worte, ein großer Denkansatz, der nahe an die Lösung des Problems heranführte, es aber doch nicht zu lösen vermochte. Dazu war die damalige Weltsicht eben noch nicht geeignet.

Paracelsus (1493-1541) widmete sich diesen Fragen im »Liber de mala et bona fortuna«: »So alle Dinge von Gott kommen, es sei, was es wolle, daß etwas da sei, Glück oder Unglück, das Gott geschaffen hat.

Aber – der Arme beklagt sein Unglück, und ist kein Unglück, die Seligkeit ist sein Lohn, was klagt er dann?

Jetzt sieh, daß nur darin die Rechnung steht, daß alle Dinge Lohn nehmen werden. Darum beklage sich niemand über sein Unglück, weil der das Unglück hat, der reich ist. Denn hier auf Erden ist nichts Gültiges, drum so können wir weder von Glück noch von Unglück reden.«

Damit kommt Paracelsus sehr weit in der Einsicht, daß der Mensch nicht zu beurteilen imstande ist, was für ihn »gut« oder »nicht gut« sei.

Besonders intensiv wurde das Theodizee-Problem durch Gottfried Wilhelm Leibniz (1646-1716) behandelt. In seiner »Theodizee« schrieb er: »Die Schwierigkeiten kann man in zwei Klassen einteilen: Die einen stammen aus der menschlichen Freiheit; denn diese scheint mit der göttlichen Natur (allmächtig, allwissend, allgütig) unverträglich zu sein und muß dennoch angenommen werden, um Schuld und Strafbarkeit des Menschen aufrecht zu erhalten.

Die anderen haben es mit dem Verhalten Gottes zu tun; dieser habe einen zu großen Anteil an der Existenz des Bösen, da Gott am physischen wie menschlichen Übel mitwirkt.

Menschliche Willensfreiheit ist (dem Augenschein nach) mit Vorbestimmung und Gewißheit unverträglich. Daraus möchte man folgern, daß Gott nicht bloß die physische, sondern auch die moralische Ursache des Bösen ist.«

Der Ausweg, den Leibniz aus dem Dilemma findet, ist ein sehr philosophischer, der aber heute nicht befriedigen kann und auch in der Geschichte nicht wirklich tragend war. Leibniz zieht mit seiner Theodizee-Frage Gott vor ein menschliches Gericht, mit seiner Theodizee-Antwort spricht er ihn frei. Aber der Freispruch befriedigt nicht.

So wollen wir also versuchen, aus heutiger Sicht, aufgrund der bereits vorgestellten Weltsicht, diese Frage zu beantworten.

Dazu sind folgende Annahmen, wie sie in früheren Kapiteln des Buches entwickelt wurden, ins Gedächtnis zu rufen:

— Die multidimensionale Seins-Welt, die sich in einer biologischen Wirklichkeit einerseits und in der Energie-Bewußtseins (EB)-Realität andererseits zeigt. Wir leben also zugleich in »vielen Dimensionen«, die aber »in Wirklichkeit« nur eine alleinheitliche Realität darstellen.

— In unserer biologischen Realität, in unseren drei Raumdimensionen und der einen »diffusen« Zeitdimension (siehe den Abschnitt: Die »neuen« Dimensionen) glauben wir Kausalität zu erleben: Die zeitliche Folge von Ursache und Wirkung. Wir haben aber bereits gesehen, daß diese Kausalität in der EB-Realität nicht hält. In diesem Teil unseres Seins herrscht Nicht-Lokalität, Synchronizität und Akausalität. Die primitive physische Kausalität, die Ursache – Wirkungsabfolge der biologischen Realität ist dort aufgehoben.

— Trotzdem herrscht auch in diesem Teil unseres Seins ein Kausalprinzip. Es läuft zwar nicht nach den mechanistischen Regeln der physischen Kausalität ab. Dafür ist es jedoch unentrinnbar. Im Gegensatz zur physischen Kausalität der biologischen Wirklichkeit löst es sich nicht bereits auf der nächsten Stufe des Seins auf. Die Kausalität entsteht durch unsere Entscheidungen, die zu Handlungen oder Gedanken führen. Durch jede Handlung, Entscheidung und jede Wahrnehmung schaffen wir die biologische Realität aus der EB-Realität. Unsere Entscheidungen legen diese Realität fest. Sie erschaffen die biologische Gegenwart und determinieren damit auch die Zukunft. Es sind unsere Handlungen, kein blinder Zufall und auch kein festgefügter »göttlicher« Plan, die unsere Zukunft festlegt.

Daraus folgt die paradoxe Frage: Kann es, wenn es keinen Zufall gibt, einen freien Willen geben?

An dieser Frage scheiterten bisher alle Versuche, eine befriedigende Antwort auf das Problem der Theodizee zu geben.

Nun haben wir in diesem Buch im Kaptiel »Die neuen Dimensionen« neben den Raum- und Zeitdimensionen drei Qualitätsdimensionen eingeführt (vgl. Abb. 34). Diese wurden rein intuitiv postuliert, um aus dem Dilemma von Willensfreiheit, Zeitlosigkeit und Vorherbestimmung heraus zu kommen. Die Qualitätsdimensionen sind:

- harmonisch, d. h. in aktiver Übereinstimmung mit dem Universalgesetz
- disharmonisch, d. h. in das Trennende orientiert
- neutral im bezug auf das Universal-Gesetz, d. h. auf die Qualität des Selbstbewußtseins bezogen.

Der Bezugspunkt dieser Dimensionen ist nun das Universalgesetz oder die Gottheit, die nach unseren Vorstellungen auch Gesetzescharakter hat.

Mit diesen Hypothesen ist aber das Theodizee-Problem eindeutig zu beantworten. Die Antwort lautet:

- Jeder Mensch ist in seinen Willensentscheidungen in den Qualitätsdimensionen weitgehend frei (abgesehen von karmischen Einflüssen aus früheren Handlungen).
- Nachdem sich der Mensch zu jedem Augenblick – also in der Zeitlosigkeit in seinem Denken, Fühlen und Tun – für oder gegen das Universalgesetz entscheidet, also harmonisch oder disharmonisch oder neutral auf dieses Gesetz reagiert, legt er sich fest, d. h. die Qualitätsdimensionen fallen mit den Raum- und Zeitdimensionen zusammen (vgl. Abb. 43), anders formuliert: Der Mensch hat damit sein Schicksal in den Raum- und Zeitdimensionen der biologischen Realität fixiert.

Wer also bestimmt unser Schicksal? Wir und nur wir selbst. Gibt es also das Böse? Nur der Mensch schafft aus Unwissenheit über das Sein das sogenannte Böse, das es als solches nicht gibt.

Ist unser Leben also vorherbestimmt? Wir selbst bestimmen es in der Abfolge von Entscheidung zu Entscheidung. Wir können formulieren: Wir leben unsere Vergangenheit und bestimmen durch unsere partiell freien Willensentscheidungen die Zukunft. Und wie ist es mit der Gottheit? Ist diese gut? Die Gottheit, das absolute Sein ist charakterisiert durch Zahl/Ordnung/Harmonie. Nichts »Böses« ist Teil der Gottheit. Aus ihr spricht nur die Liebe.

Aber der Mensch in seiner Unwissenheit macht Fehler, kennt das Gesetz nicht und lernt früher oder später aus den Fehlern, sich nach dem Gesetz zu verhalten. Die Güte der Gottheit wird hier ganz klar offenbart. Es ist nicht die selbstherrliche Güte, uns vor uns selber zu schützen, uns aber damit der ewigen Unwissenheit zu überantworten. Es ist die Güte des unermüdlichen Lehrmeisters, das immer auf uns ganz persönliche Eingehen und die liebevolle Freude an der Entwicklung des Schülers, bis er endlich den Lehrmeister versteht und auf ein ähnliches Niveau gelangt.

Kein noch so grauenvolles Fehlverhalten des menschlichen Schülers hält die Gottheit davon ab, sich mit ihm auseinanderzusetzen, ihn seine Lektionen lernen zu lassen. Darin ist die unendliche Güte des Universalgesetzes begründet, die wir mit dem durch uns geschaffenen Bösen gehörig auf die Probe stellen.

Wir sehen also, daß wir mit den neuen Theorien der Wissenschaft – mit Quantenmechanik, Theorie der Selbstorganisation und der Zahlentheorie eine – logische einsichtige Lösung des Problems der Theodizee – zum erstenmal in der Geschichte – geben können.

Betont soll werden, daß die intuitive Annahme von Qualitätsdimensionen einerseits logisch aus dem Dilemma »Determinismus und Willensfreiheit« folgt, andererseits aber auch die Zahlentheorie bestätigt wird. Schon Pythagoras sah in den Zahlen Wesenheiten, die die Welt konstituieren. Zahlen, also Qualitäten, bestimmen das Sein. Diese Vorstellungen finden wir seit je in der Zahlenmystik (etwa in der Kabbalah) und der Zahlentheorie, die in unserer Zeit von Peter Plichta neue Impulse und Einsichten erhielt. So findet also diese intuitive Annahme von Qualitätsdimensionen auch eine wissenschaftliche Begründung.

Wie spricht »Gott« zu den Menschen?

Seit Menschengedenken gibt es Berichte über Kommunikationen des Menschen mit »Gott«. Bereits in der Bibel finden wir den Bericht, wie Moses auf den Berg Sinai geht, um dort mit »Gott« zu sprechen und von ihm die 10 Gebote zu erhalten. (Exodus 20,1)

Seitdem sind die Berichte über solche Kommunikationen mit Geistern von Verstorbenen, mit Engeln, mit Dämonen usw. nicht abgebrochen. Sie sind so zahlreich, so beeindruckend, aber auch so kontrovers, daß wir uns heute fragen müssen, wie wir zu solchen Berichten stehen. Besonders aus der Sicht, wie sie in diesem Buch vertreten wird, müssen wir fragen: Können wir das glauben? Was davon können wir annehmen?

Überschaut man die ganze Literatur – die wissenschaftliche und die nichtwissenschaftliche –, die sich heute zu diesem Thema darbietet, dann kann man dazu folgendes feststellen:

Aus unserer Sicht und nach sorgfältiger Prüfung der verschiedenen Quellen ist die Frage der Möglichkeit solcher Kommunikationen eindeutig positiv zu beantworten.

Die folgende Systematik von Kommunikationsmöglichkeiten bietet sich an:

Kommunikation mit dem Geist verstorbener Menschen:

Zu diesem Thema hat vor allem Ernst Senkovsky einen wesentlichen Beitrag mit seinem Buch »Instrumentale Trans-Kommunikation« geleistet. In diesem führt er die folgenden wissenschaftlich behandelten und geprüften Kommunikationsformen mit dem Geist verstorbener Menschen an:

– Tonbandstimmen
– Transmusik
– Elektroakustische direkte Stimmen
– Telefonstimmen
– Telegrafische Signale
– Transtexte
– Transvideo
– Kosmovision

Die möglichen Theorien, Hypothesen und Vermutungen namhafter Wissenschaftler zur Erklärung dieser Phänomene werden in seinem Buch ebenfalls angeführt.

Kommunikation über »Medien«:

Als »Medien« werden medial veranlagte Menschen bezeichnet, die entweder durch inneres Hören oder durch mediales Schreiben mit Geistwesen in Verbindung treten können.

Nur wer über Jahre direkt eingebunden ist in diese Art der Kommunikation mit seriösen, integren Medien, kann die Qualität der »Einsprache« abschätzen, die auf diese Weise vermittelt wird. Es ist jedoch außer Zweifel, daß solche Art der Kommunikation mit Verstorbenen oder anderen Geistwesen aus jeder Zeit möglich ist. Die Informationen sind logisch nachvollziehbar und oft in höchstem Maße informativ.

Als Beispiel für Medien, die aufgrund eigener Beschäftigung bzw. persönlicher Bekanntschaft als besonders wichtig einzustufen sind, können angeführt werden:

EMMANUEL SWEDENBORG (1689-1772)

Er war ein bekannter und sehr erfolgreicher Naturwissenschaftler und Bergbauingenieur seiner Zeit und Berater des schwedischen Königs, bevor er durch ein Bekehrungserlebnis der Seher und Mystiker des Nordens wurde. Über zwei Jahrzehnte lang hatte er dann täglich Kontakt mit Engeln und Geistern, worüber er zahlreiche Bücher verfaßte wie »Himmel und Hölle« (1758), »Die eheliche Liebe (1768).

Eine hervorragende Studie und Biographie hat Ernst Benz verfaßt, der mit wissenschaftlicher Einstellung die Erlebnisse und Phänomene von Swedenborg beschreibt.

JAKOB LORBER (1800-1864)

Jakob Lorber lebte in Graz als Dirigent, als er plötzlich im 40. Lebensjahr eine Stimme hörte, die ihm sagte: »Nimm deinen Griffel und schreibe«. Danach schrieb er den Rest seines Lebens, beinahe täglich, was er durch diese innere Stimme zu hören bekam. Die Informationen sind sehr lehrreich und zum Teil überraschend. Seine wichtigsten Werke sind: »Das große Evangelium Johannes«, »Die Geistige Sonne«, »Die natürliche Sonne«.

Interessant ist festzuhalten, daß Lorber oft die Einsprachen, die er bekam, selbst nicht zu deuten wußte. Eine gute Einführung kommt von Kurt Eggenstein »Der Prophet Jakob Lorber«.

RAMTHA

So nennt sich ein Geistwesen, das durch die Amerikanerin

J. Z. Knight seit 1977 spricht. Ramtha gibt an, in Atlantis als König gelebt zu haben. Seine Einsprachen sind außerordentlich lehrreich. Wichtige Bücher über diese Einsprachen sind: »Ramtha – intensiv; Wendezeit in künftigen Tagen«, »Ramtha – Das Manifestieren«.

BARTHOLOMEW
Hier wird angegeben, daß sich die Informationen aus der Einsprache nicht von einem Geistwesen herleiten würden, sondern direkt aus dem Medium kommen. Das Medium ist Mary-Margaret Moore. Auch diese Informationen sind außerordentlich lehrreich und zukunftsweisend. Bücher: »Bartholomew – Gedanken zum Leben/Erwachen vom Traum«, »Bartholomew – Lachende Weisheit«, Bd. 1 und 2

Ein ganz außerordentliches Buch ist »Ein Kurs in Wundern«, das von Helena Schucman und William Thetford, beide Professoren der Medizinischen Psychologie am College of Physicians and Surgeons der Columbia Universität in New York, aufgenommen wurde. Sie geben an, zu Beginn der Einsprache völlig atheistisch gedacht zu haben. Plötzlich begannen diese Einsprachen, die sich über Jahre hinzogen und von außerordentlicher Qualität sind. Es ist sicher zu empfehlen, dieses Buch zu studieren, was aber keineswegs leicht fällt, da es eher einem Schulungsweg gleicht. Es ist daher angebracht, zuerst das Buch von Kenneth Wapnick »Betrachtungen über ›Ein Kurs in Wundern‹« zu lesen, weil dann das Studium des Kurses erleichtert wird.

URSULA ROBERTS (geb. 1913)
Ursula Roberts ist ein englisches Medium, das einem der Autoren persönlich bekannt ist. Sie bekam in jungen Jahren bereits Kontakte mit dem Geist eines ägyptischen Königs, der sich Ramadhan nennt und dessen Mumie im Museum in Kairo zu sehen ist. Ramadhan ist ein Geistwesen, das sehr klare Informationen über den Sinn des Lebens und die damit verbundenen Probleme gibt. Wichtige Bücher sind: »Living in two worlds«, »The autobiography of U. Roberts«, »Wisdom of Ramadhan«

LYDIA (geb. 1903)
Dieses Medium ist ebenfalls einem der Autoren seit mehreren Jahren persönlich bekannt, wobei wöchentliche Einsprachen auf Tonband aufgenommen wurden. Diese kommen aus der Engel-

Hierarchie oder von noch höheren Geistwesen. Es wurden oft konkrete Fragen gestellt und beantwortet, wobei auf die wissenschaftliche Art der Fragestellung eingegangen wird. So stammen einige Informationen, die in diesem Buch verarbeitet wurden, aus solchen Einsprachen.

Interessant ist, daß diese Engelwesen manchmal offen zugeben, daß auch sie auf die Fragen keine Antworten wüßten, wonach sie sich an höhere Geistwesen wenden, um von diesen Antwort zu erhalten, die dann durchkommt. Interessant ist auch die Information, daß es Engelwesen in Gestaltform gebe und solche, deren Gestalt sich bereits aufzulösen beginne. Höhere Geistwesen, wird angegeben, sind raum-, zeit- und formlose Wesenheiten. Sie könnten sich aber auch als Gestaltwesen sichtbar machen.

Als wichtigste Regel für den Umgang mit Medien bzw. medialen Einsprachen gilt: »Niemals darf die Einsprache über den eigenen gesunden Menschenverstand gestellt werden«.

Nur was einem selber sinnvoll und verständlich erscheint, sollte als Information angenommen werden. Die Gefahr der Abhängigkeit von derartigen Einsprachen ist sehr groß. Da man aber niemals (oder erst nach langer, sorgfältiger Prüfung) wissen kann, wie die Qualität, d.h. das Bewußtseins-Niveau des einsprechenden Geistwesens geartet ist, sollte man immer sehr vorsichtig sein. Man kann sagen: Jede Art von Einsprache kann vom Niedersten bis zum Höchsten gehen, wobei eine Verstellung (d.h. Irreführung) von seiten des einsprechenden Geistwesens nicht auszuschließen ist.

Seriöse Medien – die sehr selten sind – prüfen zuerst sich selbst, d.h. sind integre Personen und prüfen dann die Qualität der Einsprache durch Überprüfung der Aussagen in bezug auf Klarheit und ethische Werte. Im großen und ganzen kann man sagen, daß für unsere Zeit diese Art der Einsprachen als Ergänzung unseres wissenschaftlichen Wissens und als Richtschnur unserer zukünftigen Entwicklung wichtig sind. Trotzdem sollte man sich der Gefahren, die mit solchen Einsprachen verbunden sind, immer bewußt sein. Diese sind:

– Bewußte Irreführung
– Einsprachen von »Wichtigtuern« ohne ethische Qualität
– Die Abhängigkeit von Einsprachen

Immer ist zu beachten, daß die Bewußtseinsqualität des Mediums selbst in die Einsprachen mit einfließt. Man könnte sagen, die Einsprachen sind vom Denken des Mediums »gefärbt« oder anders formuliert: das Medium bekommt nur mit jenen Geistwesen Kontakt, die seinem eigenen Denken nahe stehen.

Daher ist die vorsichtige Einstellung, die auch von seiten der Kirche zu diesen Einsprachen gehalten wird, sehr verständlich und sollte auch beachtet werden. Andererseits aber sind solche Einsprachen heute auf Basis eines holistischen Weltbildes ohne weiteres verständlich und akzeptabel.

Im holistischen Weltbild ist der Umgang mit Einsprachen keine Unmöglichkeit, kein unverständlicher Hokuspokus, sondern eine durch Übung und Konzentration zu erreichende Fähigkeit, die aber an sich noch keine Aussage über die moralische Qualität der Einsprechung oder die ethische Qualität des Mediums gibt. Alle diese Fähigkeiten, die man im Yoga als »Siddhis« bezeichnet, sind durch Übung zu erreichen, unabhängig (leider) von der moralisch-ethischen Qualität des Übenden. Freilich werden diese Fähigkeiten erst nach langer Übungszeit, die sich auch über mehrere Inkarnationen erstrecken kann, erreicht. In den Yoga-Sutras des Patanjali heißt es dazu: »Die Wunderkräfte (Siddhi) werden durch Geburt, chemische Mittel, Wortgewalt (Mantras) oder Konzentration erreicht«.

Im Kontext des holistischen Weltbildes können die »seltsamen Phänomene« der mystischen Erkenntnis in ihrer Erfahrbarkeit und in ihrer Funktion als Quelle und als Information auch rational anerkannt werden. Sie bilden nicht eine »Gegenwelt« zur wissenschaftlichen Erkenntnis, sondern eine willkommene Ergänzung und Bereicherung.

Das Universalgesetz als Basis der Weisheitslehren

Die Inhalte der Weisheitslehren, wie sie uns durch die mystischen Erkenntnisse der heiligen Schriften der Religionen zugänglich gemacht werden, sind für sich kein einheitliches System. Ähnlich wie in der Wissenschaft ergeben sich auch auf dem Gebiet der Philosophien und Weisheitslehren verschiedene Sparten, verschiedene Ansichten und Wertigkeiten der Erkenntnis.

Es würde zu weit führen, hier den Anspruch verschiedener Religionen, insbesondere des Christentums, auf einen gewissen Vorrang vor den anderen Religionen analysieren zu wollen. Von Radhakrishnan ist der Ausspruch bekannt: »Die Christen sind gewöhnliche Menschen, die außergewöhnliche Ansprüche für ihren Glauben stellen.« Es ist in der Tat auffallend, daß im Laufe der Geschichte vor allem aus dem Westen der Alleinvertretungsanspruch auch im Hinblick auf die Erkenntnisse der Philosophie und der Weisheitslehren erhoben wurde und zum Teil noch wird. Die Wurzel dieses Denkens liegt offensichtlich im biblischen Monotheismus und dem Glauben an eine besondere Auserwähltheit. Wie sich diese dann auf das Denken des westlichen Menschen übertragen hat, so daß es zur Missionierung und zur Kolonisation bis hin zu der sich meist fatal auswirkenden »Entwicklungshilfe« kam, ist eine Sache für sich. Hier soll uns nur interessieren, wie die Erkenntnisse verschiedener Lehren sich zu einem holistischen Weltbild fügen.

Der besondere Vorwurf, der zumeist von christlichen Institutionen gegen dieses Zusammenwirken verschiedener Lehren erhoben wird, ist der des Synkretismus. Darunter versteht man eine Vermischung verschiedener Religionen oder Konfessionen, ohne innere Einheit. Man müßte also prüfen, ob dieser Vorwurf der fehlenden inneren Einheit bei den verschiedenen Lehren und Religionen stimmt.

Oberflächlich gesehen stimmt er sicher, da sich die Gebräuche, die Riten und die Vorstellungen grundlegend unterscheiden. Auf einer tieferen Ebene jedoch wird die Analyse schwieriger und bedürfte eines ausführlichen Studiums, da man gewiß manche Verschiedenheit zwischen einem persönlichen Gott oder einem apersonalen Nirvana, zwischen Theismus und dem buddhistischen Atheismus sowie einem Pan-en-Theismus finden kann, die einer Verwirrung der Geister und einem entsprechenden Konkurrenzdenken Tür und Tor öffnet.

Manch einer fühlt auch am Beginn einer Auseinandersetzung mit religiösen Inhalten den Wunsch, die verschiedenen Religionen miteinander »auszusöhnen«. Dieser Wunsch ist verständlich. Es wird jedoch bei eingehender Beschäftigung mit den Inhalten von Weisheitslehren und Religionen deutlich, daß es viele Wege geben kann, sich der einen Wahrheit zu nähern, und daß letzten Endes jede Lehre zur Wahrheit führen kann. Wer sollte zu beurteilen wagen, welche Lehre da die »richtige« ist? Das Problem wurzelt nämlich in der Aussichtslosigkeit für den Menschen, jemals eine »richtige« Erkenntnis von der objektiven Wahrheit des Seins gewinnen zu können. Wir haben dies schon im Erkenntnis-Paradoxon beschrieben. Es gibt keine Hoffnung, objektives Wissen von allen Existenzformen der Wahrheit zu gewinnen. Aus diesem Verständnis heraus gilt auch der Satz: »Alles ist Wahrheit.«

Alle Inhalte der Religionen und Weisheitslehren ebenso wie die Lehren der ewigen Philosophie (der philosophia perennis) stammen jedoch, zumindest in ihrer tradierten Form der heiligen Schriften und der Werke der Evangelisten, der Meister, der Weisen, der Erleuchteten oder wie wir die Vertreter dieser Lehren sonst nennen wollen, aus jener »anderen« Erkenntnisform, der Erkenntnis der esoterischen Einsicht.

Das berechtigt zur Annahme, daß allen Religionen eine gemeinsame Basis zugrunde liegt. Diese Basis ist das, was wir hier Universalgesetz genannt haben. Es gibt das Grundgesetz des Seins, eben die Spielregeln Gottes. Inwieweit dieses Universalgesetz vom Menschen erkannt wird, ist eine Frage der Zeit und des Entwicklungszustandes.

Prüft man die Weisheitslehren, vor allem in ihren esoterischen Teilen, auf diesen Anspruch hin, so findet man, daß sie alle von einer All-Einheit eines harmonischen Gesetzes sprechen, das allem Sein zugrunde liegt. Dieses Gesetz wird weiters als dynamisch beschrieben, als ein dauerndes Werden. Es bewirkt die Evolution.

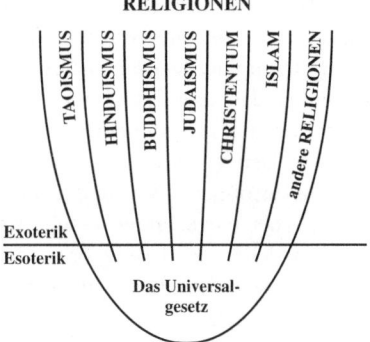

Abb. 42: Das Universalgesetz, die gemeinsame Basis aller Religionen

Auf Grund der mystischen Einsicht von Personen aus verschiedenen Kulturen zu verschiedenen Zeiten in dieses dynamische Gesetz entwickelten sich verschiedene Religionen (vgl. Abb.
42). Diese Religionsgründer bauen also alle auf demselben
Untergrund auf, der sich aber dem menschlichen Verständnis
weitgehend entzieht.

Diese Zusammenfassung mag einem kritischen Leser ungenü-
gend erscheinen, und sie ist es in dieser Kürze sicher auch.
Eigentlich kann hier nur die persönliche Erfahrung im Vergleich
der verschiedenen Weisheitslehren sprechen. Wer aber z. B. die
weitgehende, zum Teil wörtliche Übereinstimmung der Aussagen in der Bhagavadgita und dem Neuen Testament erkennt, der
weiß, wovon hier die Rede ist.

Neben dieser persönlichen Erfahrung kann aber auch die
Meinung allgemein anerkannter großer Weiser der Menschheit
gehört werden. So schreibt Ramakrishna (1836-1886) zu dieser
Frage: »Streitet nicht über Lehren und Religionen. Es gibt nur
eine. Alle Ströme münden ins Meer. Geht und laßt die anderen
gehen! Das große Wasser bahnt sich den Abhang hinab verschiedene Betten – so wie Rassen, Lebensjahre und Seelen verschieden

sind – aber das Wasser ist immer das gleiche. Geht, strömt dem Weltmeer zu.«

Die Religionen, meint Ramakrishna, sind gesonderte Ausdrucksformen und somit Einschränkungen der übersinnlichen Wahrheit. Das Hindernis für eine religiöse Einheit liege in grundsätzlichen, dogmatischen Gegensätzen zwischen den Religionen. Die übersinnliche Wahrheit aber würde diese starren Rahmen überschreiten und zerbrechen, sogar ganz aufheben, um sich eine neue Fassung zu schaffen, wenn die alte Form sie zu erdrücken drohe.

Ähnlich äußert sich auch Sai Baba, der Weisheitslehrer unserer Zeit, wenn er sagt: »Die Religionen versuchen heilige Ideale in das Herz der Menschen zu pflanzen, aber der Mensch erlaubt es nicht, daß diese keimen und wachsen. Seine egoistischen Begierden nach Macht und Erfolg haben ihn, in den meisten Fällen, dazu verführt, die Religion als ein Instrument der Folter und der Verfolgung zu verwenden. Anstatt die Menschheit in einer gemeinsamen Anstrengung zu vereinen, wurde Religion zu einem System von ummauerten Enklaven, die von Haß und Fanatismus bewacht werden. Auf diese Weise wurde jede Religion zu einem bewaffneten Lager, versunken in Selbst-Erhöhung und den Versuch, andere für sich zu gewinnen und Verluste zu vermeiden. Daher verdammt man die Religion als die Wurzel von Chaos und Streit. Trotz großer Fortschritte auf vielen Gebieten des Lebens ist die religiöse Feindschaft, sogar heute, in vielen Teilen der Welt offen entbrannt. Es ist also für keine Religion ratsam, Aktivitäten der Verteufelung oder der übertriebenen Propaganda zu setzen, um Gläubige zu gewinnen. Wenn sich nur jeder nach den Idealen, die vom Gründer seiner Religion entwickelt wurden, ohne Mißgunst oder Haß richtet, dann wird die Erde ein glücklicherer und friedlicherer Wohnplatz für die Menschen sein.«

Schließlich kommt Sai Baba auf die Verschiedenheit der Religionen zu sprechen und führt aus: »Dieser Vorgang der Aufsplitterung in verschiedene Sichtweisen hat in allen Religionen stattgefunden. Im Islam gibt es die Shia und die Sunnitischen Sekten; im Christentum gibt es Katholiken und Protestanten. Aber wie tief immer der Bruch ist, keine der Sekten verneint Gott, und keine der Sekten rühmt Gewalt und Falschheit. Die Namen mögen verschieden sein, besondere Facetten mögen verschieden sein, aber die Allmächtige Vorsehung wird als absolut und ewig bezeichnet. Die Terminologie kann verschieden sein, aber das Konzept ist nicht verschieden. Gott wird Allah genannt, die Gebete Namaz, die Priester Kajis und die Schriftgelehrten werden als Mullahs verehrt, die Bibel als der Heilige Koran bezeichnet. Aber der Grundstrom der energietragenden Kraft ist in allen Fällen die Liebe, die Liebe aller Wesen zu allen Wesen. Die Gründer hatten immer die Einheit allen Lebens im Sinn und die evolutionäre Entwicklung des Menschen vom bloßen Menschsein zu den Höhen der Göttlichkeit.«

Diesen Worten aus dem Munde des Weisheitslehrers ist eigentlich nichts hinzuzufügen.

»Jedes Lebewesen ist auf einer langen Reise – ob es
sich dessen bewußt ist, oder nicht. Die Bestimmung
aller Wesen aber ist es, zu ihrem Ursprung zurückzu-
kehren.«   Sai Baba

Teil III

Praktische Hinweise für eine holistische Ethik –
Die Spielregeln Gottes

Die bisherigen Abschnitte des Buches hatten die Aufgabe, eine
neue, holistische Sicht von »dem, was ist« zu geben. Die moderne Wissenschaft einerseits und die Philosophie der Weisheitslehren andererseits haben geholfen, dieses Bild zu entwerfen. Es
ist ein Bild, das für einen in der wissenschaftsgläubigen Tradition des Materialismus erzogenen Menschen erstaunlich, vielleicht auch abstoßend wirken mag. Ein Bild, das die vertraute
und als festgefügt angenommene Realität unserer sinnlichen
Welt ins Wanken bringt, zumindest aber entscheidend relativiert. Es ist aber auch ein hoffnungsvolles Bild, das in seiner
neuen Sicht des Seins den Menschen als ein Wesen darstellt, das
weit über seine Bedeutung in den engen Grenzen seiner materiellen Existenz hinausreicht. Es ist aber auch ein Bild, das verwirrend und unscharf ist, das dem Menschen neue und vielleicht im
ersten Augenblick auch beunruhigende Verantwortung überträgt an seinem eigenen Schicksal. Das Erkenntnisparadoxon,
das wir in diesem Buch formuliert haben, zeigt uns, daß wir die
Realität in ihrer ganzen Fülle niemals erkennen können, daß wir
aber doch in ihre unbegreiflichen Gesetzmäßigkeiten eingespannt sind und nach bestem Bemühen damit zu Rande kommen
müssen auf einem Weg steten Lernens, den wir durch unsere
Handlungen, Entscheidungen und Gedanken auch noch selbst
bestimmen. Wir arbeiten selbst am Geflecht des Seins, wir sind
ihm aber auch zumindest aus der Sicht unserer biologischen
Realität als »Leidende« unterworfen.
Gerade diese Dialektik von verantwortlich Handelndem und

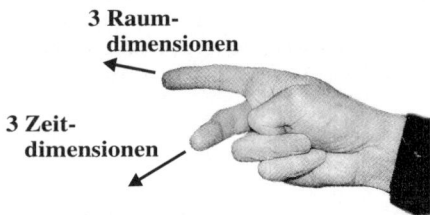

**3 Raum-
dimensionen**

**3 Zeit-
dimensionen**

Abb. 43: Festlegung der EPR- und der biologischen Realität durch Entscheidung in der Qualitätsdimension

»passiv« Leidendem ist für jede ethische Betrachtung von größtem Interesse und auch Quelle vieler Widersprüche und Ungereimtheiten. Sie läßt sich aber mit Hilfe der Erkenntnis der Vieldimensionalität des Seins verhältnismäßig zwanglos auflösen. Unsere Handlungen, Entscheidungen und Gedanken wirken insbesondere in den Qualitätsdimensionen (siehe Abb. 34). Die Festlegung in diesen Dimensionen bedeutet damit eine weitgehende Bestimmung der Vorgänge in den anderen Dimensionen der Organisation und Struktur der EPR-Realität, aber auch der biologischen Raumrealität (siehe Abb. 43).

Mit diesem Modell kann die Dialektik von freier Entscheidung und »Erleiden« der biologischen Realität sehr gut dargestellt werden. Obwohl wir frei sind in der Entscheidung, »kollabiert« der Rest der Realität durch diese Entscheidung, sehr ähnlich der Erzeugung der biologischen Realität aus der EPR-Realität durch den aktiven Vorgang der Beobachtung. Ähnlich wie auch dieser Vorgang die Vielfalt der möglichen Realitäten reduziert, so schränkt (allerdings auf noch höherem Niveau!) die Qualität unserer Handlungen unseren aktiven Spielraum in der biologischen Realität ein. Um so wichtiger erscheint es, »Spielregeln« aufzustellen, die für unsere Handlungen und deren Bewertung im Bereich der Qualitätsdimensionen gelten!

Der nun folgende letzte Teil des Buches soll helfen, diese Situation leichter zu meistern. Es sollen nun aus der Erkenntnis der Struktur und Gesetzmäßigkeit des Seienden, soweit wir sie erkennen können, einige Regeln abgeleitet werden. Wir wollen

die unscharfe Skizze der holistischen Sichtweise der Realität mit
einigen Markierungen versehen, die die Orientierung erleichtern.
Diese Markierungen sind ethische Regeln, denn sie beziehen sich
auf Handlungsvorgaben für den Menschen. Als solche sind sie
naturgemäß nicht »göttlich«, sondern konkret menschlich. Andererseits sind sie abgeleitet aus dem Seienden, es sind Regeln, die
ein Einpassen in jene Spielregeln erlauben sollen, nach denen
unsere Handlungen in jener umfassenderen Wirklichkeit bewertet werden, die uns die holistische Sichtweise eröffnet hat. Von
diesem Standpunkt aus ist ihre Referenz eine, die weit über die
einer rein menschlichen Ethik hinausweist. Es ist diese Referenz
auf das umfassende Seiende, das schließlich und in letzter Konsequenz auch die göttliche Realität darstellt, das die (zugegebenerweise großspurige) Bezeichnung »Spielregeln Gottes« rechtfertigt, die auch im Untertitel dieses Buches steht.

Auf dieser Basis werden nun praktische Hinweise aus der Sicht
eines holistischen Weltbildes gegeben. Dazu wird einerseits gezeigt, wie Lebensprobleme entstehen, wie man sie erkennen
kann und wie sie schließlich aufgelöst werden können. Darüber
hinaus wollen wir uns noch zwei wichtigen Bereichen des Lebens
zuwenden, nämlich der Sexualität und dem Tod. Diese beiden
Einflüsse bestimmen ja zu einem großen Teil unser Leben, sie
geben ihm Ziel und Inhalt.

Schließlich wollen wir auch noch praktische »Spielregeln«
formulieren, die sich aus der holistischen Weltsicht für die
Lebensführung ergeben. Diese Spielregeln sollen die Grundzüge
einer holistischen Ethik darstellen.

Jede Ethik, die Soll-Forderungen angibt, muß auch praktisch
umsetzbar sein. Sie gibt uns dann unsere moralische Einsicht, der
wir folgen können. Daraus folgt aber, daß es nirgends die
»genaue« Vorschrift gibt, wie wir uns verhalten sollen. Das
müssen wir letzten Endes immer selber entscheiden, selbst wenn
diese Entscheidung dann »falsch« ist. Verantworten müssen wir
sie in jedem Fall. Daher haben wir für die Darstellung der Ethik
auch die Metapher der Spielregel gewählt.

Wichtig ist es eigentlich nur, auf den »Weg« zu kommen, der
zur Einheit führt. Dieser Weg, den man im Westen auch »die
Wahrheit« oder im Osten »das Tao« nennt, ist schon das Ziel.

Denn jemand, der sich auf diesen Weg macht, ist eigentlich schon »gerettet«, weil er die Führung angenommen hat. Der Weg ist somit Teil der »Er-Lösung« – der Los-Lösung von der Gebundenheit der Welt –, und früher oder später wird man ans Ziel kommen. Wann, das ist eigentlich nicht wichtig, denn wir sind – da wir immer auch in einer Dimension existieren, in der Zeitlosigkeit (Ewigkeit) herrscht – »immer schon da«. Ob da jemand etwas »weiter vorne« marschiert oder etwas »weiter hinten«, was macht dies aus »ewiger« Sicht aus? Schwer ist es nur zu leben, ohne »den Weg« gefunden zu haben. Aber auch das ist nur eine Frage der Zeit, denn »früher oder später« kommen alle »auf den Weg«.

Eine holistische Ethik muß also, im umfassenden Sinn des Wortes, evolutionsfördernd sein. Dies geschieht am besten, wenn der Mensch die Bedingungen seines Seins und damit seinen Bewußtseinszustand »offen«, gleichsam in Schwebe, hält. Keine Dogmatik, keine Fixierung, keine fixen Ideen sollten seine Entwicklung hemmen, da dies gleichsam irreversible Eingriffe in seinen Bewußtseinszustand sind, die der Entwicklung abträglich sind.

BUDDHA: »Warum sollte ich allen davon reden, was ich mir selbst so mühsam erworben habe? Das Volk, von Lust und Haß erfüllt, wird die tiefe und feinsinnige Wahrheit ja doch nicht verstehen. Den Sklaven der Begierde, die sich mit dem Mantel der Unwissenheit bedecken, [soll ich] entgegen dem Strom der Zeit [die Wahrheit lehren]?«

BRAHMA: »Du hast die Höhen der Wahrheit erklommen und kannst die Menschen tief unten sehen. Du bist vom Leiden erlöst, aber die Menschen, die noch im Leiden leben, sind bedrückt von Geburt, Alter und Tod. Raff' dich auf, der du dich frei gemacht hast! Geh' in die Welt hinaus als Lehrer! Lehre sie die Wahrheit! Es gibt solche, die sie verstehen.«

Mahapadana Suttanta

Entstehung existentieller Probleme

Die Frage nach der Entstehung von existentiellen Problemen des Menschen ist wohl eine Grundfrage aller Philosophien und Weisheitslehren. Daher gibt es die verschiedensten Antworten, und diese Verschiedenheit ruft jene heillose Verwirrung hervor, die den befällt, der sich ernsthaft solchen Fragen stellt. Es ist daher auch das Ergebnis einer lebenslangen und zuletzt sehr intensiven Beschäftigung mit diesen Fragen, die hier zusammengefaßt gebracht wird.

Ganz allgemein können wir zwei verschiedene Schulen unterscheiden, wie man sich die Entstehung von Problemen des Menschen erklärt. In beiden Fällen aber kann man davon ausgehen, daß die Problementstehung und die Art der Probleme davon abhängen wird, welches Welt- und Menschenbild der einzelne vertritt.

Im ersten Fall werden vor allem äußere Umstände für die Problementstehung verantwortlich gemacht. Dies sind z. B. die sozialen Zustände, die Produktionsverhältnisse, die Gesellschaftsverhältnisse usw. Kurz: Schuld an den Problemen ist die Außenwelt, das Umfeld. In diesem Falle wird die Lösung in einer Veränderung der äußeren Zustände gesucht. Dazu bedarf es der

Politik und der Vorstellungen über den »rechten« Zustand der Gesellschaft, also einer Ideologie.

Eine grundsätzlich andere Einstellung sucht die Probleme nicht im Umfeld, sondern im Eigenzustand. Diese Einstellung mündet in der Ansicht: »Letzten Endes bin ich schuld an den Problemen, die ich habe. Daher kann eine Lösung der Probleme nur durch eine Änderung meiner Lebensauffassung erfolgen.«

Beide Auffassungen stellen Extreme dar. Sie werden, ebenso wie wissenschaftliche Theorien, mit Beispielen belegt und mit Argumenten gestützt. Daher ist auch rational zwischen ihnen scheinbar keine Entscheidung möglich. Jeder Mensch wird sich auf Grund seiner persönlichen Erfahrung, also auf intuitiver Basis, für die eine oder andere Sicht entscheiden müssen. Damit aber hat er sich auch, bewußt oder unbewußt, für ein Menschen- und ein Weltbild entschieden.

Es wird hier, in Fortsetzung des Argumentes der vorangegangenen Abschnitte, davon ausgegangen, daß jeder Mensch und jede Gesellschaft sich ihre existentiellen Probleme selber schafft oder selbst geschaffen hat. Es soll weiters gezeigt werden, daß es sich dabei um eine Naturgesetzlichkeit handelt. Man kann diese Auffassung die »eigenzustandsbestimmte Problementstehungstheorie«, zum Unterschied von einer »fremd- bzw. außenzustandsbestimmten«, nennen. Diese Auffassung findet ihre Begründung einerseits esoterisch in den östlichen Weisheitslehren und andererseits wissenschaftlich in der Tiefenpsychologie. Nach den letzten Erkenntnissen beruht ja die Heilung psychisch anormaler Zustände, z. B. von Neurosen, darauf, dem Betroffenen deutlich zu machen, daß die ihn bedrängenden Zustände letzten Endes das Ergebnis seiner eigenen Einstellungen oder Taten sind.

Eine weitere wissenschaftliche Untermauerung findet diese Auffassung auch durch die Theorie der Selbstorganisation, wie sie bereits im ersten Teil des Buches dargestellt wurde. Die esoterische Entsprechung zur Theorie der Selbstorganisation findet man bereits im Buddhismus. Sie ist also keineswegs neu. Der buddhistische Philosoph Junjiro Takakusu schreibt: »According to buddhist thought, human beings and all living things are self-created or self-creating.«

Die Theorie der »eigenzustandsbestimmten« Problementstehung ist eine für den westlichen Menschen, der diesem Denken fremd gegenübersteht, nur schwer zu akzeptierende Auffassung. Daher ist es ganz wesentlich zu betonen, daß es sich hier um eine Naturgesetzlichkeit handelt. Wir können uns unsere Auffassungen über die Welt nicht aussuchen, und selbst wenn sie uns fremd und unzumutbar erscheinen, werden wir durch Fehler und Versuche lernen müssen, damit umzugehen. Die Übereinstimmung von wissenschaftlichem Wissen – der Theorie der Selbstorganisation – mit den Weisheitslehren, vor allem im Buddhismus, sind jedoch wesentliche und untrügliche Hinweise auf die Gültigkeit dieser Gesetzmäßigkeit. Wir wollen uns vorerst aber damit auseinandersetzen, wie sich die Entstehung existentieller Probleme aus der Sichtweise verschiedener Geisteshaltungen darstellt.

Die Problementstehung aus der Sicht westlicher Wissenschaft und Philosophie

In den Schriften westlicher Philosophen findet man im Vergleich zu den östlichen Weisheitslehren überraschenderweise keine weittragenden Ansichten über die Ursachen der Problementstehung.

Eine der ersten Analysen in der westlichen Philosophie der Neuzeit stammt von Baruch Spinoza (1632-1677), der in seinem Hauptwerk »Ethik, nach geometrischer Methode dargestellt« feststellt: »Jedes Einzelwesen strebt, sein Dasein zu behaupten.« Auch der Mensch, wie jedes Wesen, folgt damit seiner Natur und wird in diesem Streben entweder gehemmt – so entsteht Trauer oder Leid – oder bestätigt – so entsteht Freude. Nach Spinoza vollzieht sich dieses menschliche »Sich-Behaupten«, und damit das Leiden, die Liebe, der Haß und alle Leidenschaften, mit Naturnotwendigkeit und unbeirrbarer Folgerichtigkeit.

Bereits hier finden wir diese »In-die-Welt-Geworfenheits«-Ansicht des Menschen. Sie zieht sich durch weite Teile der westlichen Philosophie. Es ist nicht deutlich, woher der Mensch kommt, und es wird nicht deutlich, wohin er geht. Er ist ins Dasein »hineingeworfen« und muß zusehen, wie er es bewältigt. Daraus ergibt sich dann die Unmöglichkeit einer Sinnfindung, die jedoch wesentlich für eine Lebenseinstellung ist.

Ähnliches gilt für Immanuel Kant (1724-1804), dessen Ethik auf dem Pflichtbegriff fußt. Die Rolle, welche die Gefühle als Motive für menschliches Handeln spielen, hat er trotzdem nicht verkannt. Aber Kant rechnete sie zur »unteren« Sphäre der bloß sinnlichen Lust- und Unlustgefühle oder des »unteren« Begehrungsvermögens. Für das konsequente sittliche Handeln wollte er sich auf die Gefühlsbasis nicht verlassen. Kant bezieht sich dann vornehmlich auf die Vernunft, und aus ihr leitet er den Pflichtbegriff ab. Er untersucht kritisch, welche Formen in unserem Verstande auftreten und welche Prinzipien in unserer Vernunft wirken. Er untersucht aber nicht, wie sie hineingekommen sind. Die Existenz der Vernunft ist gegeben, aber wie sie entsteht, bleibt ein Rätsel. Ist der Mensch ein Wesen, das mit dem fertigen Verstand im Kopfe aus der Hand des Schöpfers kam? Und woher hat der Mensch ein Gewissen? Diese Fragen beantwortet auch Kant nicht.

Den östlichen Philosophien, vor allem dem Buddhismus, nähert sich Arthur Schopenhauer (1788-1860) in seinem Denken. Doch im Gegensatz zum Buddha ist er der Philosoph des Pessimismus. Bereits in seiner Jugend wird Schopenhauer vom tiefen Jammer allen Lebens ergriffen. Der Schmerz, so findet er, ist die eigentliche Realität im Leben. Lust und Glück sind nur etwas Negatives, nämlich die Abwesenheit des Schmerzes. Die Not sieht er als die beständige Geißel des größten Teiles der Menschen. Das unausweichliche Schicksal des Menschen ist die Einsamkeit. Am Ende ist jeder mit sich allein. Kampf, Krieg und grausame Vernichtung, »Fressen und Gefressenwerden«, das ist – nach Schopenhauer – das Leben. Und von den Menschen leidet der um so mehr, der diese Situation deutlich erkennt.

Im Gegensatz zu anderen Philosophen aber gibt Schopenhauer, offensichtlich beeinflußt von östlicher Philosophie, auch den Hinweis auf den Ausweg aus diesem Jammertal. Es sind für ihn der ästhetische Weg der Erlösung durch die Hinwendung zur Kunst und der ethische Weg der Verneinung des Willens. Letzteren findet man im Christentum bei den deutschen Mystikern und im Buddhismus im Zustand des Nirvana. Schopenhauer ist aber die Ausnahme unter den westlichen Philosophen. Niemand sonst hat sich dem östlichen Denken so aufgeschlossen gezeigt wie er.

Die Tradition westlichen Denkens zur Frage der Problementstehung wird im 19. Jahrhundert dann vor allem durch Karl
Marx (1818-1883) und Charles Darwin (1809-1882) bestimmt.
Marx ist der Exponent einer »fremdzustandsbestimmten« Problemsituation, wenn auch in einer im besonderen auf die gesellschaftlichen Zustände zugeschnittenen Weise. Seine Lehre wirkt
sehr stark bis in die Gegenwart in den persönlichen Bereich. Er ist
weitgehend der Auffassung, die Lebensumstände würden vom
Zufall und den äußeren Umständen bewirkt werden. So macht er
vornehmlich das Milieu, in dem man geboren wird und auf-
wächst, die Kindheitserlebnisse und Traumata für den Charakter
und die daraus entstehenden Problemsituationen verantwortlich.

Auch hier findet sich wieder die westliche Auffassung von der
»In-die-Welt-Geworfenheit« des Menschen, ohne Anfang und
Ende und ohne Verantwortung für das, wohinein er gestellt ist.

Der Zufall als bestimmende Größe für die Evolution sowie für
das persönliche Erleben des Menschen nimmt im westlichen
Denken bis heute eine vorrangige Stelle ein. Diese Denkweise
wurde besonders durch die Evolutionstheorie von Darwin gefördert. Dieser Theorie zufolge ist das Leben ein »Kampf ums
Dasein«, wie man dies im Tier- und Pflanzenreich erkennen
kann. Der Stärkere verdrängt den Schwächeren. Das Schwä-
chere stirbt ab. Der Lebenskampf wird rücksichtslos geführt.
Aus dieser Sicht entstehen die existentiellen Probleme des Menschen aus seinem Verhalten in diesem Überlebenskampf. Nur
wer sich der brutalsten Methoden bedient und körperlich oder
geistig überlegen ist, kann seine Existenz sichern. Das ist die
gültige Überlebensphilosophie und -strategie. Die notwendige
Folge dieses Lebenskampfes ist die Entstehung von Angst und
die Entwicklung von Aggression. Der Überlebenstrieb wird zum
bestimmenden Faktor für menschliches Verhalten.

Angst, Aggression und Trieb

Die Triebtheorie wurde am Beginn des 20. Jahrhunderts durch
Sigmund Freud (1856-1939) und die sich durchsetzende Denk-
richtung der Psychoanalyse zu einem Höhepunkt geführt. Nach
Freud bestimmen zwei Grundtriebe das menschliche Verhalten,

der Eros und der Destruktionstrieb. Die Energie des Eros-Triebes nennt Freud die Libido. Der Destruktionstrieb wird auch Todestrieb genannt. Freud schreibt: »Eine Absicht, sich am Leben zu erhalten und sich durch die Angst vor Gefahren zu schützen, kann dem ES[1] nicht zugeschrieben werden. Dies ist die Aufgabe des ICHs[2], das auch die günstigste und gefahrloseste Art der Befriedigung mit Rücksicht auf die Außenwelt herauszufinden hat.«

Die Aggression im Menschen führt Freud auf den Todes- oder Destruktionstrieb im Menschen zurück. Er schreibt: »Dieser Aggressionstrieb ist der Abkömmling und Hauptvertreter des Todestriebes.« Und zuvor: »Für alles Weitere stelle ich mich also auf den Standpunkt, daß die Aggressionsneigung eine ursprüngliche, selbständige Triebanlage im Menschen ist ...«

Wenn wir nun versuchen, die wesentlichen Punkte aus dieser exemplarischen Aufzählung von Ansichten über die Problementstehung zusammenzufassen, so können wir festhalten:

– Das westliche Weltmodell, wie es sich sowohl in den verschiedenen Philosophien wie auch teilweise in der christlichen Religion zeigt, geht von der »Geworfenheit« des Menschen in sein Schicksal aus. Damit wird die Unausweichlichkeit seiner Probleme, aber auch das »Nicht-Verstehen« und »Nicht-Begründen«-Können dieser Probleme statuiert. Weder die schon von Gottfried Wilhelm Leibniz (1646-1716) aufgeworfene Frage, wie denn ein gütiger Gott das unsagbare Leid in der Welt zulassen könne (die philosophische Frage der Theodizee), noch die »gerechten« oder »ungerechten« Schicksalsunterschiede der Menschen sind auf diese Weise verständlich zu machen. Damit wird eine für den denkenden Menschen unakzeptable Situation geschaffen, die viele Menschen am Sinn des Seins verzweifeln läßt bzw. auch der christlichen Religion entfremdet.

– Der Mensch wird im wesentlichen am tierischen Verhalten gemessen. Dieses wird bestimmt durch den in der Natur gegebenen »Kampf ums Dasein«, der auf allen Ebenen der Pflanzen-, Tier- und auch der Menschenwelt feststellbar ist.

1 ES = der dunkle, unzugängliche, triebbestimmte Teil der Psyche.
2 ICH = der selbstbewußte Anteil der Psyche.

– Die Folge dieses Überlebenskampfes ist die Entwicklung einer Überlebensstrategie, die man in der Form von »Trieben« ausdrücken kann. So definiert man – vor allem Freud – den Arterhaltungstrieb, genannt Erostrieb oder Libido, und den Destruktions- oder Todestrieb, der zur Aggression führt. Freud ist sich aber der theoretischen Konstruktion seiner »Triebtheorie« bewußt. Er nennt seine Trieblehre »seine Mythologie« und schreibt: »Die Trieblehre ist sozusagen unsere Mythologie. Die Triebe sind mythische Wesen, großartig in ihrer Unbestimmtheit.« Und in einem Brief an Einstein: »Vielleicht haben Sie den Eindruck, unsere Theorien seien eine Art von Mythologie, nicht einmal eine erfreuliche in diesem Fall. Aber läuft nicht jede Naturwissenschaft auf eine solche Art von Mythologie hinaus? Geht es Ihnen heute in der Physik anders?«
Aus dieser Situation des unverstandenen Geworfenseins des Menschen in die Welt entsteht als wesentliche psychische Verhaltenskomponente, wie beim Tier, die Angst. Die Angst in jeder Form – Überlebensangst, Todesangst usw. – bestimmt das Sein des westlichen Menschen seit seinem Eintritt in die Geschichte bis heute.

Das falsche Modell – die Unwissenheit

Nachdem wir gesehen haben, wie die Entstehung der Angst als ein wesentliches Element in der Struktur der menschlichen Psyche von den Philosophen westlicher Prägung gesehen wird, wollen wir uns der zweiten bestimmenden Größe zuwenden. Es ist die Unwissenheit über das Sein.

Es wird in bezug auf die Problementstehung davon auszugehen sein, daß die Angst und die Unwissenheit die wesentlichen Ursachen für die meisten, wenn nicht alle menschlichen Probleme sind.

Man kann von einem Tier nicht erwarten, daß es ein gültiges Modell von der Welt hat, das es auf rationale Weise verfolgt. Das Tier lebt nach seinen Instinkten und verfolgt daher intuitiv-instinktiv ein Modell von der Welt. Interessanterweise kann man feststellen, daß auch diese Modelle, die Tiere haben, sich an der aktuellen Umwelt orientieren. So greifen z. B. Wölfe auf einer Alaska-Insel den Menschen, den sie nie zuvor kennen gelernt haben, nicht an, weil er in ihrem Modell als Beute nicht aufscheint, obwohl sie ansonsten wilde Bestien sind. Sie sind in dieser Beziehung also auch »unwissend«.

Ebenso der Mensch. Man kann nicht erwarten, daß der Mensch in seiner Evolution das »richtige« Modell der Welt von Anfang an (und bis heute) entwickelt hat. Aus diesem Grunde ist er einfach unwissend über das, »was ist«.

Um zu zeigen, welchen Anteil Unwissenheit in diesem Evolutions-Prozeß hat, können wir auf die Wissenschaftstheorie zurückgreifen. Die Ergebnisse können wir wie folgt formulieren:

– Die Geschichte der Wissenschaften zeigt, daß der Mensch noch nie eine »richtige« Vorstellung vom Wesen der Welt hatte. Sonst wären seine bisherigen Theorien in den Wissenschaften nicht immer wieder als hinfällig erkannt und durch neue ersetzt worden. Man kann annehmen, daß dieser Prozeß sich endlos fortsetzen wird.

– Daraus folgt aber, daß der Mensch im Prinzip über seine Existenz und das Sein der Welt unwissend ist (siehe auch das hier formulierte Erkenntnis-Paradoxon).

– Aus dieser Unwissenheit entstehen Rätsel, Aporien und Krisen, die sich sowohl im gesellschaftlichen wie auch im persönlichen Bereich als »Probleme« darstellen.

– Wie bereits mehrfach betont, wird daher hier von der Annahme ausgegangen, daß nur durch eine Übereinstimmung von Wissenschaft und Weisheitslehren, die nicht erzwungen herbeigeführt werden darf, sondern sich in einem dialektischen Prozeß als Synthese ergibt, eine gültige Weltanschauung entwickelt werden kann.

Die Problementstehung aus der Sicht der Weisheitslehren

In allen Religionen wird die Frage nach den Ursachen der Entstehung von Leid, Krankheit, Unglück und Sorge in der einen oder der anderen Form behandelt. So findet man im Christentum die Aussage von der Erbsünde und vom »Sündenfall« des

Menschen. Man geht jedoch dort auf dieses Problem nicht mit derselben logischen Gründlichkeit ein wie etwa im buddhistischen Pali-Text. Aus diesem Grunde wird dieser hier als Beispiel für die Behandlung der Problementstehung in den Weisheitslehren angeführt. Besonders beachtenswert dabei ist die verblüffende Übereinstimmung der Aussagen in diesem Text mit den Erkenntnissen, die sich aus der Quantentheorie, insbesondere dem Schrödingerschen Katzen-Paradoxon, ergeben.

Der wesentliche und auffallende Unterschied zwischen der Behandlung dieser Frage in den westlichen Philosophien und Religionen und dem Pali-Text ist, daß erstere eher pragmatisch-positivistisch vorgehen, während der Pali-Text auf einer ganz anderen Ebene, nämlich der erkenntnistheoretischen, beginnt. Auf diese Weise wird es möglich, eine wesentlich profundere Analyse zu erstellen. Offen ist natürlich die Frage, wie man im 5. Jahrhundert vor Christus bereits das Wissen haben konnte, das offensichtlich mit den Erkenntnissen der Quantenphysik übereinstimmt, und warum, abgesehen etwa von Platon, Plotin und George Berkeley (1684-1753), dasselbe Wissen im Westen nicht Fuß fassen konnte.

Die Grundfrage, die in der Mah-Nidna-Suttanta des Pali-Textes behandelt wird, ist: Wie entstehen die Probleme des Menschen? Wie entsteht das Leiden?

Im folgenden werden Teile dieser Suttanta zitiert, wobei der Buddha (im folgenden mit B bezeichnet) auf die Fragen seines Lieblingsschülers Ananda (mit A bezeichnet) antwortet bzw. diesen belehrt.

Buddha spricht zu Ananda[3]:

»B. Ich habe gelehrt, die Begierde[4] sei die Ursache des Lebenswillens. Wie das nun zu verstehen ist, Ananda, werde ich dir erklären.

---

3 Die Übersetzung ins Deutsche aus einer englischen Übersetzung dieses komplexen Textes ist sicher problematisch. Das aber ist bereits, wie die zahlreichen Kommentare der englischen Übersetzung zeigen, für diese ebenso der Fall. Sowohl die englische wie die vorliegende Übersetzung müssen daher auch intuitiv erfaßt werden. Das eigentliche Verständnis ergibt sich erst im Gefolge der Erkenntnisse der Quantentheorie.

4 In der englischen Übersetzung: craving

Würde es keine Begierde irgendwelcher Art geben, von niemandem für nichts, d. h. keine Begierde zu sehen, zu hören, zu riechen, zu schmecken nach materiellen Dingen oder nach Geistigem, dann, weil es eben diese Begierde nicht gäbe, könnte dann überhaupt der Lebenswille entstehen?

A. Nein, das wäre nicht möglich, Herr.

B. Das also, Ananda, ist der Grund, die Basis und der Ursprung des Lebenswillens, nämlich die Begierde.

B. Ich habe weiters gelehrt, Ananda, daß die Wahrnehmung[5] die Ursache der Begierde ist. Wie das zu verstehen ist, Ananda, werde ich dir erklären.

Würde es keine Wahrnehmung irgendwelcher Art geben, von niemandem für nichts, d. h. keine Wahrnehmung zufolge von Eindrücken, die entstanden sind durch Sehen, Hören, Geruch, Geschmack, Berührung oder Imagination, könnte dann überhaupt, weil es keine Wahrnehmung gäbe, die Begierde entstehen?

A. Nein, das wäre nicht möglich, Herr.

B. Das also, Ananda, ist der Grund, die Basis und der Ursprung der Begierde, nämlich die Wahrnehmung.

B. Ich habe gesagt, daß der Informationsaustausch[6] die Ursache der Wahrnehmung ist[7]. Wie das zu verstehen ist, Ananda, werde ich dir erklären.

Gäbe es keinen Informationsaustausch irgendwelcher Art, zwischen niemandem und nichts – d. h. keinen [physiologischen] Prozeß des Sehens, Hörens, Riechens, Schmeckens, Fühlens oder der Imagination –, könnte dann, wegen des Fehlens eines Informationsaustausches irgendwelcher Art, Wahrnehmung entstehen?

A. Nein, Herr, das wäre nicht möglich.

B. Das also, Ananda, ist der Grund, die Basis und der Ursprung der Wahrnehmung, nämlich der Informationsaustausch.

B. Ich habe gesagt, daß die biologische Wirklichkeit[8] durch

5 In der englischen Übersetzung: sensation
6 In der englischen Übersetzung: contact
7 Hinzufügen würde man aus der heutigen Sicht: Informationsaustausch zwischen Bewußtseinseinheiten.
8 In der englischen Übersetzung: name and form

den Informationsaustausch entsteht. Wie das zu verstehen ist, Ananda, werde ich dir erklären. Wenn alle physiologischen Prozesse oder Reaktionen[9], zufolge deren die biologische Wirklichkeit entsteht, abwesend wären, würde es diese dann geben können?

Die Erscheinungsformen, Merkmale, Züge, Ausdrucksformen, durch welche sich körperliche Formen zeigen, wenn diese alle abwesend wären, könnte dann eine Sinnesreaktion[10] auftreten, wie dies in der Manifestation der biologischen Realität der Fall ist?

A. Nein, Herr, das wäre nicht möglich.

B. Und wenn nun diese Erscheinungsformen, Merkmale, Züge und Ausdrucksformen [der biologischen Wirklichkeit; Zusatz der Autoren] abwesend wären, könnte es dann überhaupt eine Manifestation verbaler oder sinnlicher Art geben?

A. Nein, Herr, das wäre nicht möglich.

B. Daher also, wenn es diese Erscheinungsformen, Merkmale, Züge und Ausdrucksformen [der biologischen Wirklichkeit; Zusatz der Autoren], durch welche sich die biologische Realität manifestiert, nicht geben würde, dann hätte auch kein Informationsaustausch stattgefunden.

A. Nein, Herr, das wäre nicht der Fall.

B. Daher, Ananda, ist das der Grund, die Basis und der Ursprung der biologischen Realität, nämlich der Informationsaustausch.

B. Ich habe gesagt, das Bewußtsein[11] sei die Ursache der biologischen Realität. Wie das zu verstehen ist, Ananda werde ich dir erklären.

[Hier folgt eine Argumentation, die bereits dem Übersetzer ins Englische rätselhaft erscheint. Das zeigen die zahlreichen Kommentare in den Fußnoten zur englischen Übersetzung. Sie wird daher hier weggelassen. Die Schlußfolgerung jedoch ist bedeutungsvoll.]

---

9 In der englischen Übersetzung: reaction

10 In der englischen Übersetzung: Sense-reaction. Darunter ist der durch den Informationsaustausch entstehende Sinnesreiz zu verstehen.

11 In der englischen Übersetzung: cognition

Daher, Ananda, ist das der Grund, die Basis und der Ursprung der biologischen Wirklichkeit, nämlich das Bewußtsein.

[Und schließlich kommt der Buddha zur abschließenden Schlußüberlegung der Vermeidung von Leiden, d. h. also der Entstehung von Problemen.]

B. Ich habe gesagt, die biologische Wirklichkeit entstehe aus dem Bewußtsein. Wie das zu verstehen ist, Ananda, werde ich dir erklären.

Würde das Bewußtsein sich nicht in der biologischen Realität manifestieren, wie könnte es dann in der Zukunft die Verkettung von Geburt, Alter, Tod und die Entstehung von Leiden geben?

A. Es wäre nicht möglich, Herr.

B. Daher, Ananda, ist das der Grund, die Basis und die Ursache der biologischen Wirklichkeit, nämlich das Bewußtsein.

Nur deshalb, Ananda, können wir geboren werden, oder alt werden, oder sterben, oder uns auflösen, oder reinkarnieren, nur deshalb gibt es die Möglichkeit des verbalen Ausdruckes, nur deshalb gibt es die Notwendigkeit der Erklärung, nur deshalb gibt es den Vorgang der Manifestation, nur deshalb gibt es das Wissen, nur deshalb sterben wir und kommen wieder im Rad des Lebens als eine Erscheinung inmitten dieser Welt – nur deshalb, weil es das gibt, nämlich die biologische Realität und das Bewußtsein.«

In dieser logisch nahtlosen Argumentation entwickelt der Buddha also den Prozeß der Problem- oder Leidensentstehung, der aus seiner Sicht mit dem Prozeß der Entstehung der biologischen Realität identisch ist. Es wird in dieser Suttanta also einerseits die Essenz der buddhistischen Erkenntnistheorie gebracht, und andererseits kann man daraus bereits erahnen, in welcher Weise der Buddhismus die Kette der Entstehung von Problemen bzw. von Leid zu durchbrechen gedenkt. Wird der Lebenswille, die Begierde, vernichtet, so hebt sich die ganze Kettenabfolge der Lebens- und Leidentstehung auf. Ohne Begierde – kein Lebenswille, ohne Lebenswillen – keine biologische Realität.

Man muß dabei beachten, daß man diese tief religiöse Sicht der Problementstehung nun nicht mit der pragmatisch-positivistischen, wie sie die westliche Philosophie entwickelte, durcheinanderbringt. Denn die Leidvermeidung durch Vermeidung der biologischen Realität ist eine sehr theoretische – wenn auch sicher richtige – Ansicht. In der Praxis kann sie jedoch nur für ganz wenige Menschen realisiert werden. Wir müssen uns daher sowohl mit den pragmatisch-positivistischen wie auch mit den theoretisch-buddhistischen Ansichten beschäftigen, wenn wir praktische allgemeingültige Vorstellungen entwickeln wollen. Dies soll im folgenden Abschnitt geschehen.

Ein wissenschaftlich-holistisches Modell der Problementstehung

Eine überzeugende Erklärung für die Entstehung der Probleme des Menschen in den verschiedensten Situationen ist von großer Bedeutung, weil die ganze Art und Weise der Problemerkennung und -auflösung sich danach richten wird. Die verschiedenen Therapien, die bei der Problemauflösung angewendet werden, müssen in irgendeiner Weise immer auf die Ursache des Problems Bezug nehmen. Man wird daher ohne eine gut fundierte Theorie der Problementstehung nicht auskommen.

Die wissenschaftliche Basis für eine Theorie der Problementstehung bietet sich in der Theorie der Selbstorganisation an.

Die Theorie der Selbstorganisation ist nicht nur eine der großen wissenschaftlichen Erkenntnisse dieses Jahrhunderts, sondern ebenfalls in den Weisheitslehren, vor allem im Buddhismus, seit langem bekannt und gelehrt worden. Man hat also im Westen heute wissenschaftlich ein altes Weisheitswissen wiederentdeckt.

In welcher Weise läßt sich nun die Theorie der Problementstehung durch Selbstorganisation formulieren?

Man hat gefunden, daß Leben eine Eigenschaft der Materie ist (vgl. M. Eigen). Daraus folgt: Die Materie besitzt von sich aus die Eigenschaft, »sich selbst« zu lebendigen Organismen zu organisieren. Die Eigenschaft zur Selbstorganisation wohnt also der Materie inne. Alles Sein entsteht demnach durch Selbstorganisation. In Kurzform: Leben ist eine Funktion der Materie.

Weiters gilt, daß alle Lebewesen aus Materie bestehen. Auch

der Mensch. Materie ist aber eine Form der Energie und des Bewußtseins. Wir können also auch sagen: Jedes Bewußtsein, also auch das menschliche Selbstbewußtsein, hat die Fähigkeit zur Selbstorganisation. Das heißt, das menschliche Bewußtsein entwickelt sich zufolge von Selbstorganisation.

Woraus besteht aber nun dieses Bewußtsein oder die EB-Monade?

Neben dem Willen unterscheidet C. G. Jung die folgenden Bewußtseinsfunktionen beim Menschen: Denken, Fühlen, Intuition und Wahrnehmung. Jede dieser Funktionen wird zur Bewußtseinsbildung beitragen, weil Bewußtsein durch den Informationsaustausch entsteht. Von diesen Funktionen scheint aber das Denken, zusammen mit dem Willen, die wichtigste für die Selbstbewußtseinsbildung zu sein. Daraus würde der aus den Weisheitslehren bekannte Satz erhellt: »Du bist, was du denkst«. Der Mensch schafft demnach durch seine Bewußtseinsfunktionen seinen Charakter und damit sein Schicksal.

In Kurzform: Dein Schicksal (Karma) ist eine Funktion deines Denkens.

Zur Verdeutlichung dieses Gedankenganges wird nochmals Abb. 41 herangezogen. In dieser wird schematisch die Evolution der Lebewesen auf der Abszisse als Komplexität des Organismus bzw. des Bewußtseins gegen die Entwicklungshöhe des Selbstbewußtseins auf der Ordinate aufgetragen. Man könnte diese Größen auch, in Anlehnung an Itzhak Bentov, Quantität des Bewußtseins (informationsverarbeitende Kapazität des Nervensystems) und Qualität des Bewußtseins (Ansprechvermögen) benennen.

Die untere Kurve in Abb. 41 bezeichnet nun die Entwicklung des unbewußten Lebens, d. h. Leben ohne Selbst-Bewußtsein. Dieses erfolgt in vollkommener Übereinstimmung mit dem Universalgesetz, das ein Gesetz von Zahl/Ordnung und Harmonie ist. In dieser ersten Phase der Evolution herrscht aber trotzdem das Prinzip des »Kampfes ums Dasein«, wie es der Darwinismus lehrt. Das ist aber kein Widerspruch zum Universalgesetz, denn auf dieser Ebene folgt das Leben den Instinkten. Es gibt keinen freien Willen.

Die obere Kurve in Abb. 41 bezeichnet die Entwicklung des

bewußt lebenden Wesens ebenfalls in Harmonie mit dem Universalgesetz. Hier folgt das Wesen mit vollkommen freiem Willen dem Gesetz.

Der Bereich zwischen den Kurven bezeichnet die Situation des Menschen – symbolisiert in der Gestalt des Kentauren. Der Mensch besitzt in dieser Phase der Entwicklung einen partiell freien Willen, den er mit seinen Bewußtseinsfunktionen, vor allem dem Denken, zur Gestaltung seines Wesens und seines Schicksals einsetzt. Er kann sich nun entscheiden, in Übereinstimmung mit den Naturgesetzen, den Spielregeln Gottes, zu agieren, d. h. harmonische Gedanken zu haben, oder disharmonisch zu denken und zu leben.

Nach dem Kausalitätsprinzip in der Qualitätsdimension zeitigt jede gedankliche oder getätigte Wertentscheidung eine entsprechende Folgewirkung, entweder sofort oder »später«, d. h. in einer folgenden Inkarnation. Auf diese Weise lernt der Mensch das Universalgesetz kennen, zuerst unbewußt, dann halbbewußt und schließlich bewußt. Die Zeit spielt dabei keine Rolle, weil es sie nur scheinbar – d. h. in der biologischen Wirklichkeit – gibt.

Nun können wir nochmals fragen: Und wie entstehen die Probleme, das Leiden? Sie entstehen immer durch das Haften, d. h. im Sinne der Quantentheorie durch den Informationsaustausch zwischen Bewußtseinseinheiten, dem Willen zum Leben, dem »Lebensdurst«. Woran haften aber die Menschen? Sie haften am Materiellen, am Ideellen und am Spirituellen. Die Antwort des Buddha ist dann: Hafte an nichts, dann bist du frei.

Sicherlich ist diese Wahrheit des Buddha die letzte Erkenntnis, die man erst leben kann, wenn man dazu von der eigenen Evolution her imstande ist. Evolution kann nur langsam vor sich gehen. Jede gewaltsame Entwicklung ist schädlich. Man soll keine »zwei Stufen« auf einmal nehmen wollen. An dieser Entwicklung führt jedoch kein Weg vorbei. Man kann im Zwischenbereich das Leiden wohl minimieren, man wird es aber nie ganz vermeiden können, denn dieses »Leiden« an den Problemen ist die Art des evolutionären Lernens. Wir lernen, indem wir Probleme haben, indem wir leiden.

So kann man schließlich das holistische Modell der Problementstehung in folgenden Kernpunkten zusammenfassen:

- Der Mensch ist scheinbar ein »duales Wesen«, bestehend aus einem biologischen Träger und einer Energie-Bewußtseins-Monade. Er ist über Jahrmillionen der biologischen Evolution auf dem Weg von einem Tierwesen zu einem Geistwesen.
- In der biologischen Realität ist der Mensch, mit seinem biologischen Träger, den aus der animalischen Phase seiner Existenz entstandenen Bedingungen unterworfen. Für diese gilt:
  - Das Leben ist ein »Kampf ums Dasein«.
  - Es gilt das »Fressen und Gefressen-Werden« und das Prinzip vom »Überleben der Tüchtigsten«.
  - Zufolge dieser biologischen Existenz entwickelte der Mensch, wie das Tier, zum Schutze seiner Existenz den Überlebenstrieb – die Todesangst. Die Angst, in jeder Form, ist also ein notwendiges Grundelement der menschlichen Psyche.
  - Ein weiteres Grundelement der menschlichen Existenz ist die Unwissenheit über »das, was ist«. Wie das Tier, hat auch der Mensch keine »richtige« Vorstellung von der Welt. Zum Unterschied vom Tier, das einer solchen Vorstellung nicht bedarf, weil es instinktmäßig »richtig« lebt, entwickelt der Mensch Modelle von der Welt (Weltbilder), mit deren Hilfe er versucht, seine Existenz zu verstehen. Im Prinzip werden diese Modelle aber immer unvollständig sein (vgl. Erkenntnis-Paradoxon).
  - Aus Angst und Unwissenheit über »das, was ist« entstehen die Probleme des Menschen. Die Angst ist Ursache für den Egoismus im Menschen. Aus Angst vor dem Hunger resultiert der Besitztrieb, der Neid, die Habgier. Aus Angst vor Feinden resultiert das Sicherheitsbedürfnis, das Schutzbedürfnis. Aus Angst vor lebensbedrohenden Situationen (Abstürzen, Ertrinken, Erfrieren, Ersticken usw.) resultiert eine lebenserhaltende Vorsicht, die, über Jahrmillionen genetisch vererbt, zur selbständigen Eigenschaft wird.

Angst ist also notwendig zur Lebenserhaltung. Es ist die Angst vor der biologischen Lebensvernichtung – die Todesangst. Diese Todesangst ist demnach lebenserhaltend, elementar, genetisch fixiert und daher positiv zu werten. Sie durchzieht unser ganzes Leben, macht uns das Sterben schwer und läßt uns mit jeder Faser unseres Körpers »am Leben hängen«. Als Sinnenwesen sind wir lebensuntüchtig ohne diese Todesangst.

Zugleich aber können wir schon jetzt festhalten, daß diese Angst unbegründet ist. Der Mensch existiert in seinem Bewußt-seinsanteil immer in der Energie-Bewußtseins-Realität. Solange der Mensch das aber nicht weiß, kann er die Todesangst nicht überwinden.

Der »Kampf ums Dasein« in allen Bereichen des Lebens ist nach diesem Modell die Folge der im Menschen biologisch-genetisch festgelegten Angst sowie der Unwissenheit über das, »was ist«. Wir unterscheiden uns hier nicht vom Tier. Die Überlebens- oder Todesangst ist die Hauptursache für die Ent-stehung der Probleme, die vornehmlich auf den »unwissenden«, biologisch-genetisch begründeten Egoismus zurückzuführen ist. Da diese Überlebensangst jedoch biologisch-genetisch angelegt ist, d. h. sowohl unser Selbstbewußtsein als auch unser Unterbe-wußtsein durchdringt, kann sie nicht einfach überwunden wer-den. Im Gegenteil, wir sind in unserer Kreatürlichkeit an diese Angst und damit an den biologischen Egoismus gekettet.

Die Weisheitslehren zeigen uns den Prozeß der Lebens- und Problementstehung. Damit wird der menschliche Verstand ins Feld gerufen, um gegen die biologisch-genetische Bedingtheit aufzutreten. Der Verstand, das Wissen um die »wahre« Realität, ein »richtiges« Modell, kann uns also helfen, die biologisch-genetisch angelegte Tiermentalität zu überwinden. Das ist der Sinn aller religiösen Weisheitslehren, die damit der Grundursa-che des Egoismus begegnen wollen. Jedoch ohne ausreichende Begründung und eine entsprechende Methodik zur Selbstbe-wußtseinsschulung ist dieser Entwicklungsprozeß, wie die Ge-schichte zeigt, ein langwieriger. Letztendlich können Angst und Unwissenheit nur durch den evolutionären Prozeß der Einsicht in das Sein überwunden werden.

Das Leben – ein Leiden?

Ein englisches Sprichwort lautet: Für Menschen, die denken, ist das Leben eine Komödie, für jene, die fühlen, ist es eine Tragödie. Damit wird eine Situation des Menschen umschrieben, die in vielfacher Weise in Erscheinung tritt. Dazu können wir die Ansicht von Schopenhauer stellen, der meinte, je höher der Mensch entwickelt sei, desto mehr würde er leiden. Das Genie leidet demnach am meisten.

Ist also zunehmendes Selbstbewußtsein, zunehmende Erkenntnisfähigkeit, ein Ausweg? Wissens-Erkenntnis allein scheint kein Ausweg zu sein. Im Gegenteil, es scheinen sich die Probleme zu häufen, je höher die Erscheinungsformen des Lebens sind und je höher der Lebensstandard der Menschen wird. Von der Pflanze über den niederen Wurm und die Insekten bis zu den Wirbeltieren mit ihrem hoch entwickelten Nervensystem finden wir eine Zunahme der Schmerzempfindlichkeit und damit eine Zunahme der Leidensfähigkeit. Doch Tiere leiden im allgemeinen, so sie nicht von der Zivilisation verfremdet werden, nicht. Ein Tier lebt seinen Instinkten gemäß und kennt daher, soweit wir das feststellen können, das Leiden nicht.[12]

Erst beim Menschen entstehen die existentiellen Lebensprobleme und damit das »Leiden« an der Welt. Warum? Mit zunehmendem freien Willen wird er sich auch freier für oder gegen die Naturgesetze – die materiellen und die geistigen – entscheiden.

Wer aber gegen die Spielregeln Gottes lebt, kommt in Probleme und Schwierigkeiten, die sich im »Leiden« äußern.

Aus welchem Grunde entstehen nun aber die Probleme? Es entstehen keine Probleme, solange der Mensch, wie ein Tier, nur nach seinen Instinkten lebt. Daher stellt auch Schopenhauer fest, daß der primitive Mensch weniger Probleme habe als der entwickelte. Der entwickelte Mensch kommt nämlich mit zunehmender Erkenntnis und zunehmendem Selbstbewußtsein in die Schere zwischen den sinnlichen und geistigen Anforderungen an

---

12 Gemeint ist hier vornehmlich seelisches Leid an Lebensproblemen und nicht körperliche Schmerzen.

sich. Denn nur der Mensch lebt in diesem Spannungsfeld zwischen seiner sinnlich-tierhaften und seiner geistigen Natur (vgl. Abb. 37). Nur der Mensch ist auf dem Wege vom Tier zu einem »Gott«. Ein Gott ist nach diesem Verständnis ein Wesen, das mit vollkommen freiem Willen und bewußt in Übereinstimmung mit dem Universalgesetz existiert.

Dieses Spannungsfeld zwischen Tier und Gott schafft Leiden. Es wäre unnatürlich, würde es das nicht tun. Gegen seine sinnliche Natur zu leben, sie zu »überwinden«, wie es die Evolution verlangt, ist ein natürlicher »unnatürlicher« Prozeß. Er ist natürlich, weil er dem Gesetz der Evolution entspricht. Er wird als »unnatürlich« empfunden, weil er gegen die sinnliche Natur gerichtet ist. Das Leben ist also ein Leiden, es soll sogar ein Leiden sein. Probleme und Leiden sind daher aus dieser Sicht positiv zu sehen, weil wir an diesen Problemen wachsen. Nur an Problemen können wir wachsen, ebenso wie Schüler an den Aufgaben in der Schule. Ohne Hürden gibt es keine Entwicklung.

Wir können dieses Kapitel über die Problem-Entstehung abschließen mit der Feststellung, daß ein Wissen vom Sein, von dem »was ist«, uns helfen kann, die Probleme zu sehen, zu erkennen und damit aufzulösen.

Nach der Problem-Entstehung kommt es also zur Frage der Problem-Erkennung. Denn das erstere bewirkt noch nicht von sich aus das zweite. Ein Teil der Menschheit lebt noch heute ohne eine Einsicht in diese Prozesse. Es wird also im folgenden Kapitel darum gehen zu sehen, wie Problem-Erkenntnis für den Menschen möglich ist.

»Erkenne dich selbst«

Griechische Tempelaufschrift

»Hab ich des Menschen Kern erst untersucht, so
weiß ich auch sein Wollen und sein Handeln.«

Fr. Schiller, »Wallensteins Tod«

»Die einzige Frage, die es wirklich wert ist zu stellen,
ist: Wer bin ich? Ihr könnt vielleicht zum Mond
fliegen, aber ihr versäumt es euren inneren Mond zu
erforschen – den Geist, euer Bewußtsein.«

Sai Baba

Das Erkennen der Probleme

Wir haben im vorhergehenden Kapitel die Ursachen der Entstehung existentieller Probleme behandelt und gefunden, daß die Angst und die Unwissenheit der Menschen dabei die größte Rolle spielen. Es ist daher notwendig, die Situationen zu beschreiben, in die man durch die Angst und Unwissenheit kommen kann. Danach ist es dann wichtig, die Möglichkeiten und Methoden zu erlernen, diese Problemsituation harmonisch zu bewältigen. Um aber eine solche Problem-Situation auflösen zu können, muß man sie als Problem erkennen. Ich muß wissen, in welcher Situation ich bin, damit ich richtig handeln kann. Es ist somit das Ziel dieses Kapitels, Möglichkeiten und Methoden aufzuzeigen, die es dem Laien ermöglichen zu erkennen: In welcher Situation bin ich selbst? Warum bin ich verzagt, niedergeschlagen und mutlos? Und: In welcher Situation befinden sich meine Umgebung, mein Partner, mein Kind, meine Kollegen im Beruf usw.? Es geht also um das: »Erkenne dich selbst«, von dem schon Sokrates (469-399 v. Chr.) gesprochen hat, und auch um ein: Erkenne die Umwelt, in der du dich befindest. Es sind vor allem Selbsteinsicht über die Probleme und Selbsteinkehr, die Sehnsucht nach einem sittlichen Ideal aufkommen lassen.

Der Ausgangspunkt unserer Überlegungen ist der unbewußte, gleichsam animalische Zustand des Menschen in seiner Verwirrtheit, Angst und Unwissenheit. Das Ziel, das es anzustreben gilt, ist der vollkommen bewußte Zustand des Erlebens der

Ganzheit des Menschen, seines Eingebundenseins in die Umwelt, bestehend aus Natur und Gesellschaft. Die Selbsterkenntnis kann uns helfen zu erkennen, welche Mißverhältnisse oder Disharmonien in dieser Eingebundenheit vorhanden sind, und die Richtung angeben, wie diese aufgelöst werden können. Letzten Endes geht es bei allen Problemsituationen um die Auflösung dieser Disharmonien. Diese Aussage mag teilweise auf Unverständnis stoßen, weil manche Problemsituationen weder in Jahren, noch in Jahrzehnten, noch in einem ganzen Leben auflösbar sein werden. Trotzdem ist es in jedem Falle notwendig, in den Prozeß der Problemerkennung einzutreten.

Die Möglichkeiten zur Problemerkennung sind abhängig vom Entwicklungszustand des Menschen. In einer ersten Phase der Entwicklung ist Selbsterkenntnis nicht möglich und daher auch nicht notwendig. Der Mensch lebt in einem tierähnlichen Zustand und lernt unbewußt, einfach, indem er lebt. Zufolge der Theorie der Selbstorganisation ist jede Art von Leben mit einer (Selbst-)Bewußtseinszunahme durch den stets vorhandenen Informationsaustausch verbunden.

In einer zweiten, halbbewußten Phase lernt der Mensch durch seine Fehler. Er sieht in dieser Phase die »Fehler« als von außen kommende Probleme. Er führt die Disharmonien auf den anderen, auf das »Schicksal«, die Lebensumstände und seine Umwelt zurück. Erst in einer dritten Phase beginnt der Mensch bewußt durch Selbsterkenntnis zu lernen. Von dieser letzten Phase ist hier die Rede. Um in dieser Phase lernen zu können, ist aber auch ein entsprechendes Welt- und Menschenbild notwendig. Denn erst dadurch sieht der Mensch: Alle meine Probleme habe ich selbst verursacht. Ich bin der Schöpfer meines Schicksals.

Natürlich ist das eine ungewohnte, harte Sicht der Dinge. Man kann daher erwarten, daß sie auch einigen Widerstand und viel Unverständnis hervorrufen wird. Aber diese Ansicht ist weder neu noch unbegründet. Sie ist nur im allgemeinen unbequem, weil es wesentlich einfacher ist, den »anderen«, das »Schicksal« oder die Umwelt für meine Situation verantwortlich zu machen, als mich selbst. Die Veränderung in der moralischen Einschätzung von Problemsituationen des einzelnen und der Gesellschaft ist für die dritte Entwicklungsphase auch keineswegs unproblematisch. Es bedarf einer beachtlichen sittlichen Stärke und tiefer Einsicht, die Not des anderen, trotz der Selbstverschuldensannahme, als Aufgabe anzunehmen und keine Verurteilung folgen zu lassen.

In keinem Fall wird hier die Problem-Erkennung von krankhaften Zuständen behandelt. Das ist Aufgabe der Psychiatrie. Es geht um den möglichst harmonischen Umgang von gesunden Menschen und wie dieser erreicht werden kann. Das ist eine wichtige Feststellung, da mancher, der mit der Psychoanalyse Freuds oder der analytischen Psychologie Jungs vertraut ist, von den hier gebrachten Ansichten überrascht sein könnte. Freud und Jung analysierten die krankhaften Zustände bei Menschen der Gegenwart. Daraus ziehen sie ihre Schlußfolgerungen und entwickeln ihre Theorien vom Verhalten der Psyche. Es ist sozusagen die Analyse des (kranken) Kentauren, die sie vornehmen, denn sie wollten den Menschen der Gegenwart helfen.

Hier ist von einer Zukunftsvision die Rede. Es geht nicht um die Gegenwart des Kentauren, sondern um die Lebensmöglichkeiten des subtil-mentalen Menschentyps. Ob diese Visionen auch gelebt werden können, ist eine Frage, die jeder für sich entscheiden muß. Daß wir aber immer Visionen nötig haben, um überhaupt existieren zu können, darüber ist man sich doch weitgehend einig.

Die Tatsache, daß nur im allgemeinen von der Anwendung dieser Methoden für die mögliche Harmonisierung des Umganges von gesunden Menschen gesprochen werden soll, bedeutet jedoch nicht, daß diese Methoden in der Hand des Fachmannes (Mediziner, Psychologe oder Psychotherapeut) nicht wesentliche Hilfestellung bei der Problem-Erkennung im allgemeinen bieten können. Zum Großteil werden diese Methoden von einzelnen fortschrittlichen Fachleuten bei ihrer Arbeit bereits heute verwendet und sind auch zum Teil selbst von der positivistischen Wissenschaft akzeptiert.

Übersicht und Einteilung der Methoden zur Problem-Erkennung

Wie kann man Selbsterkenntnis erlangen? Kann man sich überhaupt selbst kennenlernen? Ist das nicht eine paradoxe Forderung? Wenn wir, wie uns die Physiker sagen, immer Teil des beobachteten Systems sind, wie sollten wir dann beobachten, was wir selbst sind?

Schon daraus zeigt sich, daß Selbsterkenntnis eine mühsame und schwierige Arbeit ist. Daher sind wir wohl auch seit Beginn der bewußten Menschwerdung bis heute im allgemeinen nicht sehr viel weitergekommen. Die ganze Geschichte, vor allem auch die Neuzeit, handelt von der Beherrschung der Außenwelt, des anderen. Nun scheint die Zeit zu kommen, in der der Mensch sich mehr mit sich selbst beschäftigen wird müssen. Selbsterkenntnis gehört dazu.

Daß Selbsterkenntnis echte »Arbeit« bedeutet, wurde schon erwähnt. Bisher wurde der Begriff der Arbeit aber ganz anders verstanden. Zuerst wurde darunter vor allem die körperliche Betätigung verstanden, in den letzten Zeiten auch die »geistige Arbeit«. In beiden Fällen aber geht es darum, die Außenwelt zu formen und zu verändern. Arbeit im Sinne von »Arbeit am Selbst« ist uns fremd. Gerade dieser Begriff wird aber in Zukunft, wenn wir uns um eine Neudefinition bemühen, im Zentrum der Überlegungen zu stehen haben.

Versucht man das Problem systematisch zu erfassen, dann ergeben sich folgende Möglichkeiten: Man kann unterscheiden zwischen unbewußter Selbsterkenntnis und bewußtem Bemühen um Selbsterkenntnis. Ersteres erfolgt durch »trial and error«. Wir lernen aus unseren Fehlern. Dies ist die kentaurische Art der Selbsterkenntnis. Hier jedoch geht es um die subtilmentale Selbsterkenntnis, die gezielte Arbeit an sich selbst und dem eigenen Selbstbewußtsein.

Man kann zwischen Methoden unterscheiden, die sich aus den Wirkungen in der biologischen Realität ergeben, und solchen, die auf Wirkungen aus der Energie-Bewußtseins-(EB)-Realität zurückzuführen sind. Erstere Methoden sind auf teilweise empirische und teilweise wissenschaftliche Basis rückführbar, wie z. B. die Chirologie (Handlese-Wissenschaft) und Graphologie (Schrift-Psychologie).

Die von jedem anwendbaren Methoden der Selbsterkenntnis ergeben sich aus den eigenen Eigenschaften – wie z. B. der Physiognomie – sowie aus den Beziehungen zur Umwelt. Zu diesen kann man vor allem die Partnerschaft oder Ehe, die Berufssituation und ähnliches rechnen. Auch die Krankheit ist letzten Endes ein Spiegel des Selbst und der Disharmonien im eigenen Bewußtsein.

Zu den Methoden, die auf Wirkungen in der EB-Realität zurückgeführt werden, sind hier die Astrologie, die Divination (Wahrsagekunst) und die Traumanalyse zu zählen.

Selbsterkenntnis kann teilweise durch Selbstanalyse gewonnen werden. Wo diese Methoden nicht ausreichen, ist man auf eine Fremdanalyse durch eine andere Person angewiesen.

Natürlich wird es im Stadium des bewußten Erlebens seiner eigenen Situation nicht ausschließlich darum gehen, sich selbst kennenzulernen, wenn dies auch das vorrangige Ziel sein sollte. Man kann nämlich mit einer Problemsituation viel besser zurecht kommen, wenn man nicht nur sich selbst untersucht, sondern auch die anderen von der Situation Betroffenen. Die hier angegebenen Methoden eignen sich teilweise auch dafür. Die Erlernung der notwendigen Methoden zur Selbsterkenntnis ist jedoch mit intensiver Arbeit und erheblichem Zeitaufwand verbunden.

Die theoretische Basis der holistischen Methoden zur Problem-Erkennung

Einige der hier vorgestellten Methoden der Problem-Erkennung werden von der positivistischen Wissenschaft mit der Begründung abgelehnt, daß es dafür keine wissenschaftliche Basis gäbe. Aus dieser eingeschränkten wissenschaftlichen Sicht besteht diese Ablehnung zu Recht, weil das positivistisch-mechanistische Weltbild keine Erklärung für Astrologie, Divination oder Chirologie geben kann. Aus der Sicht einer holistischen Wissenschaft ist aber eine solche Erklärung sehr wohl möglich.

Die theoretische Basis für die holistischen Methoden ist das holistische Weltbild. Das wahre Wesen des Menschen liegt, wie bereits hinlänglich dargestellt, nicht allein in der biologischen Wirklichkeit, sondern wesentlich auch in der Energie-Bewußt-seins-(EB)-Realität. Viele Erscheinungen in der biologischen Wirklichkeit ergeben sich aus dem Hereinwirken der EB-Reali-tät in diese Wirklichkeit. Akzeptiert man diese Vorstellung, dann kann man auch die »unerklärlichen« Phänomene, etwa die Wirkungsweise von Astrologie, logisch und rational begründen.

Nimmt man den Menschen als Energie- und Bewußtseinsein-heit an, deren wesentlicher Teil in der EB-Realität gelegen ist (vgl. Abb. 38), so werden alle Zusammenhänge der Erscheinung – wie Physiognomie, Aussehen der Hände, der Schrift, Beziehun-gen zur Umwelt, Krankheit usw. – durch diese Einheit geregelt. Sie sind einem Regelmaß, einer Gesetzmäßigkeit unterworfen und können demnach systematisch erfaßt und studiert werden.

Folgt man der Argumentation, die wir im ersten Teil aufge-zeigt haben, so erkennt man die große, ja allumfassende Verbun-denheit allen Seins. Wir weben nicht nur gemeinschaftlich am Gewebe unserer Realität, wir sind gleichzeitig auch Teil von ihr. Folgt man weiters der Argumentation des Buddha, so sieht man eine Auflösung der trennenden Grenzen zwischen den Indivi-duen, je höher das Selbstbewußtsein entwickelt wird. Schließlich sind wir im letzten alle Teile einer All-Einheit.

Dasselbe gilt für die Astrologie. Aus der Tatsache der All-Einheit ergibt sich jedoch ein Verständnis, aus dem heraus die Planeten nichts anderes sind als Anzeiger der allverbundenen Gesamt-Welt-Situation, die sich im Charakter des Menschen zur Geburtszeit manifestiert. Jeder Mensch wird also genau dann geboren – und stirbt auch dann –, wie es seinem Entwicklungs- und Bewußtseinszustand entspricht. Das Horoskop ist also für jeden Zeitpunkt ein Abbild des Welt-Zustandes und gilt so für alles, was in diesem Zeitpunkt geschieht, ob es die Geburt eines Frosches oder eines Menschen, der Stapellauf eines Schiffes oder eine Katastrophe ist. Es sind daher auch keine »Wirkungen« der Planeten gegeben, die von der positivistischen Wissenschaft zu Recht bestritten werden.

Die Astrologie verwendet die Planetenstellung jedoch in einem

ganz anderen Sinn, vergleichbar mit einer Uhr in einem positi-
vistisch-wissenschaftlichen Experiment. Obwohl (nach positivi-
stischer Auffassung) die Uhr keinen direkten Einfluß auf den
Fortgang des Experimentes ausübt, ist ihre Anzeige charakteristisch für den Zustand des experimentellen Systems zu jedem
Zeitpunkt, ja die abgelesene Zeit kann bei Kenntnis der wirkenden Gesetzmäßigkeiten gleichsam als synonym für den Zustand
des Systems gelten.

So sehen wir, daß eine holistische Wissenschaft auch eine
Erklärungsbasis für derzeit umstrittene, aber seit alters her
bewährte Methoden der Problem-Erkennung abgeben kann.
Das wichtigste Argument aber, wichtiger als diese theoretischen
Überlegungen für die Begründung ihrer Effektivität ist die Erfah-
rung. Ebenso wie die Medizin gründen diese Methoden auf
Erfahrung. Es sind also großteils empirische Wissenschaften, die
von altersher überliefert werden.

Jeder, der sich ernstlich bemüht, die Effektivität einer dieser
Methoden zu prüfen, sollte einige Jahre des Studiums und der
praktischen Überprüfung daran geben, um ein Urteil zu fällen.
Man wird dann finden, daß diese – mit oder ohne theoretische
Begründung – wirksam sind. Die theoretische Basis kann aber
unter Umständen mithelfen, die Akzeptanz in einer zukünftigen
Gesellschaft zu fördern, die Ergebnisse richtig zu interpretieren
und die Wirkungsweise für die Selbsterkenntnis klarer zu erkennen.

Gleichzeitig soll aber bereits hier auf die großen Gefahren der
Verwendung solcher Methoden in den Händen von nicht oder
nur teilweise geschulten Menschen hingewiesen werden. Die
Gefahren sind in solchen Fällen wesentlich größer als der Nutzen. Daher ist die strikte Ablehnung z. B. der Astrologie durch
die Kirchen, wie auch im Buddhismus und Hinduismus, zu
erklären. Wenn sich der Mensch von diesen Methoden abhängig
macht, ist er nicht fähig, sich ihrer sinnvoll zu bedienen.

Im Grunde sollen alle diese Methoden zur besseren Selbsterkenntnis führen. Niemand aber wird sich vollständig frei
machen können, sie auch zur Beurteilung (und möglicherweise
Verurteilung) seiner Mitmenschen heranzuziehen. Dieser Gefahr sollte man sich bewußt sein und mit Vehemenz, bei sich

selber und anderen, dagegen angehen. Jeder andere Mensch sollte uns selbst als »heil«, als ganz oder in diesem Sinne als »heilig« gelten. Nicht wir sind berufen zu werten und zu bewerten. Die Gefahr bei jedem Erkennen anderer ist, daß der Mensch nicht genug Liebe aufbringt für das Erkannte, daß er dem Erkennen nicht nachkommt mit der Liebe.

Methoden der Problem-Erkennung in der biologischen Realität

Hier sollen Methoden der Selbst- bzw. Fremderkenntnis behandelt werden, die sich an der physischen Erscheinung des Menschen oder an der Reaktion seiner Umwelt oder am Gesundheitszustand orientieren. Nach der Devise: »Alles, was du erlebst, sagt dir etwas über dein Selbst aus« können wir von diesen Äußerlichkeiten auf den Menschen schließen.

Physische Erscheinungs- und Ausdrucksformen – Physiognomik, Chirologie und Graphologie

Unbewußt betreiben wir immer, und zwar bei jeder Begegnung mit einem anderen Menschen, eine Analyse der physischen Erscheinung, zu der das Gesamtverhalten, also etwa Gebärde und Gang, ebenso zu zählen sind wie die Analyse der äußeren Erscheinung – die Physiognomik. Dieses Vorgehen ist uns wahrscheinlich schon angeboren. Wir finden es ebenso wie beim Menschen auch bei den Tieren. Drohgebärden, Demutsgebärden, das Sträuben der Haare und ähnliches sind offensichtlich angeborene Verhaltensmuster, die von der Verhaltenswissenschaft ausgiebig studiert wurden.

Auf dieser Basis läßt sich auch die Analyse der Verhaltens- und Ausdrucksweisen des Menschen in unsere Überlegungen einbeziehen. Dabei kann es hier nicht darum gehen, eine Geschichte oder ein Kurz-Lehrbuch für diese Gebiete zu geben. Vielmehr geht es darum, Hinweise zu bringen, die einen Gesamtzusammenhang zwischen Problem-Erkennung und physischen Formen darlegen.

Studiert man Literatur, die sich mit Physiognomik beschäftigt, so ist man überrascht, wie deutlich sich die Charaktereigenschaften eines Menschen in seinem Erscheinungsbild angeben lassen. Es ist daher auch verständlich, daß wir unbewußt von diesem Wissen um den Zusammenhang von Erscheinungsbild und Charakter bzw. Psyche immer Gebrauch machen. Die bewußte Verwendung dieses Wissens zur Problem-Erkennung bedarf jedoch der gründlichen Schulung. Denn so klar die Prinzipien der Einteilung des Menschen z. B. nach dem Erscheinungsbild in die vier Temperamente – das melancholische, das phlegmatische, das sanguinische und das cholerische – erscheinen, so schwierig ist dann eine Analyse des Einzelmenschen durchzuführen.

Besonders interessant im Zusammenhang mit der These von der Entwicklung des Menschentyps über den Typhon zum Kentauren und schließlich zum subtil-mentalen Menschen ist die von Norbert Glas erwähnte Entwicklung der Physiognomik im Laufe der Geschichte. »In jedem einzelnen Menschen wiederholt sich vieles, wenn auch etwas verändert, analog der Gesamtgeschichte der Menschheit«, schreibt Glas. Diese Aussage entspricht dem bereits von Goethe, Hegel und Comte ausgesprochenen und später von Ernst Haeckel (1834-1919) formulierten »biogenetischen Grundgesetz«, wonach die Ontogenese (Entwicklung des Individuums) eine Rekapitulation der Phylogenese (Stammesgeschichte) sei. Was Glas aber im besonderen hier meint, scheint auf das buddhistische »Du bist, was du denkst« bzw. auf »Du bist jetzt, was du gedacht hast, und wirst das sein, was du heute denkst« zurückzuführen zu sein. So ist es auch zu verstehen, wenn Glas schreibt: »So drückt sich eine gewisse Sternkonstellation in unserem Ohr ab, die uns bei der Geburt, unserer Vergangenheit entsprechend, mitgegeben wird.« In diesem Sinne wird angenommen, daß sich z. B. in dem äußeren Ohr – und nicht nur in diesem – ein Abbild der gesamten Persönlichkeit eines vergangenen Lebens zeigt.

Die Handlesekunst – die Chirologie, das Lesen aus den Formen und Linien der Hand – gewinnt heute, wie Ursula von Mangoldt schreibt, auch wissenschaftliche Bedeutung, nachdem es besonders in Amerika zur Diagnose von Krankheiten herangezogen wird.

Die Chirologie ist, ähnlich wie die Physiognomik, geeignet, uns die inneren Gegebenheiten des Menschen aufzuzeigen. Ähnlich wie bei der Physiognomik ist aber zu sagen, daß die Chirologie, obwohl seit Jahrtausenden bekannt und besonders bei den Chinesen als Wissenschaft gepflegt, ebenfalls sehr großer Erfahrung und gründlicher Beschäftigung bedarf, um sie verantwortungsvoll zur Problem-Erkennung und Analyse einsetzen zu können. Außerdem ist durch das Aufkommen der aufklärerischen naturwissenschaftlichen Geisteshaltung in Europa eine feindliche Haltung entstanden, die der Tradition dieses Wissens großen Abbruch tat. Erst durch die Bemühungen in neuerer Zeit u. a. von Graf Dürckheim, Ursula von Mangoldt und Ernst und Rita Issberner-Haldane wird versucht, dieses Wissen zurückzubringen und zeitgemäß aufzubereiten.

Daß man aber, selbst nur mit einigen Grundkenntnissen, schon eine gewisse Fähigkeit zur Beurteilung einer Hand erlangt, kann jeder empirisch nachvollziehen, der sich die Mühe macht, sich einige Zeit dem Studium dieser Kunst oder Wissenschaft zu widmen.

Bereits Aristoteles und der römische Biograph Sueton (ca. 100 n. Chr.) ahnten, wieviel die Schrift vom Charakter eines Menschen auszusagen vermag. Goethe war dann einer der ersten in Europa, die sich für die Bedeutung der Schrift interessierten, und überredete Johann Caspar Lavater (1741-1801), sich der Sache anzunehmen. Von letzterem, der sich aber auch sehr um die Physiognomik bemühte, stammt der Satz: »Ich finde eine bewundernswürdige Analogie zwischen der Sprache, dem Gang und der Handschrift des Menschen.« Damit zeigte Lavater bereits auf, wie sehr der Mensch ein einheitliches Ganzes bildet.

Die deutsche Schule der Graphologie wurde von dem Psychologen und Philosophen Ludwig Klages (1872-1952) begründet, der wesentlich neue Einsichten vermittelte. Inzwischen ist die Graphologie zu einer Wissenschaft ausgebaut, die z. B. auch in der Firmenberatung zur Beurteilung des Charakters von Bewerbern schon seit Jahrzehnten verwendet wird.

Nun wurde schon erwähnt, daß jede Ausdrucksform den ganzen Menschen erkennen läßt, wenn man diese nur zu deuten weiß. Das gilt für die Schrift ebenso wie für das Zeichnen, das

Malen oder das Verhalten. Bei den Ausdrucksformen kommt
aber, im Gegensatz zu den biologischen Erscheinungsweisen, ein
wichtiges Element hinzu, das erst durch die Tiefenpsychologie
klar erkannt wurde. Es ist die, wie C. G. Jung das nennt,
Trennung von »Persona« und »Schatten«. Die Persona ist das,
was der Mensch, in Anpassung an seine Umwelt, von seiner
Psyche sehen läßt. Es ist der ihm selbst und seiner Umgebung
bewußt werdende Teil seines Selbst. Der Schatten dagegen ist
dann alles, was von der Psyche im Unbewußten verbleibt.

Die Umwelt – Spiegel des Selbst

Wenn wir von der Basis ausgehen, daß wir durch unsere Handlungen und Gedanken unsere Realität erzeugen, dann erleben wir
auch in der Umwelt, also in Familie, Partnerschaft und Beruf, uns
selbst. Die Umwelt zeigt uns das Spiegelbild unseres Selbst.

Wer immer das andere für seine Situation verantwortlich
macht, wird nie zur Selbstbesinnung kommen. Wer immer die
Schuld für seine Lebensumstände der Umwelt anlastet, wird nicht
versuchen, sich zu ändern. Es ist aber gerade die fortdauernde
Änderung am Reibebaum der Umwelt, die den Menschen in
seiner Selbstbewußtseinsentwicklung weiterbringen kann.

Jede Erstarrung der Bewußtseinsstruktur ist ein Verharren auf
eingefahrenen Wegen, das schließlich durch äußere Umstände
(Lebenskrisen, Krankheit) aufgebrochen wird. Krankheiten und
Beziehungskrisen können nach holistischer Sicht als Aufbrechen
von Disharmonien in der eigenen Bewußtseinsstruktur gesehen
werden. Sie haben ihre Ursache in der Spannung zwischen der
Erstarrung des Bewußtseins in der biologischen Realität und
dem Vorwärtsstreben der Evolution (auch des eigenen Bewußtseins!) in der EB-Realität. Sind diese beiden Aspekte des Bewußtseins vollständig auseinandergerissen, so ist dies nur mit der
Auflösung der biologischen Realität, dem Tod, zu überkommen.
Es ist daher notwendig, sich dauernd »in Schwebe« zu halten
und sich nicht in starrer Form an die biologische Realität zu
binden. Wir werden sehen, daß dies eine Grundregel der holistischen Ethik ist.

Wenn wir uns diese Einstellung zu eigen machen, können wir die Umwelt-Situation – und zwar jede – zu einer Aufgabe machen, die es in uns selbst zu bewältigen gilt. Das wird natürlich einem Kind und einem Jugendlichen noch nicht möglich sein, weil diese sich erst ihr Weltbild erlernen. Dem Erwachsenen aber sollte eine derartige Auffassung helfen, auch schwierige Lebenssituationen zu meistern. Er kann aus diesen Situationen und seinem Verhalten ihnen gegenüber auf seinen Bewußtseinszustand schließen und sich dadurch weiterentwickeln.

C. G. Jung hat diesen Prozeß als die »Individuation« des Menschen bezeichnet und schreibt dazu: »Die Integrierung oder Menschwerdung des Selbst wird von der Bewußtseinsebene durch die Bewußtmachung egoistischer Absichten vorbereitet, d. h. man legt sich Rechenschaft ab über seine Motive und versucht, sich ein möglichst vollständiges, objektives Bild seines eigenen Wesens zu formen. Es ist ein Akt der Selbstbesinnung, der Sammlung des Zerstreuten und nie recht in gegenseitige Verbindung Gebrachten und eine Auseinandersetzung mit sich selbst zum Zwecke der völligen Bewußtwerdung. Selbstbesinnung ist aber dem vorwiegend unbewußten Menschen das Schwierigste und Widerwärtigste. Die menschliche Natur selbst hat eine ausgesprochene Scheu vor der Bewußtwerdung.«

Damit umreißt Jung den ganzen Prozeß der Selbsterkenntnis an der Umwelt und am eigenen Selbst und auch die Widerstände, wie wir sie bei uns und in der Gesellschaft gegen diese Auffassung finden. Es ist soviel einfacher, andere für seine Probleme verantwortlich zu machen als sich selbst. Vor den anderen kann man im schlimmsten Falle noch davonlaufen, man kann den Arbeitsplatz wechseln oder sich scheiden lassen. Aber vor dem eigenen Selbst – wohin soll man da fliehen?

Die Krankheit – Spiegelbild des Selbst

Sind wir auch für unsere Krankheiten selbst verantwortlich? Jeder »vernünftige« und »aufgeklärte« Mensch des 20. Jahrhunderts würde diese Frage vehement verneinen und jede andere Auffassung in den Bereich des Aberglaubens verweisen. Nicht so der Holist.

Das Problem der selbstverschuldeten Krankheit wird in der Bibel am Beispiel des Blindgeborenen angesprochen. Es heißt dort (Joh. 9,1): »Im Vorübergehen sah er einen Menschen, der von Geburt an blind war. Seine Jünger fragten ihn: ›Meister, wer hat gesündigt, dieser oder seine Eltern, daß er blind geboren wurde?‹ Jesus antwortete: ›Weder dieser hat gesündigt noch seine Eltern‹.

Diese Stelle macht deutlich, daß den Jüngern das Problem der selbstgeschaffenen Krankheit bekannt war – es ist die auf der Auffassung von Karma und Reinkarnation basierende Hypothese. Es wird aber auch klar, daß Jesus diese Hypothese ablehnt bzw. nicht bereit ist, auf diese einzugehen. Und das ist die offizielle christliche Auffassung bis heute geblieben.

Im Gegensatz dazu hat man im Hinduismus und daher auch im Buddhismus immer das Gesetz von Ursache und Wirkung in den Qualitätsdimensionen – also von Karma – vertreten. Dieses besagt, daß jeder Ursache eine ganz bestimmte Wirkung folgt, auch über den Tod hinausgehend. Es ist also in diesem allumfassenden Geltungsbereich des Universalgesetzes jene bald als »gütige Vorsehung« oder als »finsteres Schicksal« bezeichnete Macht, der jede Willensbetätigung, auch die geringste im leisesten Gedanken, unterliegt. Sobald sich ein Wollen im Menschen regt, unterliegt es diesem Kausalitätsgesetz.

Wir können nach dieser Sicht weder den Folgen unserer Gedanken noch jenen unserer Taten entrinnen. Gedanken sind Kräfte, die nicht nur im biologischen Bereich wirken können (siehe etwa die experimentellen Befunde zur Telekinese), sondern auch im Zuge der Selbstorganisation über morphogenetische Felder unser jetziges und zukünftiges Dasein gestalten. Der Buddha sagt dazu: »Nicht in der Luft, nicht in des Weltmeeres Tiefen, noch in weitentlegener Bergeshöhe; nirgends findet in der Welt ein Ort sich, wo man der eigenen bösen Tat entrinnen könnte.« (Dhammapadam, v. 127)

Und weiter: »Daß keine Frucht für jene bösen Werke, die befleckenden, wiedergebärenden, schrecklichen, leiderwirkenden, von neuem zu Geburt, Altern und Sterben führenden, erstehen möge, das kann niemand bewirken, kein Asket, Priester oder Geistwesen, kein Gott, noch Teufel, noch irgend einer in der Welt.« (Augutt. Nik. II [IV. 182])

Jesus geht auf die Karma-Problematik nicht ein. Er sagt (Matth. 10,34): »Ich bin nicht gekommen den Frieden zu bringen, sondern das Schwert.« Man kann hier dem Symbol des Schwertes das Gesetz – die Spielregeln Gottes – zuordnen. Wir unterliegen also einer Gesetzmäßigkeit – dem Universalgesetz. Wir sind seit Jahrtausenden dabei, es im Verlaufe der Evolution kennenzulernen.

Daß Jesus auf diese Problematik nicht eingehen wollte, kann man verstehen. Es ist eine harte Aussage zu sagen: Du bist der Verursacher deiner Krankheiten – entweder durch falsches Leben in diesem Leben, das kann man noch hinnehmen, oder durch falsches, d. h. gesetzwidriges Benehmen in einem »früheren« Leben. Letzteres kann zu einer psychischen Kälte bei den Mitmenschen führen, die dann ein Mit-Leiden ablehnen, oder zu Unverständnis beim Betroffenen selbst. Beides ist genügende Begründung, um vorläufig, d. h. auf der derzeitigen Ebene der Bewußtseinsentwicklung, auf diese Problematik nicht einzugehen. Mit zunehmender Bewußtseinsentwicklung des Menschen – und zunehmender Selbstverantwortung für sein Tun – wird aber auch die Behandlung dieser heiklen Problematik nicht zu umgehen sein. Sie kann uns vielmehr dazu verhelfen, wesentlich vorsichtiger und verantwortungsvoller mit unseren Gedanken und Taten zu sein, als wir das bisher waren in der Nichtwissendheit über die unerbittlichen Folgen jedes kleinsten disharmonischen Gedankens. So könnte uns dieses Wissen schließlich zur Leidvermeidung und damit auch zur Krankheitsvermeidung führen.

Methoden der Problem-Erkennung in der Energie-Bewußtseins-(EB)-Realität

Bei den im nachfolgenden besprochenen Methoden handelt es sich um solche, deren Wirkungen aus der Energie-Bewußtseins-(EB)-Realität hervorgehen. Da diese uns weitgehend unbekannt ist, stehen wir auch mit unserem »gesunden Menschenverstand« vor großen Rätseln. Trotzdem sollten wir uns diesen Methoden nicht verschließen, da sie im Vergleich zu jenen, die auf das biologische Erscheinungsbild rückführbar sind, im allgemeinen aussagekräftiger sind.

Die Astrologie

Es muß hier eingangs betont werden, daß »Astrologie« nicht gleich Astrologie ist. Was man gemeinhin darunter versteht, also die astrologischen Hinweise in Zeitungen und Zeitschriften, haben mit einer seriösen Astrologie nichts zu tun. Es ist daher einerseits überraschend, wie viele Menschen doch diesen Hinweisen einen gewissen Wert beimessen, und andererseits verständlich, daß die Astrologie als ganzes damit in Verruf gerät. Es gibt aber seit Jahrtausenden die seriöse Beschäftigung mit diesem Weisheitswissen, das nur durch das Unverständnis der positivistisch-mechanistischen Wissenschaft im letzten Jahrhundert in Vergessenheit geriet. Derzeit erleben wir eine Renaissance der Astrologie.

Auf Grund der in diesem Buch vertretenen Auffassungen über das Wesen des Menschen und der Welt und der vereinfachenden Annahme der Reinkarnationshypothese kann man sich die Wirkungsweise der Astrologie wie folgt vorstellen: Jeder Mensch ist eine Energie-Bewußtseins-(EB)-Einheit oder -Monade, die eine zeitlose Existenz hat. Durch unzählige Reinkarnationen und durch Selbstorganisation entwickelt sich diese EB-Monade zu immer »höherem« bzw. differenzierterem Selbstbewußtsein. In jede Inkarnation tritt diese EB-Monade mit der gesamten aus früheren Inkarnationen gespeicherten Information ein. Daher hat jeder Mensch schon beim Eintritt in ein neues Leben eine Geschichte. Er ist bei weitem kein »unbeschriebenes Blatt«, die Psyche ist keine »tabula rasa«.

Der Eintritt der EB-Monade in eine neue Inkarnation erfolgt nun, bzw. kann nur dann erfolgen, wenn die Gesamtsituation des Universums mit jener der EB-Monade übereinstimmt. In diesem Sinne bewirken die Sterne also gar nichts. Sie werden nur als »Indikatoren« für die Gesamtsituation genommen. Der Grund dafür liegt in der schon besprochenen »All-Verbundenheit«. Wir sind – ob wir das wollen oder nicht, bzw. verstehen oder nicht – immer Teil eines großen Ganzen.

Die EB-Monade tritt dann in die biologische Wirklichkeit zum Zeitpunkt der Geburt bzw. einem Zeitpunkt, der mit den Methoden der »Rektifikation« der Geburtszeit bestimmt werden kann, ein. Die meisten Astrologen nehmen dafür den Zeitpunkt des ersten Atemzuges des Kindes nach der Geburt und berechnen danach das Horoskop.

Während des ganzen Lebens steht der Mensch nun sowohl unter dem Einfluß der Energiekonstellation, wie sie sich im Geburtshoroskop zeigt, als auch unter der Wirkung des Gesamtzusammenhanges, der sich in der laufenden Veränderung der Gestirne über die Jahre hinweg zeigt. Man kann also aus dem Horoskop sowohl die Anlagen des Menschen erkennen als auch aus der Beziehung des Geburtshoroskopes zur laufenden Jahreskonstellation, welchen Belastungen der Mensch ausgesetzt ist. Daraus ergeben sich die Möglichkeiten zur Beschreibung des Charakters, der Anlagen und der vorgegebenen Probleme, wie auch jene zur Problem-Erkennung zu einem bestimmten Zeitpunkt.

Diese Analyse ist, nach allem, was man heute weiß, die schnellste, beste und gründlichste Beschreibung der EB-Monade, die uns zur Verfügung steht. Das Problem des Astrologen in der Deutung der Zusammenhänge ist dabei nicht ein Mangel an Information über die EB-Monade, sondern eher ein Zuviel an Information. Man sieht nämlich alle Eigenschaften der EB-Monade, die selbstbewußten und auch die dem Nativen unbewußten, die »Persona« und den »Schatten«. Da die meisten Menschen sich selbst kaum kennen, haben sie keine Vorstellung von sich, und wenn, dann zumeist eine verfremdete. Wir haben zumeist nur ein vages Bild von unserer Persona, d. h. der Maske, die wir uns selbst und der Außenwelt darbieten. Seit Freud wissen wir aber, daß es vor allem die unbewußten Teile unserer Psyche sind, die uns Probleme schaffen. Jede Problem-Erkennung wird also darauf abzielen, diese unbewußten Teile der Psyche kennenzulernen. Es hat aber nun keinen Sinn, nicht-relevante Teile des Unbewußten dem Nativen näherzubringen, die ihn nur beunruhigen und verunsichern würden. Die Unterscheidung, welche Teile der Psyche relevant zur Problem-Erkennung in einer bestimmten Lebenssituation sind und welche nicht, das ist eines der Hauptprobleme für den Astrologen, der in Wahrheit ein Psychologe sein muß.

Damit aber sind wir zu den Grenzen und gleichzeitig zu den Gefahren der Astrologie gekommen. Es wurde behauptet, die Astrologie sei die effizienteste bekannte Methode der Problem-Erkennung. Wenn das stimmt, dann ist sie ein sehr wirksames, aber auch ein sehr gefährliches Instrument. Sie ist zu vergleichen mit einem Rasiermesser in der Hand eines Kindes, wenn sie in ungeübte oder unverantwortliche Hände kommt.

Ein weiteres Problem der Astrologie ist die Tatsache, daß ein Horoskop eine Gesamtsituation zu einem bestimmten Zeitpunkt darstellt, die sowohl für den Stapellauf eines Schiffes, die Geburt eines Frosches, Hundes oder eines Menschen gilt. Es sagt also nichts über die Entwicklungshöhe des jeweiligen Selbstbewußtseins aus. Daher ist auch das Horoskop von zwei Menschen, die zur selben Zeit am selben Ort geboren sind (eine alte offene Frage für die Astrologen selbst) wohl gleich, aber die Menschen sind deswegen nicht gleichwertig. Die Entwicklungshöhe der Betroffenen wird verschieden sein und daher auch die Art und Weise, wie sie mit ihren Anlagen (dem Energiekomplex der EB-Monade) umgehen.

Die Art des Umgehens mit unseren Anlagen hängt also wesentlich von der Entwicklungshöhe ab, mit der die EB-Monade in die biologische Realität tritt. Daher ist auch kein Determinismus – bzw. nur ein partieller – aus einem Horoskop abzulesen. Hier berühren wir wieder das Problem des freien Willens. Wir sind teilweise durch die Charakteranlagen, die wir aus einem früheren Leben herübernehmen, gebunden. Wir sind aber in den Qualitätsdimensionen frei, wie wir mit diesen Willens-Energien umgehen. Die Art des Einsatzes dieser Willens-Energie wird jedoch von der Entwicklungshöhe des Selbstbewußtseins bestimmt. Der Typhon-Typ geht mit derselben Situation anders um als der Kentaur und dieser wieder anders als der subtil-mentale Mensch. Die Energien verschieben sich aus dem Körperlichen ins Mentale und schließlich in den spirituellen Bereich. Das gleiche Horoskop kann also sehr verschiedene Wirkungen zeigen.

Daraus folgt nun, daß es einfach unverantwortlich ist, für einen Menschen, den man nicht kennt, ein Horoskop zu erstellen und daraus Schlüsse zu ziehen. Trotzdem geschieht das leider nur allzuoft. In diesen Fällen kann die Deutung nur für den »mittleren« Charakter einer bestimmten Rasse oder Kultur gelten. Aber wer kann diesen schon angeben? In verantwortlicher Weise vorzugehen hieße hier zu versuchen, die Entwicklungshöhe des Nativen vor der Besprechung des Horoskops festzustellen. Dafür eignen sich einige Methoden der Psychologie, wie sie z. B. von Roberto Assagioli angegeben werden, der zu diesem Zweck einen ausführlichen Fragebogen entwickelt hat.

Eine Konstellation der Sterne (besser des Universums) ist also keinesfalls schicksalsbestimmend im deterministischen Sinne. »Die Sterne weisen, aber sie zwingen nicht«, ist eine alte astrologische Weisheit. Trotzdem seien hier die Hinweise der Kirche bzw. die Warnungen östlicher Weisheitslehrer nochmals erwähnt, die von einer Beschäftigung mit der Astrologie dringend abraten. Der Schaden, den man mit der Astrologie anzurichten imstande ist, ist wahrscheinlich wesentlich größer als der Nutzen, den sie bringt, gerade weil sie eine so effektive Darstellung der EB-Realität ist, die der Mensch gemäß dem Erkenntnis-Paradoxon nicht ausreichend versteht. Wo gibt es die selbstlosen Astrologen, die mit diesem enormen Wissen um eine Seele verantwortungsvoll umgehen können? Die derzeitige Astrologie-Euphorie (um nicht von Hysterie zu sprechen) ist daher auch eine Gefahr. Sie ist dazu angetan, den Menschen in jene Abhängigkeiten zu bringen, aus denen man ihn eigentlich befreien will. Trotzdem wird die Entwicklung zum Umgang mit Astrologie nicht aufzuhalten sein, denn es ist ein Menschheitsproblem, früher oder später mit dem Wissen von der Welt – ganz gleich, wie gefährlich es ist – leben zu müssen.

Die Divination – Das I Ging

Das chinesische Buch der Wandlungen – das I Ging – gehört unstreitig zu den wichtigsten Büchern der Weltliteratur, schreibt Richard Wilhelm, der Chinaforscher, im Vorwort zu seiner Übersetzung. Sowohl der Konfuzianismus als auch der Taoismus haben ihre gemeinsamen Wurzeln in diesem Buch, das

wahrscheinlich eines der ältesten Bücher der Menschheitsgeschichte ist. In ihm ist vielleicht die reifste Weisheit seit Jahrtausenden zusammengefaßt.

Dieses Buch aber ist nicht nur ein Weisheitsbuch, sondern
auch eines der Zahlenmystik. Mit Hilfe von Stäbchen oder
Münzen werden Zahlen ermittelt, mit Hilfe derer man dann aus
dem Buch Deutungen für Lebensprobleme ermitteln kann. Es
kann in diesem Sinne als ein Schulungsbuch für die Selbstbewußtseinsentwicklung verwendet werden.

Nun wird die Reaktion jedes Normal-Europäers von Skepsis
bestimmt sein. Es ist auch kaum möglich, für die Wirkungsweise
des I Ging eine rational akzeptable Erklärung zu geben. In
»irgendeiner Weise« muß der Fragesteller Einfluß auf die Stäb-
chen- bzw. Münzenfolge nehmen, so daß sich sinnvolle Antworten ergeben. Eine mysteriöse Angelegenheit, die sich aus holistischer Sicht jedoch ähnlich auflöst wie das Rätsel der Astrologie.

Die eigene Erfahrung mit dem Buch der Wandlungen, und
zwar jene, die mit kritischer Skepsis begonnen wird, überzeugt
jedoch. Die Überzeugung aber ist dann auch vollkommen, wie
das Beispiel großer Gelehrter, wie R. Wilhelm selbst, C. G. Jung
und Hermann Hesse, die sich mit diesem »Spiel« ernsthaft
beschäftigt haben und sich positiv dazu äußerten, beweist. Wir
müssen auf diesem Weg des Versuchs der rationalen Erfassung
einer im Prinzip nicht-erfaßbaren Situation auch über unseren
rationalen Schatten springen und Dinge annehmen, die uns
vorerst unerklärlich sind, wenn sie uns zur Problem-Erkennung
verhelfen können. Und das können sie.

Die Traumanalyse

Seit Freud ist die Traumanalyse ein wesentlicher Bestandteil
jeder Psychoanalyse. Jeder Mensch, der Selbst-Erkenntnis anstrebt, hat neben den althergebrachten Methoden die Traumanalyse als Bestandteil seiner Arbeit am Selbst zur Verfügung.

Es gibt aber auch hier wenig Klarheit über die Grenzen und die
Bedeutung der Traumanalyse. Daß sie Bedeutung hat, ist offensichtlich. Aber in welchem Umfang und wie die Deutung der

Träume vorzunehmen ist, darüber bestehen Unterschiede in der Auffassung.

Vorerst ist es wichtig zu fragen, welche Bewußtseinszustände wir überhaupt kennen und wie das Traumbewußtsein sich in diese einordnen läßt.

Für den Holisten sind alle Bereiche des Menschen nur verschiedene Formen seines Bewußtseinszustandes. Phänomenologisch kann man folgende Unterscheidung treffen: das Wachbewußtsein, das persönliche und kollektive Unterbewußtsein (C. G. Jung), das Bewußtsein im Schlaf, das Traumbewußtsein, die Bewußtseinszustände in der Meditation und den Bewußtseinszustand im Tod. Jeder dieser Zustände kann sowohl von der esoterischen Literatur wie auch von der psychologischen beschrieben werden, und Unterschiede zwischen diesen sind teilweise bereits wissenschaftlich erfaßbar.[13]

Man kann daher von verschiedenen »Landschaften des Bewußtseins« sprechen, in denen verschiedene Qualitäten vorherrschend sind. Das Wachbewußtsein wird vornehmlich vom Verstand, der Traum eher von den Gefühlen bestimmt, und welche Qualitäten im Todesbewußtsein vorherrschen, ist uns weitgehend unbekannt.

Man kann aber davon ausgehen, daß wir sowohl im Traum wie auch in der Meditation in verschiedene »Landschaften« oder »Tiefen« des Bewußtseins eindringen können, unter Umständen bis in die EB-Realität, wodurch Träume sinnvolle Hilfen in der Entwicklung des Selbstbewußtseins werden. Daher gibt es »bedeutungsvolle« und »nichtssagende« Träume.

Paul Brunton (1898-1981), der sich eingehend mit der Traumanalyse beschäftigt hat, kommt zum Schluß: »Denn wenn einige Träume symbolisch sind und eine Auslegung zulassen, sind es viele andere nicht und bedeuten nicht mehr, als ihr Äußeres zeigt; wenn einige unterdrückte Geschlechtswünsche enthüllen, sind die meisten anderen makellos unschuldig; und wenn einige aus den Materialien aufgebaut sind, die durch die wache Erfahrung geliefert wurden, sind andere völlige Neukon-

---

13 Man unterscheidet im Elektroenzephalogramm des Gehirns (EEG) verschiedene Wellenlängenrhythmen, die man mit verschiedenen griechischen Buchstaben bezeichnet hat.

struktionen. Daher vergeuden diejenigen, welche wie die doktri-
nären Psychoanalytiker oder die nichtkritischen Wahrsager jeden Traum ohne Ausnahme entsprechend einer gewissen Regel
ernsthaft auslegen möchten, bloß sowohl ihren Scharfsinn als
auch ihre Zeit.«

Aus dieser Sicht erhält die Traumanalyse eine neue und mode-
rate Bedeutung für die Problem-Erkennung. Es ist daher richtig,
wichtige Träume aufzuschreiben, und zwar selbst und am besten
sofort nach dem Traum noch in der Nacht.

Es scheint aber übertrieben, wenn man, wie Patricia Garfield
das empfiehlt, jeden Traum in jeder Nacht, und das sind zumeist
mehrere, im Dunkeln lernt aufzuschreiben und dann am folgenden Tag analysiert. Trotzdem sind ihre Bücher und die anderer
Psychologen zu diesem Problem lesenswert, aber man sollte die
Auswirkungen von Träumen im Zusammenhang mit der Problem-Erkennung auch in ihren Grenzen sehen. Ein wichtiger
Traum, und wenn man seine Träume verfolgt, dann weiß man
nach einiger Zeit, was ein »wichtiger« Traum ist, kann bei der
Problem-Erkennung hilfreich sein. Jeden Traum für »wichtig«
zu halten kann mehr verwirren als Klarheit bringen.

Überschaut man im Rückblick die in diesem Kapitel angeführten
Methoden zur Problem-Erkennung, so wird man einerseits von
ihrer großen Zahl und Mannigfaltigkeit überrascht sein. Andererseits muß man aber auch feststellen, daß wir heute noch kaum
von diesen Möglichkeiten Gebrauch machen. Der »aufgeklärte«
Mensch ist so wenig aufgeklärt, daß er die meisten dieser
Methoden als unwissenschaftlich ablehnt und sich damit der
Möglichkeiten zu deren Nutzung versperrt. Das ist bedauerlich,
da wir gerade auf diesem Gebiet einen so großen Bedarf hätten.
Wie viele Menschen suchen nicht zu erfahren, was sie leiden
macht und woher ihre Probleme kommen? Und wir lassen sie
zum Großteil allein, oder wenn es zu arg oder zu spät geworden
ist, um ihnen durch einfache Mittel zu helfen, verbannen wir sie
in geschlossene Anstalten.

Im Grunde ist jeder Mensch der Hilfe der Problem-Erkennung
bedürftig. Es gibt keinen Menschen, der keine Probleme hat, ob
wir ihn nun psychisch gesund nennen oder nicht. Ein größeres

Verständnis für unsere Probleme könnte uns helfen, etwa bei der Erziehung der Kinder, im täglichen Umgang mit Partnern und im Beruf jenes Maß an Verständnis zu finden, das notwendig ist, diesen Umgang harmonisch zu gestalten und somit gesund an Leib und Seele zu leben. Dazu bedarf es aber auch der Methoden der Problemauflösung, die im folgenden Kapitel behandelt werden sollen.

>»Obwohl geboren als Mensch, trägt dieser noch
die tierischen Instinkte und Impulse in sich, die sich in
früheren Leben als Tier in ihm festgesetzt haben.
Durch viele solche tierische Existenzen ging der
Mensch. Alle diese tierischen Spuren müssen auf dem
Altar des Geistes als Teil eines inneren Opfers niedergelegt werden.«   Sai Baba

Auflösung existentieller Probleme

In diesem Kapitel werden nur allgemeine Überlegungen gebracht, die eine Übersicht über die Möglichkeiten und Methoden zur Problem-Auflösung geben sollen. Es ist wiederum selbstverständlich, daß dabei von keinen krankhaften Problemen die
Rede sein kann. Es ist Aufgabe der Medizin und der Psychiatrie,
über diese Probleme zu befinden. Hier werden nur die allgemeinen menschlichen Probleme besprochen, mit denen sich jeder
»normale« Mensch im Laufe seines Lebens konfrontiert sieht.

Welche Art von Problemen ist aufzulösen?

Will man die Problem-Auflösung behandeln, so ist es notwendig, sich der letzten Ursache der Problementstehung immer
bewußt zu sein. Diese ist in der Unwissenheit des Menschen über
den Sinn und den Zweck seines Daseins gelegen. Von dieser
Ursache ausgehend, können wir einerseits die Folgen der Unwissenheit ableiten, das ist die Angst, und andererseits die Möglichkeiten untersuchen, wie man durch Beseitigung der Unwissenheit auch die Angst überwinden kann.

Im Kapitel über die Problem-Entstehung wurden bereits die
zwei großen Problemkreise behandelt, denen jeder Mensch sich
im Laufe seines Lebens stellen muß. Es sind dies:

a) Die existentielle (metaphysische) Angst vor dem Verlust der
Identität der Person.

b) Die biologische Angst vor der Art- bzw. Selbstvernichtung.

Die biologische Angst vor der Art- bzw. Selbstvernichtung hat ihre Wurzeln im Art- bzw. Selbsterhaltungstrieb. Es ist die den »Überlebenskampf« bestimmende Furcht etwa vor Hunger, Kälte, Feinden, usw., wie sie seit den Urzeiten der Menschheitsentwicklung bis zum heutigen Tag das Leben des Menschen prägt. Diese Angst ist einerseits notwendig, um das Überleben des Menschen zu sichern, andererseits ist sie, wie bereits früher ausgeführt, die Ursache des Egoismus. Die Ego-Bezogenheit ist ein wesentlicher Faktor in der Entwicklung des menschlichen Bewußtseins, das aus dem Gruppenbewußtsein des Tieres zum menschlichen Selbstbewußtsein führt. Es gibt also in der ersten Phase der Evolution des menschlichen Wesens keine Bewußtseinsentwicklung ohne Entwicklung des Ego. Trotzdem muß man schon hier darauf hinweisen, daß dieses EGO ein selbstgeschaffenes Phantom ist. Das zeigen uns sowohl die Quantenmechanik als auch die Psychologie. Wenn alles Sein – also auch Bewußtsein – immer in All-Einheit verbunden ist, was soll dann das Ego? Es ist sozusagen eine Hilfsgröße, die notwendig war und ist, um Selbstbewußtsein zu entwickeln, die aber, nachdem dies geschaffen ist, nun schleunigst wieder abgebaut werden muß, um eine Verwirrung des Selbstbewußtseins mit dem Ego zu vermeiden. Es ist nämlich dieses Unwissen von der All-Einheit, die dieses Ego alle für sich selbst nachteiligen Eigenschaften entwickeln läßt – vor allem eben die Angst. Aus der Angst entsteht das Ego, aus dem Ego die Angst. Es ist eine vorerst notwendige Spirale, die schlußendlich aber in einen Teufelskreis des Egoismus und der Abhängigkeit von Sicherheits- und Versicherungsvorstellungen führt, wie sie bis heute zum großen Teil die menschliche Geschichte bestimmt haben.

Dem unwissenden, primitiven Menschen kann man diese Abhängigkeit nicht verübeln. Er weiß es in einer gleichsam animalischen Gebundenheit des Bewußtseins nicht besser. In dieser ersten Phase der Menschheitsentwicklung konnten nur die Mythen den Menschen die Vorstellung dieser All-Einheit in Symbolen und Parabeln näher bringen. Die Menschen sollten und mußten sie einfach glauben. Verstehen konnten sie diese nicht. Daher war wohl auch die Effizienz der Vermittlung dieser Vorstellungen gering und damit das Resultat bis heute eher enttäuschend. Die Menschen auf niedriger geistiger Entwicklungsebene können eben einfach nicht glauben, daß etwas sein soll, was ihren Sinnen nicht vermittelbar ist.

In einer zweiten Entwicklungsphase der Menschheit geht es nun darum, das selbstgeschaffene Phantom des Ego abzubauen und damit aufzulösen. Das Ego entspricht nämlich nicht der Realität. Damit aber – und nur damit – wird es möglich werden, den Egoismus des einzelnen und die Angst der Völker voreinander und der Menschen untereinander abzubauen. Neid, Mißgunst, Eitelkeit, Sich-Überlegen-Fühlen usw. sind die bekannten negativen Eigenschaften dieser Ego-Struktur; Schaffenskraft, Leistungsfähigkeit die positiven.

Die biologische Angst vor dem Tode ist also einerseits lebenswichtig, weil sie lebenserhaltend ist. Ohne diese Angst würden wir uns angst- und sorglos in jedes Abenteuer stürzen, und die Überlebenschancen wären gering. Andererseits bringt aber diese Angst eine Verdrängungs-Einstellung mit sich, die wesentliche negative Auswirkungen aufweist. Es ist die Verdrängung der Angst in eine Beschäftigungsmanie. Das rastlose Arbeiten, das irrationale Ankaufen von materiellen oder selbst geistigen Gütern und Werten ist eine Auswirkung dieser Manie. Nur nicht und nie sich besinnen müssen. Nur keine Zeit der Ruhe oder der Überlegung. Wozu das alles? Wohin will ich kommen? Was will ich mit meinem Tun eigentlich erreichen?

Viele Menschen sind daher rastlos beschäftigt, jeder steht unter Zeitdruck. Niemand hat Zeit. Die Folge ist, daß die Menschen im Alter – am »Rande des Todes« – plötzlich, nachdem sie das ganze Leben die Angst verdrängt haben, mit dieser konfrontiert, sie nicht ertragen können. Die Würde des Alterns geht verloren. Diese Würde aber kann nicht erst im Alter erreicht werden, sondern muß von Jugend auf durch eine vernünftige Einstellung gepflegt werden.

Die zweite Angst, mit der wir umzugehen lernen müssen, ist die existentielle Angst. Die existentielle Angst ist eine metaphysische und als solche wahrscheinlich vielen Menschen nicht bewußt. Trotzdem wird sie irgendwann in der Entwicklung des Selbstbewußtseins auftreten. Es ist die Angst vor der Vernichtung der EB-Monade, die sich als Energiekörper ins Nichts auflösen könnte. Wie können wir sicher sein, daß sich die EB-

Monade als solche erhält? Es ist nicht mehr als ein Energiebündel. Jede Form von Energie dissipiert jedoch in den sie umgebenden Raum. Warum nicht auch die EB-Monade?

Wie kann man die Angst auflösen?

Die Auflösung oder die Überwindung der Angst ist ein Prozeß, der sich im Verlaufe der Bewußtseinsentwicklung des Menschen entfaltet. Auf jeder Entwicklungsstufe hat der Mensch andere Probleme, und es gibt daher andere Möglichkeiten der Problembewältigung. Aber erst am Ende der Entwicklung wird es möglich, die Angst nachhaltig zu überwinden.

Diese Entwicklung beginnt im Uroboros-Stadium des Bewußtseins. Jede Problem-Auflösung ist erst mit der Erkennung des Problems möglich. Dazu aber ist der Uroboros nicht imstande. Er kann seine Probleme nicht erkennen und daher nicht auflösen. Er kann sie in diesem Stadium nur erdulden und erleiden. Die Unwissenheit schützt nicht vor den Problemen der Welt. Das Wissen, und selbst der Glaube, lösen die Probleme der Welt noch nicht. Der Mensch muß das Wissen von der Welt oder den Glauben an eine metaphysische Realität in sein Bewußtsein aufnehmen können. Beides aber ist dem Uroboros unmöglich.

Im Bewußtseinszustand des Typhons beginnt die Verdrängung der biologischen Todesangst durch Aktivitäten nach außen. Er erobert Weltreiche, um die »Ewigkeit« zu erlangen und im Nachruhm seiner Erfolge zu überleben. Diese Entwicklung setzt sich im Kentaur fort, der seine Angst nach außen projiziert. Er wird dadurch zum »Macher« und zum Sicherheitsfanatiker. Sein ganzes Streben ist auf die Erhaltung seiner Selbst – also seines Körpers, den er dafür hält – gerichtet. Der Körper wird gepflegt, versichert, umsorgt, und so in jeder möglichen Weise vor dem Vergehen geschützt.

Erst im subtil-mentalen Bereich ergibt sich die Möglichkeit zur Auflösung sowohl der biologischen wie auch der existentiellen Todesangst. Es ist die Einsicht in die Zusammenhänge der Welt, die auf dieser Stufe weiterhilft. Damit aber ist der Verstand angesprochen, der zu einem Verstehen der wahren Realität führen kann. »Wer alle Wesen in seinem Selbst erkennt und sein Selbst in allen Wesen, verliert alle Angst«, heißt es in der Isa Upanishad.

Dasselbe gilt für die biologische Todesangst. Wenn es für die Auflösung der existentiellen Angst notwendig ist, von der All-Einheit des Lebens und des Bewußtseins zu wissen und sie zu erfahren, dann gilt es für die Überwindung der Todesangst, die Zeitlosigkeit des Bewußtseins, der Energie-Bewußtseins-(EB)-Monade bzw. der Seele zu erkennen. Aber was heißt erkennen und was heißt erfahren?

Man kann einem Menschen tausende Male von der Realität der All-Einheit und der Zeitlosigkeit der EB-Monade reden. Was hat er davon, wenn er dieses Wissen nicht annehmen kann? Er ist dann in der Situation des Hundes Igor, der die Differentialglei-chungen ebenfalls nicht annehmen kann.

Daher beginnt dieser Weg mit dem »Wissen von der Welt«. Wissenschaft und Weisheitslehren können hier helfen. Ohne dieses Wissen kann es keine bewußte Problem-Erkennung und damit auch keine Auflösung geben. Was aber beschreiben Wis-senschaft und die Weisheitslehren? Sie beschreiben die Gesetze, nach denen wir leben – sie beschreiben das Universalgesetz, die Spielregeln Gottes. Wie wir dieses Gesetz benennen, ist egal. Daß es ein solches Gesetz gibt, daran kann niemand, der der Argu-mentation bis hierher folgte, vernünftigerweise zweifeln.

Um zur Problem-Auflösung fähig zu sein, muß der Mensch das Universalgesetz in der einen oder anderen Weise zuerst erkennen und dann akzeptieren lernen. Dabei gilt aber immer das Erkenntnis-Paradoxon und damit die Tatsache, daß uns Menschen die letzte Erkenntnis prinzipiell nicht zugänglich ist.

Alle Schwierigkeiten, die der Mensch hat, entstehen aus einer Nicht-Beachtung bzw. aus Unkenntnis dieser Spielregeln. Ihre Auflösung bedarf daher der Annahme dieser Gesetzlichkeit. Ansätze dazu können wir wieder aus der Wissenschaft und den Weisheitslehren gewinnen.

Die Annahme dieser Spielregeln hat aber zur Folge, zugeben zu müssen, daß es etwas gibt, was über die »normale« sinnliche Erkenntnis hinausgeht. Dazu gibt es zwei Wege – die Intuition und den Verstand. Beide Wege erfordern das Eingeständnis des

Nicht-Wissens, also eine Demutshaltung. Diese Demutshaltung ist entscheidend. Denn ohne das Eingeständnis der eigenen Wissensgrenzen bleibt nur der Ausweg, das eigene Wissen als Hilfsmittel der Überwindung der existentiellen Angst einzusetzen, sich selbst als das Maß aller Dinge, als Ziel der Entwicklung zu sehen. Diese Haltung führt entweder in den fruchtlosen Solipsismus und zur Sinnentleerung des Seins oder aber, viel schlimmer, zum Antichristen, also zu einem Menschen, der sich selbst an die Stelle Gottes stellt, um sich selbst zu erlösen.

Eine Lehre vom »richtigen Handeln« bedarf also einer absoluten, holistischen Ethik, die von der Naturgesetzlichkeit des Daseins, von den Spielregeln Gottes, ausgeht. Sie gibt die Basis für die Problem-Erkennung und die Problem-Auflösung, wobei dauernde »Achtsamkeit«, d. h. eine kritische Selbstbeobachtung und der andauernde Vergleich des persönlichen Handelns mit dem Maßstab dieser holistischen Ethik, den Weg aufzeigt, der zur Überwindung der biologischen und existentiellen Ängste und damit des Egoismus führt. Die Beendigung des Leidens an der Welt und damit die Erlösung, d. h. die Loslösung von der biologischen Realität wird möglich. Dies ist wohl der tiefere Sinn der Gnade, die dem Demütigen und »Glaubenden« zuteil werden kann.

Methoden zur Auflösung existentieller Probleme

Eine Übersicht über die Methoden zur Problem-Auflösung zu geben, ist mit mehrfachen Schwierigkeiten verbunden. Die Schwierigkeiten ergeben sich aus der großen Zahl verschiedener Wege, wobei jeder Weg seine eigenen Methoden hat, und vor allem aus der Frage, was man unter einer »Methode« in diesem Falle überhaupt versteht. Man kann allgemeiner formulieren: Alles, was zur Selbstbewußtseinsentwicklung des Menschen, in mehr oder weniger systematischer Art betrieben, beiträgt, kann eine solche »Methode« sein. Man wird aber in vielen, und beinahe den wichtigsten Fällen, dann nicht von einer »Methode« sprechen, weil dies eine zu enge Beschreibung des Begriffes wäre.

Ein Versuch einer einigermaßen systematischen Einteilung kann etwa wie folgt strukturiert werden:
- nach der Herkunft – in östliche und westliche Methoden,
- nach der Basis – in religiöse und nichtreligiöse Methoden,
- nach der Systematik – in wissenschaftliche und nichtwissenschaftliche Methoden,
- nach der Qualität – in harte und weiche Methoden,
- nach dem Bezugspunkt – in Selbst- und Fremderlösungsmethoden,
- nach der Stufe der Selbstbewußtseinshöhe, auf der sie wirksam werden.

Man sieht schon aus dieser Auflistung, daß das Unterfangen, hier vollständig oder übersichtlich sein zu wollen, nicht wirklich erreicht werden kann.

Es können daher nur einige Hinweise gegeben werden, mit denen auf die derzeit wesentlichsten Selbstbewußtseins-Entwicklungsmethoden und Problemlösungspraktiken aufmerksam gemacht wird. Wichtig sind dabei eben auch die altherkömmlichen, in allen Religionen und besonders den Klosterorden bekannten Wege des Gebetes, der Einkehr, der Beichte, der Buße. Auch das sind Methoden zur Bewußtseinsschulung, obwohl man sie nicht so benennen würde.

Im 20. Jahrhundert ist die wissenschaftliche Erforschung der Psyche mit den Namen Freud, Adler und Jung verbunden. Aus diesen Forschungen entsteht die Psychoanalyse, die ein wesentliches Fundament unseres heutigen Wissens von den Methoden des Umganges mit der Psyche oder dem Bewußtsein darstellt. Sie zählen aber zu den Methoden, mit denen psychisch kranke Menschen behandelt werden, und sind daher nicht mit den hier gebrachten Methoden zu vergleichen, obwohl man sie in einer erweiterten Definition dazu zählen könnte.

Zu den östlichen Methoden der Bewußtseinsschulung gehört vor allem der Yoga und das Zen. Die klassische Ausprägung der Lehre des Yoga erfolgte in den Yoga-Sutras des Patanjali (ca. 400 n.Chr.), die noch heute ihrer prägnanten, beinahe wissenschaftlichen Formulierung wegen wichtige Ansätze bieten. Interessant sind Versuche zur Übernahme des Yoga wie auch des Zen in die christliche Lebenspraxis.

Im Westen hat sich für die Methoden der Problemlösung bzw. Bewußtseinsschulung das Wort »Psycho-Therapie« eingebürgert. Diese Psycho-Therapien unterscheiden sich sowohl in den Methoden wie auch im Bezugspunkt, der sowohl metaphysisch als auch nicht-metaphysisch gelegen sein kann. Eine gute Übersicht und Zusammenfassung dieser Methoden gibt Ken Wilber.

Eine Unterscheidung nach der Qualität der Methode kann man treffen, indem man »harte« und »weiche« Methoden unterscheidet. Zu den weichen Methoden könnte man vor allem jene zählen, die durch Bewegungstherapie – z. B. Tanzen – oder durch Singen innere Spannungen abbauen.

Zu den harten Methoden gehört etwa die transpersonale Psychotherapie nach Stanislav Grof. Bei dieser »harten« Therapie versucht man durch besondere Atemübungen veränderte Bewußtseinszustände herbeizuführen, in denen man Erfahrungen aus der »Vergangenheit« (z. B. auch aus früheren Inkarnationen) wieder aufnehmen kann. Man erwartet sich dadurch – nach dem Prinzip der Problem-Auflösung durch Problem-Erkennung – eine Bewältigung von schwierigen Lebenssituationen. Die dabei erlebten Zustände sind jedoch emotional zum Teil sehr heftige, man erlebt Panikzustände, Verlustängste, Weinkrämpfe, Schreikrämpfe.

Selbst-Erlösung oder Fremd-Erlösung?

Man kann weiters Methoden in der Selbst- oder Fremd-Erlösung unterteilen. Unter Selbst-Erlösung soll dabei verstanden werden, daß zumeist ein nicht-metaphysischer Bezugspunkt gewählt ist und der Mensch durch ein Eintauchen in seine Psyche und ein Erleben und Ausleben seiner Energien vornehmlich auf der psychisch-körperlichen Ebene seine Probleme selbst zu bewältigen versucht. Die dazu geeigneten Methoden sind alle Psychotherapien sowie auch die Astropsychologie. Die Methoden sprechen vor allem den Menschen im kentaurischen Bewußtseinszustand an.

Bei der Fremd-Erlösung wird eine Meister-Schüler-Beziehung aufgebaut und auf spiritueller Ebene eine Auflösung der Pro-

bleme angestrebt. Man muß jedoch in beiden Fällen die verschiedenen Entwicklungsstufen des Menschen genauer unterscheiden. Dies führt zu einer weiteren Differenzierung, die im
folgenden etwas ausführlicher besprochen werden soll.

Unter Erlösung soll hier sowohl die Methode der Auflösung
von Problemen – vor allem die bereits genannten Angstprobleme
und die daraus resultierenden Zustände – sowie im allgemeinen
ein Schulungs- oder Erlösungsweg des Menschen überhaupt
verstanden werden. Beide hängen untrennbar zusammen. Dabei
gibt es, wie bereits betont, viele Wege. Und jeder Weg hat seine
eigene Methode.

Man kann nun auf diesem Entwicklungsweg des Menschen
vier verschiedene Stufen des Selbstbewußtseinszustandes und die
entsprechenden Problemauflösungsmethoden unterscheiden:

1. Stufe: Die *Fremd*-Erlösung erster Art
   Diese ist typisch für den Menschen, der sich seines Selbst noch
nicht (Uroboros) bzw. kaum (Typhon) bewußt ist. Es ist der
unwissende Mensch, der durch das Leben geführt wird, ähnlich
wie das Tier. Er lernt vornehmlich durch »trial and error«. Das
typhonische Bewußtsein ist typisch für dieses Bewußtseins-Niveau. Der Mensch identifiziert sich mit seinem Körper: »Ich bin
mein Körper«.

2. Stufe: *Selbst*-Erlösung erster Art
   Auch hier folgt der Mensch einem dualistischen Weltbild. Er
verwendet die Wissenschaft, die Psychologie, Psychotherapie
und Astrologie als Methoden der Problem-Erkennung und Auflösung. Das Prinzip, dem er folgt, ist: »Erkenne dich selbst und
erlöse dich selbst.« Das kentaurische Bewußtsein herrscht vor:
»Ich bin eine Individualseele. Ich bin nicht mein Körper – aber
ich habe einen Körper.« Man nimmt die Existenz eines Bewußtseins an, schafft aber noch keinen weiteren Bezug über dieses
Bewußtsein hinaus. Man ist überzeugt, selbst seine Probleme
lösen zu können.

3. Stufe: *Fremd*-Erlösung zweiter Art
   Hier wird eine Meister-Schüler-Beziehung aufgebaut, wobei
als »Meister« eine spirituelle Persönlichkeit – zumeist einer der

Weisheitslehrer – zu verstehen ist. Der Mensch mit dem subtil-
mentalen Bewußtsein ist für diese Beziehung geeignet. Das Her-
zensgebet der Ostkirche bzw. das Mantra auf den Meister sind
die geeigneten Methoden zur Problem-Auflösung auf dieser
Stufe.

4. Stufe: *Selbst*-Erlösung zweiter Art

Auf dieser höchsten Stufe der Selbstbewußtseinsentwicklung,
die dem kausalen Bewußtsein entspricht, lernt der Mensch zu
erkennen, daß er selbst es ist, der sich erlösen muß, weil er mit
dem Universum, aus dem alles hervorgeht, eins ist. Es ist die
Stufe des Nicht-Dualismus, des aus dem Hinduismus bekannten
Advaita-Zustandes. »Tat tvam asi«, »Ich bin Es«, heißt es dort.
»Ich bin das Universum«. Dieser Zustand kann wie folgt beschrieben werden: Das ICH erlischt vollkommen: »Da ich mir
bewußt bin, der Atman zu sein, bin ich Eins mit Dir.«

Vivekananda hat die Unterschiede zwischen der 3. und 4. Stufe,
der Fremd- bzw. Selbsterlösung, sehr deutlich ausgeführt. Er
schreibt: »Nur wenige getrauen sich den Gott in uns zu realisie-
ren und sowohl den Himmel als auch jeden personalen Gott und
jede Hoffnung auf Belohnung aufzugeben«. Und weiter: »Bloße
theoretisch-spekulative Philosophie wird in Indien nicht besonders geschätzt. Es gibt keine Kirche, keine Glaubensvorschriften,
kein Dogma. Die zwei großen Unterschiede sind durch die
›Dvaitisten‹ und die ›Advaitisten‹ gegeben. Die ersteren sagen:
›Der Erlösungsweg führt über die Gnade Gottes, das Gesetz von
Ursache und Wirkung (Karma) kann, wenn es einmal in Bewegung gesetzt wurde, niemals mehr unterbrochen werden; nur
Gott, der durch dieses Gesetz nicht gebunden ist, kann durch
seine Gnade uns helfen es zu durchbrechen.‹ Die letzteren sagen:
›Jenseits der Natur gibt es etwas, das frei ist; wenn wir das finden
können, was jenseits allen Gesetzes liegt, dann sind wir frei, und
Freiheit ist die Erlösung‹. Der Dualismus ist nur eine Zwischenstufe. Der Advaitismus ist die letzte Wahrheit.«

Aus diesen Ausführungen geht hervor, daß es offensichtlich
nicht eine einzig richtige Methode der Problem-Auflösung geben
kann, die für alle menschlichen Probleme gültig ist, sondern daß

vielmehr jeder Bewußtseinszustand einer diesem Zustand adäquaten Methode bedarf. Daher kann man auch keiner Methode den Vorzug geben und keine allgemeine Empfehlung aussprechen. Man kann nur sagen: Jede Methode hat ihre Berechtigung für den entsprechenden Menschen mit dem entsprechenden Bewußtseinszustand.

Aber auch diese Aussage ist mit Vorsicht zu bewerten. Denn welcher Mensch kann den Bewußtseinszustand eines anderen, vor allem die Höhe des Entwicklungszustandes des Selbstbewußtseins richtig einschätzen? Trotzdem werden wir es immer wieder versuchen, versuchen müssen. Denn schon im täglichen Umgang mit anderen ist es notwendig, die Qualität des anderen Bewußtseins einzuschätzen. Das aber ist nicht notwendigerweise gleichbedeutend mit einer Wertung der Selbstbewußtseinshöhe. Eine Wertung sollte in jedem Fall ausbleiben, die Einschätzung muß aber versucht werden. Dabei sollte man Vorsicht walten lassen und seiner Einschätzung mißtrauen. Besser ist es, hundertmal von einer positiven Einschätzung eines anderen Menschen enttäuscht zu werden, als daß einmal eine negative Einschätzung sich als falsch erweisen sollte.

Problem-Entstehung, Problem-Erkennung und Auflösung stellen, wie wir aufzeigen konnten, eine methodische Einheit dar. Es geht darum zu erkennen, woher unsere Probleme kommen, wie wir sie uns bewußt machen können, um dann zu versuchen, mit diesen zu leben und sie damit auch zu lösen. Keines der wirklichen Probleme des Menschen kann wahrscheinlich in einem »Leben« gelöst werden. Wir werden mit den Problemen unserer »vergangenen Leben« geboren und können hoffen, einen Teil derselben aufzulösen. Wenn man den Bewußtseinsentwicklungsprozeß bei sich selbst und anderen über den Verlauf einer Lebenszeit verfolgt, ist man betroffen davon, wie gering die Fortschritte an Selbstbewußtheit sind, die in diesem Prozeß möglich sind. Vom Tier zum vollkommen harmonischen Menschen ist also ein langer Weg. Deswegen aber sollten wir auch nicht verzweifeln. Auf diesem Weg gibt es keine Zeit. Wir haben nichts Besseres zu tun, als diesen Weg zu gehen. Wer auf dem Weg zum höchsten Berg der Welt ist, ist auf dem Weg, ganz gleich, ob er sich nun am Fuße des Berges oder schon nahe dem Gipfel bewegt. Die Bewegung und der Weg sind das Wesentliche. Es kommt allein darauf an, daß das Ziel – der Gipfel – nicht aus den Augen verloren wird. Der Rest ist eine Frage der Zeit. Aber was ist schon »Zeit«?

Andere zu kennen bedeutet Weisheit.
Sich zu kennen bedeutet Einsicht.
Andere zu bezwingen erfordert Kraft.
Sich zu bezwingen erfordert Stärke.

Lao Tse

Sexualität – Existentielles Problem und Chance

In den vorangegangenen Abschnitten wurden Probleme in allgemeiner Art und Weise behandelt. Im folgenden werden zwei besondere Problemkreise diskutiert, die in ihrer Bedeutung für uns besonders hervorzuheben sind, nämlich die Sexualität und der Tod. Dieser Abschnitt ist der Diskussion der Sexualität gewidmet.

Das Ausmaß der Veränderung der gesellschaftlichen Einstellung zur Sexualität in diesem Jahrhundert ist in seiner Bedeutung etwa der wissenschaftlich-technischen Revolution gleichzusetzen. Sigmund Freud gebührt das Verdienst, vor noch nicht hundert Jahren das Tabu der Gesellschaft des 19. Jahrhunderts in Hinsicht auf die Sexualität aufgezeigt zu haben. Er war es auch, der die wahre Bedeutung der Sexualität erkannte, wenn er schreibt: »Dieser andere Satz, den die Psychoanalyse als eines ihrer Ergebnisse verkündet, enthält nämlich die Behauptung, daß Triebregungen ... eine ungemein große und bisher nie genug gewürdigte Rolle in der Verursachung der Nerven- und Geisteskrankheiten spielen. Ja noch mehr, daß dieselben sexuellen Regungen auch mit nicht zu unterschätzenden Beiträgen an den höchsten kulturellen, künstlerischen und sozialen Schöpfungen des Menschengeistes beteiligt sind.«

Diese Ansicht kann man auch heute noch voll unterstützen. Man muß sie aber in noch weitergehender Weise ergänzen und sagen: Nicht nur die kulturellen, künstlerischen und sozialen Schöpfungen des Menschen sind mit seiner Sexualkraft verbunden, sondern es geht vor allem auch um die Entwicklung der Persönlichkeitsstruktur des Individuums. Eben für diese Entwicklung ist die Sexualkraft von wesentlicher Bedeutung. Ohne sie fehlt ein wichtiger Antrieb in der Bewußtseinsentwicklung des Menschen.

Freilich hat heute die Kombination der Freudschen Auffassungen über Sexualität mit einer positivistisch-materialistischen Ethik der »optimalen Begehrensbefriedigung als oberstes Ziel der Moral« eine gesellschaftliche Situation geschaffen, in der die Vorstellungen über Sexualität und Partnerschaft zu großen Problemen Anlaß geben. Darauf weist die steigende Zahl von Ehescheidungen und Abtreibungen hin. Man kann also im Rück- und Vorblick annehmen: Freuds historisches Verdienst war es, in einem ersten Schritt die Bedeutung der Sexualität klar gemacht zu haben und die Gesellschaft von den unnatürlichen bürgerlich-christlichen Auffassungen über Sexualität, Ehe und Partnerschaft des 19. Jahrhunderts zu befreien. Dieser erste Schritt ist getan. Er war notwendig, hat uns aber auch die Probleme gebracht, die uns heute belasten. Der zweite Schritt, der uns nun bevorsteht, wäre, die weitergehende Bedeutung der Sexualkraft zu verstehen und mit dieser »umgehen« zu lernen. Die Freudsche »Sexualfreiheit« der »stärkeren Naturen«, die sich nicht auf die Einehe beschränken lassen, und die Betonung des Lustprinzips kann nicht die endgültige Antwort sein. Daher ist es notwendig, sich diese Auffassungen Freuds nochmals in Erinnerung zu rufen.

Freud schreibt im Jahre 1930 in der berühmten Darstellung »Das Unbehangen in der Kultur«: »Die Objektwahl des geschlechtsreifen Individuums wird auf das gegenteilige Geschlecht eingeengt, die meisten außergenitalen Befriedigungen als Perversionen untersagt. Die in diesen Verboten kundgegebene Forderung ... schneidet eine ziemliche Anzahl von ihnen vom Sexualgenuß ab und wird so die Quelle schwerer Ungerechtigkeit. ... Aber was von der Ächtung frei bleibt, die heterosexuelle genitale Liebe, wird durch die Beschränkungen der Legitimität und der Einehe weiter beeinträchtigt. Die heutige Kultur gibt deutlich zu erkennen, ... daß sie die Sexualität als selbständige Lustquelle nicht mag und sie nur als bisher unersetzte Quelle für die Vermehrung der Menschen zu dulden gesinnt ist.

Das ist natürlich ein Extrem. Es ist bekannt, daß es sich als undurchführbar ... erwiesen hat. Nur die Schwächlinge haben sich einem so weitgehenden Einbruch in ihre Sexualfreiheit gefügt, stärkere Naturen nur unter einer kompensierenden Bedingung, von der später die Rede sein kann.«

Diese Auffassungen über die Sexualität, wie sie von Freud geäußert wurden, haben sich heute weitgehend in der Gesellschaft, auch in den gesetzlichen Rahmenbedingungen, durchgesetzt. Das »Ausleben der Sexualität« und die Verfolgung des Lustprinzips werden als legitime Anliegen des Menschen angesehen. Diese Ansichten Freuds sind also der Ausgangspunkt, von dem aus unsere Überlegungen beginnen.

Die Grundfragen, die hier beantwortet werden sollen, sind:

1) Welche Bedeutung hat die Sexualität für die Bewußtseinsentwicklung des Menschen?

2) Wie kann und soll der Mensch mit seiner Sexualität umgehen?

Um diese Fragen beantworten zu können, wird zunächst auf esoterische und mythologische Deutungen Bezug genommen. Diese gehen weit über das heutige, eben beschriebene Verständnis hinaus, scheinen aber für eine zukünftige Entwicklung richtungsweisend. Ebenso richtungsweisend können östliche Vorstellungen sein, die im Yoga seit langem bekannt sind und geübt werden.

Die Sexualkraft ist sicher die stärkste der im Menschen vorhandene Energie und daher auch eine der bestimmenden biologischen Triebfedern für menschliches Handeln und seine Verhaltensweisen. Mit dieser Energie umgehen zu lernen, ist daher eine der größten Aufgaben für den Menschen. Daher haben alle Kulturen und Religionen genaue Regeln für die Umgangsformen in diesem Bereich gegeben. Alle Moral- und Ethikvorstellungen unterliegen jedoch einem ständigen Wandel auch auf diesem Gebiet. Das gegenwärtige Problem ist, daß die Religionen, die über Jahrtausende diese Umgangsformen und Regeln maßgeblich bestimmten, heute in einen Beweisnotstand für »richtiges« Verhalten gekommen sind. Man konfrontiert die Menschen mit Regeln, die sie nicht verstehen können. Man gibt ihnen Gebote, die sie – weil sie sie nicht verstehen – nicht einhalten können. Nur zu sagen: So ist es, du sollst dich so und nicht anders verhalten, kann nicht genügen.

Hier setzt das Ethik-Paradoxon an. Auf keinem Gebiet des Mensch-Seins wird es so deutlich wie bei der Sexualität. Alle

Religionen und Weisheitslehren fordern offensichtlich letztlich die »Überwindung« der Sexualität. Gleichzeitig wissen wir, daß die Sexualität die stärkste Triebkraft ist, die dem Menschen innewohnt und die seinen Fortbestand als biologisches Wesen garantiert. Welchen Sinn kann es haben, die stärkste Kraft, die in uns wohnt, zu überwinden? Heißt »überwinden« verdrängen, verleugnen, zerstören, ausleben oder was sonst? Kann eine Religion oder Weisheitslehre, die derartiges Verlangen stellt, erwarten, überhaupt ernst genommen zu werden?

Diese Diskrepanz ist wohl die Ursache für die Mißverständnisse und die Verwirrung, die nicht nur heute, sondern schon seit langem bestehen. Und die Mißverständnisse werden leider auch in der Zukunft bestehen bleiben. Die Erklärung dafür kann man eben mit dem Ethik-Paradoxon deutlich machen. Es besagt:

Der Mensch soll einem Gesetz nachleben, das im Widerspruch zu seinen biologisch-genetischen Anlagen steht. Biologisch-genetisch kommen wir aus dem Tierbereich. Die Evolution aber soll uns über diesen Zustand hinausführen. Warum das so ist, darauf gibt es selbst in den Weisheitslehren keine Antwort. Man kann nur feststellen: Evolution bedeutet Weiterentwicklung. Über Jahrmillionen gesehen, beginnt diese Evolution im Tierbereich und endet im Bereich des Geistigen. Es geht langfristig in der Evolution um die »Überwindung« des Sinnenhaft-Animalischen.

Das Ethik-Paradoxon besagt also, daß wir einer absoluten Ethik nachleben müssen, die wir (noch) nicht imstande sind zu erkennen und damit auch nicht imstande sind zu leben.

Trotzdem werden wir gezwungen – weil wir nach einer Naturgesetzmäßigkeit leben –, diesem Gesetz zu folgen. Daraus folgt aber, daß es nicht sinnvoll ist, diese absolute Ethik, selbst wenn wir sie noch nicht nachzuleben vermögen, zu einer relativen Kompromiß-Ethik zu degradieren. Diese Degradierung ist nur verwirrend, überflüssig und unglaubwürdig.

Entwicklungsgeschichtlich zeigen sich in der Sexualität, ähnlich wie beim Bewußtsein, mehrere Ebenen. Es beginnt mit der rein tierhaften Sexualität, der Begierde zur Begattung und Fortpflanzung. In der zweiten Stufe entwickelt sich aus dieser triebhaften Begierde die Zuneigung zum Partner, die sich in den

Anfängen dessen, was man »Liebe« nennt, zeigt. Die Liebe äußert sich hier als »Zusammen-sein-Wollen«, als »Für-einander-sorgen-Wollen«, es geht dabei um die Begriffe Geborgenheit, Wärme und Zuneigung, die keineswegs auf das Geschlechtliche zurückführbar sind, vielleicht aber doch aus dieser Anziehungskraft ihren Anfang nehmen. Diese Form der Liebe ist aber als Energie vornehmlich auf den Partner und die Familie bezogen. Es ist eine erste Form der Transmutation der Sexualkraft, die eine Lebenskraft – also eine Energieform – darstellt, die dem ganzen Kosmos zu eigen ist. In der dritten Stufe dieser Entwicklung wird Eros zu Agape, wird sinnliche Liebe zu geistiger Liebe. Die Transmutation der Sexualkraft, ist das Ziel. Warum diese Transmutation eine notwendige Folge der Evolution ist, das soll hier geklärt werden.

Esoterische und mythologische Deutungen der Sexualität

Solange wir als aufgeklärte Menschen der Moderne die Sexualität als Triebfeder und ausschließlich als Mittel zur Erhaltung der Art bzw. als Lustprinzip auffassen, werden wir uns den Möglichkeiten der Energien, die mit der Sexualkraft verbunden sind, nicht nähern können. Es wird daher notwendig sein, einige der esoterischen und mythologischen Deutungen der Sexualität kennenzulernen, um dann für uns selbst auszumachen, was Sexualität für den Menschen bedeuten kann.

Platons Symposion

In Platons Symposion wird eine mythologische Deutung des Ursprungs der Geschlechter gegeben. Sie dient auch keinem wissenschaftlich-rationalen Verständnis des Problems, kann uns aber doch eine symbolische Sichtweise aufschließen.

Platon leitet im Symposion den Ursprung der Geschlechter aus einem »gemeinschaftlichen Geschlecht« her. Es gab nach Platon ursprünglich drei Geschlechter. Dieses dritte gemeinschaftliche

Geschlecht existierte neben dem männlichen und dem weiblichen und vereinigte in sich beide Geschlechter. Es hatte vier Arme, vier Beine, zwei Gesichter, aber nur einen Kopf. Dieses Wesen war androgyn, ein Mann-Weib-Wesen. Diese androgynen Wesen versuchten, wie Platon uns erzählt, sich den Zugang zum Himmel der Götter zu verschaffen, eine in den Mythen immer wieder vorkommende Darstellung für die Evolution des Menschen. Die Götter aber wollten dies den Menschen verwehren – oder diesen Prozeß zumindest erschweren – und beschlossen daher, dieses Doppelwesen in zwei Hälften zu teilen.

An dieser Stelle gibt nun Platon, und deswegen ist diese Darstellung interessant, eine Erklärung für den Liebesdrang in der Sexualität von tiefer mythischer Bedeutung. Er schreibt: »Nachdem nun die Gestalt entzweigeschnitten war, sehnte sich jedes nach seiner anderen Hälfte, und so kamen sie zusammen, umfaßten sich mit den Armen und schlangen sich ineinander, und über dem Begehren, zusammenzuwachsen, starben sie aus Hunger, weil sie nichts getrennt voneineinander tun wollten ... Von so langem her also ist die Liebe zueinander den Menschen angeboren, um die ursprüngliche Natur wiederherzustellen, und versucht aus zweien Eins zu machen und die menschliche Natur zu heilen.«

Die Grundidee, die hier mythologisch angesprochen wird, ist jene einer langfristigen Entwicklung des Menschen zu einem androgynen Doppelwesen. Mit den Mythen aber werden uns immer Grundwahrheiten unserer Existenz vermittelt.

Die gegenwärtige gesellschaftliche Entwicklung, wo männlich-patriarchalische Tendenzen in Frage gestellt und weibliche Ausdrucks- und Denkweisen zum Teil von den Männern aufgenommen werden, entspricht damit offensichtlich dem Grundprinzip der Evolution. Der Mensch soll zu einem androgynen Bewußtsein zurückfinden.

Weiters erklärt Platon dann die Verschiedenheiten des Sexualdranges auf anschauliche Weise: »Jeder von uns ist also ein Stück von einem Menschen, da wir ja zerschnitten, wie die Schollen, aus einem zwei geworden sind. Welche Männer nun von einem solchen gemeinschaftlichen ein Schnitt sind, was damals Mannweib hieß, die sind weiberliebend, und die meisten

Ehebrecher gehören zu diesem Geschlecht, und so auch, welche Weiber männerliebend sind und ehebrecherisch, die kommen aus diesem Geschlecht. Welche Weiber aber Abschnitte eines Weibes sind, die kümmern sich nicht viel um Männer, sondern sind mehr den Weibern zugewendet, und die Tribaden[14] kommen aus diesem Geschlecht, die aber Schnitte eines Mannes sind, suchen das Männliche auf, und so lange sie noch Knaben sind, lieben sie als Schnittstücke des Mannes die Männer ...«

Die Aussagen Platons sind in die Form eines Mythos gekleidet. Mythen aber zeigen uns, wie gesagt, in verschlüsselter Form einen Teil der Wahrheit. Das, was Platon vor 2500 Jahren in Form eines Mythos formulierte, ist heute eine wissenschaftliche Erkenntnis. Jeder von uns trägt männliche und weibliche Anlagen und Hormone in sich. Wir sind, zumindest von der Anlage her, bisexuell. Wie aber ist dieses Streben nach Ergänzung, das Platon andeutet, nun zu verstehen?

In den Hermetischen Grundsätzen, einem aus vorgeschichtlicher Zeit übermittelten Weisheitswissen, heißt es: »Alles ist zweifach, alles hat zwei Pole, alles hat ein Paar von Gegensätzlichkeiten; gleich und ungleich aber ist dasselbe.«

Das ganze Sein trägt diese Gegensätzlichkeiten in sich. Man wird überall Polarität finden. Das Ziel der Evolution ist aber die Aufhebung der Polarität, das Erreichen der Ganzheit. Das ist es, was Platon im Sinne hat, wenn er von dem »Begehren wieder zusammenzuwachsen« spricht. Es ist der tiefe Trieb, die Ganzheit, die Einheit des Seins zu erreichen, die aber, solange man sie außerhalb seiner Person, also z. B. im Geschlechtspartner, sucht, nie zu erreichen ist. Denn nach jeder auch noch so intensiven Vereinigung fällt jeder für sich aus der Einheit in die Polarität zurück. Und er ist »erschöpft« und auch »enttäuscht«. Die Einheit, die er mit aller Kraft suchte, ist nicht erreicht. Erst wenn der Mensch begreift, daß er diese Einheit nur erreichen kann, wenn er die Polarität in sich selbst aufzulösen beginnt, indem er alle Teile und Facetten des Menschseins in sich realisiert, dann nähert er sich der Erlösung. Das ist der tiefe Sinn dieses Mythos.

14 Lesbische Frauen.

Sexualität aus der Sicht der Gnosis

Das gnostische Denken betont die vollkommene Eigenverantwortlichkeit des Menschen, indem dieser eine persönliche Beziehung zu Gott sucht. Die pädagogische Funktion einer Institution
wird in dieser Lehre abgelehnt.

Man hat im Laufe der Geschichte oft einerseits die Bestrebungen der Gnostiker in bezug auf die Sexualität mißverstanden
oder mißverstehen wollen, und andererseits haben gnostische
Sekten mit der Sexualität Mißbrauch getrieben und damit Verwirrung gestiftet. Beides wird verständlich und erklärbar, wenn
man sich die früher formulierten Paradoxa – das Ethik- und das
Erkenntnis-Paradoxon – ins Gedächtnis ruft.

Typisch für die Gnosis ist eine Art von Weltfeindlichkeit, die
sich auch in einer Leibfeindlichkeit niederschlägt. Der Gnostiker, der auch an die Reinkarnationslehre glaubt, versucht einer
Wiederverkörperung zu entgehen, indem er mit allen Mitteln
nach Vollkommenheit strebt. Das weltliche Tun und Erleben
wird ihm damit, im Extremfall, völlig gleichgültig. Es war wohl
u. a. diese Extremhaltung, die die Kirchenväter bewogen hat, mit
großer Härte gegen die gnostischen Sekten vorzugehen.

Aus der Welt- und Leibfeindlichkeit ergeben sich nun überraschenderweise zwei extrem verschiedene Einstellungen zur
Sexualität: Einerseits strengste Askese, andererseits völliger Libertinismus. Eine gute Erklärung für dieses widersprüchliche
Verhalten gibt Rudolf Bultmann, wenn er schreibt: »Das be-
freite Selbst des Gnostikers kann durch nichts tangiert werden,
und irgend eine Abstinenz ist für ihn unnötig, weil sinnlos
geworden.« Und weiter: »Das Handeln kann nur negativen
Charakter haben als Abstinenz (Nahrungsaskese, Reinigung,
Enthaltung von Schlaf und dergleichen), hat aber als solche ...
nur den Sinn einer Demonstration der Entweltlichung des Pneu-
matikers.[15] Sofern es gnostische ›Tugenden‹ gibt, sind es ...
asketische, kathartische oder demonstrative Verhaltungen.«

Über die Gnosis kommen wir der Frage nach dem Sinn der
Askese näher, die auch bei der Behandlung der Sexualität von

---

15 Pneumatiker = ein vom Geist Gottes (pneuma = Atem) Getriebener

großer Bedeutung ist. Welchen Sinn, welchen Zweck hat die Askese? Dabei sind es zwei Fragen, die diese Zusammenhänge berühren. Einerseits, ob Askese überhaupt sinnvoll ist, und andererseits, wenn ja, in welchem Ausmaß. Die Gegensätze zwischen Kirche und Gnosis, zwischen Materialisten, die Askese als unsinnig ablehnen, und den Idealisten oder Spiritualisten, die diese bejahen, sind darauf zurückzuführen.

Geschichtlich gesehen wurden die gnostischen Sekten von der Kirche vehement bekämpft. Sie predigen, wie schon erwähnt, extreme Askese, andererseits völligen Libertinismus. Das sind Extremhaltungen, die bei falschem Verständnis der Ziele auf dem Weg der Evolution entstehen können. Dabei kann man nicht sagen, das eine oder das andere Extrem sei für den einzelnen abzulehnen. Das kann aus gnostischer Sicht nur jeder selber entscheiden. Damals aber, um ca. 200-300 n. Chr., als gnostische Sekten großen Zulauf hatten, ging es um die Richtung, die das Christentum nehmen sollte, d. h. der pädagogische Effekt war wichtig. Daher wurden die gnostischen Sekten mit ihren extremen Ansichten über Sexualität von der Kirche mit aller Härte unterdrückt. So hat sich in allem, was mit Gnosis, d. h. dieser Form persönlicher Erkenntnis zu tun hat, in der Kirche bis heute eine sehr kritisch-distanzierte Einstellung erhalten.

Verdrängung oder Transmutation der sexuellen Energie

Wir erleben heute auf dem Gebiet der Sexualität, vor allem im Westen, die Reaktion einer Kultur auf das Phänomen der Verdrängung einer psychischen Energie. Noch dazu der stärksten Energie, die den Menschen bewegt, seiner Sexualität. Diese »Freudsche Explosion«, wie man diese Reaktion auf eine jahrhundertelange Verdrängung nennen kann, ist die Antwort auf die Art und Weise, wie die abendländisch-christliche Gesellschaft dem Phänomen der Sexualität begegnete. Die psychische Verdrängung der weiblichen Aspekte des Menschen wurde in der abendländischen Geschichte mit der Sexualität an sich weitgehend identifiziert.

Zumeist wird die Leib- und Weibfeindlichkeit auf christliche Quellen zurückgeführt, wobei insbesondere der Apostel Paulus immer wieder genannt wird. Paulus spricht vom »sündigen Fleisch« (Röm 7,25 bzw. 8,13), verbietet den Frauen das Wort in der Gemeinde (1 Kor 14,34) und spricht sowohl der Frau als auch dem Manne die Macht (also die Herrschaft) über den Leib ab (1 Kor 7,4). Aus dieser Einstellung hat sich wohl im Laufe der Jahrhunderte die Verdrängung entwickelt, auf die heute reagiert wird. Wieso kam es aber gerade im christlichen Westen zu einer derartigen Verdrängung der Sexualität?

Das Verhältnis von Religion zur Körperlichkeit des Menschen gehört zu den augenfälligsten und zugleich komplexesten Unterschieden zwischen der Tradition Asiens und den christlich-westlichen Zivilisationen. Die Sexualität des Menschen ist in den Religionen des Ostens vor allem in den Epen und der Kunst machtvoll präsent. Das ungezwungene Verhältnis der Menschen zur Sexualität, z. B. im Hinduismus, ist auffallend. Weder gibt es, noch gab es je, im Hinduismus Vorbehalte gegen den voll ausgelebten sinnlichen Genuß in der Ehe. Die Statuen der in aufreizender Sinneslust posierenden nackten Göttinnen und Götter werden von den Indern in natürlicher Offenheit gesehen, während der Europäer zumeist darüber schockiert reagiert.

Sowohl in der hellenistischen Malerei wie auch in der deftigen Sprache der Komödien des Aristophanes (ca. 445-385 v. Chr.) finden wir, ähnlich wie in Indien, die Natürlichkeit im Umgang mit der Sexualität. Erst mit dem Aufkommen des Christentums zeigt sich eine Divergenz in der Entwicklung moralischer Werte, die dann im Westen in einem repressiven Verhältnis zur Körperlichkeit mündet. Wo also liegen die wesentlichen Unterschiede? Liegen sie in der Kultur oder in der Religion begründet, oder welche Ursache können sie sonst haben?

Es wäre falsch anzunehmen, daß es zwischen den Religionen des Hinduismus, des Buddhismus und des Christentums in bezug auf die Askese – von der Theorie her – wesentliche Unterschiede gäbe. Im Gegenteil, in allen diesen Religionen wird der Wert der Askese auch in bezug auf die Sexualität sehr hoch angesetzt. Das zeigt sich insbesondere im katholischen Bereich im Zölibat der Priester ebenso, wie es sich in der Ehelosigkeit der buddhistischen Mönche manifestiert.

Offensichtlich aber gibt es Unterschiede, wie der Laienstand auf die Forderung der Askese reagiert. Im Osten scheint der volle Sinnengenuß für den Laien keine religiösen Vorbehalte zu finden. Im Christentum ist das anders. Hier war die mehr oder weniger weitgehende Disziplinierung des Sexualtriebes eine auch für den Laien bis heute gültige Forderung. Die Folgen dieser Unterschiedlichkeit in der Einstellung sind kaum überschaubar. Es wäre wert zu überlegen, ob nicht die Widerstandskraft des Abendlandes gegenüber dem Ansturm des Islam im Mittelalter auch aus dieser Einstellung zur Askese erwuchs, während doch der Hinduismus und der Buddhismus diesem mit weitreichenden Folgen verbundenen Angriff nicht standhielten.

Der Versuch zur Disziplinierung des Sexualtriebes schafft aber auch Probleme. Wenn jemand mit seiner Körperlichkeit nicht zurecht kommt, weil er sie nicht versteht, dann kann sie ihm zum »Feind« werden. Er beginnt sie zu fürchten. Es entstehen Projektionen und Feindbilder, wie sie sich u. a. im Mittelalter in den Hexenjagden niederschlugen. Dies scheint im Westen eine der Reaktionen auf die Leibfeindlichkeit gewesen zu sein. Die Verdrängung der Körperlichkeit war die negative, die Aktivierung kreativer, auf Beherrschung von Natur und Umwelt, auf Unterwerfung und Machtausübung über andere Rassen und Kulturen ausgerichtete Tätigkeit eine wenn auch problematische »positive« Seite dieser Einstellung. Der Westen ist mit einem hoch aktiven, fahrigen, mit vielen Komplexen behafteten Menschen zu vergleichen, der seine Sexualität in Tätigkeit umsetzt.

Demgegenüber hat man im Osten einerseits die Körperlichkeit ausgelebt oder andererseits, wenn man in der Bewußtseinsentwicklung weit genug fortgeschritten war, sich der Methoden der spirituellen Transmutation dieser Energien bedient.

Heute – wo die Freudsche Explosion der westlichen Verdrängung der Körperlichkeit ein Ende setzte – wird es im Westen notwendig sein, die im Osten bekannten Methoden der Bewußtseinsentwicklung zu übernehmen, da es im Westen nichts Gleichwertiges gibt. Dieser Mangel von geeigneten Bewußtseins-Schulungs-Methoden gilt nicht nur für den Bereich der Sexualität, sondern auch, wie der Jesuit Enomiya-Lassalle feststellt, für das Gebet und die Meditation. Die östlichen Weisheitslehren, vor allem die Yoga-Systeme und die buddhistischen Methoden, verfügen über großes Wissen auf diesem Gebiet. Daher werden im folgenden einige Hinweise darauf gegeben.

Sexualität und Yoga

In der Lehre des Yoga, dessen Wurzeln bereits in den vedischen Schriften der Inder anzutreffen sind, geht es um ein systematisches Training des Denkens. Die Mittel dazu sind beständige Übung und Leidenschaftslosigkeit. Es gibt mehrere Formen des Yoga. Ihnen allen gemeinsam ist die Beherrschung des Geistes und des Körpers. Die Methoden, diese Beherrschung zu erreichen, sind jedoch verschieden. Die besten Beschreibungen über die Methoden des Yoga findet man in den Aphorismen des Patanjali (ca. 2. Jhdt. v. Chr.).

Der Oxforder Wissenschafter Sir John Woodroffe (Pseudonym: Arthur Avalon) hat in dem Buch »Die Schlangenkraft« viele der wichtigsten Erkenntnisse aus dem Yoga zusammengefaßt. Die Grundidee in allen diesen Systemen ist die Verwendung der Sexualkraft zur Entwicklung des Bewußtseins bzw. der verschiedenen »Bewußtseins-Körper«. Im wesentlichen geht es um die Yama/Niyama-Praxis, die zum Verzicht auf die Dinge dieser Welt und zu einem innerlichen Freisein führt. Diese Praxis ist aber erst eine Vorbedingung für die eigentliche Schulung, die sich an sie anschließt. Was ist nun unter Yama und Niyama zu verstehen?

Yama ist von zehnerlei Art:
- Keinem Lebewesen Schaden zufügen (ahimsa)
- Wahrhaftigkeit (satyam)
- Unterdrücken der Habsucht (asteyam)
- Sexuelle Enthaltsamkeit in Gedanken, Worten und Werken (brahmacharya)
- Selbstbeherrschung (kshama)
- Standhaftigkeit im Glück und Unglück (dhriti)

- Barmherzigkeit (daya)
- Schlichtheit (arjaram)
- Gesunde Ernährung (mitahara)
- Lauterkeit von Körper und Geist (shancham)
Niyama ist ebenfalls von zehnerlei Art:
- Enthaltsamkeit, wie Fasten, etc. (tapah)
- Zufriedenheit (santosha)
- Glaube an die Veden (astikyam)
- Mildtätigkeit (danam)
- Anbetung des Schöpfer-Gottes oder Verehrung der Weltmutter (ishvarapujanam)
- Studium der Heiligen Schriften (siddhantavakyashravanam)
- Sich vom Ausführen schlechter Handlungen mit Schamgefühl zurückhalten (hri)
- Ein auf das geoffenbarte Wissen ganz ausgerichtetes Gemüt haben (mati)
- Das Aufsagen von Mantras[16] (japa)
- Religiöse Observanz im allgemeinen (vrata)

Wir sehen also, daß sexuelle Enthaltsamkeit und Enthaltsamkeit an sich einen wesentlichen Bestandteil des Yoga ausmachen. Es geht um eine »Unterjochung« des Körpers (das Wort Yoga geht auf denselben indogermanischen Wortstamm zurück, von dem auch Joch kommt). Geistesreinheit ist ohne die Reinheit des Körpers undenkbar.

Dabei ist das Nichtvorhandensein anstößiger sexueller Vorstellungen, was etwa »Reinheit« im westlichen Sprachgebrauch bedeuten würde, im Yoga unzureichend. Dies wäre erst die Anfangsstufe, sozusagen das Schul-ABC, im Vergleich zu den Schwierigkeiten, die es danach noch zu überwinden gilt. Durch die Disziplinierung des Bewußtseins entbindet man das niedere Erkenntnisvermögen vom Denken an Dinge, die das eigentliche Selbst verhüllen. Man richtet in der Konzentration das Denken weg vom Außen und nach innen, zum Selbst. In dieser Weise beherrscht der Yogi dann durch Yama und Niyama, durch Körperhaltung und Atemübungen, durch Konzentration und Meditation seinen Körper und seinen Geist.

16 Mantras = Wirkungsfähiger religiöser Spruch oder Formel der Inder

Eine besondere Form des Yoga ist der Kundalini-Yoga. Dieser wird in dem Buch von Sir Arthur Woodroffe ausführlich beschrieben und geht auf Quellen zurück, die sich im Dunkel der Frühzeit verlieren, es handelt sich um indisches Weisheitswissen. Besondere Aktualität erhielt es durch die Erfahrungen eines indischen Regierungsbeamten, Pandit Gopi Krishna (1903-1985), der nach siebzehn Jahren intensiver und konsequenter Meditation, im Jahr 1937, ein »Samadhi«-Erlebnis hatte, das auch mit »Erhebung in den kosmischen Zustand« oder »Aufsteigen der Kundalini-Kraft« umschrieben wird. Dieses Erlebnis und die damit verbundenen Probleme wurden im Buch »Kundalini; Erweckung der geistigen Kraft im Menschen« ausführlich dokumentiert.

Durch die exakte Beschreibung der mit diesem Erlebnis verbundenen Bewußtseinszustände besitzen wir ein Zeugnis vom Zusammenhang der Geschlechtskraft und der Entwicklung von Bewußtsein durch die Methode des Yoga. Die Übereinstimmung der beschriebenen Zustände mit den Angaben von Patanjali sowie der Schriften, die Sir John Woodroffe analysiert, ist auffallend.

Der Zustand der »Erleuchtung«, den Gopi Krishna beschreibt, scheint einem Eintreten in die Energie-Bewußtseins-(EB)-Realität zu entsprechen. Es ist dies die Erfahrung einer zeit- und raumlosen Dimension, die sowohl bei den Nach-Tod-Zuständen (siehe nächsten Abschnitt) als auch durch ausdauernde Meditation erreicht werden kann.

Gopi Krishna beschreibt diesen Zustand wie folgt: »Ich war jetzt reines Bewußtsein, ohne Grenze, ohne Körperlichkeit, ohne irgendeine Empfindung oder ein Gefühl, das von Sinneswahrnehmungen herrührt, in ein Meer von Licht getaucht. Gleichzeitig war ich bewußt und jedes Punktes gegenwärtig, der sich ohne Begrenzung oder materielles Hindernis gleichsam in alle Richtungen ausbreitete. Ich war nicht mehr ich selbst, oder genauer: nicht mehr, wie ich mich selber kannte, ein kleiner Punkt der Wahrnehmung, in einen Körper eingeschlossen. Es war vielmehr ein unermeßlich großer Bewußtseinskreis vorhanden, in dem der Körper nur einen Punkt bildete, in Licht gebadet und in einem Zustand der Verzückung und Glückseligkeit, der unmöglich zu beschreiben ist ... Die Körperlichkeit verschwindet. Auch die Zeit ist nicht mehr da.«

Gopi Krishna betont nun bezeichnenderweise die essentielle Bedeutung dieser Erfahrung für die Transmutation der Persönlichkeit und damit der Gesellschaft, um einen höheren Bewußtseinszustand zu erreichen. Er schreibt: »Die unbegrenzte Möglichkeit sexueller Befriedigung, die dem Menschen von Natur erlaubt wird, hat offensichtlich einen höchst wichtigen Hintergrund. Die kostbare organische Substanz und die konzentrierte Energie, die im Samen liegen, können, anstatt für ein augenblickliches Vergnügen verbraucht zu werden, auch für den einsetzenden Verjüngungsprozeß als Kräftigungsmittel zur Ernährung der Nerven und Gehirnzellen verwendet werden, um eine Metamorphose des inneren Menschen zu bewirken.«

Hier liegt der tiefere Grund, Enthaltsamkeit, Keuschheit und den Zölibat für Menschen zu verlangen, die reif für eine spirituelle Entwicklung sind. Zu entscheiden, wer dazu reif ist und wie man das erfahren kann, ist eine andere Frage. Über die Tatsache des Zusammenhanges von Enthaltsamkeit und höherer Bewußtseinsentwicklung sollte es jedoch keinen Zweifel geben. Er kann durch viele Aussagen belegt werden.

Der von Gopi Krishna praktizierte Kundalini-Yoga mag für den einzelnen möglich sein. Er ist jedoch als Entwicklungsweg für die Allgemeinheit abzulehnen, da die damit verbundenen Gefahren und Probleme weitaus das mögliche positive Resultat überwiegen. So werden von Gopi Krishna geistige Verwirrung und Psychosen, die er durchmachte, als eine der Gefahren beschrieben. Weiters zeigte sich bei ihm nach dieser Erleuchtungs-Erfahrung eine moralische Kälte – also ein zunehmender Egoismus –, der ihn seiner Familie entfremdete und nur mühsam überwunden werden konnte. Dies könnte ein Beweis dafür sein, daß die Erfahrung sozusagen »erzwungen« wurde, bevor die Persönlichkeit reif für diesen Bewußtseinszustand war. In diesen Phasen der Bewußtseinsentwicklung spielt auch die Frage der Selbst- oder Fremderlösung, d. h. ob der Mensch glaubt, nur von sich aus diese Entwicklung steuern zu können oder ob er sich einer »Führung« anvertraut, eine große Rolle.

Sexualität und Liebe – vom Eros zur Agape

Es wurden bereits für die Entwicklung des menschlichen Bewußtseins mit gebotener Vorsicht, weil das grobe Vereinfachungen sind, vier Stufen angegeben: der Uroboros, der Typhon, der Kentaur und das Subtil-Mentale Bewußtsein.

Dementsprechend kann man auch den Umgang mit der Sexualität, mit ebenso gebotener Vorsicht, diesen Stufen zuordnen. Im ersten Stadium des Bewußtseins, dem typhonischen, herrschen die tierischen Leidenschaften beinahe unumschränkt vor. Sie verlangen nach ungehemmter Befriedigung aller niederen Triebe im Umgang mit den Mitmenschen, besonders aber mit dem anderen Geschlecht. Es ist der Zustand, den man als den »Don Juan« beschreiben könnte und von dem Freud spricht, wenn er von den »Schwächlingen« redet, die sich einem »Einbruch in ihre Sexualfreiheit« fügen. Der »starke« Mann oder die »starke« Frau leben ihrem Trieb gemäß.

Im zweiten Stadium – dem kentaurischen Bewußtseinszustand – mildert die Liebe die Brutalität der Wünsche, und der Mensch beginnt die tierischen Leidenschaften zu zügeln. Hier findet man bereits die Opferwilligkeit zum Wohle geliebter Menschen. Die marsische Leidenschaft wird unter dem Einfluß der Bewußtseinsentwicklung allmählich auch von Mitleid geprägt. Die durch den näheren Umgang mit dem Einzelwesen sich ergebende Zuneigung und Sorge wird zur Liebe. Das ist die wesentliche Transmutation, die sich hier auf Grund der Entwicklung des Bewußtseins vollzieht. Diese Liebe aber bleibt auf die Einzelperson, auf die Familie und die Sippe beschränkt. Der andere – ganz gleich, ob dies die Rasse, die Nation oder den Konkurrenten im Beruf betrifft – ist ein Fremder, ein Unbekannter, schließlich ein Feind.

Erst im dritten Entwicklungsstadium – dem des subtil-mentalen Bewußtseins – wird die Transmutation von der Liebe zum Einzelwesen, bzw. zur Familie, zu einer universalen Liebe – zur Agape – möglich. Sie umfaßt, ohne Unterschied des Geschlechtes, die ganze Menschheit. Es ist das Verständnis der All-Liebe, das hier auf Grund der All-Einheit aufbricht. So wird die Geschlechtskraft – der Eros – zur treibenden Entwicklungskraft im sozialen Bereich. Vom Stadium der rein erotischen Zuneigung entwickeln wir Liebe, Sorge und Zuneigung zuerst für den einzelnen und schließlich ein allumfassendes Mitleid und die Liebe zum Nächsten – Agape. Daß damit gleichlaufend eine immer größere Disziplinierung des Geschlechtstriebes verbunden ist, wird von selbst deutlich. Es wird die Geschlechtlichkeit der EB-Monade transmutiert. Der Körper bleibt dabei, wie er war.

Die eheliche Treue, die Enthaltsamkeit vor der Ehe, der Zölibat der Priester usw. sind demnach keine überkommenen, veralteten Ansichten antiaufklärerischer Konservativer, sondern der Zeitgeist des 3. Jahrtausends. Auf dem Höhepunkt einer Periode des sexuellen Libertinismus können wieder – auf Grund einer wissenschaftlich-religiösen Weltsicht – absolute Werthaltungen wachsen. Wesentlich dabei ist, daß diese Werthaltungen logisch begründet werden können und auch so begründet werden müssen. Werthaltungen allein aus Dogmen abzuleiten, ist nicht mehr zeitgemäß.

Sexualität und Tod

Mitbestimmend für die Einstellung jeder Zivilisation zur Sexualität ist überraschenderweise das Verhältnis zur Sterblichkeit des Menschen. Dies gilt sowohl in seiner individuellen Ausformung, die in der Hoffnung des Menschen auf ein Weiterleben nach dem Tode zum Ausdruck kommt, als auch für den kollektiven Bereich als Streben jeder Gemeinschaft, ihr Fortbestehen zu sichern.

Wir kennen das Gefühl, das sich in den Worten ausdrückt: »In meinen Kindern werde ich weiterleben.« Die Urangst vor dem Ausgelöschtsein wird durch die Urkraft der Sexualität scheinbar überwunden. Vor dem Hintergrund einer sehr kurzen Lebenserwartung und eines permanenten Ausgeliefertseins an den Tod durch Kriege und Krankheiten konzentrierte sich ein Großteil der Energien des antiken und des mittelalterlichen Menschen, bis herauf in die jüngste Vergangenheit, auf die Erhaltung der Art, also auf die Zeugung möglichst vieler Kinder. Das hat sich in der Moderne, die im Westen von einem allgemeinen Geburtenrückgang gekennzeichnet ist, drastisch geändert. Hier ergeben sich nun zwei verschiedene Probleme: Einerseits die Frage des biologischen Fortbestandes der Völker des Westens, andererseits die Frage, wie sexuelle Enthaltsamkeit sich auf diese Entwicklung auswirkt.

Diese Fragen sind – aus unserer Sicht – unbeantwortbar bzw. für das Verhalten des einzelnen nicht relevant. Es ist ein Grundsatz der holistischen Ethik, daß sie nur subjektive Verhaltensweisen regelt. Jeder muß für sich, auf Grund seiner Einsicht, die notwendigen Entscheidungen treffen. So auch hier. Wenn schon frühchristliche Denker die sexuelle Begierde als die »erste Ursache des Todes« sahen, dann können wir dies auch heute noch so verstehen. Die Entsagung von geschlechtlichen Beziehungen wurde symbolisch als die Wiederherstellung verlorener Freiheit, als die Fähigkeit des Menschen, die Macht des Todes aufzuheben, gesehen. Wie können wir das verstehen?

Hier stehen einander einerseits die Ansichten des Menschen der zweiten, kentaurischen, Bewußtseinsstufe und andererseits die einer dritten oder vierten Bewußtseinsstufe gegenüber. Schon Paulus fand, der Tod sei eine unvermeidbare Folge des menschlichen Fortpflanzungstriebes, und frühchristliche Asketen sahen im »Boykott des Schoßes« die Möglichkeit, »die Zeit zu einem Ende zu bringen«. Diese Ansichten sind unverständlich, wenn man sie ohne das tiefere Wissen um die Möglichkeiten einer Bewußtseinsentwicklung, wie sie durch die Verwendung der Sexualkraft gegeben sind, sieht.

Man kann aber »die Zeit zu einem Ende bringen«, d. h. in den zeitlosen Bewußtseinszustand übergehen, wenn man z. B. Yoga praktiziert, wie das Gopi Krishna und andere bewiesen haben. Aber nicht nur mit der Methode des Yoga, sondern mit allen von den Weisheitslehren und Religionen angegebenen Methoden ist dieses Ziel erreichbar. Aber eben nur mit diesen Methoden.

Erst aus dieser Sicht werden die uralten Forderungen der Weisheitslehren, wie sie sich in den Religionen niedergeschlagen haben, heute wieder neu verständlich. Der Zölibat für Priester bzw. Mönche, also für jene, die sich einem spirituellen Leben widmen wollen, ist aus dieser Sicht daher eine unbedingte Notwendigkeit. (Daß es auch Priester geben kann, die mehr soziales oder organisatorisches Engagement haben und daher dem Zölibat nicht unterworfen werden müßten, ist eine Frage, die die jeweilige Institution zu entscheiden hat, die aber hier nicht relevant ist.) Auf jeden Fall ist die Verbindung der Vorstellung der Sexualität, wie sie Freud sah, mit der Vorstellung der optimalen Begehrensbefriedigung, wie sie die meisten modernen Philosophen predigen, fatal. Damit wird die Bewußtseinsentwicklung des Menschen zumindest gehemmt, wahrscheinlich aber unmöglich gemacht. Für die Historiker ist die gesellschafts- und kulturzerstörende Wirkung des sexuellen Libertinismus eine bekannte Tatsache. Dekadente Kulturen, wie z. B. jene der Römer in der Endzeit des römischen Reiches, also in der Zeit vor der Christianisierung, sind ein bekanntes Beispiel dafür.

Sexualität und Askese

Bereits in der Problemstellung zu diesem Kapitel wurde die Frage aufgeworfen: Auf welches Ziel hin lebt der Mensch?

Über die Antwort streiten die Menschen seit Jahrtausenden. Die Antwort kann nur nach der Zeit, dem Ort und dem Entwicklungszustand des einzelnen und der Gesellschaft, in der man lebt, verstanden werden.

Der naive Realist lebt – ähnlich wie das Tier – zur Lebens- und Arterhaltung. Der Gnostiker lebt für die »Erlösung«, d. h. für die Befreiung von der Wiedergeburt oder den Übergang in den Bereich der Geisteswelten. Dazwischen liegt die ganze Spannweite der möglichen menschlichen Lebensziele in allen Varianten. Die pädagogischen Institutionen, wie z. B. die Kirchen, müssen es sich zur Aufgabe machen, ihre Regeln so zu stellen, daß sie vom Mittelmaß der Gesellschaft verstanden und gelebt werden können. Denn sind diese Regeln auf einem zu anspruchsvollen Niveau, dann verzweifeln die Menschen und vermögen ihnen nicht zu folgen. Sind sie zu niedrig gestellt, gibt es keine Entwicklung. Daraus lassen sich auch die Antworten auf die folgenden Fragen verstehen und entwickeln: Ist Askese sinnvoll? Und: In welchem Ausmaß ist Askese sinnvoll?

Der Sinn der Askese ist die Übung zur Überwindung des Sinnlichen. Diese Überwindung ist in der Evolution des Menschen angelegt und dann erreicht, wenn der Mensch imstande ist, in Übereinstimmung mit dem Universalgesetz zu leben. Hier beginnt nun die Auslegung dessen, was man unter »in Übereinstimmung leben« versteht, und damit beginnen die Mißverständnisse. Niemand kann und soll zu weit von dem abweichen, was er leben kann. Das Tier lebt nach dem Gesetz und der »vollkommene« Mensch ebenfalls. Dazwischen liegt die Bandbreite dessen, wo jeder für sich entscheiden muß, wie er leben kann. Zuviel Askese ohne die dazugehörige Selbstbewußtseinsbasis schafft den Pharisäer, der vorgibt – auch vor sich selbst –, schon weiter zu sein, als er bewußtseinsmäßig ist. Wer hingegen lebt, ohne Ansprüche an sich zu stellen, wer nicht bereit ist, Opfer zu bringen, bei dem kann keine Bewußtseinsentwicklung stattfinden. Jede Entwicklung bedarf der Anstrengung. Auch die Entwicklung des Selbstbewußtseins.

Der Sinn der Askese liegt also im Opfer. C. G. Jung schreibt dazu: »Das Selbst also ist es, das mich zum Opfern veranlaßt, ja es zwingt mich zum Opfern.«

Gemeint ist damit der aus dem Inneren des Menschen – dem Selbst – kommende Drang, etwas zu tun, was ihn weiterbringt. Dieses Tun aber ist in der Evolution des Bewußtseins auf die Beschränkung und schließliche Überwindung des Einflusses der Sinne auf menschliches Verhalten gerichtet. C. G. Jung schreibt weiter: »Wir gewinnen aus dem Selbstopfer uns selbst, das Selbst, denn nur was wir geben, das haben wir.« Und weiter: »Was aber gewinnt das Selbst? Wir sehen, daß es in Erscheinung tritt, daß es sich aus der unbewußten Projektion löst, daß es, indem es uns ergreift, auch in uns selber eintritt und damit aus dem dissoluten Zustand des Unbewußten in den des (Selbst-)Bewußtseins und aus dem potentiellen in den aktuellen Zustand übergeht. Was es im unbewußten Zustand ist, wissen wir nicht; jetzt aber wissen wir, daß es Mensch, ja uns selber geworden ist.«

Klarer könnte man den Sinn des Opfers im Menschwerdungsprozeß nicht formulieren. Aus dem Opfer, der Askese, und nur daraus entsteht aus dem unbewußt-tierischen Zustand der bewußte Mensch. Wir können also folgern: Der Sinn der Askese ist die Selbstbewußtmachung des eigentlichen Menschen – des Selbst – im Menschen.

Die zweite Frage, die wir uns in diesem Zusammenhang stellten, war: In welchem Ausmaß ist Askese sinnvoll? Welches Ausmaß an Askese darf ich von mir, soll man in der Gesellschaft verlangen? Auch darauf gibt es viele Antworten. So wird der Unterschied zwischen Gnosis und Christentum im Maß der Askese deutlich, das angestrebt wird.

In einem Vergleich des Essenertums mit dem Urchristentum, wie ihn Andre Dupont-Sommer anstellt, ist dies deutlich zu erkennen. In den Qumran-Texten der Essener, die 1947 in den Höhlen im Gebiet des Wadi Qumran gefunden wurden, tritt ein »Lehrer der Gerechtigkeit« auf, den man zu der gnostischen Sekte der Essener zählen kann. Er war Offenbarer einer geheimnisvollen Gnosis, in der strenge Askese gelehrt und jede Berührung mit Sündern vermieden wurde. Demgegenüber steht das Leben des Jesus von Nazareth. Er war, aus dieser Sicht, ein mit dem täglichen Leben und Leiden der Menschen verbundener Volksprediger. Er verkehrte sogar mit Sündern (was die Pharisäer ihm zum Vorwurf machten) und lehrte eine maßvolle Askese.

Aus dieser Gegenüberstellung kann man schließen, daß letztlich jeder das Maß an Askese, das er leben will, selbst bestimmen muß. Ohne Askese gibt es keine Bewußtseinsentwicklung. Ein zu großes Maß an Askese würde uns niederwerfen und zu innerlichen Krüppeln machen, weil wir nicht leben können, was nicht unserem Entwicklungszustand entspricht. Dieser Gegensatz wurde schon im Ethik-Paradoxon ausgedrückt.

Für eine zukünftige Gesellschaft wird also gelten, daß sie aus ihrem Welt- und Menschenbild heraus begreifen muß, in welchem Maße Askese notwendig und sinnvoll ist.

Das Ziel: Der androgyne Mensch?

Unter dem Begriff »androgyn« versteht man, wörtlich aus dem Griechischen abgeleitet, das Mann-Weib. Es gibt auch den Begriff des Hermaphroditen, des Zwitterwesens. Der Zwitter ist biologisch zweigeschlechtlich, der androgyne Mensch nicht.

Androgyn – in dem hier verwendeten Sinne – bedeutet, daß

der Mensch sich mehr und mehr von der Lebensweise des »Geschlechtstieres« trennt und versucht, das allgemein Menschliche in sich zu fördern. Bei dieser neuen Lebensweise entwickelt der Mensch in sich ein ganzheitliches Verständnis oder Selbstbewußtsein, das sowohl die männlichen wie auch die weiblichen Aspekte des Menschseins umfaßt.

Der Mann-Mann (der Männchen-Typ) würde sich dann über den Mann-Mensch zum androgynen Mensch-Mann bewegen. Analog dazu ist die Entwicklung der Frau zu sehen. Die Geschlechtlichkeit bleibt, aber sie wird vergeistigt – sie wird transmutiert. Der Mensch sieht in seinem andersgeschlechtlichen Gegenüber, bei einer Begegnung, nicht zuvorderst das Geschlechtstier, sondern den Menschen in seinem ganzen Bewußtseinszustand, mit seinen positiven und negativen Zügen. Heute »fährt« der Mensch bei einer Begegnung oft auf die sekundären Geschlechtsmerkmale »ab«. Konsum, Reklame, Mode und Zeitgeist leisten diesen biologischen Anlagen Vorschub.

Die Entwicklung zum androgynen Menschen ist in uns von Anfang an angelegt. Seit langem weiß man, daß in jedem Menschen sowohl biologisch wie auch psychisch männliche und weibliche Komponenten vorliegen. C. G. Jung hat aus seinen psychologischen Studien auf dieser Basis die Animus/Anima-Theorie entwickelt. Im Zuge des Individuationsprozesses, wie das C. G. Jung nennt – der Menschwerdung bzw. der Bewußtseinsentwicklung – trifft der Mensch auf sein »Seelenbild«. Dies wird von Jung beim Manne »die Anima«, bei der Frau »der Animus« genannt. Die archetypische Figur des Seelenbildes steht also jeweils für den komplimentär-geschlechtlichen Anteil der Psyche und zeigt das Bild vom anderen Geschlecht, das wir in uns tragen. Auf Basis dieser Hypothese entwickelt Jung ein Modell vom Umgang der Geschlechter. Danach ist die Integration des jeweiligen gegengeschlechtlichen Seelenbildes vornehmste Aufgabe im Individuationsprozeß, also für den Mann die Integration der Anima, für die Frau die Integration des Animus. Warum ist das so?

Der Individuationsprozeß besteht nach den Erkenntnissen der Tiefenpsychologie in der Auseinandersetzung mit dem Unbewußten, also jenes Teiles unseres Bewußtseins, das noch nicht

dem Selbstbewußtsein untergeordnet wurde. Immer größere
Anteile des Unbewußten – des sogenannten Schattens im Vergleich zur Persona – müssen in das Selbstbewußtsein integriert
werden. Das Unbewußte ist aber nach Jung immer geschlecht-
lich »gefärbt«. Das Seelenbild dagegen ist zweigeschlechtlich
oder androgyn. Dem entspricht auch die esoterische Aussage,
die Energie-Bewußtseins-(EB)-Monade sei weder männlich noch
weiblich, oder sowohl männlich als auch weiblich, weil sie in
vielen Inkarnationen beide Aspekte in sich aufgenommen hat.
Wir haben also auch hier, wie schon früher, die Erkenntnis vom
androgynen Menschen gewonnen.

Der Mensch wächst demnach im Laufe der Evolution über
seine Geschlechtlichkeit hinaus. Wenn dies auch ein fernes Ziel
sein mag, das vorläufig nur von ganz wenigen angestrebt werden
kann (und nur von jenen, die auch einen entsprechenden Selbstbewußtseinszustand erreicht haben, denn andernfalls können
schwere physische und psychische Störungen die Folge sein), ist
dies das große Ziel, von dem in allen Weisheitslehren und
Religionen gesprochen wird.

Daß dieses ferne Ziel auch der heutigen Mehrheit der Menschen noch verschlossen ist, sollte uns nicht abhalten, es zu
benennen. Diese Einsicht entspricht auch dem Matthäus-Wort,
das an das Ende dieses Kapitels gestellt werden soll.

»Darum rede ich zu ihnen in Gleichnissen, weil sie sehen und
doch nicht sehen, hören und doch nicht hören und nicht verstehen.« (Matth. 13,13)

Gelobt seist Du, mein Herr
Durch unseren Bruder Tod,
Dem kein Lebend'ger kann entrinnen:
Weh' denen, die sterben in Sünde.
Selig jene, die sich Deinem heiligen Willen fügen:
Leicht ist ihr Tod
und ohne jeden Schmerz.

Sonnengesang des hl. Franz v. Assisi

Das Problem Leben und Tod –
Grundzüge einer Thanatologie

Das Problem des Sterbens und des Todes wird heute von vielen Menschen weitgehend verdrängt. Damit aber verliert man die Basis für das Leben. Denn das Leben ist eingebunden in den Anfang, die Geburt, und das Ende – den Tod. Ohne diese Eingebundenheit fehlt der Zusammenhang. Damit fehlt auch die Gerichtetheit des Lebens, das Ziel, auf das hingelebt wird. Kurz: Es fehlt der Sinn des Lebens.

Nach einer Untersuchung des Institutes für kirchliche Sozialforschung in Österreich haben sich 50% der Menschen in Österreich noch nie bewußt Gedanken über ein Fortleben nach dem Tod gemacht. Ältere Menschen befassen sich mit diesen »letzten Dingen« nicht mehr als jüngere. 30% der Bevölkerung sind der Ansicht: »Ob es ein Weiterleben nach dem Tod gibt, ist für mein Leben ohne Bedeutung.« Die Hälfte der Befragten ist ausschließlich auf die diesseitige Existenz fixiert, wobei persönliches Glück, Funktionieren der Systeme in Politik, Wirtschaft, Wissenschaft und Kultur Vorrang haben.

Es ist wohl die Unsicherheit über die Existenz nach dem Tode, dieses »Nicht-Wissen-Können« oder auch ein »Nicht-Wissen-Wollen«, das uns dem Problem des Sterbens und des Todes entfremdet hat.

Dazu kommt die anti-metaphysische Komponente in der Philosophie der Aufklärung, die sich bis in eine Entmythologisierung der Religionen fortgesetzt hat. Das Resultat ist eine Hektik, unbedingt alles vom Leben genießen zu wollen, typisch für die Lebenssucht der aufklärerischen Moderne.

In diesem Kapitel soll versucht werden, eine Übersicht über das »Wissen vom Tode« zu geben. Es ist nämlich überraschend zu finden, daß es, so man sich mit dem Thema beschäftigt, wesentlich mehr darüber zu wissen gibt, als man gemeinhin annimmt. Diese Berichte über Todeszustandserfahrungen und Nach-Tod-Zustände sollen mit den Aussagen der Weisheitslehren und der gnostischen Lehren verglichen werden. Auf diese Weise können wir – jeder für sich – prüfen, ob wir diese Zusammenhänge logisch akzeptabel und damit vernünftig finden.

Wie wichtig ist es eigentlich, sich mit dem Problem des Todes zu beschäftigen? Genügt es nicht, sich um das Leben zu kümmern? Ist es nicht so, daß wir seit Menschengedenken darüber doch nichts Konkretes erfahren können und uns daher besser auf keine Spekulationen einlassen? Manche sagen auch: Wir werden schon erfahren, was nach dem Tode ist, dann, wenn es soweit ist. Bis dahin laßt uns unbeschwert leben. Ist diese Einstellung sinnvoll?

Die Antwort darauf ist schon vielfach gegeben worden. Vereinfacht gesagt lautet sie: Wenn du richtig zu leben verstehst, dann brauchst du dir auch um den Tod und das Danach keine Sorge zu machen. Wenn du gut sterben willst, lerne zu leben! Die Ars moriendi – die »Kunst zu sterben« – ist also auch eine Ars vivendi – sie ist durch die »Kunst zu leben« zu erlernen.

Was also sollten wir über den Weg in den Tod und das Danach wissen? Die Weisheitslehren haben überraschenderweise die Betonung nicht auf ein Wissen vom Tod gelegt. Der Grund dazu mag wohl in der Vielgestaltigkeit der Todeserfahrungen und des Lebens danach liegen.

Daher ist die Antwort des Buddha auf diese Fragen sehr bezeichnend. Es sind die berühmten Fragen nach den zehn Unbestimmtheiten, die in der Potthapada-Sutra gestellt werden:

»Ist die Welt ewig, endlich oder unendlich?

Ist die Seele dasselbe, wie der Körper?

Gibt es ein Leben nach dem Tod?

Was geschieht mit der Seele?

Gibt es eine Wiederkehr der Seele?«

Und auf alle diese Fragen, die sich der Buddha mit Ruhe anhörte, antwortete er:

»Dies sind Fragen, zu denen ich keine Meinung habe.

Denn diese Fragen bringen nichts.

Es sind keine Fragen, die sich mit der Norm, mit den Gesetzmäßigkeiten des richtigen Lebens befassen.

Sie führen nicht zur Befreiung vom Laster und der Begierde, nicht zur Beruhigung des Herzens, noch zu wirklichem Wissen, noch zur Einsicht über den Weg.

Deswegen habe ich keine Meinung zu diesen Fragen.«

Auf die Frage, was dann aber wohl wichtig wäre, antwortet der Buddha:

»Ich habe erklärt, was Leiden ist,

ich habe den Ursprung des Leidens

und die Aufhebung des Leidens erklärt

und die Methode, wie dies zu erreichen ist.«

Der Buddha weigert sich also, Spekulationen über die zehn Unbestimmtheiten anzustellen, wissend, daß solche Überlegungen zur »Erlösung« wenig beitragen.

In ähnlicher Weise reagiert Jesus auf die Frage des Philippus: »Herr, zeige uns den Vater, und es genügt uns.« (Joh 14,8) Philippus war offensichtlich ein sehr empirisch orientierter Mensch; er wollte sehen und er wollte wissen, wie wir heute auch. Ihm wird daher erwidert: »Wer mich sah, hat den Vater gesehen.«

In beiden Fällen wird also auf diese Fragen nicht eingegangen und eine direkte Antwort verweigert. Dies soll wohl heißen: »Es bringt nichts zu wissen.« Schau mich an und lebe; lebe so, wie ich es dir gezeigt habe. Das Vorbild zählt, das richtige Leben zählt und nicht das Wissen.

Wir können diese Hinweise genau so nehmen, wie sie gemeint sind. Letztlich zählt nicht das Wissen, sondern das Handeln und die Entwicklung des Selbstbewußtseins. Wer durch die Akzeptanz des Wortes, also im Glauben, dahin kommt, der sei glücklich gepriesen. Wer sich aber durch die Dornen des Wissens diesen Weg erarbeiten muß, der sei deswegen nicht verflucht.

Wenn die Weisheitslehrer den einfacheren Weg des Glaubens als den zielführenderen angeben, der Schüler aber den schwierigeren des Wissens wählt, der ihn hoffentlich zum selben Ziel bringt, dann sollte auch das in Ordnung sein. Die Geschichte der Philosophie und der Wissenschaft des Westens zeigt uns, daß hier offensichtlich der mühsame Weg des Wissens gewählt wurde.

Die wissenschaftlichen Untersuchungen der letzten Jahrzehnte haben gezeigt, daß ein Wissen über die Todzustände des Menschen nicht nur aus den Vorgängen beim Sterben erlangt werden kann. Vielmehr gibt es verschiedene Möglichkeiten, eine Separation der Energie-Bewußtseins-(EB)-Monade vom Träger-Körper herbeizuführen. Mit diesen Möglichkeiten haben sich vor allem Psychologen und Parapsychologen beschäftigt. Einerseits sind es die sogenannten »Grenzerfahrungen«, wie Angstzustände beim Ertrinken oder bei abstürzenden Bergsteigern, die derartige Zustände herbeiführen, andererseits ein willkürliches oder unwillkürliches »Austreten aus dem Körper« unter der Einwirkung von Drogen oder anderer Einflüsse. Unter den inzwischen unüberschaubar gewordenen Veröffentlichungen zu diesem Thema sind einige besonders hervorhebenswert. Zu diesen zählen die Arbeiten des Psychologen Abraham A. Maslow, der sich mit diesen Grenzerfahrungen beschäftigt hat, sowie vor allem die von Andreas Resch herausgegebenen Imago Mundi-Berichte. Auch der Bergsteiger Reinhold Messner hat sich dieser Probleme, die im »Grenzbereich Todeszone« der Berge auftreten, zugewandt und über sie berichtet. Neuerdings sind zu diesen Erfahrungen auch die mediale und instrumentale Transkommunikation getreten. Hier sind es insbesondere die Tonbandstimmenforschung, aber auch die Kommunikation mit Verstorbenen über Computer bzw. Fernsehbildschirme, die überraschende Ergebnisse gebracht haben. Eine umfassende Zusammenstellung dieses Bereiches gibt Ernst Senkowski.

Was wissen wir über den Tod?

Die Wissenschaft vom Tode – die Thanatologie – wurde in den letzten Jahrzehnten durch die Arbeiten einiger Wissenschafter wesentlich gefördert, nachdem man lange Zeit das aus der Geschichte bekannte und von esoterischen Lehren bewahrte Wissen über dieses Thema verdrängt hatte. Es sind überwiegend die Forscher auf den Gebieten der Psychologie und Parapsychologie, die dabei, wie oben erwähnt, einen Beitrag leisteten. Im Westen sind vor allem die Arbeiten von Elisabeth Kübler-Ross und von Raymond Moody bekannt geworden.

Die östliche Tradition des Wissens vom Tode ist wesentlich umfangreicher und hat auch nicht, wie das im Westen im Zuge der Aufklärung der Fall war, eine Unterbrechung in ihrer Entwicklung mitgemacht. Auch im Westen wurde die östliche Tradition in den letzten fünfzig Jahren aufgenommen, insbesondere durch das Ägyptische und das Tibetanische Totenbuch. Hier waren es vor allem die Bücher von W. Y. Evans-Wentz und Detlef Lauf sowie Gregoire Kolpaktchy, durch die dieses Wissen wieder aktualisiert wurde.

So gibt es ein neu entfachtes Interesse im Westen und eine lange Tradition aus den östlichen Lehren, die uns berechtigt, von einer wissenschaftlichen Thanatologie zu sprechen.

Moderne Berichte über Todeszustandserfahrungen

Die Berichte über Todeszustandserfahrungen, wie sie vor allem von Kübler-Ross und Moody aus der Erfahrung von Menschen, die bereits klinisch tot waren, vorgelegt wurden, zeigen einige überraschende Übereinstimmungen. Es werden die folgenden Eindrücke bei Todeszuständen angeführt:

- Körperliche Bedrängnis, die schließlich zur Bewußtlosigkeit führt.
- Unangenehme Geräusche, durchdringendes Läuten, Brummen oder Musik.
- Gefühl, sich rasch durch einen langen, dunklen Tunnel zu bewegen.
- Danach befindet man sich »außerhalb« des Träger-Körpers, besitzt aber wieder einen anderen »Körper«.

Kübler-Ross vergleicht das Sterbeerlebnis mit dem Geburtsvorgang, wobei von ähnlichen Erfahrungen, wie sie Moody berichtet, gesprochen wird. Es wird betont, daß diese Erlebnisse allgemein und unabhängig vom Ort bzw. der Religion waren.

Gemeinsam ist diesen Erfahrungen das Erlebnis des Lichtes.

	Moody/Kübler-Ross	Stefan von Jankovich	Tibetanisches Totenbuch
Vorstufen	Läuten, Brummen das "Tunnel -Erlebnis"	1. Phase Bewußtwerden des Todes	
	Austritt aus dem Körper	2. Phase Austritt aus dem Körper Erleben der multi- dimensionalen Realität	
1. Stufe	Licht-Erlebnis "Lichtwesen" -weißer als weiß		URLICHT All-Liebe / All-Einheits-Erleben
2. Stufe			HELLIGKEIT Erleben des Schöpfer-Gottes (ISHVARA)
3. Stufe	Begegnung mit Anderen Friede, Ruhe		Karmische Schemen Zornige / friedliche Götter
4. Stufe 1. Teil	Lebensrückschau	3. Phase Lebensrückschau	GERICHT Wiedergeburts-Phase
2. Teil			Schließen der Schoßes-Pforte

Abb. 44: Die verschiedenen Nach-Tod-Zustände im Vergleich

Moody erwähnt das »Lichtwesen«. Kübler-Ross spricht von den Eindrücken Sterbender, am Ende des Tunnels strahle ihnen ein Licht entgegen »weißer als weiß und ganz hell«. Dieses Lichter- lebnis hat zentrale Bedeutung, weil es auch im Ägyptischen und im Tibetanischen Totenbuch als ein essentielles Phänomen be- schrieben wird.

Die verschiedenen Stufen aus den Berichten über die Nach- Tod-Zustände sind in Abb. 44 zusammengefaßt.

Sowohl Moody als auch Kübler-Ross sowie andere Forscher erwähnen die folgenden Eindrücke:
– Gefühle von Frieden und Ruhe (Lichtstädte)
– Begegnungen mit anderen (Reich der verwirrten Geister)
– Die Lebens-Rückschau
– Das Lebens-Gericht
– Die Vision des Wissens
Einer der bemerkenswertesten und aufschlußreichsten Nach-

Tod-Berichte wurde von Stefan von Jankovich gegeben. Seine Erlebnisse nach einem schweren Verkehrsunfall gliedert er in drei Teile:

1. Phase: Bewußtwerden des Todes (»Endlich bin ich soweit«)
2. Phase: Beobachtung des eigenen Todes, nach dem »Austritt« aus dem Träger-Körper
3. Phase: Lebensfilm (Rückschau) und Urteil

Die erste und zweite Phase sind sehr genau beschrieben. Über die 3. Phase berichtet Jankovich wie folgt: Beginnend mit dem Unfall wurde sein ganzes Leben – ca. 2000 Szenen – in umgekehrter Reihenfolge dargestellt, wobei jede der Szenen »abgerundet« ist, d. h. einen Anfang und ein Ende hat. Alle Szenen sah er als Darsteller und Beobachter zugleich.

Jankovich schreibt: »Mit anderen Worten: Es hat sich ungefähr so abgespielt, als ob ich über dem ganzen Geschehen im vier- und mehrdimensionalen Raum geschwebt und von oben, von unten und von allen Seiten gleichzeitig das ganze Geschehen miterlebt hätte. Ich schwebte über mir selbst. Ich betrachtete mich von allen Seiten und hörte zu, was ich selber sagte. Ich registrierte mit allen Sinnesorganen, was ich sah, hörte, spürte und auch was ich gedacht hatte. Auch die Gedanken wurden irgendwie eine Wirklichkeit.«

Man kann diesen Bericht als eine sehr klare Beschreibung der EB-Realität nehmen, in der sowohl Beobachter-Partizipation als auch Raum- und Zeitlosigkeit gegeben sind.

Als Konsequenzen aus diesen zahlreichen Berichten können wir vorläufig festhalten:

– Die Hypothese vom Bestehen eines biologischen Träger-Körpers und einer EB-Monade wird bestätigt.

– Die EB-Monade ist demnach der eigentliche Träger des Ich-Bewußtseins des Menschen mit allen Charakteristiken eines Individuums. Diese EB-Monade kann auch außerhalb des physischen Träger-Körpers Wahrnehmungen – vergleichbar mit Sehen, Hören, Fühlen usw. – tätigen. Im Englischen spricht man von »Out-of-Body«-Zuständen und von »Extra-Sensory-Perceptions« (ESP).

– Der »Tod« des physischen Trägers ist demnach kein Ende des

Ich-Bewußtseins, sondern sein Übergang in eine andere Dimensionalität – die Energie-Bewußtseins-(EB-)Realität.

Der eigentliche Übergang in die EB-Realität ist nicht unangenehm. Der prämortale Zustand jedoch – d. h. die Zeit, bis das Herz zum Stillstand kommt –, also der Ablöse-Prozeß der EB-Monade (Ich-Bewußtsein) als solcher ist das, was man mit »Todeskampf« bezeichnet. In diesem Zustand kann man »Todesangst« erleben. Hier hat man Halluzinationen, sieht Bilder aus seinem Leben, die aus dem Unbewußten hochkommen. Aber diese Bild-Halluzinationen haben keine plastische Ausdrucksweise und auch keine Reihenfolge. Sie gleichen einem Traum.

– Das Urteil, das Gericht über das Verhalten im vergangenen »Leben«, wird entweder selbst oder von anderen »Personen« gesprochen. Die Beurteilung erfolgt dabei nach einem »kosmischen Harmonie-Gesetz«, das selbstlos und ohne Zwang ist.

Taten sind positiv, wenn sie durch selbstlose Liebe gelenkt sind, anderen nicht aufgezwungen wurden, auch dann nicht, wenn dies mit den besten Absichten erfolgte. Jankovich dazu: »Zwang deute ich als die Einmischung in das Karma anderer Menschen«. Weiters positiv sind Taten, die freiwillig und zustimmend erfolgten und der geistigen Weiterentwicklung der Beteiligten dienten.

Taten werden negativ beurteilt, wenn sie egoistische Hintergedanken bergen, aufgezwungen wurden, einen böswilligen Ursprung hatten (Haß, Neid, Rachsucht, Habsucht, Eifersucht, usw.), nicht offen und ehrlich waren, gegen das kosmische Harmonie-Gesetz verstießen.

Die Aussagen der Weisheitslehren

Die Bibel und die Tradition Israels

Ähnlich dem Gilgamesch-Epos, der Geschichte des Königs von Uruk in Mesopotamien, das noch ca. 1500 Jahre älter ist als die Homerischen Epen, zeigt auch das Alte Testament eine sehr diesseits-bezogene Auffassung vom Tod.

Otto Knoch schreibt dazu: »Die älteste Überlieferung Israels setzt die Sterblichkeit des Menschen als Schöpfungsgegebenheit voraus und nimmt sie als unveränderlich unreflektiert hin.« Von einem »jenseitigen Leben« ist zunächst nicht die Rede. Es geht um das Leben im Diesseits. Das Leben nach dem Tode wird ohne Freude, ohne Leid geschildert. Man vegetiert dort, von Gott und den Menschen vergessen, dahin. »Das Grab ist ihr Haus auf ewig«, heißt es in der Bibel (Ps 49, 12). Das Alte Testament weist an zahlreichen Stellen auf das düstere Schicksal der Toten hin. So enthielt die Offenbarung des wahren Gottes Jahwe zunächst keinerlei Hinweise auf das jenseitige Schicksal der Toten. Beide, Fromme wie Bösewichte, trifft demnach ein und dasselbe Schicksal im Tod. Es wurde lediglich angenommen, daß der Gerechte lang leben und im Glück sterben, der Böse aber vorzeitig und jäh sterben würde. Daraus sind auch die zahlreichen Anklagen gegen Gott im Alten Testament zu verstehen, wo man die Wirklichkeit als schwere Anklage und als harten Widerspruch gegen die Gerechtigkeit Gottes empfindet, die man nicht schweigend und im Gehorsam hinzunehmen bereit ist. Wir haben da, wie das vielfach auch heute der Fall ist, ein Beispiel für ein unzureichendes »Gott«-Verständnis. So heißt es im Psalm 73: »Fast wären meine Füße gestrauchelt ... als ich sah, daß es den Frevlern so gut ging. Sie leiden keine Qualen, ihr Leib ist gesund und wohlgenährt ... Sie reißen ihr Maul bis zum Himmel auf.«

Im Psalm 10 wird die Frage gestellt: »Warum, Herr, stehst du so ferne, verbirgst dich in Zeiten der Not? ... Der Frevler rühmt sich nach Herzenslust ... er raubt, er lästert und verachtet dich. Überheblich sagt er: Gott straft nicht. Es gibt keinen Gott.« (Ps 10, 1-10)

Der Tod wurde also im Alten Testament als ein dunkles Rätsel, als Überwältigung durch eine unheimliche Realität, als Zerstörung der Gemeinschaft, kurz als ein Übel, als Last und Strafe gesehen. Die Ähnlichkeit dieser Anschauungen zu jenen der aufklärerischen Moderne ist einerseits überraschend. Andererseits kann man folgern, daß jeder Übergang von der Unwissenheit eines gleichsam animalischen Zustandes in einen von umfassenderer Bewußtheit diesen ersten kritischen Erkenntniszustand durchlaufen muß.

Das Neue Testament

Erst um die Zeitenwende begannen einzelne Weisheitslehrer ein
Umdenken zu einer lebendigen Gemeinschaft mit Gott, einem
Gott der Hoffnung, einzuleiten. Doch dieser Prozeß ging lang-
sam vor sich und wurde, im Vergleich zur chinesischen und
indischen Kultur, erst relativ spät, vor allem durch Jesus von
Nazareth, zu einem Höhepunkt gebracht. Zur Zeit Jesu herrsch-
ten in Israel zwei Richtungen von Jenseitserwartungen vor:
– Die Richtung der Sadduzäer, des Priesteradels.
    In dieser wurde die altisraelitische Auffassung vom Gang aller
    ins Totenreich vertreten. Die Auferstehungshoffnung wurde
    mit Skepsis abgelehnt und verspottet.
– Die Richtung der Pharisäer.
    In dieser wurde die prophetische Hoffnung auf die Auferwek-
    kung am »letzten Tag« in der messianischen Zeit, zusammen
    mit einem allgemeinen Totengericht, mit ewigem Leben oder
    ewiger Strafe genährt.
Die Auffassung Jesu war jener der Pharisäer verwandt, er setzte
hier jedoch eigene Akzente. Für ihn ist Gott Leben stiftend, und
zwar ewiges Leben. Gott ist nicht ein Gott der Toten, sondern
der Lebenden (vgl. Mk 12, 24-27; Mt 22, 23-33; Lk 20, 27-40).
    Jesus kam also in eine Tradition, die eine Existenz des Indivi-
duums nach dem Tod weitgehend ablehnte. Er versuchte, seine
neuen Vorstellungen von einem »ewigen Leben« den Menschen
nahezubringen. Aber auch er gab, ähnlich wie der Buddha, keine
Beschreibung über das »Wie« der Jenseits-Welt. Auch ihm war
dies offensichtlich nicht wichtig. Es ist offensichtlich, daß unsere
gegenwärtige Situation, in der naturwissenschaftliches Denken
vorherrscht, sich von der geistigen Situation vor zweitausend
Jahren unterscheidet. Daher ist es wichtig zu verstehen, in
welcher geistigen Situation Jesus lehrte und wie seine Lehre
aufbereitet wurde.
    Die Aufbereitung dieser Lehren erfolgte u. a. durch den Phari-
säer Saulus, der durch eine Begegnung mit dem auferstandenen
Jesus zum Paulus wurde. Paulus war in der jüdischen Tradition
erzogen worden. In seinen Nach-Tod-Vorstellungen orientierte
er sich an dem Geschehen um Jesus. Als Grundsatz für seine

Fortlebensaussagen stellt Paulus fest (1 Kor 15): »Wie Christus, so der Christ.« Die Existenzform des sich in Erscheinungen zeigenden nachösterlichen Christus bildet nach ihm Voraussetzung, Grundlage und Modell der künftigen Existenz des Christen.

Paulus hält daran fest, daß der Mensch als ganzer, als Leib-Seele-Einheit bei Gott in einer neuen Lebensform weiterleben wird, so wie er das an Christus dem Auferstandenen, im Vorgang der Christus-Erscheinung in Damaskus, erkannt hatte. Diese neue Lebensform ist eine pneumatische, d. h. vom Pneuma – (griechisch Hauch, Atem) – geprägte. Dieser »pneumatische Leib«, der »Geist-Leib«, ist das Ergebnis einer Neuschöpfung durch Gott. Hier finden wir einen Übergang von einer reinen Diesseits-Bezogenheit zur Entwicklung eines immer größer werdenden Verständnisses der geistigen Teile des Menschen.

Das Alte Testament, die Tradition israelitischen Denkens, war bis in die Zeit um Jesus von einer Einstellung geprägt, die allen Überlegungen über eine Existenz nach dem Tod feindlich gegenüber stand. Dies führte dazu, daß auch kein »Wissen« von Nach-Tod-Zuständen aufkommen konnte. Solches Wissen war sogar drastischen Verfolgungen ausgesetzt. So findet man in Lev. 20,27: »Männer oder Frauen, in denen ein Toten- oder Wahrsagegeist ist, sollen sterben. Man soll sie steinigen, ihr Blut soll auf sie kommen.«

Weiter erkennt man, daß die Aussagen von Jesus über Nach-Tod-Zustände spärlich sind und offensichtlich von ihm für seine Mission als nicht wichtig erachtet wurden. Die christlichen Jenseitsvorstellungen wurden vornehmlich von Paulus und primär auf Basis seiner Erlebnisse und Erscheinungserfahrungen mit dem auferstandenen Jesus formuliert. Dabei ist zu berücksichtigen, daß Paulus zu Lebzeiten Jesu keinen persönlichen Kontakt zu Jesus gehabt hatte, und weiters, soweit bekannt und ersichtlich, keine besonderen Kenntnisse oder persönliches Wissen von Nach-Tod-Zuständen hatte bzw. für wichtig erachtete. Jedenfalls findet man weder bei ihm – und in der Nachfolge auch kaum bei anderen christlichen Autoren – besondere Hinweise über Methoden und Erlebnisse in diesem Bereich, wie dies etwa im Hinduismus und im Buddhismus der Fall ist.

Die Totenbücher der Ägypter und Tibeter

Zum Unterschied von der israelitischen Tradition zeigen die Ägypter und die Inder großes Interesse an Nach-Tod-Zuständen und Erfahrungen. Vor allem in Indien und in Tibet wurde dieser Bereich im Laufe von Jahrtausenden zu einer echten Wissenschaft vom Tode entwickelt. Den Ursachen nachzuspüren, die so verschiedene Interessenslagen in diesen großen Kulturen zeitigte, ist interessant. Der jüdisch-christliche Mensch ist demnach mehr der Gestaltung des Diesseits zugewandt, der indisch-östliche Mensch mehr auf die Bewußtwerdung seiner selbst gerichtet. Das gestaltende »Machen« auf der einen Seite und die Kontemplation auf der anderen waren, auch wenn dies grobe Verallgemeinerungen sind, bestimmende Faktoren in der Grundströmung der geistigen Entwicklung dieser Kulturen. Beide haben ihre Bedeutung, und beide können einander befruchten.

Für die indisch-östliche Tradition scheint nicht die Eroberung eines geistigen oder weltlichen Territoriums, sondern die Unterwerfung des Selbst im Vordergrund der tiefsten geistigen Bemühungen zu stehen. Glaubenskriege sind daher in der indischen Tradition weitgehend unbekannt. Der kontemplative Weise ist im Osten der Typus des vollkommenen Menschen, während im Westen eher der kämpferische, leidende Märtyrer als Vorbild gilt.

Daher ist verständlich, warum das Wissen um das Selbst oder das Ich, im Leben und im Tode, seine Bedeutung und Wandlung im zeitlichen wie im zeitlosen Bereich, in der östlichen Tradition unvergleichbar größer ist als im Westen.

Das Ägyptische Totenbuch

Waren die Israeliten in ihrer geistigen Tradition, die in der jüdisch-christlichen bis heute fortwirkt, eher Diesseits-bezogen und die Inder eher Jenseits-bezogen, so nahmen die Ägypter eine Mittelstellung ein. Die sanfte, zart-sinnliche Natur des historischen Ägypters war vom Diesseits stark angezogen, wurzelte aber in einem leidenschaftlichen und beinahe ausschließlichen Interesse am Todesgeheimnis. Bereits um 2500 v. Chr. waren Techniken für Eingeweihte bekannt, die dem Verstorbenen seine jenseitige Existenz nach seinem Willen zu gestalten erlaubten. Die Methoden dazu sind in den verschiedenen Totenbüchern beschrieben.

Das Ägyptische Totenbuch, dessen eigentlicher Titel »Das Heraustreten ins Tageslicht« ist, war die »Bibel« des alten Ägypten. Die wesentlichen Leitmotive dieses Initiationswerkes sind:

— Das Verhalten der Seele bis zur Rechtfertigung des Verstorbenen.

— Die »Reisen« des Verstorbenen im »Himmel«, auf Erden und in der »Unterwelt«.

— Die kosmische Natur und Bestimmung des Menschen.

Wesentlich für unsere Analyse sind die Hinweise auf die verschiedenen »Körper« des Menschen, die im Nach-Tod-Zustand wirksam sind, und die Erfahrungen, die mit diesen Körpern gemacht werden.

Das aktive Substrat des Menschen wurde von den Ägyptern als Ka bezeichnet. Es ist dies das von den nicht-materiellen Teilen der EB-Monade widerstandsfähigste und verdichtetste Element. Um diesen Ka-Körper im Nach-Tod-Zustand weiter zu erhalten, war es nach Ansicht der Ägypter notwendig, den irdischen Körper zu bewahren und ein möglichst exaktes Bildnis des Verstorbenen zu schaffen. Dies war der Grund für die Sitte der Einbalsamierung des Leichnams der Verstorbenen.

Ein weiteres Substrat der EB-Monade war Khaibit, der »Schatten«. Er enthielt alle elementaren Begierden und Leidenschaften. Die Seele, Ba, des Verstorbenen war mit dem Herzen, Ib, verbunden. Sowohl Ba als auch Ib waren vom »zweiten Tode«, d. h. von der geistigen Auflösung und dem allmählichen und endgültigen Verlust des Bewußtseins bedroht.

Man kann sich vorstellen, daß dieser Bewußtseinsverlust einer Auflösung der noch nicht individualisierten Seele in der Tiergruppen-Seele, wie sie auf der niedrigeren Stufe des tierischen Bewußtseins angenommen wird, entspricht. Generell ist in allen Religionen die Vermeidung dieses »zweiten Todes« oder die

Region	Allg. Bezeichnung gnostische Tradition	Ägyptische Tradition	Indische Tradition	Christliche Tradition	Dieses Buch	
Göttlicher Geist	All-Einheits-Bewußtsein	———	Atman			
Lebensgeist	Kausal-Bewußtsein <CHRISTUS-Bewußtsein>	SAHU der glorreiche Körper	Buddhi			
Gedankenwelt -abstrakt	Mental-Bewußtsein -ICH-Bewußtsein	IAKHU oder KHU der glorreiche Geist	höheres Manas			
-konkret	-Intellekt	BA (Seele) und IB (Herz)	niederes Manas	Geist/Seele (unsichtbarer Teil)	EB-Monade (unsichtbarer Teil)	Derzeitige Entwicklungshöhe
Astral-Region	Begierden- oder Empfindungsleib, Gefühle (Sexualität, etc.)	KHAIBIT	Karma			
Äther-Region	Lebensleib (Lebensfunktionen)	KA	———			
Chemische Region	Physischer Träger	———		Körper	Träger Körper	

Abb. 45: Die verschiedenen »Körper« des Menschen im Vergleich der
esoterischen Lehren

Erlangung des »ewigen Lebens«, d. h. einer zeitlosen Existenz
der EB-Monade, ein zentrales Anliegen. Dieses ewige Leben ist
aber offensichtlich erst erreichbar, wenn das Bewußtsein der EB-
Monade eine gewisse »kritische« Konzentration erreicht hat. Ist
diese nicht erreicht, dissipiert[17] das individuelle Bewußtsein ins
Gruppen-Bewußtsein. Erst nachdem die »kritische« Konzentration des individuellen Bewußtseins erreicht ist, kann dieses als
selbständige Monade bestehen.

Der geheiligte Geist schließlich, Khu oder Iakhu, ist das
Kennzeichen des Eingeweihten. Auf der höchsten Stufe des
Bewußtseins der EB-Monade entsteht Sahu, der »glorreiche
Körper«. Diese Bewußtseinsstufe bezeichnete ein Menschenwe-
sen, dem das Siegel der »Erleuchtung« eingeprägt war. Die
Ägypter kannten keine höhere Bewußtseinsstufe als das Sahu.
Wir finden bei ihnen nichts, das dem Atman[18] – dem absoluten
Ich der Inder – entsprochen hätte. Khu, Sahu und Ren – Be-
wußtseinsbestandteile, die magisch und heilig waren – sind nicht

17 dissipieren = von Dissipation, technischer Ausdruck für Zerstreuung,
   Zerteilung
18 Atman = Kern einer Persönlichkeit; das wahre Selbst; die Seele; vergleichbar mit dem höchsten Bewußtseinszustand der EB-Monade

vom »zweiten Tode« bedroht. Einmal geschaffen, wurden sie für »ewig« angesehen und bedurften daher auch keiner Opfergaben.

Wir haben mit dieser Aufzählung der in der ägyptischen Tradition vorherrschenden Ansicht über die Bewußtseinsbestandteile (oder »Körper«) des geistigen Menschen (oder der EB-Monade) zugleich eine erste Übersicht über die Hierarchie der Bewußtseinsstufen erhalten, wie sie die esoterischen Weisheitslehren kannten und kennen. Der Mensch arbeitet während seines Lebens am Aufbau dieser Bewußtseinskörper und nimmt sie dann als wesentliches Ergebnis des biologischen Lebens mit hinüber in die Jenseits-Welt. Das ist der Grundgedanke, der den Anschauungen der Ägypter und anderer esoterischen Lehren zugrunde liegt.

Dem Totenbuch zufolge werden Konflikte, die während des irdisch-biologischen Lebens zwischen den verschiedenen Bestandteilen der menschlichen Wesenheit vorhanden sind, wesentlich intensiver nach dem Tode erlebt. »Zentrifugale Kräfte« bewirken ein Auseinanderdriften der Bewußtseins-Bestandteile und unterwerfen so den »unsichtbaren« Menschen einer peinlichen Prüfung. Dies wäre mit dem früher bereits beschriebenen »Gericht« oder »Urteil« vergleichbar.

Das Ägyptische Totenbuch zeigt uns bereits um 2500 v. Chr. ein Wissen, das systematisch und methodisch die verschiedenen Bewußtseinsstufen des Menschen und deren Situation im Nach-Tod-Zustand beschreibt und Verhaltensregeln für diesen Zustand angibt.

Zumeist werden diese Verhaltensregeln in der Form von Sprüchen detailliert beschrieben. Sie befassen sich mit Verhalten,
– um nach dem Tode zu leben,
– um in die Unterwelt einzudringen,
– um das Gedächtnis des Verstorbenen wiederherzustellen (Erlangung des kontinuierlichen Bewußtseins),
– um Dämonen zurückzuweisen,
– um der Strafe zu entgehen,
– um in Götterfürsten verwandelt zu werden u. a.m.
In einem dieser Sprüche wird auch das Phänomen der Reinkarnation beschrieben. In dem Spruch: »Vom Heraustreten der Seele ins Tageslicht« heißt es:

»Ich bin das Heute,
Ich bin das Gestern,
Ich bin das Morgen.
Meine wiederkehrenden Geburten durchschreitend,
bleibe ich kraftvoll und jung;
Ich bin dem Geheimnis verwobene göttliche Seele ...
Ihr alle erfahret;
Ra[19] bin ich, wahrlich!
Er dagegen, der Gott, bin ich!
Durch verschiedene Wandlungen schreitend,
Und suchend mühsam den Weg,
Tappend im Dunklen ...«

Das Tibetische Totenbuch

Das Tibetische Totenbuch ist vermutlich das umfassendste und sowohl theoretisch als auch empirisch am besten fundierte Werk über das Sterben und die Nach-Tod-Zustände. Ein wesentlicher Aspekt dieses Werkes ist die durchgehende »Wiedergeburts-Abwehr«, die stete Bemühung zu erklären und zu demonstrieren, wie eine Wiedergeburt zu vermeiden ist. Hieraus resultiert eine gewisse Welt-Feindlichkeit, die aber aus der religiösen Grundhaltung des Tibetanischen Totenbuches heraus verständlich wird.

Diese religiöse Grundhaltung ist buddhistisch, wenn auch, wie Detlef Lauf zeigt, der Ursprung der Tibetischen Totenbücher in der vorbuddhistischen Bon-Religion gelegen ist. Daraus ergibt sich scheinbar ein Widerspruch zum buddhistischen Bodhi-sattva – Schwur des Erlösten, der immerwährende Reinkarnation bis zur Erlösung des letzten Lebewesens gelobt. Der Widerspruch aber ist eben nur ein scheinbarer, da der Bodhisattva die Reinkarnationen freiwillig auf sich nimmt, während der »normale« Mensch dies nicht aus freiem Willen tut.

Es würde zu weit führen, die umfassenden Erkenntnisse aus dem Bardo-Thödol, wie das Tibetanische Totenbuch genannt

19 Ra ist der ägyptische Sonnengott.

wird, hier anführen zu wollen. Daher können nur einige der für unsere Argumentation wesentlichen Aspekte aufgezeigt werden.

Interessant ist vor allem die Darstellung der Nach-Tod-Zustände. Dabei fällt die Übereinstimmung der Abfolge dieser Zustände mit den verschiedenen Bewußtseinszuständen, wie sie etwa von Ken Wilber beschrieben wurden, auf. Wilber hat diese Erkenntnisse aus den Weisheitslehren in neuester Zeit zusammengefaßt. Der erste Nach-Tod-Zustand entspricht dabei dem höchsten Bewußtseinszustand, der vom Menschen bekannt ist: dem »kausalen Bewußtsein« der All-Einheit. Das ist der Zustand der unpersönlichen Gottheit. Danach kommt das »subtil-mentale« Bewußtsein, in welchem die Beziehung zu einem persönlichen Gott – dem Ishvara – gesucht wird usw.

Die Beschreibung dieser Nach-Tod-Zustände ist im Bardo-Thödol wie folgt angegeben (vgl. Abb. 44):

1. *Stufe des Nach-Tod-Zustandes* – Der Bardo[20] im Augenblick des Todes. Das klare, im Augenblick des Todes gesehene Urlicht (vgl. dazu die Übereinstimmung mit den Beschreibungen von Moody). Dieses entspricht dem Zustand der absoluten Gottheit, des Buddha-Amitabha. Es ist ein Zustand der All-Liebe und der All-Einheit.

Wer dieses helle Urlicht nicht »ertragen kann«, weil er es in sich noch nicht realisiert hat, fällt in den 2. Zustand.

2. *Stufe des Nach-Tod-Zustandes* – Das sekundäre, sofort nach dem Tode gesehene Licht. Der Verstorbene weiß nicht, ob er tot ist oder nicht. Ein Zustand der Helligkeit kommt über ihn. Dieser entspricht dem Wesen (Bewußtsein) seiner Schutzgottheit, des Weltenschöpfers Ishvara. Damit wird z. B. einer der Buddhas oder Bodhi-Sattvas bezeichnet. Im Bardo heißt es: »Oh, du von edler Geburt [damit ist der Verstorbene gemeint, Anm. des Autors], meditiere über deine eigene Schutzgottheit.«

Hat der Verstorbene keine Beziehung zu einer Schutzgottheit im Leben aufgebaut, sinkt er in die nächste Stufe zurück.

3. *Stufe* – Hier beginnen die karmischen Schemen, die karmi-

---

20 Bardo = Zwischenzustand nach dem Tode bzw. zwischen zwei Zustandsformen (Inkarnationen).

schen Trugbilder. Friedliche und zornige Gottheiten tauchen auf. Sexuelle Phantasien werden erlebt.

4. *Stufe* – Der Verstorbene sucht die Möglichkeiten zur Wiedergeburt. Im Bardo wird diese Stufe aus zwei Teilen bestehend beschrieben:

1. Teil: Es entfaltet sich das »Gericht«. Darunter wird die Lebensrückschau verstanden. Der Verstorbene erlebt sein ganzes Leben nun aber nicht als Agierender, sondern als Betroffener. Auf Grund dieser karmischen Bezüge zeigen sich ihm Visionen und Möglichkeiten zukünftiger Inkarnationszusammenhänge und Geburtsgegenden.

2. Teil: Das sogenannte »Schließen der Schoßespforte«. Es werden Methoden angegeben, wie eine Wiedergeburt zu vermeiden ist bzw. falls eine solche nicht zu vermeiden ist, wie eine geeignete »Schoßespforte«, also die Mutter, gewählt werden kann.

Wenn man das Tibetanische Totenbuch studiert, dann fällt einerseits die Genauigkeit der Beschreibung der einzelnen Bewußtseinszustände im Nach-Tod-Zustand auf. Zum anderen wird immer wieder auf die große Bedeutung der Fähigkeit zur Konzentration und der Meditation hingewiesen. Beispielsweise heißt es dort: »Ob der Zustand (des klaren Urlichtes) für eine Mahlzeitspanne andauert, (hängt ab von) der guten oder schlechten Verfassung der Nerven und auch ob frühere Übung vorhanden war oder nicht.« Das ist eine ganz wesentliche Information. Sie sagt uns, daß die normalerweise im Alltag wenig beachteten Fähigkeiten der Konzentration der Gedanken auf eine Sache und die Fähigkeit zur Vertiefung der Gedanken in der Jenseits-Welt von ausschlaggebener Bedeutung sind.

C. G. Jung, der einen psychologischen Kommentar zum Tibetanischen Totenbuch verfaßt hat, verweist auf die Zusammenhänge zwischen dem Bardo Thödol und westlichem Gedankengut. Abschließend schreibt Jung: »Der Bardo Thödol war ein geheimes Buch und ist es geblieben, was wir immer für Kommentare darüber schreiben, denn sein Verständnis erfordert ein geistiges Vermögen, das keiner schlechthin besitzt, sondern nur durch eine besondere Lebensführung und -erfahrung erworben werden kann.«

Das Tibetanische Totenbuch stellt also nicht nur eine Thanatologie vor, sondern es umfaßt auch eine Kosmologie und esoterische Psychologie. Es ist ein Weisheitsbuch im umfassendsten Sinn des Wortes.

Die Aussagen der gnostischen Lehren

Zur Gnosis zählt man hellenistische, jüdische und christliche Bewegungen der Spätantike, in denen versucht wird, die in den verschiedenen Religionen enthaltenen Geheimnisse durch philosophische Spekulation zu erkennen. Gnosis bedeutet Erkenntnis. Der Gnostiker strebt nach direkter, persönlicher Seinserfahrung. Insbesondere sind es pythagoreische, platonische und neuplatonische Anschauungen, die mit den gnostischen Lehren in Zusammenhang gebracht werden.

Aus altorientalischen Ursprüngen entwickelten sich eine judaisierende Gnosis um Basilides (ca. 125 n. Chr.) und Valentinus (ca. 150 n. Chr.) sowie eine christianisierende Gnosis, deren Hauptvertreter Marcion aus Sinope war, und verschiedene andere Strömungen. Alle diese Lehren wurden von der Kirche auf das heftigste bekämpft. In der Gegenwart scheint gnostisches Gedankengut in verschiedenen Geistesströmungen wieder aufgenommen zu werden. Daher ist die Behandlung auch hier von Bedeutung.

Grundlegend für alle gnostischen Richtungen ist eine, auf östliche Tradition zurückgehende, genaue Beschreibung der materiellen und nicht-materiellen Bestandteile des Menschen (vgl. Abb. 45). Aus diesen Beschreibungen werden die Informationen über die Leben/Tod-Zustände abgeleitet.

Nach den Schilderungen der gnostischen Lehren handelt es sich im Nach-Tod-Zustand um eine Lern- und Lehrphase, in der die geistigen Komponenten des Menschen die Erfahrungen einer Inkarnation integrieren und danach auf eine neue Inkarnation vorbereitet werden sollen. Nach diesen Ansichten »überlebt« diese Phase nur der Kausalkörper, während die übrigen Körper »absterben«, d. h. sich auflösen. Der Kausalkörper nimmt die gesamte Erfahrung einer Inkarnation auf und speichert sie für alle zukünftigen Inkarnationen. Die Ansichten darüber, welcher der »Nach-Tod-Körper« in welchem Ausmaß bestehen bleibt bzw. sich auflöst und auf die neu inkarnierende EB-Monade überträgt, gehen zwischen den verschiedenen Schulen ziemlich auseinander. Allen gemeinsam ist jedoch die Auffassung der Weiterexistenz eines Teiles der EB-Monade. Diese Aussage gilt selbst für den Buddhismus, der nur scheinbar ein Fortbestehen der Seele (EB-Monade) leugnet. Diese dem Buddhismus nachgesagte Verneinung der Existenz Gottes und der Existenz der menschlichen Seele beruht aber auf einer irrtümlichen Auffassung der Lehre des Buddha. Aus der Diskussion über diese Fragen, die in der Wissenschaft seit langem andauert, ergibt sich, daß es sich dabei nicht um ein Ableugnen, sondern um ein Nichtbeachten bzw. Nicht-für-wichtig-Erachten handelt. Der Buddha lehnt wohl die Vernichtung der nicht zum Heile gereichenden Teile der Seele ab, nicht aber die Vernichtung des Selbst. Das Auftreten von Mißverständnissen jedoch ist verständlich. Gilt doch auch hier und in ganz besonderer Weise das Erkenntnis-Paradoxon. Daher sollte man sich auch hüten, allzu dogmatisch über diese Dinge zu reden.

Die Behandlung des Todes und der Nach-Tod-Zustände, soweit dies aus den vergleichenden Erkenntnissen wissenschaftlicher Untersuchungen und der Weisheitslehren hervorgeht, gibt uns grundlegende Einsichten über den Menschen und seine Existenz in der Welt. Damit wird es möglich, ein vollkommen neues Menschenbild zu entwickeln.

Die letzte Essenz dieser Erkenntnis ist schwer zu akzeptieren. Sie läuft auf die Aussage hinaus: Alles Sein sowohl im sogenannten »Leben« als auch im sogenannten »Nach-Tod-Zustand« beruht auf Bewußtseinsformen des eigenen Selbst, der eigenen Seele, der EB-Monade. Alle Seinsformen, die friedvollen und die zornigen Gottheiten, selbst die höchste Form einer personalen Gottheit, der Ishvara, sind »Trugbilder« des Bewußtseins. Letzten Endes hat nur die absolute Gottheit – das »klare Urlicht« – Bestand. Alles andere sind Vorstellungen, Visionen, also »Maya«, wie die Inder das nennen.

C. G. Jung schreibt in seinem Kommentar zum Tibetanischen Totenbuch zu diesem erkenntnistheoretischen Grundproblem das Folgende: »Die Philosophie des Tibetanischen Totenbuches ist die Quintessenz buddhistischer, psychologischer Kritik und als solche ... von unerhörter Überlegenheit. Nicht nur die ›zornigen‹, auch die ›friedfertigen‹ Gottheiten sind samsarische[21] Projektionen der menschlichen Seele; ein Gedanke, der dem aufgeklärten Europäer nur allzu selbstverständlich vorkommt, weil er ihn an seine banalisierenden Simplifikationen erinnert. Derselbe Europäer aber wäre nicht imstande, diese wegen Projektion als ungültig erklärten Götter doch zugleich real zu setzen. Solches aber kann der Bardo Thödol, welcher einige der wesentlichsten metaphysischen Prämissen vor dem aufgeklärten sowohl wie vor dem unaufgeklärten Europäer voraus hat.«

Dasselbe formuliert der Religionssoziologe Peter L. Berger wie folgt: »Die Götter (einschließlich Ishvara) kommen und gehen. Sie entsteigen dem Brahman[22] und kehren dahin zurück. Am Ende hat nur das Brahman Bestand. Und das Brahman liegt jenseits aller Eigenschaften und Merkmale, einschließlich der Eigenschaft der Personhaftigkeit. Wenn die individuelle Seele in das Brahman eintaucht und sich dort auflöst wie ein Wassertropfen im Ozean, läßt sie auch die Illusion der Götter hinter sich, und die persönliche Frömmigkeit (selbst gegenüber Ishvara) wird gegenstandslos.«

Mit dieser Darstellung kommen wir an die vorläufig letzte Grenze menschlicher Erkenntnis, wie sie uns von den höchsten Eingeweihten mitgeteilt wird. Das Tibetanische Totenbuch gibt, in einfacher Sprache, diesem Wissen immer wieder Ausdruck. Daß dieses Wissen aber auch in der westlichen Kultur schlummert, bringt z.B. eine Stelle aus Shakespeares »Sturm« zum Ausdruck, wo es heißt:

> »We are such stuff
> as dreams are made of,
> and our little life,
> is rounded with a sleep.«

21 Samsara = Die Wandelwelt im Kreislauf der Geburten
22 Brahman = Das absolute Sein; die Gottheit

Erst die Erkenntnisse der Quantentheorie konsequent zu Ende gedacht, zwingen uns zum erstenmal in der Geschichte, diese paradoxen Ansichten ernst zu nehmen. Die Wissenschaft bestätigt mit Experimenten die widersinnigen Wahrheiten der Weisheitslehren.

Welche praktischen Folgerungen ergeben sich nun aus diesen erkenntnistheoretischen Resultaten? Sie können uns zu einer neuen und adäquaten Einstellung zum Leben (ars vivendi) und zum Tod (ars moriendi) führen. Diese ist von folgenden Einsichten gekennzeichnet:

— Der Mensch ist eine physisch-psychische Wesenheit, wobei einige seiner psychischen Bestandteile zeitlose Existenz haben.

— Der physische Tod ist daher kein Drama, kein endgültiges Aus, sondern eine Geburt in eine Bewußtseinswelt (die EB-Realität).

— Die Entwicklung der psychischen »Körper« des Menschen ist seine Hauptaufgabe in der Evolution. Sie erfolgt durch Selbstorganisation und sollte die Entwicklung möglichst geordneter und harmonischer Bewußtseinszustände zum Ziel haben.

Sobald eine Kultur diesem Menschenbild und diesem Verständnis von Leben und Tod Raum geben kann, wird eine geistige Revolution im Umgang mit Todkranken und Sterbenden, aber auch mit dem Leben selbst, einsetzen. Die übertriebene Angst vor dem Tod kann eingedämmt und der Umgang mit der »Todesangst« neu bestimmt werden.

Sicher ist die Todesangst ein natürlicher, instinktgemäßer und daher notwendiger Schutz des Lebens, der ganz tief im Unterbewußtsein wurzelt und daher durch rationale Überlegungen nicht direkt zu beeinflussen ist. Daher ergibt sich folgende Vorgangsweise, sich diesem Problem zu nähern, wie dies auch der Jesuit Pater Enomiya-Lassalle in seinem Buch über den Zen-Buddhismus beschreibt. Er meint, der erste Schritt sei die rationale Analyse des Todesproblems. Danach kann der zweite Schritt ansetzen, der in der Kontemplation und Meditation über das Todesproblem und die Todesangst besteht. Auf diese Weise kann man versuchen, die Todesangst zu relativieren und vielleicht letztlich sogar zu überwinden.

Warum suchen die Menschen so oft die Gefahr und setzen sich bewußt dem Tod aus, wie dies etwa Entdecker, Forscher oder Extrem-Bergsteiger tun? Es kann nicht nur die Sensationslust sein. Wahrscheinlich geht es dabei auch um die Überwindung der Todesangst. Es ist, wie Reinhold Messner schreibt: »... Wer sterben gelernt hat, lebt leichter, angstfreier.« Das ist eine wesentliche Erweiterung des Lebens- und Seinsbereiches.

Ziel der gesamten Lebensführung ist damit die Erweiterung des Bewußtseins, um das sogenannte »kontinuierliche Bewußtsein« zu erreichen. Darunter ist eine fortdauernde Bewußtheit und Kontrolle sowohl des Wachzustandes, wie auch der Schlaf- und Traumzustände und schließlich der Nach-Tod-Zustände zu verstehen.

Paul Brunton, ein Schüler von Sri Ramana, schreibt darüber das Folgende: »Das dauernde transzendentale Gewahrsein kann nur durch eine unablässige mentale Arbeit kommen, den ganzen Tag über, um das Wirkliche im Brennpunkt zu behalten. Es ist die langgereifte, langsam gewachsene Frucht der wachsamen Beobachtung, der Aufmerksamkeit als eines ununterbrochenen Prozesses der Harmonisierung des nichtoffenbaren Geistes mit seinen immerscheinenden Ideen.«

Und Detlef Lauf formuliert mit Bezug auf das kontinuierliche Bewußtsein: »Gerade gewisse indische und tibetische Lehren, wie z. B. jene vom Traumzustand, machen diesen Aspekt ganz deutlich. Ihr Bestreben ist es, auch im Schlaf- und Traumzustand ein ununterbrochen wirksames Kontinuum von Bewußtheit zu erreichen, das jederzeit kontrolliert werden kann.«

Die Möglichkeiten und Methoden zur Erreichung solcher Zustände sind gegeben, auch wenn sie jahrzehntelanger Übungen bedürfen und daher nur von wenigen erreicht werden. Pater Enomiya-Lassalle schreibt dazu: »Man wird vielleicht sagen: Es wird immer nur wenige Menschen geben, die dieses Ideal verwirklichen. Gewiß werden es zunächst wenige sein. Aber allmählich werden auch andere zu der Erkenntnis erwachen, daß dies für den Menschen der einzige Weg ist, wenn er nicht körperlich und geistig zugrunde gehen will.«

Mit dieser Erkenntnis aber haben wir viel erreicht. Es geht um die wichtigste Phase in der Bewußtseinsentwicklung des Menschen – die Phase der Verinnerlichung. Dazu ist ein radikal neues Verständnis vom Bewußtsein selbst und des Nach-Tod-Zustandes dieses Bewußtseins notwendig. Der Tod als Geburt in ein anderes »Leben«, auf das man sich systematisch-methodisch vorbereiten soll, ist dabei eine der wesentlichen neuen Erkenntnisse.

>»Das ist die höchste und würdigste Einsicht:
Sich selbst kennen und gering werten! Von sich
nichts halten, von anderen immer gut und hoch
denken, das ist Weisheit und Vollendung.«
Thomas von Kempen (1380–1471)

Spielregel 1:
Erkenne dich selbst und sei fröhlich

»Wer bin ich denn eigentlich?« ist die eine Grundfrage jeder
Ethik. Bin ich mein Körper? Existiere ich, weil ich denken kann?
Aber wie steht es dann mit meinen Gefühlen? Wie kann ich mich
in diesem Wirrwarr von persönlichen Fragen und Ängsten,
philosophischen Spekulationen und psychologischen Theorien
zurechtfinden? Wir wollen uns daher am Anfang unserer Spielregeln diesen Fragen stellen und mögliche ethische Orientierun-
gen angeben.

Der Individuationsprozeß des Menschen

Es war einer der folgenschwersten Irrtümer einer idealistisch-
religiös orientierten Philosophie, die Tiernatur des Menschen zu
wenig zu beachten. Diese Einstellung fand auch in den Religionen des Westens ihren Niederschlag. Der Aufschrei des Entset-
zens, der am Ende des 19. Jahrhunderts durch die europäische
Gesellschaft ging, ausgelöst von der Darwinschen These über
den »Origin of Species« – und damit die Abstammung des
Menschen –, war daher durchaus verständlich. Sie stand im
krassen Gegensatz zur religiösen Lehre von der göttlichen
Schöpfung der Lebewesen und des Menschen und einer »natürlichen Rangordnung« aus dem Nichts.

Im Gegensatz dazu findet die Tiernatur des Menschen in den
östlichen Philosophien und auch in den esoterisch-gnostischen
Lehren eine wesentlich realistischere Beurteilung. Wenn jemand
von sich wissen will, wer er ist, dann muß er auch wissen,
»woher« er kommt und »wohin« er sich entwickeln soll. Es wird

daher im folgenden davon ausgegangen, daß ein Verständnis von und für die Tiernatur des Menschen unbedingte Voraussetzung für die Bewältigung der aus dem eigenen Selbst entstehenden Probleme ist.

Um aber Mißverständnisse zu vermeiden, soll hier noch darauf hingewiesen werden, daß es einen wesentlichen Unterschied zwischen den Ansichten über die Schöpfung des menschlichen Körpers und der Energiebewußtseins-(EB)-Monade (Seele) geben kann. Nimmt man das duale Modell des Menschen als Arbeitshypothese an, dann besteht dieser aus dem körperlichen Träger und der geistigen EB-Monade. Der körperliche Träger ist nach dieser Hypothese die »Tiernatur« des Menschen. Er stammt – nach allem, was wir wissen – aus der Evolution des Tierreiches und ist in der biologischen Realität verwurzelt. Wie und wodurch die EB-Monade geschaffen wurde, ist in diesem Modell offen gelassen. Es könnte sein, daß sich die religiösen Schöpfungs-Mythen nur auf letztere beziehen. Hinweise auf diese Ansichten findet man etwa bei den gnostischen Lehren, aber auch in der Bibel.

Die These, die hier an den Anfang gestellt werden soll, beschreibt in vereinfachter Form in großen Zügen den Individuationsprozeß des Menschen. Unter Individuation (der Begriff wurde von C. G. Jung geprägt) versteht man die Entwicklung des Selbstbewußtseins über die Stufen vom Uroboros zum Subtil-Mentalen und darüber hinaus. Es ist die Entwicklung der Psyche zur Ganzheit.

Diese Entwicklung beginnt mit einem tierähnlichen Bewußtsein des Menschen im primitiven Zustand. Sie ist von diesem tierähnlichen Zustand auf einen ideal-menschlichen Selbstbewußtseinszustand hin ausgerichtet, der eben durch die »Ganzheit der Psyche« gekennzeichnet ist. Sobald dieser Zustand erreicht ist, ist der Mensch »frei«; er ist »erlöst«, d. h. es bedarf keiner weiteren Inkarnation mehr zur Vervollkommnung seiner Psyche. Die Energiebewußtseins-(EB)-Monade existiert dann vollkommen in der Energiebewußtseins-(EB)-Realität, sie kann sich aber – nunmehr aus freiem Willen – wieder für den Eintritt in einen Träger-Körper entscheiden, um z. B. in der Welt für die Entwicklung der Menschheit zu wirken. Wann dieser Zustand für die einzelne EB-Monade erreicht wird, ist individuell ver-

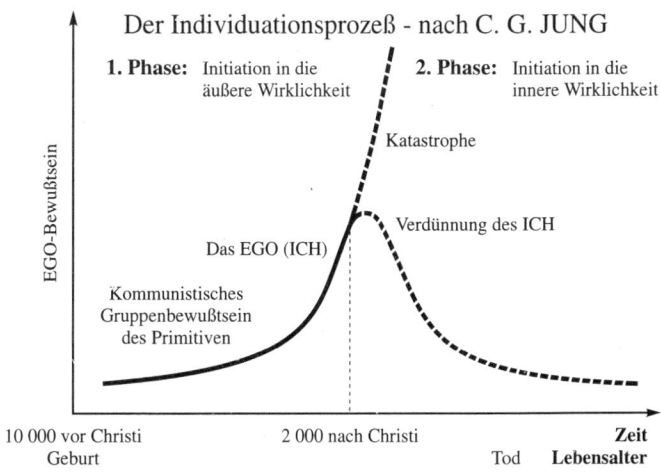

Abb. 46: Der Individuationsprozeß des Menschen

schieden. Wann er von der Mehrheit der Menschen erreicht wird, ist unbekannt. Es ist der Punkt Omega, von dem auch Teilhard de Chardin spricht.

Den derzeitigen Zustand der Menschheit auf diesem Evolutionsweg kann man mit »Halbzeit der Evolution« charakterisieren. Der kentaurische, halb Tier-, halb Mensch-Bewußtseinszustand ist dafür typisch.

Die Phasen der Entwicklung in diesem Individuationsprozeß sind mit Hilfe eines sehr groben Modells anzugeben, das in Abb. 46 dargestellt wird. Der Prozeß beginnt beim primitiven Homo Sapiens mit dem uroborischen Bewußtsein. Grob vereinfacht ist dieser Zustand mit der Abwesenheit von Egoismus und der Eigenschaft eines Omnivorus (Allesfresser) zu charakterisieren. Besonders die vollkommene Abwesenheit von Egoismus ist überraschend. Gesellschaften auf dieser Entwicklungsstufe zeigen sowohl den Boden- als auch den Nahrungsmittel- und auch den Geschlechts-Kommunismus. W. Durant schreibt für die Zeit des Überganges von der Jagd zum Feldbau: »Es war für den ›Wilden‹ eine Selbstverständlichkeit, seine Nahrungsmittel mit dem, der keine hatte, zu teilen; Umherziehende konnten in jeder

Behausung Nahrung und Obdach finden, und die von der Dürre heimgesuchten Gemeinschaften wurden von ihren Nachbarn erhalten.«

Dieses altruistische Verhalten kann man aus dem Uroboros-Bewußtseinszustand heraus verstehen. Dieser ist präpersonal, also nicht individualisiert. Das Ich-Verständnis und ein Ich-Gefühl sind nicht oder kaum vorhanden. Daher kann auch kein Egoismus auftreten. Es gibt kein persönliches Eigentum irgendwelcher Art. Der primitive Mensch lebt, ähnlich wie das Tier, geleitet vom Instinkt, im unbewußten (und nicht selbstbewußten!) Wissen der All-Einheit. Es gibt den »Kampf ums Dasein«, dieser erstreckt sich aber nicht bzw. nur in Ausnahmefällen auf den Menschen. Auch Tiere derselben Gattung töten sich nicht gegenseitig. Sie kämpfen um die Vorherrschaft, aber in der Regel nicht bis zum Tode.

Mit dem Beginn des Ackerbaues, mit der Ansiedelung in Städten und dem Beginn der Zivilisation setzt dann der eigentliche Individuationsprozeß ein. Vor allem der Ackerbau gibt den Anstoß zur Zivilisation des Menschen, die sich in der Bildung von Privateigentum und damit der Ego-Zentrierung niederschlägt. »Der Individualismus brachte Reichtum, aber er brachte auch Unsicherheit und Sklaventum; er spornte die verschlossenen Kräfte der höheren Menschen an, aber er intensivierte auch den Lebenskampf und ließ die Menschen bitter eine Armut empfinden, die, als sie alles in gleicher Weise teilten, keinen zu bedrücken schien«, schreibt W. Durant über diesen Übergang.

Wie ein roter Faden zieht sich von dort an die zunehmende Egoisierung und Individualisierung und damit verbunden der zunehmende »Kampf ums Dasein«, nun aber Mensch gegen Mensch, durch die Geschichte. Die Lebensangst, die Überlebensangst in allen Formen, die die Hauptursache unserer Probleme ist, war in die Welt gesetzt.

Man kann daher in einer etwas großzügigen Vereinfachung feststellen: Der Egoismus und die damit verbundene Angst sind eine Folge der Individualisierung des Menschen.

Verfolgt man nun die große Linie dieser Bewußtseinsentwicklung weiter, dann kommt man über das typhonische Bewußtsein des »Kämpfers« zum heute vorherrschenden kentaurischen Be-

wußtsein des »Tätigkeits-Menschen«. Die Individualisierung –
und damit der Egoismus – ist dabei auf dem Höhepunkt angelangt. Oder kann der Egoismus des einzelnen oder der Gesellschaften noch größer werden?

Man kann nun in der Abb. 46 auch noch eine andere Entwicklung aufzeigen. Diese Abbildung stellt nämlich die Bewußtseinsentwicklung des Menschen sowohl im persönlichen als auch im
stammesgeschichtlichen Bereich dar. Daher sind auf der Zeit-
achse sowohl das Lebensalter als auch einige Jahrtausende der
Menschheitsentwicklung (im Westen) aufgetragen. Der Vergleich ist zufolge des biogenetischen Grundgesetzes, das von
Ernst Haeckel (1834-1919) formuliert wurde, aber bereits von
Goethe, Hegel und Comte ausgesprochen worden war, möglich.
Erinnern wir uns an das bereits früher formulierte Gesetz: Die
Ontogenesis ist die Rekapitulation der Phylogenesis: Die Ent-
wicklung des einzelnen Lebewesens ist eine zusammengedrängte
Wiederholung der ganzen stammesgeschichtlichen Entwick-
lung.

Auf unsere Abbildung angewendet, kann man sagen: Der
Individuationsprozeß der ganzen Menschheit ist dem eines einzelnen Menschen ähnlich und umgekehrt. Nun hat C. G. Jung
diesen Prozeß in zwei große Phasen eingeteilt. Die erste Phase
nennt er »Initiation in die äußere Wirklichkeit«, die zweite Phase
der Persönlichkeitsentwicklung »Initiation in die innere Wirklichkeit«. Nicht jeder Mensch wird in seinem Leben die zweite
Phase erreichen. Aber im gesamten kann man diesen Entwicklungsprozeß nach Jung dergestalt annehmen.

Auf die gesamte Menschheit übertragen aber, weil diese doch
nichts anderes sein kann als die Summe der Einzelindividuen,
sind dieselben Entwicklungsphasen festzustellen. Die Geschichte der Menschheit von den Ägyptern über die Babylonier,
Assyrer, Perser, Griechen usw. bis heute ist die Geschichte der
Bewußtseinsbildung im Menschen. Aus dem kommunistischen
Gruppenbewußtsein ohne jede Individuation entwickelt sich
zunehmend bis heute das Ego-Bewußtsein des modernen Menschen. Dieser Prozeß war und ist notwendig, denn nur wer
erkennt, wer er persönlich ist, kann auch lernen, mit diesem Ego-
Wesen umzugehen.

Die 2. Phase der Entwicklung sowohl im einzelnen wie in der Gesellschaft betrifft also die Verdünnung des Ich-Bewußtseins und die zunehmende (selbstbewußte) Erkenntnis der All-Einheit auf allen Ebenen des Seins. Diese Entwicklung ist notwendig, da eine weitergehende Egoisierung der Gesellschaft zur Selbstvernichtung bzw. in eine ökologisch-ökonomische Katastrophe führen würde. Die Erkenntnis der All-Einheit, wozu uns ein holistisches Weltbild befähigt, kann uns davor bewahren.

Mit einiger Sicherheit kann man für die heutige Situation feststellen: Eine Weiterführung der derzeit vorherrschenden Denk- und Lebensweise der Industriegesellschaften würde infolge der damit verbundenen Verschwendung von Rohstoffen und Energie und Umwelt, der rücksichtslosen Ausbeutung von Natur und Menschen, insgesamt des krassen Egoismus im persönlichen und gesellschaftlichen Bereich zum Untergang führen. Sie würde einerseits zur ökologischen, andererseits zur moralisch-gesellschaftlichen Selbstvernichtung führen, deren Anzeichen bereits in allen Bereichen drohend an der Wand stehen. Trotzdem soll diese Möglichkeit nicht ausgeschlossen werden (vgl. weitergeführter Teil der Kurve in Abb. 46).

Die Alternative zu dieser negativen Vision ist, wie auch aus dem Diagramm hervorgeht, offensichtlich. Es ist die Notwendigkeit zum Umdenken, zur Besinnung auf das eigentliche Evolutionsziel des Menschen. Dieses Ziel ist vorerst der subtilmentale Bewußtseinszustand mit der These, die » Verdünnung des Ich« anzugeben. Dieser ist auch der Zielpunkt der holistischen Ethik.

Über dieses subtil-mentale Selbstbewußtsein hinaus wird die Entwicklung jedoch ebenfalls hinausgehen, mit einem neuen Weltbild, das das hier dargestellte holistische Weltbild ablösen wird. Diese Entwicklung wird charakterisiert werden durch:
— die Grundvoraussetzung der Akzeptanz des Universalgesetzes,
— Erlösung durch Verfolgung eines »Weges« mit einem Meister zum darauffolgenden Schritt des kausalen Bewußtseinszustandes und der
— Entwicklung des All-Einheitsbewußtseins.

Die Ich-Bezogenheit des Menschen, und das ist das Wesentliche, nimmt durch die holistische Ethik ab. Es ist die »Verdünnung des Ich«, auf die es ankommt. Wer Wissen von, Gefühl für, oder vielleicht sogar die persönliche Erfahrung der Alleinheit hat, wie sie die Weisheitslehren angeben und die Wissenschaft aufzeigt, der kann nicht mehr Egoist sein! Natürlich wird »das Tier in uns«, der Körper, immer noch Egoist sein wollen. Der Mensch aber – sein Selbst – wird das nicht mehr wollen können und, wenn der Wille eingesetzt wird, es nicht mehr sein.

Überblickt man den Gesamtprozeß der Individuation, dann sieht man: Aus dem primitiven Bewußtseinszustand des nichtindividualisierten Menschen erfolgt eine zunehmende Individuation. Dieser Prozeß ist als solcher, zur Abgrenzung vom Gruppenbewußtsein, unbedingt notwendig und daher positiv zu werten. Gleichzeitig aber bringt Individuation eine Egoisierung des Bewußtseins mit negativen Folgen. Auf dem Höhepunkt dieser Entwicklung ergeben sich zwei Möglichkeiten. Wir stehen sozusagen an einem Entscheidungspunkt: weitermachen wie bisher oder umdenken.

Die Lösung liegt in der Einsicht des Menschen in die eigentlichen Ziele der Evolution, nämlich der Entwicklung der ganzheitlichen Energiebewußtseins-(EB)-Monade. Dazu sind die Überwindung der Lebensangst, der Abbau des Egoismus bei gleichzeitiger »Verdünnung des Ich-Bewußtseins« und gleichzeitiger Weiterentwicklung des Selbstbewußtseins notwendig. Falls wir uns für die Wende entschließen, stehen wir am Beginn einer neuen Entwicklungsphase in der Evolution des Menschen, die die nächsten Jahrtausende bestimmen kann. Diese Entwicklung aber beginnt im persönlichen Bereich der Ich-Bezüge.

Ich und mein Körper

Der primitive Mensch identifiziert sich – ähnlich wie das Tier – vollkommen mit seinem Körper. »Es tut mir weh«; »Ich habe Schmerzen«; »Ich habe Hunger«, heißt in jedem Fall: Mein Körper tut weh, oder mein Körper verlangt nach Nahrung. Aber wo ist dann dieses »Ich« zu finden?

Seit mindestens 2000 Jahren versuchen die Philosophen des

Westens darauf eine befriedigende Antwort zu finden, einigen
aber konnten sie sich bis heute darüber noch nicht. Wie sollten
dann die Menschen, die nicht täglich mit diesen Fragen befaßt
sind, sich darüber Klarheit verschaffen?

Großen Einfluß auf unsere Vorstellungen über diesen Zusammenhang hatte Descartes, der auf diese Fragen die Antwort gab:
»Cogito ergo sum« – »Ich denke, also bin ich«. Macht aber das
Denken allein den ganzen Menschen aus? Ohne auf philosophische Argumentationen näher einzugehen, muß man feststellen,
daß sie alle – letzten Endes – unbefriedigend bleiben. Daher wird
man nach gründlicher Beschäftigung mit diesem Problem zur
Schlußfolgerung kommen, daß man entweder auf die esoterisch-
gnostischen Lehren oder auf die östlichen Philosophien zurückgehen muß, um eine logisch haltbare und den ganzen Bereich
befriedigend behandelnde Sicht zu finden. In diesen Fällen aber
wird die Mehr-Körper-Lehre vom Menschen vertreten.

Wenn es also um die Frage geht: Wer bin ich eigentlich? Bin
ich nur ein Körper? Denkt mein Körper – das Gehirn? Oder bin
ich noch etwas anderes und wenn ja, wie behandle ich dann
diesen Körper, der nicht Ich ist? Die religiösen und gnostischen
Lehren geben die Antwort: Du bist *nicht* dein Körper. Der
Körper ist ein Instrument in der biologischen Realität, der
»Träger«, der es einer geistigen Energiebewußtseins-(EB)-Mo-
nade erlaubt, in ihm »Wohnung« zu nehmen. Er ist das Soma
(Körper), in dem sich der Geist (Psyche) manifestiert. Nicht
mehr und nicht weniger. Psyche und Soma stehen somit in
dauernder wechselseitiger Verbindung und Beziehung zueinander, aber sie sind nicht das gleiche.

Der Körper ist ein Instrument, das anzeigt, wie es um die
Psyche steht. Jeder, der sich in den Spiegel schaut, sieht im
Körper auch den seelischen Zustand. Und wenn irgendwo etwas
»weh« tut, dann soll man wissen, daß es die Psyche ist, die dieses
»Wehtun« verursacht hat. Wir leiden zumeist an unserer Seele.

Was folgt daraus praktisch? Vor allem, daß wir mit diesem
Körper-Instrument höchst sorgsam umgehen sollten. Wir sollten
es in keiner Weise überfordern, sondern pfleglich behandeln, wie
ein sehr wertvolles, kostbares Gut. Es würde zu weit führen, hier
ins Detail zu gehen (auch gibt es dazu ausreichend Literatur),

aber es wird klar sein, daß richtige und mäßige Nahrung, Bewegung und Hygiene die wesentlichen Faktoren einer pfleglichen Behandlung des Körpers sind.

Man kann versuchen, die Identifikation des Ichs mit dem Körper durch Disidentifikation aufzulösen. Die Übung dazu ist die oftmalige Überlegung: »Ich habe einen Körper, aber ich bin nicht mein Körper.« Diese Übung kommt aus dem Yoga, wo Patanjali formuliert: »Ichwahn ist die Identifikation des Wahrnehmenden [gemeint ist das Selbstbewußtsein] mit dem Instrument der Wahrnehmung [dem Körper und den Sinnen].« Auf diese Weise beginnt man die »Verdünnung« des Ich und die Entwicklung des Selbstbewußtseins.

Wie können wir mit den »Begierden« des Körpers umgehen lernen?

Diese Frage – »wie mit den Begierden des Körpers umgehen?« – ist bewußt falsch gestellt. Denn die Begierden kommen *nicht* aus dem Körper bzw. nur teilweise, wie z.B. der Hunger, sondern vornehmlich aus der Psyche bzw. dem Bewußtsein. Materialisten werden sich gegen diese Ansicht sehr zur Wehr setzen. Man kann ihnen jedoch außerhalb des Körpers liegende Ursachen für besondere Begierdesituationen »beweisen«. Wer sich mit Astrologie beschäftigt, weiß, daß es vorausberechenbare Zeiten gibt, in denen besondere geistige und körperliche Zustände zu teilweise »unbeherrschbaren« Situationen führen. Würden Begierden vornehmlich aus dem Körper kommen, wäre ein derartiger empirisch feststellbarer Zusammenhang nicht möglich. Die kosmische Konstellation, an der die Psyche Anteil hat, bewirkt in diesem Falle das, was wir »Begierde« nennen. Begierden sind also Energien der Psyche-Soma-Einheit, die sich in Bewußtseinszuständen äußern und je nach der Stärke der Triebenergien bzw. der Willensenergie beherrscht werden können oder nicht.

Wie kann man also letztlich mit Begierden umgehen? Patanjali rät: »Um Gedanken zurückzudrängen, die dem Yoga schädlich sind, sollten entgegengesetzte wachgerufen werden. Dies ist die Methode: Das Gegenteil denken.«

Wie ist das zu verstehen? Nach unserem Ansatz entstehen Begierden in unserem Bewußtsein auf Grund unserer Psyche-Soma-Disposition. In jedem Menschen ist aber auch der Ansatz zum freien Willen gegeben. Diese Willensenergie ist jedoch im derzeitigen Evolutionszustand zumeist nur schwach entwickelt und nur partiell frei. Der Mensch hat also keinen vollständig »freien Willen«, sondern nur einen partiell freien Willen. Deshalb entsteht also der Kampf in mir und mit mir. Wer ist stärker – ich oder ich? Meine Begierde oder mein Wille? Dies ist der innere Kampf, den jeder kennt. Und es ist ein ungleicher und harter Kampf, in dem der Wille oft verliert.

Der »Weg«, von dem in den Religionen die Rede ist, ist ein Schulungsweg der steten Auseinandersetzung zwischen dem Willen und den Begierden auf dem Kampffeld des Körpers. Er ist sozusagen der »Leidtragende«. Hier gilt es also in der Zukunft Kriege zu führen und Siege und Niederlagen zu erleben. Das Kampffeld der Bewußtseinsentwicklung hat sich von außen nach innen verlegt. Es ist nicht mehr notwendig, »den anderen« zu besiegen, der uns im Wege steht, denn letztlich sind wir dieser andere. Daher heißt es bei Rilke richtig: »Nirgends, Geliebte, wird Welt sein, als innen.«

Unsers Erachtens hat man bis heute im Westen die Methoden zum Umgang mit den menschlichen Begierden vernachlässigt. Nirgends findet man in den Religionen oder bei den Philosophen konkrete Hinweise und Ratschläge. Diese sind entweder zu abstrakt oder zu realitätsfremd bzw. nicht für den »normalen« Menschen gedacht. Es ist daher erfreulich und höchst notwendig, daß sich wenigstens einige Autoren in den letzten Jahren mit diesem Thema beschäftigt haben. Sicherlich spielt auch hier die Frage des Umgehens mit der Sexualität eine wichtige Rolle. Besonders wertvoll erscheinen die Bücher von Roberto Assagioli »The Act of Will« und »Psychosynthesis» sowie von Elisabeth Haich »Sexuelle Kraft und Yoga«, auf die hier verwiesen werden soll.

Wie soll ich leben?

Dienen statt Machen

Die ethischen Vorstellungen des westlichen Menschen sind seit Jahrhunderten geprägt von seiner Sicherheit, im Besitze »der Wahrheit« zu sein. Sowohl die christliche Religion wie auch die wissenschaftlich-philosophische Tradition der Aufklärung haben sich hier zu einem Gedankengebäude zusammengefunden, aus dem heraus die zugleich großartigen, aber auch belastenden Aktivitäten der Europäer entsprungen sind. Die weltumspannenden Aktivitäten der Erforschung der Kontinente, der Missionierung in allen Teilen der Welt, der Kolonialisierung, bis hin zur sogenannten »Entwicklungshilfe« der letzten Jahrzehnte, zeugen von diesem Geiste. Es ist die Mentalität des »Machens«, des Besser-Wissens, der Herrschaft und der Machtausübung, die hier zum Tragen kommt. »Ich bin in Ordnung und muß die Welt in meine Ordnung bringen« ist die Devise.

Die schwerwiegenden Nachteile dieser »Macher-Mentalität« werden heute im Umgang der Menschen untereinander sowie mit der Natur immer offensichtlicher. Die Ich-Sucht und die Macher-Mentalität führen zur Ausbeutung des Mitmenschen und der Natur. Es sind dies die vordringlichsten Komponenten der typisch kentaurischen Geisteshaltung. Daher scheint ein Umdenken auf Basis eines neuen holistischen Weltbildes in unserer Einstellung zur Welt notwendig. Es ist heute wichtiger zu sagen: »Ich muß zuerst mich in Ordnung bringen.« Dies ist keine egoistische Selbstbezogenheit und Weltverdrossenheit, sondern im Gegenteil ein aktives, direktes Mitgestalten der Umwelt, wie es einem Wesen zukommt, das am Gewebe des Seins mitwebt. Zu warten, bis »alle anderen« in Ordnung sind, hält einen selbst ab, mit dem »In-Ordnung-Bringen« zu beginnen. Das ist der wesentlich schwierigere Beitrag zu den Weltproblemen, den jeder von sich aus und sofort erbringen kann, selbst wenn scheinbar persönliche Einstellungsänderungen kaum die Weltprobleme zu lösen scheinen. Denn wir sollten nicht vergessen, daß unsere Einstellung, so gering der Beitrag sein mag, über die Vernetztheit der Welt und das morphogenetische Feld auf die Gesamtsituation wesentlichen Einfluß hat.

Im Gegensatz zur Machermentalität des Kentauren steht die Idee des Dienens des subtil-mentalen Menschen. Anstelle des Menschen als »Maß aller Dinge« wird das Universalgesetz zum Maß gewählt. Diesem zu genügen und sich in die »Ordnung des Gesetzes« zu bringen, ist das Ziel.

Alles ist gut?

Akzeptiert man sowohl das Erkenntnis- wie auch das Ethik-Paradoxon und die holistische Weltsicht, so kann man nicht mehr annehmen, das Leben und die sich ergebenden Zusammenhänge wirklich überschauen zu können.

In der materialistisch-positivistischen Weltsicht, beginnend mit den Ansichten der mechanistischen Wissenschaft, will man sowohl sein persönliches Leben wie auch das der Familie und Gesellschaft – von der Wiege bis zum Tode – möglichst sicher und gefahrlos planen und gestalten. Das Vorausplanen, das Vorausschauen ist ein Grundprinzip des mechanistisch-positivistischen Denkens.

Was ist aber nun, wenn wir die Zukunft überhaupt nicht planen können? Wenn wir überhaupt nicht wissen, was »gut« für uns ist? Vielleicht ist gerade das, was wir als »schwierig« oder »gefahrvoll« bezeichnen, gut für uns, weil es uns vor eine Aufgabe stellt? Wie sollen wir lernen, uns zu bewähren, wie sollen wir lernen, zu wachsen als Mensch, ohne vor Aufgaben gestellt zu sein?

Aus dieser Einsicht folgen zwei Grundhaltungen, die wir vergessen zu haben scheinen. Es sind die Annahmen:

– Alles, was auf uns zukommt, ist im Prinzip »gut« für uns.
– Wir sollten uns weniger Sorgen um die Zukunft machen, als wir das heute tun. »Sorge dich nicht, lebe«, ist die Devise, die schon in den Evangelien angezogen wird. In der Bergpredigt heißt es (Mt 6,25-27): »Darum sage ich euch: Macht euch nicht Sorge für euer Leben, was ihr essen oder was ihr trinken werdet, noch für euren Leib, was ihr anziehen werdet. Ist

nicht das (ewige) Leben mehr als die Speise und der Leib mehr als die Kleidung? ... Wer unter euch vermag mit seinen Sorgen seinem Lebensweg eine einzige Elle hinzuzufügen?« Wir sind heute solchem Denken so entwöhnt, daß wir es nicht zu verstehen vermögen und daher negieren. Es scheint uns paradox. Trotzdem sollten wir es beachten, so gut es eben geht. Es soll nicht bedeuten, daß wir nun alle völlig sorglos werden. Es soll aber bedeuten, daß wir uns weniger Sorgen machen um das, was (langfristig gesehen) nicht wichtig ist, und mehr Bedeutung dem zumessen, was für unsere Entwicklung sehr wichtig ist.

Die Fröhlichkeit als Lebensprinzip

Betrachtet man die große Verantwortung, die jeder einzelne als Mitgestalter des Seins trägt, und auch die Unerbittlichkeit, mit der wir in das Universalgesetz eingebunden sind, so erstaunt es sehr, daß alle Weisheitslehren immer wieder auf die Fröhlichkeit als Grundvoraussetzung der Entwicklung hinweisen. Der Schlüssel dazu liegt gerade in der Sorglosigkeit, die wir eben beschrieben haben. Die Sorge um materielle Sicherheit, vor allem aber die Sorge um die Zukunft sind wesentliche Hemmnisse auf unserem Entwicklungsweg. Sie binden uns an die Illusion der biologischen Realität und nageln uns an unsere »tierische Hälfte« fest.

Die Sorge ist das Produkt unserer Angst. Sie entsteht aus dem Egoismus des kentaurischen Selbstbewußtseins und seiner Abgrenzung gegen alle anderen Wesen und gegen seine Mitwelt. Sie überwinden, heißt diese Stufe der Selbstbewußtseinsentwicklung überwinden. Wer sich seines Anteils am gesamten Sein bewußt wird, verliert gleichzeitig auch die Sorge um seinen »Erfolg« in der illusionären biologischen Realität.

Wer aber ohne Sorge ist, kann auch fröhlich sein. Aber Fröhlichkeit geht über die reine Sorglosigkeit hinaus. Sie ist gleichzeitig das Zeichen der positiven Annahme des Seienden, die Anerkennung der eigenen aktiven Rolle im Spiel des Seins und der Freude darüber, Mitspieler zu sein.

Fröhlichkeit ist aber auch ein wirkungsvoller Schutz. Gerade weil wir erkannt haben, daß Gedanken Kräfte sind, ist es wichtig, positive Gedanken zu haben. Grundvoraussetzung dafür ist aber Fröhlichkeit. Fröhlichkeit übernimmt damit für die Entwicklungsstufe des Subtil-Mentalen jene Schutzfunktion, die materieller Besitz für den Kentauren hat. Sie ist in diesem Sinne geradezu lebensnotwendig auf dieser Stufe.

Fröhlichkeit ist aber auch ein Dienst an der Mitwelt, vor allem am Mitmenschen. Wir richten uns an fröhlichen Menschen auf, wir suchen Rat bei ihnen. Ein Lächeln, ein gutes Wort hat schon viel verändert und vielen geholfen. Es ist jene Art der Einflußnahme auf andere, die durch Liebe, durch den Wunsch des Dienens und nicht des Machens geprägt ist. Auf diese Weise verändert der Fröhliche die Welt. Die Kraft dazu bekommt man dadurch, daß man sich selbst in Ordnung und sorgenfrei gemacht hat.

Aber auch der Charakter der Fröhlichkeit ändert sich. Hier ist nicht von der lauten Lustigkeit der Biertische die Rede, die in den meisten Fällen nur die existentielle Angst des Egoisten übertüncht und wo hinter dem breit lachenden Gesicht das Grinsen des Totenkopfes durchscheint. Es ist vielmehr das mitreißende Lachen der reinen Lebensfreude. Es ist die Fröhlichkeit eines Menschen, der die Illusion der sinnlichen Welt der biologischen Realität zwar durchschaut, aber als faszinierendes Spiel akzeptiert. Es ist die Fröhlichkeit eines Menschen, der einen Körper als wichtiges und kompliziertes Hilfsmittel in diesem Spiel sieht und es als solches bejaht, behütet und ausnützt. Diese Fröhlichkeit ist nicht sinnesfeindlich, aber auch nicht sinnenabhängig. Es ist die Fröhlichkeit eines Franz von Assisi.

Sein statt Haben

Die westliche Zivilisation wird durch die Mentalität des Habens geprägt. Der »Wert« eines Menschen wird in der Gesellschaft nur allzu oft mit der Höhe seines Einkommens oder der Menge seines Besitzes korreliert. Aus der Sicht einer holistischen Ethik sind diese Wertvorstellungen durch die Betonung des Egoismus und des Ich-Gefühles bewirkt.

Das Ziel der Entwicklung des Menschen im holistischen Sinn

ist die möglichst umfassende und weitgehende Entwicklung des Bewußtseins. Alles andere ist sekundär. Dazu dienen die Methoden der Problem-Erkennung und Problem-Lösung sowie die Bewußtseins-Schulung. Letzten Endes ist aber alles Denken und Tun bewußtseinsbildend. Es geht einfach um die Art und Weise, wie der Mensch seinen Tagesablauf gestaltet und wie er ihn erlebt: Hastig und unter Streß oder harmonisch und in Ausgeglichenheit, bewußt erlebend oder unbewußt erleidend. Das Ziel der Bewußtseinsschulung ist es, nicht ein- oder mehrmals am Tage irgendwelche Übungen zu machen (obwohl das an sich sehr sinnvoll sein kann) und den Rest der Zeit unbewußt (im alten Trott) zu leben, sondern den Zustand, den man während der Übungen angestrebt oder erreicht hat, in den Tagesablauf hineinzunehmen. Dadurch kann bewußtes Erleben und ein »Seins-Zustand« erreicht werden, der einen Zuwachs an Lebensqualität und Selbstbewußtsein bedeutet.

Oft übersieht man diese einfachen Zusammenhänge. Vor allem jüngere Menschen, obwohl voll Enthusiasmus für eine Bewußtseinsschulung, trennen den Alltag und ihr Leben vom geistigen Weg. Die Seinshaltung kann aber nur wirksam werden, wenn sie eine vollkommene Veränderung der Einstellung zum Leben, zur Partnerschaft, zum Beruf usw. bewirkt. Andernfalls ergeben sich gespaltene Persönlichkeiten.

Dagegen steht nun das »Halte wenig von dir« des Thomas von Kempen. »Sich selbst kennen und gering werten, von sich nichts halten, von anderen immer nur gut und hoch denken«, ist das überhaupt realistisch? Es ist realistisch, es ist nämlich die einzige Manier, aus der Egobezogenheit herauszukommen, die ein Kennzeichen unserer Zeit darstellt. In diesem Sinne ist auch die Forderung: »Bringe zuerst dich in Ordnung« zu verstehen. Zumeist fordern wir alles vom anderen und wenig oder nichts von uns selber. Die Folge ist eine Anspruchsgesellschaft, die die Grundlagen ihrer Existenz radikal in Frage stellt. Die Auflösung des Problems kann aber nur bei der Einzelperson – beim Individuum – beginnen, indem das egoistische Ich verdünnt wird.

Unter Verdünnung des Ich wird der Abbau der Egobezogenheit verstanden. Der Egoismus, die Folge der Egobezogenheit, ist davon betroffen. Zumeist unbewußt wird auf der kentaurischen

Stufe Egoismus und Egobezogenheit tief in unsere Persönlichkeit und unsere Kultur und Gesellschaft eingebettet. Alles läuft darauf hinaus, das Ego zu entwickeln und herauszustellen. Bereits in der Schule werden nur die Leistungen des einzelnen bewertet; Klassenbeste und Landesmeister werden ermittelt. Der Erfolg des einzelnen zählt, seine Titel, seine Preise, seine Fähigkeiten stehen im Vordergrund – von der Erwähnung in der Lokalzeitung bis zum Nobelpreis.

Dies alles aber fördert die Ich-Bezogenheit. Daher soll man in Zukunft die Leistung des einzelnen anders sehen. Man wird die Leistungen zur »Verdünnung des Ich« kaum bewerten und noch weniger messen können. Trotzdem kommt es darauf an, von einer Elite ausgehend die Ziele der Gesellschaft von Grund auf zu ändern und neu zu gestalten.

Eine überraschende Erscheinung beim Vorgang der »Verdünnung des Ich« ist, daß am Beginn dieses Prozesses eine scheinbar gegebene »Vergrößerung des Ich« gegeben ist. Der Betroffene beginnt sich mehr als vorher auf sich selbst zu besinnen. Er beobachtet sich genauer und wirkt dadurch selbstzentrierter und selbstbezogener. Erst nach einiger Zeit gelingt es ihm, das rechte Maß seines Schulungsprozesses zu finden und dann wirklich in diesen Auflösungsprozeß des Ich einzutreten.

Diese Erscheinung kann sowohl für den Umgang in der Partnerschaft, wie im Beruf und in der Gesellschaft schwerwiegende Nachteile mit sich bringen, da der vorher »umgängliche« und freundliche Mensch nun scheinbar selbstsüchtig und verschlossen nach außen wirkt. Eine Gefahr, die man nicht unterschätzen sollte.

Die Methoden zur »Verdünnung des Ich« werden von allen Religionen und Weisheitslehren sowie im Yoga und Zen gelehrt. Sie sind die Essenz dieser Schulungswege.

Alles tun – ohne zu tun?

Manche Aussprüche in der holistischen Ethik klingen paradox und sind es teilweise auch. Was bedeutet: Tun – ohne zu tun?

Wir alle agieren auf ein Ziel hin und achten auf die Zustimmung oder die Ablehnung des anderen und der Masse. Wir agieren fremdbestimmt. In der holistischen Ethik wird nun nicht gefordert, ohne Rücksicht auf den anderen zu agieren. Es wird aber verlangt, nicht in vollkommener Abhängigkeit vom anderen zu leben.

Tun – ohne zu tun, bedeutet, daß man agiert und alles tut, was einem notwendig erscheint, ohne auf den direkten Erfolg oder Mißerfolg in der gesellschaftlichen Anerkennung zu achten. Man agiert, geleitet von der Einsicht in die wahre Realität des Seins, nicht ohne Rücksicht auf andere, man richtet sich aber in seinem Tun nicht nach anderen.

In der Bhagavadgita heißt es dazu: »Wer nicht für einen weltlichen Lohn arbeitet, sondern das tut, was getan werden muß, der ist ein Sanyasin (ein Strebender), der ist ein Yogi.«

Damit ist gemeint, daß man sich auf Grund der Einsicht in die Zusammenhänge seiner Situation für oder gegen etwas entscheiden soll. Die Eigenverantwortung des Tuns nach dem Gewissen ist die entscheidende Instanz für das Tun. Der äußere Erfolg, die Anerkennung oder die Nicht-Beachtung durch den anderen oder die Masse sollte vollkommen nebensächlich werden. Die Befreiung von den Höhen und Tiefen des Lebens, von Leid und Sorge, wird erst erreicht, wenn der absolute Bezugspunkt – das innere Sein, das Selbst – als Maßstab für das weltliche Tun genommen wird.

Gedanken sind Kräfte

Die holistische Bedeutung der Wirkung von Gedanken geht weit über das hinaus, was man sich gemeinhin darunter vorstellt. Daß Gedanken eine Wirkung haben, ist jedem deutlich, der mit Liebe oder Haß, Ärger, Furcht und Todesangst konfrontiert ist. Das aber ist hier nicht gemeint.

Gemeint ist vielmehr der bewußte Umgang von Gedanken und ihren Wirkungen auf die Umwelt und auf das eigene Ich. Wir müssen uns dazu nochmals die wissenschaftliche Basis in die Erinnerung rufen.

Die Wirkung der Gedanken als Kraft wird insbesondere durch die folgenden wissenschaftlichen Erkenntnisse offenbar:
– Die parapsychischen Experimente zur Beeinflussung der Materie durch Gedanken – die Telekinese.
– Die »Reduktion der Φ-Funktion« durch das Bewußtsein bzw. den Informationsaustausch der EB-Monade und der Umwelt. Diese »Reduktion« schafft die jeweilige biologische Wirklichkeit aus der EB-Realität. Die EB-Realität ist eine Wahrscheinlichkeitsfunktion, so daß es theoretisch eine unendliche Anzahl von »Reduktionsmöglichkeiten« und damit aber im Prinzip auch eine unendliche Anzahl möglicher »biologischer Welten« gibt. Daraus folgt: Gedanken wirken in der EB-Realität, d. h. über Raum und Zeit hinweg. Der Mensch schafft sich letztendlich seine Welt selbst auf Grund seiner biologisch-genetisch-psychischen Konstitution.

Für das Problem des Umganges mit Gedanken und dem Willen bedeutet dies nun einerseits, daß wir mit Gedanken Wirkungen in der biologischen Realität zu zeitigen imstande sind. So sind die magischen Heilkräfte einzelner Menschen zu verstehen. Andererseits ist die Beeinflussung der Umwelt durch positive oder negative Gedanken ganz konkret möglich. Man fördert oder hemmt mit diesen seine eigene oder die Entwicklung anderer Menschen. Man kann helfen und man kann schaden. Man kann durch Gedanken eine Bewußtseinsveränderung bewirken und damit eine »ganz andere« Welt schaffen.

Deshalb ist die Warnung der Weisheitslehrer so ernst zu nehmen, die uns anhalten, nur positive Gedanken zu verfolgen und in allem und jedem zu versuchen, womöglich das Gute zu erkennen. Wir sollten uns tatsächlich und ganz konkret immer vor Augen halten, daß es in der Realität, in der wir leben, keinen Unterschied zwischen einem bösen Gedanken und einer bösen Tat gibt. Beide bewirken Resultate. Auch hier finden wir eine Begründung für die starke Betonung der Fröhlichkeit, die wir auch in den Titel der ersten Spielregel aufgenommen haben.

Spielregel 2:
Nimm das Andere
als den Spiegel deiner selbst an –
Sei tolerant und hilfreich

Die Beziehungen zum Du zählen für jeden Menschen zu den intensivsten Erfahrungen im Leben. Liebe, Ehe und Partnerschaft genauso wie Eltern, Familie und Kinder sind die Lebenskreise, in die sich ein Großteil unserer Interessen und Handlungen ergießt. Dazu kommen dann die Bezüge zum »anderen«. Aber wer ist der andere? Es ist der oder das andere über mir, neben mir und unter mir. Es sind die Bezüge zu Gott, zum Mitmenschen und zur Natur, die hier zu behandeln sind.

Liebe, Ehe und Partnerschaft

Der Kernpunkt der Überlegungen zu Liebe, Ehe und Partnerschaft geht auf die Frage zurück: Was ist der Mensch? Nur von einer Anthropologie her werden auch die Fragen über das Verhalten des Menschen in Liebe, Ehe und Partnerschaft zu beantworten sein. Man kann daher sagen: Gib mir deine Vorstellungen vom Menschen an und ich sage dir, wie du über Liebe, Ehe und Partnerschaft denkst!

Das holistische Menschenbild ist, kurz gesagt, das des Geist-Menschen. Es ist die Annahme einer in einem körperlichen Träger weilenden Energie-Bewußtseins-(EB)-Monade, der Verbindung eines biologischen Körpers mit einer unsterblichen, also zeitlosen Seele. Körper und Seele sind eine Einheit und wirken aufeinander ein. Im Aussehen des Menschen spiegelt sich seine Seele.

Eine weitere charakteristische holistische Auffassung ist die Akzeptanz der Verschiedenheit der Entwicklungsstufen des Menschen, und zwar seines Selbstbewußtseins, die ganz wesentlich sein Verhalten bestimmt. Wir alle beginnen beim anima-

lisch-blinden Uroboros-Bewußtsein und entwickeln uns zu immer differenzierteren Selbstbewußtseinsstufen, wobei selbst geringe Unterschiede bereits im Verhalten und in der Einstellung
zum Leben deutlich merkbar sind. Es sind also nicht so sehr die
körperlichen Unterschiede wie jene im Bewußtseinszustand, die
uns voneinander unterscheiden. Diese Unterschiede kann man
aus der Körperlichkeit nicht so präzise erkennen wie z. B. aus
einem Horoskop, das den Zustand der EB-Monade direkt anzeigt. Diese Erkenntnisse sind für die Partnerwahl von grund-
legender Bedeutung.

Der primitive Mensch lebt, wie das Tier, im unbewußten Urzu-
stand, paart sich und zeugt Nachkommen in Unbewußtheit der
Ursachen und Folgen seines Tuns. Ein Hinweis darauf ist, daß
manche Stämme heute noch die einfachsten physiologischen Zusammenhänge im Zeugungsprozeß, wie z. B. die Bedeutung des
Mannes, überhaupt nicht zu erkennen scheinen. In primitiven
Gesellschaften führt man die Ursachen einer Schwangerschaft
nicht auf den Geschlechtsverkehr zurück, sondern macht das
Eintreten eines »Geistes« oder den Genuß gewisser Nahrungsmittel dafür verantwortlich. In diesem Selbstbewußtseinszustand ist der Zeugungsprozeß ein unbewußter Vorgang, da auch
der Geschlechtsverkehr, wie bei den meisten Tieren, irregulär
und mit verschiedenen Partnern erfolgt. Mit »Liebe« wird man
diese Vorgänge und dieses Verhalten nicht bezeichnen können.

Erst in einer Gesellschaft, die des Ackerbaues und der Viehzucht
wegen seßhaft wurde, wird die Liebe als Zuneigung und persönliche sexuelle Attraktion auftreten. Mit der Seßhaftigkeit ergeben
sich einerseits die Verfügbarkeit über Grund und Eigentum und
andererseits die persönliche Zuordnung der Geschlechter. Der
Mann verlangt jetzt von der Frau die Geschlechtstreue, die ihm
die Sicherheit gibt, daß er sein Eigentum auch seinen eigenen
Kindern überlassen wird. Damit entsteht die Ehebindung, und es
beginnt der Übergang vom Mutterrecht zum Patriarchat.

Erst in der patriarchalischen Gesellschaft entsteht eine diffe-
renziertere Vorstellung von »Liebe«. Die persönliche Bindung
konnte nach einigen Jahrtausenden zu den sehr ausgeprägten
Ansichten führen, wie wir sie z. B. in der griechischen Philosophie vorfinden. Die Griechen unterscheiden einerseits das rein

körperliche Verlangen, den sogenannten »niederen Eros«, und andererseits den »anderen Eros«, die Zuneigung, die eigentliche Liebe. Diese Unterscheidung zieht sich, wie ein roter Faden, von den Anfängen der persönlichen Bindung der Geschlechter bis heute durch die Evolution. Man wird diese »Zuneigung«, die eigentliche Liebe, nie mit der rein körperlichen Anziehung erklären können. Das ist das große »Rätsel der Liebe«, wie es in unzähligen Aussprüchen im Volksmund verankert ist. (»Wo die Liebe hinfällt, dort sitzt sie fest« oder: »Ehen werden im Himmel geschlossen«, usw.) Man wird eine Erklärung für dieses Rätsel nur in der Metaphysik der Liebe finden können, die seit Jahrtausenden bereits besteht. Diese Metaphysik der Liebe findet man bei Platon ebenso wie bei den Neuplatonikern, in der Philosophie der Renaissance, in den Spekulationen eines Jakob Böhme (1575-1624), des philosophierenden Schusters aus Görlitz, dem man den Ehrentitel »Philosophus teutonicus« (deutscher Philosoph) gegeben hat, in den Erkenntnissen des schwedischen Naturwissenschafters und Sehers Emmanuel Swedenborg, sowie in den Ansichten der romantischen Philosophen Friedrich Wilhelm von Schelling (1775-1854) und Franz Xaver von Baader (1765-1841), um nur einige zu nennen. Alle diese Ansichten aber lassen sich in dem einen Satz aus Platons Symposion zusammenfassen, der lautet: »Und schlecht ist eben jener gemeine Liebhaber, der den Leib mehr liebt als die Seele.«

In diesem Satz tut sich der ganze Zwiespalt der Natur des Menschen auf. Als tierhafte Wesen sind wir auf Grund unserer biologisch-genetischen Anlagen, die sich in Jahrmillionen ausgebildet haben, gezwungen, dem niederen, rein instinkthaften Trieb, der nur auf die Attraktionen des Körperlichen reagiert, zu folgen. Das ist der niedere Eros, von dem Platon hier spricht.

Woher ergibt sich aber die Idee eines zweiten, »höheren« Eros? Warum sollten wir gezwungen sein, einem höheren Eros-Prinzip ebenfalls Folge zu leisten? Wie läßt sich das begründen?

Die Begründung kann eben aus dem holistischen Menschenbild erfolgen. Für die holistische Auffassung kann man damit
– eine historisch-mythologische und
– eine karmische Deutung
von Partnerschaft und Ehe geben.

Die historisch-mythologische Deutung der Ehe

Die mythologische Deutung der Ehe geht auf Platon zurück und wurde später von Emmanuel Swedenborg selbständig wieder neu entwickelt. Beide Vorstellungen beziehen sich auf den androgynen Menschen, wobei man genauer sagen sollte, die »androgyne Natur der EB-Monade«.

Die mythologische Deutung, die Platon gibt, zeichnet das Bild eines Urmenschen, der sowohl das männliche wie auch das weibliche Prinzip umfaßt. Dann aber, nach einem »Sündenfall«, wird diese Einheit getrennt, und jeder Teil sucht in der körperlichen und seelischen Vereinigung der Geschlechter vergeblich die alte Einheit. Es ist dies eine Vorstellung, der man sich im holistischen Menschenbild mit vollkommener logischer Konsequenz anschließen kann. Dort geht man von der Existenz einer androgynen Energie-Bewußtseins-(EB)-Monade aus. Die Einzel-Monade als solche ist unvollkommen und sucht die Einheit. Diese findet sie – zumindest zeitweise – in der körperlichen Vereinigung mit dem Partner und längerfristig in der seelischen Bindung einer Partnerschaft. Die Ehepartner sind eben die (vorläufige) gegenseitig notwendige Ergänzung zu einer (vorläufigen) größeren Ganzheit. Die EB-Monaden lernen voneinander dasjenige, was sie selber nicht haben.[23]

Die Vorstellungen Swedenborgs sind jenen von Platon ähnlich, zeigen aber einige Unterschiede. Es gibt hier verschiedene, einander teilweise widersprechende Vorstellungen, die wir aber als einen weiteren Ausdruck des Erkenntnis-Paradoxons sehen müssen. Neu bei Swedenborg ist die Idee von der letztendlichen Vereinigung zweier Teil-Seelen zu einer Einheit. Nach seiner Ansicht sind Mann und Frau von Anfang an als zwei verschiedene Wesen geschaffen; sie bilden aber erst zusammen einen »Menschen« und eine »Person«. So schreibt er von seinem Gespräch als Medium mit Ehegatten nach deren Tode: »Ihr Zwei seid Eins; und der Mann antwortete: Wir sind Eins, ihr

23 Eine Bestätigung dieser Theorie der polaren Ergänzung kann man sehr gut in Partnerschafts-Horoskopen erkennen. Die Astrologie gibt auch genaue Regeln für die polare Ergänzung, wie sie in Partnerschafts-Horoskopen zu erkennen ist.

Leben [das seiner Frau] ist in mir, und das meinige in ihr; wir sind zwei Körper, aber eine Seele.«

Diese Idee von den zwei Körpern, die eine Seele bilden, ist für die weiteren Überlegungen über Ehe und Treue in der Ehe von Bedeutung. Swedenborg sieht die wahre Ehe als eine Gemeinschaft von Mann und Frau in wahrer, vollkommener Liebe nicht nur zur körperlichen, äußerlichen Verbindung, sondern auch zu einer geistig-seelischen, die alle Stufen des persönlichen Lebens umfaßt. Erst in dieser Einheit kann sich der »ganze« Mensch entwickeln. Er geht sogar so weit anzunehmen, daß dieses eheliche Band die Menschen auch nach dem Tode verbindet. Ebenso nimmt er an, was uns seltsam anmuten mag, daß nach dem Tode auch die wechselseitige »Liebe zum Geschlecht«, d. h. auch die jeweiligen Geschlechtsbegierden, erhalten bleiben.

Das Ziel dieser ehelichen Gemeinschaft nach dem Tode aber ist, daß Mann und Frau eben immer mehr »ein Mensch« und schließlich ein Engel werden. Es heißt bei Swedenborg: »... denn, zwei Ehegatten sind im Himmel nicht zwei, sondern ein Engel.«

Die karmische Deutung der Ehe

Eine karmische Deutung der Ehe geht von der Vorstellung der Energie-Bewußtseins-(EB)-Monade und der Idee vom Karma aus.

Liebes-, Ehe- und Partnerschaftsbeziehungen sind demnach auf zwei Ebenen zu sehen: Der körperlichen und der geistigen. Auf der körperlichen Ebene sind wir den physiologisch-biologischen Gesetzmäßigkeiten unterworfen. Auf der geistigen Ebene aber gibt es karmische Beziehungen zwischen den EB-Monaden.

Dieser Vorstellung zufolge sind die meisten Partner-Beziehungen nicht zufalls-, sondern karmabedingt. Es gibt demnach keinen Zufall. Die Beziehungen sind vielmehr das Spiegelbild der Entwicklung der einzelnen Monaden. Liebes-, Ehe- und Partnerbeziehungen »ergeben« sich aus früheren Verstrickungen der EB-Monade und aus früheren Existenzen. Man muß sich vorstellen, daß jede Monade unzählige Inkarnationen sowohl in der einen wie auch der anderen Geschlechtsform erlebt hat. Durch die Verbindungen zwischen den Monaden in diesen Lebenszyklen entstehen karmische Spannungen, die aufzulösen Aufgabe der Partnerschaft ist. Das Ziel der Evolution des Menschen ist der androgyne Mensch, die vollkommene, ganze, heile Monade, die alle männlichen und weiblichen Aspekte in sich vereinigt.

Eine Partner-, Liebes- oder Ehebeziehung ist demnach vornehmlich eine Beziehung der Monaden und nicht so sehr der Körper. Oder genauer: Mit zunehmendem Selbstbewußtsein werden diese Beziehungen, die ursprünglich rein körperliche waren, mehr und mehr solche, die sich im geistg-seelischen Bereich bewegen. Der primitive Mensch »liebt« den Körper des anderen; der selbstbewußte Mensch liebt vornehmlich die Seele des anderen.

Dieser Auffassung entsprechen auch Erfahrungen im Bereich zahlreicher Eheprobleme und Scheidungen. Obwohl wir in einer Zeit leben, in der die optimale Begehrensbefriedigung auch im sexuellen Bereich eine große Rolle spielt, zeigt es sich, daß Eheprobleme zumeist nicht auf körperliche, sondern wesentlich häufiger auf seelisch-gefühlsmäßige Inkompatibilität der Partner zurückzuführen sind. Es sind also die Monaden oder die Seelen, die Probleme verursachen, und nicht die Körper.

Die Stellung der Frau in der Gesellschaft

Eine Geschichte der Stellung der Frau in der Evolution des Menschen ist unseres Wissens noch nicht geschrieben worden. Es wäre aber eine dankenswerte und notwendige Aufgabe, der sich Historiker oder Soziologen unterziehen sollten. Will Durant gibt in seiner »Kulturgeschichte der Menschheit« einige Hinweise zu diesem Problem.

Die Betroffenheit, die diese Hinweise auslösen müssen, ist beachtlich. Vor allem deswegen, weil die Gesellschaft erst heute langsam beginnt, die zahlreichen Ungerechtigkeiten, die zu einem Leidensweg der Frauen durch die Geschichte führten, zu erkennen. Der Mensch ist in seinem Verhalten bis heute, trotz wissenschaftlicher Rationalität, ein höchst irrationales, unbewußt lebendes Wesen. Die seit zwei Jahrtausenden im Westen gültige Lehre von Liebe und Mitleid mit dem Nächsten scheint für die Stellung der Frau in der Gesellschaft keine Erleichterung gebracht zu haben. Anders ist die Tradierung der Abhängigkeit und Rechtlosigkeit der Frau im Verlaufe der Geschichte nicht zu erklären.

In den primitiven Gesellschaften galt das Mutterrecht, das aber nicht mit dem Matriarchat der Mutterherrschaft zu verwechseln ist. Da in diesem Entwicklungszustand der Gesellschaft der Vater, zufolge der irregulären Geschlechtsbeziehungen, zumeist unbekannt war, verblieb die Frau zeit ihres Lebens im Verband der eigenen Familie. Daher waren auch in diesen Gesellschaften die Bande der Zuneigung, z.B. zwischen Bruder und Schwester, gewöhnlich stärker als jene zwischen dem Gatten und der Frau. Der Begriff der Gattenliebe ist also ein relativ moderner Begriff. Noch in der Antike war der Frau der Bruder teurer als der Ehegatte. Für das Erbrecht war die Abkunft mütterlicherseits bindend, weil nur diese klar angebbar war. Trotzdem nahm die Frau in dieser Gesellschaft eine Stellung ein, die der eines Sklaven – also eines rechtlosen gefangenen Feindes – gleichkam.

Die patriarchalische Gesellschaftsordnung, die mit dem Seßhaft-Werden des Menschen, mit dem Ackerbau und der Viehzucht aufkam, brachte der Frau nur noch größere Rechtlosigkeit und Abhängigkeit. War sie im Mutterrecht noch einigermaßen rechtlich und damit persönlich geschützt, so führte das Vaterrecht zur Herrschaft des Mannes über die Frau und die Familie.

Diese ursprünglich als Bräuche ausgebildeten sozialen Verhältnisse fanden in Mitteleuropa schließlich im »Salischen Gesetz« ihren Niederschlag. Es wurde von den salischen Franken (der Name kommt vom Fluß Sala, der heutigen Yssel in den Niederlanden) um ca. 500 n. Chr. niedergeschrieben und regelte die Verhältnisse zwischen den unterworfenen Römern und den siegreichen Franken sowie die Beziehungen der Geschlechter in Familie und Ehe.

Der Mann als Vater war Herr über das Eigentum. Zu diesem zählte alles bewegliche und unbewegliche Gut; Grund und Boden, das Vieh, die Frau und Kinder. So lautete eine Klausel des salischen Gesetzes: »Kein Stück ererbten Bodens darf an eine

Frau gehen.« Die Frau wurde, ähnlich wie im frührömischen Recht, unter die Vormundschaft des Vaters, des Gatten oder des Sohnes gestellt. Die Frau wurde zu vollkommener vorehelicher Keuschheit und absoluter ehelicher Treue – bei Todesstrafe – verpflichtet. Der Mann jedoch war sexuell frei. Er konnte auch jederzeit ohne Begründung die Scheidung verlangen. Damit nahm die allgemeine Unterwerfung der Frau in sozialer, rechtlicher, moralischer und letztlich geistiger Hinsicht ihren Anfang. Die doppelte Moral der Männergesellschaft war geboren. Die Ehe wurde eine Form des Eigentums – also Besitzrechtes. Sie war, kann man sagen, ein Teil einer Sklaveneinrichtung.

Das salische Gesetz hat das Verhältnis der Geschlechter und die Stellung der Frau in Mitteleuropa maßgeblich beeinflußt und wirkt bis in die Gegenwart. Erst in jüngster Zeit gibt es neue Ansätze, die diese Grundtendenzen des salischen Gesetzes, die sich bis heute erhalten haben, aufheben.

Das holistische Bild von der Gleichwertigkeit der Geschlechter

Welche neue Sichtweise ergibt sich nun für die Beziehungen zwischen den Geschlechtern und die Stellung der Frau in der Gesellschaft auf Grund eines holistischen Menschenbildes?

Eine der wesentlichen Veränderungen wird sich aus der Auflösung des Eigentumsbegriffes und des Eigentumsrechtes ergeben, die eine Folge der Auflösung des Patriarchats ist. Aus dem derzeit vorherrschenden Pariarchat wird eine herrschaftlose partnerschaftliche Familienstruktur hervorgehen. Das Patriarchat basierte u. a. auf der mittelalterlichen Eigentumsstruktur und dessen Erbrecht. Die ökonomische Basis dieser Struktur – der Besitz von Grund und Boden – ist weitgehend verloren gegangen. Die Zahl derer, die größeren Landbesitz zur ökonomischen Nutzung haben – also der Bauernstand –, nimmt an ökonomischer und gesellschaftlicher Bedeutung ab. Die Frau als Mitträger der ökonomischen Sicherstellung der Familie nimmt an Bedeutung ständig zu. Damit aber ändert sich auch ihre Stellung in der Familie und in der Gesellschaft.

Die Folge dieser Entwicklung ist die soziale, rechtliche, politische und gesellschaftliche Gleichwertigkeit der Frau. Dazu kommt eine immer weitergehende Annäherung von Mann und Frau im sozialen Verhalten. Die Möglichkeiten der weitgehenden Geburtenkontrolle machen die Frau dem Manne »ähnlicher«. Die Frau kann selbständig entscheiden, ob und wann sie Kinder bekommen will und ob sie deswegen ihren Beruf aufgibt. Kurz: Die Frau wird immer mehr gleichwertiger Mensch, und die Rolle der Sklavin, der Dienerin, der Besitzlosen, der Rechtlosen wird aufgegeben zugunsten der Rolle als Partnerin, Freundin, also einer »geschwisterlichen« Rolle.

Die Frau ist auch nicht mehr als »Objekt« der sexuellen Begierde des Mannes zu sehen, sondern sie hat ihre eigene Würde und trifft ihre eigenen Entscheidungen. Die Frau wird »erwachsen«, d. h. sie wird aus der Bevormundung des Mannes herauswachsen. Sie wird, so hat es den Anschein, in Zukunft in der Gesellschaft eine bedeutendere Rolle spielen als der Mann, ohne deswegen zu dominieren.

Die Folgen werden Veränderungen in der Vorstellung dessen sein, was Familie ist, in der Kindererziehung und Altersversorgung. Alle Menschen werden lernen müssen, selbständiger zu sein.

Die zunehmende Selbständigkeit wird aber durch ebenfalls zunehmendes Liebesverständnis kompensiert werden müssen, da es ansonsten zur weiteren Egoisierung des Individuums kommt. Selbständigkeit bedeutet also nicht zunehmender Egoismus, sondern zunehmendes Verantwortungsgefühl für sich und andere.

Voreheliche Beziehungen

Wir sind heute, im Zeitalter der künstlichen Geburtenkontrolle, weder aus sozial gesellschaftlichen noch aus biologischen Gründen dazu veranlaßt, voreheliche sexuelle Beziehungen abzulehnen. Gibt es andere Gründe dafür? Gibt es vielleicht geistige Gesetze, die hier anzuführen sind?

Es scheint keine göttlich-geistigen Gesetze zu geben, die in dieser Frage anzusprechen wären. Letzten Endes geht es immer um die Harmonie der Seele. Wo eine »Schädigung« der Seele möglich ist, muß Verzicht geboten sein. Was aber ist eine »Schädigung« der Seele? Jede Disharmonie, jede Enttäuschung ist als solche angesehen worden.

Da die Bedeutung der Körperlichkeit und damit der Sexualität abnehmen wird, sollten wir die damit verbundenen Probleme nicht überbewerten. Wenn tatsächlich keine eigentumsrechtlichen und keine biologischen Gründe für eine strenge sexuelle Enthaltung sprechen, sollte die Sexualität als Grund für eine Ehe in Zukunft nicht der Maßstab sein. In einer Partnerschaft zu einem bestimmten Zeitpunkt des Umganges miteinander nur zu heiraten, um seine körperlichen Bedürfnisse befriedigen zu können, ist das andere Extrem einer falsch verstandenen Religiosität. Es kann und soll die Zeit kommen, wo alle sexuellen Beziehungen vom Geist der Zuneigung und der echten Liebe getragen werden und die anderen damit verbundenen Aspekte in den Hintergrund treten können. Daraus folgt aber: Voreheliche Beziehungen müssen weder für die Gesellschaft noch für die Partnerschaft negative Folgen haben. Sie könnten unter Umständen eine natürlichere Umgangsweise der Geschlechter zur Folge haben, als dies eine über die Maßen gehemmte Sexualität zeitigt.

Nun sind sexuelle Beziehungen, nicht nur wegen der körperlichen Gefühle, die intensivsten Erfahrungen des Menschen auch im geistig-seelischen Bereich. Es ist daher verständlich und richtig, wenn man im Prinzip, wie das die Kirchen tun, von vorehelichen sexuellen Beziehungen abrät. Die Tatsache, daß es heute weder soziale noch biologische Bedenken gibt, sollte uns nicht abhalten, sondern im Gegenteil gerade bestärken, die zunehmende Bedeutung der geistig-seelischen Bereiche für das Bewußtsein des Menschen zu sehen. Das Tier paart sich, ohne sich der Konsequenzen seines Tuns bewußt zu sein. Der primitive Mensch paart sich vornehmlich zur Befriedigung der Begierde. Der selbstbewußt lebende Mensch sollte sich der Bedeutung seines Tuns – zu jeder Zeit – »bewußt« sein. Dann wird er auch die ethische Forderung, von vorehelichen sexuellen Beziehungen Abstand zu nehmen, verstehen und akzeptieren können. Je selbstbewußter der Mensch leben wird, desto bewußter wird er die Partnerschaft in der Ehe erleben und die Sexualität nur als ein Mittel in der Ehe werten.

Nach holistischer Auffassung ist jede Partnerschaft oder Ehe eine karmische Beziehung und daher auch eine karmisch gestellte Aufgabe. Die Aufgaben sind – wie in einer Schule – Probleme, die einer Lösung bedürfen, wobei diese keineswegs immer einfach sein werden.

Es ist einer der folgenschwersten Irrtümer und Klischees einer bürgerlich »aufgeklärten« Gesellschaft, daß Ehen problemlos sein sollten und nur dann »glücklich« sein könnten. Wenn das ganze Leben eine Aufgabe ist, an der der Mensch reifen soll, dann ist es in erster Linie die intensivste und intimste Beziehung, die dabei eine große Rolle spielt. Zu erwarten aber, daß die Beziehung problemlos sein muß, ist wahrscheinlich eine der häufigsten Ursachen von Ehe-Scheidungen. Jedes vorzeitige Aufgeben ist aber eine Flucht vor der karmisch gestellten Aufgabe. Man kann die Aufgabe auf einen anderen Zeitpunkt verschieben, man wird aber deswegen keineswegs von der Lösung der (selbstgestellten) Aufgabe befreit. Die Aufgabe ist ja der Spiegel der eigenen Entwicklung.

Daraus folgt logisch: Man überlege vorher gut, ob man die Aufgabe einer Ehe bewältigen will oder kann. Man prüfe sich und den Partner. Nicht jede Begegnung ist eine karmische. Aber aus den vielen Begegnungen die herauszuspüren, die eine karmische ist, bedarf einer gewissen Prüfung.

Es folgt weiter, daß man Schwierigkeiten in der Partnerschaft zu erwarten hat und sich eben auf ihre Bewältigung vorbereiten sollte. Wer nämlich mit falschen Vorstellungen in eine Partnerschaft geht, wie dies oft der Fall ist, kann kaum erwarten, daß diese »erfolgreich« ist. Eine Umfrage unter den Studenten einer US-Universität ergab, daß 60% aller Befragten der Ansicht waren, sie seien bereit, eine Ehe wieder aufzulösen, falls diese sie nicht »glücklich« machen würde. Die »normale« Vorstellung einer »guten« Partnerschaft ist demnach »glücklich zu sein auf allen Ebenen«. Das aber ist nach holistischer Ansicht völlig falsch und auch durch die Realität keineswegs bestätigt. Diese

Auffassung trägt u. a. zu den derzeit hohen Ehescheidungsraten bei. Man sollte sich im Gegenteil bei einer Partnerschaft fragen: Was bin ich bereit, für den Partner zu tun? Bin ich bereit, auch seine Fehler zu akzeptieren? Kann ich diese Person auch mit ihren Fehlern und Eigenheiten lieben?

Die Partnerschaft ist die Grundübung für Toleranz und der erste Schritt zur Erkenntnis der All-Einheit. Zuneigung und Achtung voreinander auch bei sehr gegensätzlichen Ansichten sind Vorbedingungen für den Bestand, aber auch für den Lernprozeß, der in jeder Partnerschaft stattfinden soll. Denn wie sollten wir Toleranz und Liebe für alle Menschen empfinden lernen, wenn wir schon in der Partnerschaft versagen?

Eltern, Kinder und Familie

Auf Basis einer holistischen Weltauffassung gibt es keinen Zufall. Die ganze Welt und alle darin befindlichen Bewußtseinsformen stehen untereinander in Beziehung und sind »vernetzt«. Aus dieser Sicht sind auch die Familienbande und die Eltern-Kind-Beziehungen vorherbestimmt. Sie werden von den karmischen Beziehungen beeinflußt. Daher wird angenommen, ein sich inkarnierendes EGO wählt sich die Eltern aus, um die »optimalen« Lebens- und Lernbedingungen zu erhalten.

Jede Spannung in einer Eltern-Kind-Beziehung ist daher von großer Bedeutung. Optimal muß in diesem Sinne nicht heißen, daß eine Beziehung problemlos sein muß. Im Gegenteil, Lernsituationen sind auch hier zumeist spannungsgeladen.

Eine Eltern-Kind-Beziehung ist eine der wesentlichsten im Leben jedes Menschen, ob sie nun problemfrei ist oder nicht. In jedem Fall gilt das Gebot: »Du sollst deine Eltern achten und ehren«. Schließlich hast du sie dir selbst gewählt, um dir die beste Ausgangsposition für dein Leben zu schaffen oder auch um ein karmisches Problem zu lösen. Eltern-Kind-Beziehungen sind von wesentlich mehr Problemen belastet, als man sich dies im allgemeinen vorstellt. Von beiden Seiten her – also sowohl von der Seite der Eltern wie der Seite des Kindes – ist daher von Beginn an die größte Verantwortung gegeben. Die wichtigste

Frage für die Eltern aber ist: Wem gehören meine Kinder? Wem gehört auch das ungeborene Kind?

Der primitive Mensch betrachtet seine Kinder, ähnlich wie seinen Partner oder sein Vieh, als sein Eigentum. Die Kindesaussetzung und die Kindestötung waren und sind daher in primitiven Gesellschaften eine übliche Art der Geburtenkontrolle.

Aber selbst in »aufgeklärten« Gesellschaften, wie in der heutigen westlichen Welt, sind durchaus ähnliche Ansichten vorherrschend. Es besteht die Ansicht: »Meine Kinder gehören mir. Sie haben mir Achtung und Ehre zu erweisen, sie sollten für mich sorgen. Ich bestimme über Entwicklung, Erziehung, Beruf etc.« Und nicht nur das. In den meisten Ländern ist heute die Abtreibung von Föten – also ungeborener Kinder – legalisiert. Daher bestimmen die Eltern auch über Leben und Tod des ungeborenen Menschen.

Mit zunehmender Einsicht in die geistigen Zusammenhänge des Seins und des Lebens kann man erwarten, daß diese Ansichten als überholt gelten werden. Jedes Leben ist heilig. Man sollte annehmen, daß jedes Wesen vom Zeitpunkt der Befruchtung an »anwesend« ist. Jedes Kind ist eine fertige Person, also eine Persönlichkeit mit einmaliger Struktur der EB-Monade. Es ist eben nicht so, daß das Bewußtsein des Kindes eine »tabula rasa«, d. h. ein unbeschriebenes Blatt ist und es sei daher möglich, es durch eine bestimmte Erziehung umzuformen. Die Erziehung kann immer nur das formen, was sowohl biologisch-genetisch, vor allem aber bewußtseinsmäßig (also karmisch) im Kinde angelegt ist. Das Kind als fertige Persönlichkeit kann, sobald es auf die Welt kommt, vielleicht bereits einen höheren Bewußtseinszustand ins Leben mitbringen, als die Eltern je erreicht haben. Die Kindhaftigkeit verbirgt nur diesen Entwicklungszustand. Die Eltern sollten sich bewußt sein, daß sie in ihrem Kind eine vollwertige Persönlichkeit vor sich haben, die nun in eine neue Schulungsphase eintritt. Das Kind »gehört« ihnen nicht, sondern ist ihnen zur Erziehung anvertraut.

Die Erziehung besteht daher vornehmlich in der Entwicklung und Entfaltung der im Kinde angelegten Fähigkeiten. Das Kind sollte in der Erziehung keineswegs den Vorstellungen der Eltern vom Beruf, von ihrem Ehrgeiz nach Prestige und Ansehen genügen müssen. Erziehung sollte sich eben auf die Entfaltung der latenten Fähigkeiten des Kindes hin orientieren. Der falsche Ehrgeiz der Eltern spiegelt sich oft in der Wahl ungeeigneter Erziehungsinstitutionen (Schule, Universität usw.) sowie in falscher Berufswahl wider, ohne genügend auf die Anlagen des Kindes einzugehen. Nicht die Vorstellungen der Eltern, sondern die Bedürfnisse des Kindes sollten daher im Vordergrund der Erziehung stehen.

Diese Vorstellungen sollen aber nicht die Idee einer antiautoritären Erziehung stützen. Im Gegenteil: Die sogenannte antiautoritäre Erziehung, bei der dem Kind alles gewährt wird, was es verlangt, ohne Beschränkung, grenzt an Lieblosigkeit. Denn wir sind geboren, um in den Schranken eines biologischen Trägers mit unseren geistigen Energien umgehen zu lernen. Dieser Lernprozeß beginnt im Kindesalter. Die Eltern sind in diesem Sinne sozusagen die Schale, das soziale Gefäß, in welchem sich das Kindwesen entwickeln kann. Jedes Gefäß ist aber Auffangbecken und Begrenzung zugleich. Die Schale gibt die äußere Grenze, ohne die innere Entwicklung zu beengen.

Die Eltern sollten den Rahmen, die Umwelt und die Grenzen setzen. Ohne diese wird kein Charakter zu einer Persönlichkeit.

Die neue Sicht der Familie geht über jene der reinen Blutsverwandtschaft hinaus. Bisher ist Familie mit biologischer Bindung verbunden. Geistige Verwandtschaften spielen dabei keine Rolle. In Zukunft wird man den Unterschied zwischen Blutsverwandtschaft und geistiger Verwandtschaft immer geringer werten. Dies wird sich für die Einstellung zur Adoption fremder Kinder bzw. für den Umgang mit nicht blutsverwandten Personen auswirken. Denn – die Blutsverwandtschaft muß keine geistige Verwandtschaft bedeuten. Oft sind Brüder und Schwestern, Eltern und Kinder einander geistig völlig fremd und können das selbst nicht verstehen. Das karmische Gefüge kann eine Schuld- oder Pflichtverbindung beinhalten, die nicht mit einer geistigen Verbindung Hand in Hand geht. In solchen Fällen ergibt sich oft eine geistige Beziehung zu nicht blutsverwandten Personen viel stärker, als es die blutsgebundene Bindung ist.

Das »Andere«

Bisher wurden in den Du-Beziehungen der Umgang mit dem Nächsten, den Verwandten, der Familie, den Eltern und den Kindern behandelt. Diese Beziehungen sind aber nur ein Teil des Umfeldes, in das der Mensch gestellt ist. Es ist der Alltag der biologischen Wirklichkeit. Daneben spielt aber für ein gesundes, heiles Bewußtsein auch der Umgang mit »dem Anderen über mir«, dem »Anderen neben mir« sowie mit »dem Anderen unter mir« eine wichtige Rolle. Der Mensch ist eben eingebunden in das ganze Sein. Ohne diese Einbindung verliert er entweder den »Boden« unter sich oder das »Ziel« über sich aus den Augen.

Das »Andere« über mir

Die religiöse Tradition im Westen ist von einer verkrampften Einstellung zur Metaphysik – dem Du über mir – gekennzeichnet. Was immer man unter dem Begriff »Gott« versteht, hat in der Geschichte des Westens oft zu Mißverständnissen, Leid, Haß, Verfolgung und Unterdrückung Anlaß gegeben. Die Grausamkeiten, die »im Namen Gottes« ausgeführt, und der Zwist, der damit ins Leben gerufen wurde und wird, könnten uns dazu veranlassen, uns von Gott abzuwenden und für die weitere Menschheitsentwicklung auf diesen Begriff zu verzichten. Daher kann man auch den Weg, den die Aufklärung bis heute genommen hat, nur zu gut verstehen. Die allzu menschlichen Schwächen der religiösen Institutionen haben diese Distanzierung wesentlich mit verursacht und tun dies noch immer. Man kann nur annehmen, daß auch dies eine sinnvolle Entwicklung ist, die zur Klärung und Selbstreinigung religiöser Traditionen beitragen wird. Die von den Kirchen als Reaktion auf die Aufklärung praktizierte Anpassung durch Säkularisierung und Entmythologisierung des religiösen Gedankengutes ist aber ebenfalls nicht dazu angetan, den Menschen das »Du über mir« näherzubringen.

Keine dieser Entwicklungen scheint dazu beizutragen, ein richtiges Verständnis für die Metaphysik zu fördern. Weder der

strafende, nicht-verzeihende Gott mit Todsünden und Höllen-
feuer, noch der durch die Wissenschaft entmachtete oder überhaupt ins Abseits gestellte Gottes-Begriff kann heute dem Menschen helfen, sein Leben zu gestalten. Wir müssen daher mit
einer völlig neuen Gottes-Vorstellung beginnen, deren Grundzüge bereits im zweiten Teil dieses Buches dargestellt wurden.

Die Sicht der »anderen über mir« ist natürlich auch an die
Selbstbewußtseinsstufe des jeweiligen Individuums gebunden.
Es wird damit wieder zum Spiegel der eigenen Selbstbewußtseins-Entwicklung. In Erweiterung der früher gebrachten Stu-
fenfolge bietet sich folgende Charakterisierung an:

1. *Stufe:* Der primitive Mensch – Urmensch (Uroboros).
   Völliges Nicht-Verstehen des Seins.
   Völlige Abhängigkeit vom Instinkt.

2. *Stufe:* Der primitive Mensch – beginnendes Selbstbewußt-
   sein.
   Dämonisierung der Welt.
   Anbetung aller Naturphänomene in Form von Geistern und
   Gottheiten.
   Naturreligion.

3. *Stufe:* Beginnender Kulturmensch – (Typhon).
   Die Welt wird getrennt in die Götter- und in die Menschen-
   welt.
   Dualismus Götter-Mensch (Dualismus 1. Art).

4. *Stufe:* Der Kulturmensch – (Kentaur).
   Der zweifelnde Agnostiker oder Atheist.
   Der Mensch ist das Maß aller Dinge.
   Gott wird für die Erklärung der Naturphänomene nicht mehr
   gebraucht. Die Wissenschaftsgläubigkeit ersetzt die Gottes-
   gläubigkeit.

5. *Stufe:* Der Subtil-Mental-Typ.
   Gemilderter Dualismus (Dualismus 2. Art).
   Man kommt zum Gottesbegriff der Meister-Schüler-Bezie-
   hung.

6. *Stufe:* Der Mensch mit Kausal-Bewußtsein.
Vedantismus; »Ich bin es« (Tat tvam asi).
Ich weiß, daß ich und das All eins sind.

Wir sehen also, daß sich im Laufe der Evolution des Menschen
bzw. seines Selbstbewußtseins der Gottes-Begriff vollständig
ändert. Der primitive Mensch denkt und fühlt ganz anders in
bezug auf das »Du über mir« als der fortgeschrittene Mensch.
Zwei Feststellungen sind jedoch trotzdem in dieser Beziehung
wichtig:
– Man kann diese Stufen der Bewußtseinsentwicklung des
  Menschen in bezug auf den Gottesbegriff »wissenschaftlich«,
  d. h. mit rationalen Mitteln, feststellen. Nichts ist in dieser
  Erkenntnistheorie des Gottes-Begriffes Spekulation.
– Trotzdem kann man niemanden, der nicht »reif« ist für eine
  höhere Stufe, auf diese bringen. In der Bibel heißt es: »Niemand kann zu mir kommen, wenn ihn der Vater nicht zieht.«
  (Joh 6,44) Das heißt, niemand kann eine Bewußtseinsstufe
  erreichen, wenn er nicht in seiner persönlichen Evolution
  darauf vorbereitet und aufnahmefähig ist. Es heißt ja auch:
  »Wer Ohren hat, der höre« (Mt 11,15).
In den Wissenschaften ist es ähnlich. Die Kollegen Galileis
weigerten sich, durch das von ihm gebaute Fernrohr zu schauen,
womit er ihnen die Jupiter-Monde zeigen wollte. Sie weigerten
sich einfach, weil sie nicht sehen wollten, was ihrer Vorstellung
zufolge (ihrem Bewußtseinszustand oder Paradigma zufolge)
nicht wirklich sein konnte. Ähnlich ist es auch bis heute mit dem
Gottes-Begriff. Sowohl in der Wissenschaft als auch in der
Theologie ist es vom Bewußtseinszustand und vom vorherrschenden Paradigma abhängig, was der einzelne »verstehen«
kann oder will.
   Die Tatsache, daß die Geistwesen über uns als göttlich verehrt
werden, braucht uns nicht abzuhalten, sie als das zu sehen, was
sie sind – Produkt der Evolution wie wir. Wir stehen nicht auf
derselben Entwicklungsstufe, ebensowenig wie Igor und wir,
aber wir sind vom gleichen »Stoff«, aus dem gleichen »Vater«,
unterliegen dem gleichen Universalgesetz.
   Die Zeiten, in der der Mensch sich seinen Göttern nur in

ängstlicher Weise »im Staube kriechend« näherte, sollten vorbei sein. Diese staubkriechende Unterwürfigkeit, bei gleichzeitiger ängstlicher Verkrampfung und Hintergehung des Universalgesetzes durch Nicht-Beachtung aus Unwissenheit, hat in der ersten Phase der Evolution das geschaffen, was wir heute sind. In der zweiten Phase ist Offenheit, die in Freundschaft ohne Angst dem höheren Wesen begegnet, angebracht. Die Ausschaltung der Angst vor Bestrafung, der Furcht also, scheint in dieser Du-Beziehung der wesentliche Schritt zu einem Neuanfang zu sein.

Angst sollte man – wenn überhaupt – nur vor sich selbst haben. Denn das Universalgesetz wirkt in jedem Fall – ob wir daran glauben oder nicht. Das Gesetz ist nämlich unerbittlich, und kein Gott (Energie-Bewußtseins-(EB)-Wesen) kann uns vor dem Gesetz bewahren, weil er selber in dem Gesetz ist. Man wird »frei« (erlöst) nur dann, wenn man vollkommen nach dem Gesetz lebt, d. h. es vollkommen erfüllt. Dann aber ist man in das Gesetz eingegangen, in ihm »aufgegangen«, mit diesem »eins« geworden. Es erscheint daher aus dieser Argumentation nicht möglich, daß die Götter über dem Universalgesetz, der »Gottheit«, stehen sollten.

Aus dieser Sicht ist es möglich und wünschenswert, einen persönlichen Du-Bezug zu einem »Meister«, d. h. einem Weisheitslehrer, herzustellen. Das ist der Weg der »mystischen Vereinigung«, von dem in der religiösen Geschichte berichtet wird und den jeder Mensch – früher oder später – gehen wird. Nicht jedem, der sich auf diesen »Weg« begibt, werden dieselben Erfahrungen zuteil. Aber jedem wird das Gefühl der Verbundenheit eigen. Die Methoden, die diesen Weg öffnen, sind zahlreich und verschieden. Im Prinzip aber lassen sie sich auf folgende einfache Regeln zurückführen:

– Lebe in der Annahme »als ob« es die Energie-Bewußtseins-(EB)-Realität und die göttlichen »Geist«-Wesen wirklich gäbe.
– Beginne mit einer täglichen Transkommunikation mit diesen durch Gespräch, Gebet, Mantras (ständige Wiederholung eines heiligen Wortes), Konzentrationsübungen und Meditationsübungen. Man baut sich auf diese Weise einen Kommunikationskanal in die EB-Realität auf.

– Achte immer auf ein »Zeichen«, das von »außen« aus der biologischen Wirklichkeit kommen kann oder von »innen« aus dem Gewissen. Beachte diese Zeichen, die dir deine Fehler und Eigenschaften anzeigen, und korrigiere laufend deine Einstellung zur Welt.

– Das Endziel dieses Weges ist, daß der Mensch erkennt, wie das im Vedantismus der Fall ist, daß er selber und das »göttliche DU«, sowie »Alles-was-da-ist« eine Einheit darstellen.

Das »Andere« neben mir: Alles Sein ist heil

Das Wort »heil« ist etymologisch mit »gesund«, »unversehrt«, »gerettet« bzw. »ganz«, »völlig« oder »vollständig« zu erklären. Das Wort »heilig« stammt von dem Wort »heil«. Heilig sein heißt also ganz sein. Da »holistisch« ebenfalls »ganz« oder »ganzheitlich« bedeutet, sind die Begriffe wesensgleich zu verstehen. Heil, heilig und holistisch lassen sich somit auf dieselbe Bedeutungsbasis zurückführen.

Diese Worterklärungen geben die tiefere Bedeutung des Satzes: »Alles Sein ist heil« wieder. Sie liegt im Begriff der All-Einheit. Aus der Quantentheorie ergibt sich die Sichtweise, die durch die Weisheitslehren bestätigt wird, von der Vernetztheit des Seins, der »Beobachter-Partizipation«, die mit dem Wort All-Einheit umschrieben wird. Aus dieser All-Einheits-Vorstellung resultieren nun wesentliche ethische Forderungen, die sich auf den Umgang mit anderen Wesen und die Natur beziehen.

Es bewirkt nämlich einen großen Unterschied in der Einstellung, einerseits anzunehmen, ich sei ein selbständiges Subjekt, das mit dem Rest der Welt »nichts zu tun« habe, wie das etwa im naiven Realismus geschieht, oder andererseits an eine dauernde »Vernetztheit« des ganzen Seins zu glauben. Ersteres zeitigt die strenge Subjekt/Objekt-Trennung, die zum Ego-Bewußtsein und zum Egoismus gehört. Letztere kann uns helfen, diesen Egoismus zu überwinden. Nur die zweite Vorstellung interessiert uns hier, denn von der ersten wurde gezeigt, daß sie nicht der Realität entspricht, obwohl sie unseren Sinnen entspricht.

Was folgt aus der Annahme, ich und mein Körper seien essentiell mit allem Sein verbunden?

Die erste Reaktion ist Ratlosigkeit. Wer kann sich das vorstellen? Eine gute Antwort ist: Versuchen wir uns das nicht vorzustellen, weil es, wie das Erkenntnis-Paradoxon zeigt, nicht vorstellbar ist. Versuchen wir es zu erfahren.

Daraus würde sich folgendes ergeben:

– Jeder nicht mit Liebe getätigte Eingriff in das Leben eines anderen Wesens ist ein Eingriff in den »Plan« oder die für den Menschen undurchschaubaren Zusammenhänge des Universalgesetzes und ist daher zu vermeiden.

– Nun kann aber niemand von uns leben, ohne in den »Plan« anderen Lebens einzugreifen. (Eine weitere paradoxe Situation.) Daher sollte jeder Eingriff so erfolgen, daß er vom Bewußtsein der »Heiligkeit« des anderen Wesens getragen ist.

– Der Mensch muß sich sagen: Ich bin Teil des »Planes« oder der »Vernetztheit«. Daher wirkt alles, was ich denke oder tue, auf alles Sein ein.

– Wenn das Universalgesetz ein von Zahl/Ordnung/Harmonie gekennzeichnetes ist, dann sollte das Denken und Tun der Menschen von diesen Grundsätzen ausgehen. Denn diese wirken als eine Naturgesetzlichkeit.

Diese Grundsätze klingen sehr theoretisch. In die Praxis umgesetzt, folgt daraus ein Satz von Regeln:

Die Regel des »ahimsa«. Sie bedeutet das absolute Nicht-Verletzen jeden Wesens. Nun gilt auch im mosaischen Gesetz: »Du sollst nicht morden.« Aber dieser Anspruch wird im christlichen Bereich nur auf den Menschen bezogen und hat sich selbst da noch nicht allgemein durchgesetzt. Im Gegensatz dazu wird der Begriff des »ahimsa«, der aus dem Yoga kommt, auf alle Lebewesen bezogen. Das ist dann auch die ethische Basis eines Vegetarismus, der in ganz strenger Form selbst die Vernichtung von Pflanzen ausschließt. In diesem Fall basiert die Ernährung auf Samen und Früchten, welche die Existenz der Pflanze nicht in Frage stellen. Selbstverständlich sind alle Tiere aus diesem Verständnis heraus ebenso unverletzlich wie Menschen.

Am nächsten kommt dieser Anschauung im Westen die Einstellung von Albert Schweitzer (1875-1965), der ebenfalls eine

Ethik der Heiligkeit allen Lebens vertreten hat. Dies kommt in dem einprägsamen Satz zum Ausdruck: »Ich bin Leben, inmitten von Leben, das leben will.«

Die Regel zum Verhalten gegenüber Aggression. Wie verhalte ich mich gegenüber gewalttätiger Aggression? Auch noch heute schafft diese Frage viel Verwirrung, selbst unter Friedensforschern und Philosophen.

Dabei ist die Antwort im Prinzip einfach. Sie ist abhängig von der Situation, und zwar ob ich nur Eigenverantwortung oder auch Fremdverantwortung (d. h. Verantwortung für anderes Leben) trage.

Ist nur Eigenverantwortung gegeben, d. h. geht es im Falle einer Aggression gegen mich, mein Leben, so kann ich mich anders verhalten als im Falle einer Fremdverantwortung. Im Falle der Eigenverantwortung wird die Reaktion auf eine Aggression nur von meiner persönlichen Ethik geprägt sein können: Ich kann mich verteidigen oder nicht. Für diesen Fall gilt auch das Wort der Bergpredigt (Mt 5,39): »Streitet nicht mit dem Bösen, sondern wer dich auf deine rechte Wange schlägt, dem halte auch die andere hin!«

Die Bergpredigt aber ist, das sollte man beachten, nur an die Jünger Jesu gerichtet, denn es heißt (Mt 5,1): »... nachdem er sich gesetzt hatte, traten seine Jünger zu ihm, und er tat seinen Mund auf, lehrte sie und sprach ...«

Daraus kann man schließen, daß dieses Jesus-Wort eben nur für die Jünger in einer Eigenverantwortungssituation Gültigkeit besitzt. Im Falle von Fremdverantwortung ist das aber anders. Hier ist der Schutz von mir in die Verantwortung gegebenen Wesen eine moralische Verpflichtung. Man findet diese Ansicht im Hinduismus und kann sie als »Hausvater-Ethik« bezeichnen. Vivekananda schreibt dazu: »Die Schriften der Hindus sagen: ›Ohne Zweifel ist Moksha [Stufe der Befreiung von Freude und Leid. Aufhebung von Geburt und Tod. Erlösung von Wiedergeburt] dem Dharma [Rechtschaffenheit, Gerechtigkeit, Pflicht, rechtes Verhalten. Die Ziele menschlichen Strebens innerhalb der karmischen Existenz] überlegen; aber man sollte zuerst das Dharma erledigen [bevor man sich dem Moksha widmet]‹. Nicht-Verletzen ist eine richtige Maxime; ›wende dich nicht gegen das Böse‹, ist eine große Sache – das sind wahrlich große Ansprüche; aber die Schriften sagen auch: ›Du bist ein Hausvater; wenn dich jemand auf die Wange schlägt und du erwiderst ihm das nicht ›Auge um Auge‹ und ›Zahn um Zahn‹, dann bist du wahrlich ein Sünder‹.

Das ist mein Rat an euch, geliebte Mitbrüder. Selbstverständlich sollt ihr nur Gutes tun, niemanden verletzen oder tyrannisieren, soviel euch das möglich ist. Aber passiv sich dem Bösen unterwerfen, das andere euch zufügen, ist für den Hausvater Sünde. Er muß versuchen, den Bösen in ihrer eigenen Münze an Ort und Stelle zurückzuzahlen.«

Das Ziel einer Verteidigung folgt aus der Beantwortung der Fragen: Was soll verteidigt werden und mit welchen Mitteln? Die Anpassung der Mittel an die jeweilige Situation ist zu fordern. Eine Verteidigung sollte nicht aggressionsfähig sein, da sie ansonsten eine Spirale der Gewalt in Gang setzt.

Eine wesentliche Frage ist in diesem Zusammenhang, wie lange denn Gewalt (und damit auch die Gegengewalt der Verteidigung!) noch andauern wird. In der Bhagavadgita versucht der Gott Krishna Arjuna klar zu machen, daß die Menschen, so lange sie die Aggression nicht bei sich selbst abbauen können, Aggression werden erleben müssen. Die Menschen leben in einer großen Gemeinschaft, in der alles von allen beeinflußt wird. Der Mensch muß versuchen, seine ganze Persönlichkeit von Aggression zu befreien und zur Idee der Bergpredigt kommen. Das aber kann nur beim einzelnen beginnen. Aggression und Kriege werden daher (leider) »notwendig« sein, solange die Menschen nicht ihr Bewußtsein ändern, um Kriege überflüssig zu machen. Sowohl beim einzelnen wie bei einer Gesellschaft ist das nur durch lange und leidvolle Erfahrung möglich, die das Bewußtsein ändert. Zu hoffen, daß es individuelle oder kollektive Bewußtseinssprünge geben würde – einfach durch gutes Zureden –, ist eine Illusion. Jesus aber war kein Illusionist. Er gab in der Bergpredigt das Ziel der Evolution an, das wir anstreben müssen.

Das Ziel ist also die angstfreie, selbst- und aggressionslose Persönlichkeit. Nur durch die Überwindung der Angst des Egoismus kann man Aggression abbauen und die Ethik der Bergpredigt leben.

Eine weitere gute Regel, die schon am Anfang dieses Kapitels steht, lautet im ersten Teil: »Rede nur, wenn du gefragt wirst.« Das heißt, mische dich nicht in alles ein, was du siehst, hörst oder von dem du weißt. Die meisten Mißverständnisse entstehen durch zu viele Worte. Man sollte sich keine Vorstellung davon machen, was andere zu denken, zu leben oder zu glauben haben. Die Einstellung »Ich weiß genau, was gut für dich ist«, hat, wie bereits erwähnt, einen großen Teil der europäischen Geschichte geprägt und spielt daher auch in den persönlichen Beziehungen eine starke Rolle. Aus den Aussagen von Stefan von Jankovich folgt jedoch, daß man selbst mit den besten Absichten nicht in das Schicksal eines anderen eingreifen sollte, weil man nie wissen kann, was »gut« für ihn ist. Das geht natürlich nicht so weit zu sagen: Ich wollte den Ertrinkenden nicht retten, weil ich nicht in sein Schicksal eingreifen wollte. Es bedeutet aber sehr wohl eine beachtliche Zurückhaltung in Schicksalsfragen (Partnerwahl bei Kindern, Berufswahl, usw.), die oft nur sehr schwer zu erfüllen ist.

Zurückhaltung auf der einen Seite, Hilfestellung auf der anderen Seite sind gefragt. Kann eine »Hilfe« auch eine Einmischung in das Schicksal eines anderen sein? Natürlich kann es das sein. Die karmische Wirkung zeitigende Entscheidung liegt in jedem Fall bei uns. Ein Leben ohne Risiko gibt es jedoch nicht. Kein Risiko bedeutet auch kein Lernen. Die »dauernde Achtsamkeit«, wie sie im Yoga und Zen geübt wird, ist also notwendig.

Das »Andere« unter mir

Aus der Sicht der holistischen Ethik ist die Einheit von Mensch und Natur eine Realität im vollsten Sinn des Wortes. Dies hat Gregory Bateson (1900-1979), der englische Ökologe, mit den folgenden Worten zum Ausdruck gebracht: »Die Einheit des Überlebens besteht aus Umwelt plus Organismus. Wir lernen durch bittere Erfahrungen, daß der Organismus, der seine Umwelt zerstört, sich selbst zerstört, weil er Teil der Umwelt ist.«

Die weltweite Zerstörung der Umwelt, wie sie derzeit vor sich gehen wird, muß die folgenden Konsequenzen zeitigen:

- Da man annehmen muß, der Mensch werde nur aus seinen Fehlern lernen, werden die »bitteren Erfahrungen«, von denen Bateson spricht, eintreten. Erst sie werden radikales Umdenken bewirken, das notwendig ist, um eine weltweite Bewußtseinsänderung bezüglich des Umganges mit der Natur herbeizuführen.
- Es ist möglich, daß diese Bewußtseinsänderung zu spät erfolgt, um eine tiefgreifende und dauernde Schädigung der Natur – weltweit – zu verhindern.

In diesem Fall müßte man, ohne Zynismus, annehmen, daß diese Veränderungen »pädagogische Katastrophen« und daher »gut« für die Bewußtseinsentwicklung des Menschen sind. Es ist eigentlich für die geistige Entwicklung des Menschen unwesentlich, in welcher Art von Umwelt er existiert. Es gab Hochkulturen in Wüsten und in den Tropen. Im Extremfall könnten wir sagen: Der Mensch kann auch in einer Wüste an seiner Selbstbewußtseinsentwicklung arbeiten. Wenn er es nicht versteht die Natur zu schützen, dann wird es »notwendig« sein zu lernen, auch in einer weniger angenehmen Umgebung zu leben.

- Das Argument, der heutige Mensch schädige die Umwelt zukünftiger Generationen, ist nur im herkömmlichen Sinne zutreffend. Von der Zeitlosigkeit des Seins ausgehend können wir sagen: Der Mensch schädigt immer sich selbst, denn er wird es sein, der in Zukunft leben wird. Alles, was wir denken und tun, wirkt auf uns alle, jetzt und in Zukunft.
- Nach dem holistischen Weltbild hat alles Sein Bewußtsein: die Mineralien, die Pflanzen, die Tiere, der Mensch usw. Demnach haben auch die Tiere, wie der Mensch, eine Seele (eine EB-Monade), aber noch kein Selbstbewußtsein, keinen »Geist«. Jede Art von unnötiger »Schädigung« dieser Ganzheiten des Bewußtseins ist demnach zu vermeiden. Das geht so weit, daß keine Blume, kein Ast unnötig abgebrochen wird und kein Tier unnötig getötet werden sollte, auch nicht zur Ernährung des Menschen.

Nun ist der Vegetarismus einerseits in allen Religionen – zumindest bei Mönchen – immer praktiziert worden, andererseits aber heftig umstritten. Man kann aber heute weltweit eine Zunahme der Menschen feststellen, die nur vegetarische Nahrung zu sich nehmen. Diese Entwicklung wird noch weiter und stärker vor sich gehen.

Im Christentum hat die Forderung nach Fleischenthaltung eine lange Tradition und wurde erst im Kampf der Kirche gegen den Gnostizismus aufgegeben, da die Gnostiker sich strikte der Fleischnahrung und alkoholischer Getränke enthielten. In diesem Kampf ging man damals, etwa um 300 n. Chr., sogar soweit zu beschließen, daß alle Priester, bei Androhung der Amtsenthebung, gezwungen wurden, Fleisch zu essen.

Die Kirchenväter aber, wie etwa Clemens von Alexandrien (150-220 n. Chr.), Basilius der Große (330-379) oder Gregor von Nazianz (329-390) waren eindeutig für die Enthaltung von der Fleischnahrung. Dieselbe Einstellung finden wir im Hinduismus und Buddhismus.

Heute tritt neben die medizinisch-biologischen und die spirituellen Argumente noch zusätzlich ein soziales. Die Produktion von Fleisch benötigt nämlich – in der Form von Tierfutter – mindestens siebenmal mehr Energie als jene von Getreide. Fleisch zu essen ist also energetisch sehr ineffizient. Und dies in einer Zeit, in der 20% der Weltbevölkerung im Westen ca. 80% der jährlich geförderten Energiemengen verbrauchen und 80% der Weltbevölkerung in der 3. und 4. Welt mit nur 20% der Energie auskommen müssen.

Die Produktion und die Konsumation von Fleischnahrung ist also sowohl aus medizinischen, sozialen und spirituellen Gründen abzulehnen. Das Gebot: »Du sollst nicht morden« ist nicht auf den Menschen beschränkt, sondern gilt für alles Leben. Alles Leben ist heilig.

Nur wer die Welt versteht,
kann ihr auch gerecht werden.

Spielregel 3:
Vertraue auf das Prinzip
der Selbstorganisation in der Gemeinschaft
und anerkenne deine Verantwortung

Die zunehmende Vernetzung der Bezüge zum anderen, im Beruf und im Alltag, mündet in die Wir-Bezüge der Gesellschaft. Ein neues Welt- und Menschenbild muß auch ein neues Gesellschaftsbild hervorbringen. Dieses wiederum beinhaltet neue Aufgaben und Strukturen für Arbeit und Bildung, Politik, Wirtschaft, Staat und Religion.

Die im folgenden angestellten theoretischen Überlegungen bezüglich der Organisation von Systemen gelten für jede Art von sozialer Organisation. Sie sind daher für die Wirtschaft ebenso anwendbar wie für die Politik. Diese Bereiche sind in dieser Art von Analyse vom Prinzip her nicht zu trennen, da sie sich wechselseitig beeinflussen.

Es wird heute viel und oft über die Möglichkeiten neuer Konzeptionen für Wirtschaft, Technik, Arbeit, Freizeit, usw. geredet und geschrieben. Das ist verständlich, sahen wir doch die politisch-ökonomischen Strukturen im Osten zerfallen und erleben wir im Westen, wie sie in immer größere Schwierigkeiten kommen.

Man muß sich daher, will man über die Zukunft nachdenken, fragen: Was sind die Wurzeln der bisherigen Systeme und Strukturen?

Das heute dominante Wirtschaftssystem ist der Kapitalismus, der aus der Auseinandersetzung mit dem zweiten Wirtschaftssystem, das dieses Jahrhundert mitgeprägt hat, dem Kommunismus, scheinbar als Sieger hervorging.

Heute ist der politische Kommunismus im Sinne eines leninistisch-stalinistischen Systems am Ende. Der Kommunismus dieser Prägung hat sich als ein nicht menschengerechtes Gesellschaftssystem erwiesen. Die Ineffizienz der kommunistischen Planwirtschaft hat ihn zugrundegerichtet.

Der Kapitalismus bzw. das, was man heute darunter versteht, scheint demgegenüber auf dem Höhepunkt seiner Entwicklung zu stehen. Aber auf dem Höhepunkt jeder Entwicklung muß – wie die Analyse jedes Wachstumsprozesses zeigt – entweder der Abstieg beginnen oder sich eine neue Entwicklung anbahnen. Kein System kann unbegrenzt wachsen.

Man braucht daher weder ängstlich oder verkrampft versuchen, das eine oder das andere, das Alte und Überkommene festzuhalten oder das Neue, auf uns Zukommende zu forcieren. Geistige Revolutionen gehen »von selbst« vor sich. Sie sind unaufhaltsam. Daher ist es auch sinnlos zu streiten, ob das Neue – ein »New Age«, oder wie man es nennen mag – kommen wird oder nicht. Und es ist auch sinnlos zu versuchen, es zu beschleunigen oder hintan zu halten. Falls es kommt, kommt es weder, weil es »herbeigeredet« wurde, noch kann man es wegargumentieren. Die Geschichte zeigt, daß es sinnlos ist, sich ihrem Gang, dem Zeitgeist, entziehen zu wollen.

Das Prinzip, das jeder Entwicklung zugrunde liegt, das Prinzip der Selbstorganisation, bestimmt den Lauf der Geschichte, nicht unser Wollen und Streben.

Das Prinzip der Selbstorganisation wirkt natürlich auch auf geistiger Ebene. Wenn daher ein neues Weltbild entsteht, so ist auch das Ausdruck der Wirkung dieses Prinzips. Ein neues Weltbild, das auch ein neues Bild vom Menschen und eine neue Ethik mit sich bringt, muß aber zwangsweise auch die Ausrichtung und Struktur der politisch-ökonomischen Systeme ändern.

Neue Ansätze zeigten sich zu allen Zeiten nur in winzigen Keimen, die sich schließlich, nach einiger Zeit, als alles beherrschende Ideen ausbreiteten. Man wird daher auch heute vergeblich in der Gesellschaft mit statistischen Methoden nach Mehrheiten für einen Wertewandel suchen. Die Mehrheiten aber bestimmen nicht das Denken der Masse, auch in einer demokratischen Gesellschaft nicht, sondern es sind Eliten, die die Keime für eine neue Entwicklung abgeben.

Es geht daher darum, den Keimen des neuen Denkens in unserer Gesellschaft nachzuspüren. Einige dieser Keime könnten sich bereits in heute sichtbaren politisch-sozialen Bewegungen manifestieren. Dazu zählen

– die Emanzipation der Frau (Frauenbewegung)
– die ökologische Bewegung
– die Friedensbewegung
– die Freiheitsbewegungen in Ost und West (Nationalisierung)

Auch der Bereich politisch-ökonomischer Systeme ist ein wesentliches Anwendungsgebiet für ethische Richtlinien. Wir wollen daher vorerst das Zusammenwirken verschiedener Faktoren in diesem Bereich untersuchen und anhand des Beispieles der kapitalistischen Ordnung verdeutlichen.

Zur Theorie politisch-ökonomischer Systeme

Jede Tätigkeit ist auf ein Ziel gerichtet. Dieser Grundsatz gilt für biologische wie auch für soziale Systeme. Das vornehmliche Ziel biologischer Systeme ist die Erhaltung der Art. Soziale Systeme sind dagegen autonom, d. h. sie bestimmen ihre Ziele selbst.

Daraus folgt: Jedes politisch-ökonomische System basiert auf einer Zielvorstellung. Diese umfaßt die Sollbestimmungen, die für die Teilnehmer am System gültig sind. Diese Sollforderungen sind im allgemeinen ethische Forderungen. Die Zielvorstellungen politisch-ökonomischer Systeme stellen die Ethik des Systems dar.

Zur Erreichung der Zielvorstellungen bedarf jedes System einer Methode. Die Ziele werden also mit Hilfe einer Methode angestrebt. Diese Methode strukturiert das System zu einer Organisation. Die Organisationsstruktur ist Ausdruck der Methode, mit deren Hilfe die Ziele angestrebt werden.

Jedes soziale System kann daher durch das Ziel, das mit diesem System angestrebt wird, und die Methode, mit welcher das Ziel zu erreichen versucht wird, charakterisiert werden. Zur Analyse eines politisch-ökonomischen Systems gilt es daher festzustellen:

1) Welche Ethik wird in diesem System verfolgt?
2) Welche Organisationsstruktur ist für das System charakteristisch?

Politisch-ökonomische Systeme sind in ihrer Grundstruktur mit biologischen Systemen zu vergleichen. Der Unterschied wurde bereits einleitend festgestellt: Es ist die Fremdbestimmung bei biologischen und die Selbstbestimmung bei sozialen Systemen. Der Unterschied ist einfach darin begründet, daß soziale Systeme menschenbedingt mit dem freien Willen gesteuert werden können. Dieser aber kann sich für oder gegen das Universalgesetz richten. Im ersteren Falle wird das System evolutionär stabil operieren, im letzteren Falle wird es laufend Instabilitäten zeigen. Zusammenbrüche, wirtschaftliche und moralische Katastrophen werden die Entwicklung solcher Systeme charakterisieren.

Die Ethik des Kapitalismus

Jede Ethik entspricht einer Vorstellung vom Sein, d. h. einem Weltbild. Nur wer eine Vorstellung von der Welt hat, woher der Mensch kommt und wohin er sich entwickeln soll, kann Soll-Vorstellungen für den Menschen ableiten. Wir können also formulieren: Nur aus dem Sein folgt ein Sollen.[1]

Die Ethik des Kapitalismus geht auf das mechanistische Weltbild von Isaak Newton zurück. Dieses Paradigma war in der Physik sehr erfolgreich zur Erklärung bis dahin offener Fragen herangezogen worden und wurde daher von den meisten übrigen Wissenschaften übernommen. So auch von der Ökonomie – der Theorie der Wirtschaftssysteme.

Adam Smith (1723-1790) war wohl der wichtigste Wegbereiter des kapitalistischen Systems, aber sicher nicht der einzige. Neben ihm waren es vor allem David Ricardo (1772-1823), J.-B. Say (1767-1823) und John Stuart Mill (1806-1873), die wichtige Beiträge zur Theorie des Kapitalismus lieferten. Das Schaffen von Smith liegt jedoch zeitlich vor den Arbeiten der anderen Proponenten des Kapitalismus und hat ohne Zweifel auch großen Einfluß auf sie ausgeübt. Seine Theorie, aber auch die

---

[1] Diese Aussage steht im krassen Widerspruch zu den positivistischen Ethik-Vorstellungen, wo formuliert wird: Aus dem Sein kann kein Sollen abgeleitet werden. Aber bereits HANS JONAS widerspricht in seinem Buch »Das Prinzip Verantwortung« dieser positivistischen Auffassung.

Vorstellungen aller anderen Mitbegründer des Kapitalismus, waren entscheidend und nachweislich vom mechanistischen Weltbild beeinflußt.

Die ethischen Wurzeln des Kapitalismus wissenschaftlich und vollständig darzulegen, geht über das Ziel dieses Buches hinaus. Smith war z. B. nicht nur durch Newton, sondern auch durch Denker wie Aristoteles, Thomas von Aquin und David Hume beeinflußt. Daher müssen auch die Zeitströmungen der Aufklärung sowie das damals geltende Religionsverständnis mitberücksichtigt werden.

Wir wollen vielmehr versuchen, die ethische Basis des Kapitalismus exemplarisch aus der Gedankenwelt Adam Smiths herzuleiten. Dies ist um so mehr zulässig, als sich die paradigmatische Basis des Kapitalismus, das mechanistische Weltbild, seit Newton und Smith bis heute in seinen Grundannahmen nicht geändert hat. Die Theorie-Basis ist dieselbe geblieben. Sie wurde einzig und allein im Laufe der Zeit verfeinert. Das Argument, der Kapitalismus, wie ihn Smith 1776 sah, sei nicht derselbe wie heute und daher könne man von damals nicht auf heute schließen, trifft offensichtlich nicht zu. In den Grundzügen hat sich seit damals nichts geändert.

Welche Ethik hat nun Adam Smith für den Kapitalismus formuliert? Interessant in dieser Beziehung ist, daß Smith am College von Glasgow Professor für Logik und später für Moralphilosophie war. Er war also ein genauer Kenner ethischer Systeme. In dieser Zeit schrieb er das Buch: »Theory of Moral Sentiments« (1759), das fast unmittelbare Anerkennung fand und ihn weithin bekannt machte. Smith begann also als Philosoph und Ethiker und verfaßte erst später (1776) »An Inquiry into the Nature and Causes of the Wealth of Nations«, das zu den Hauptwerken der Theorie des Kapitalismus zu rechnen ist.

Smith verbrachte viele Jahre in Frankreich und wurde dort mit Philosophen der Aufklärung und des französischen Materialismus bekannt. Es war die Zeit der Enzyklopädisten. Denis Diderot (1713-1784) und Jean d'Alembert (1717-1783), der berühmte Mathematiker, waren die Herausgeber der »Enzyklopädie der Wissenschaften, Künste und Gewerbe«, die das gesamte Wissen der Zeit zusammenzufassen versuchten. Das

Zeitalter der Religion war dem der aufkommenden Naturwissenschaften gewichen. Julien Offray de Lamettrie (1709-1751), ein Arzt, schrieb das Buch »Der Mensch als Maschine«. Der deutsche Baron Dietrich von Holbach (1723-1789) verfaßte ein Werk »System der Natur«, das zur »Bibel« des französischen Materialismus wurde. Es war die Blütezeit der Entstehung des mechanistischen Weltbildes. Man stand am Vorabend der französischen Revolution. Aufklärung, Empirismus, Materialismus und Pragmatismus sind die wesentlichen Gedankenströme dieser Zeit am Ende des 18. Jahrhunderts, in der sich Adam Smith sein Weltbild formte. Aus diesem Geist heraus ist der »Wohlstand der Nationen« geschrieben.

Die Basis seiner Überlegungen war ein pragmatisch-empiristisch-materialistisches Menschenbild und eine dementsprechende Ethik. Der Moralphilosoph Adam Smith hat damit sein Buch auf eine Basis gestellt, die bis heute gehalten hat. Es ist die realistische Sicht des Menschen seiner (und großteils auch unserer) Zeit – des Kentauren. Hier finden wir die tieferen Gründe des Erfolges der Ideen von Adam Smith und des Kapitalismus. Smith hat mit scharfem Blick den Menschen so erfaßt, wie er in der kentaurischen Phase seiner Bewußtseinsentwicklung ist.

In der »Theory of Moral Sentiments« von 1759 werden die sozialpsychologischen Annahmen über den Menschen ausführlich untersucht, wobei Smith gesondert prüft, inwieweit der Mensch für das Zusammenleben in der Gemeinschaft disponiert und vorbereitet ist. Er gründet seine ökonomischen Vorstellungen auf sozialpsychologische Annahmen und Analysen vom Menschen aus der Sicht seiner Zeit. Ein wesentlicher Faktor, der zum Erfolg seiner Arbeiten beitrug, war eben, daß Smith die Verbindung dieser Bereiche klar erkannt hat.

Smith zeichnet dabei keineswegs ein negatives Bild vom Menschen, sondern ein realistisches. Er verwendet die empirische Methode der Naturwissenschaft, um in induktiver Weise die Natur des Menschen und die Psychologie zwischenmenschlicher Beziehungen zu analysieren. Das Ergebnis ist, was man einen »Positiven Egoismus« nennen könnte: Das aktive Mühen, seine materielle und soziale Lage zu verbessern, ist die wesentliche Zielvorstellung des Menschen.

Smith hat damit eine sehr treffende Analyse des Verhaltens des Kentauren erreicht. Die Ethik, die er seinem Wirtschaftssystem zugrunde legt, ist genau jene, die dem Menschen des kentaurischen Selbstbewußtseinsniveaus entspricht. Da dieses Selbstbewußtseinsniveau zu seiner Zeit (und bis heute) die charakteristische Entwicklungsstufe der Menschen im Westen darstellt, entspricht diese Ethik genau dem Zustand der durch Selbstorganisation geleiteten Evolution des menschlichen Geistes dieser Zeit. Die egoistische Ethik des Kapitalismus und der Evolutionszustand des Kentauren sind deckungsgleich. Der Kapitalismus beschreibt daher tatsächlich die Richtung der Selbstorganisation eines Gemeinwesens aus Kentauren! Damit ist auch sein großer Erfolg zu erklären, und es war die Genialität Adam Smiths, durch empirische Betrachtung der »gelebten« Ethik der Kentauren-Menschen seiner Zeit das Theoriengebäude des Kapitalismus auf eine evolutionskonforme Basis zu stellen.

Demgegenüber geht der Kommunismus von einer idealistischen Ethik aus, die dem Selbstbewußtseinszustand des Kentauren nicht entspricht. Das Prinzip der Selbstorganisation ist dieser Theorie seine Antwort nicht schuldig geblieben: Es wurde als nicht evolutionskonform in der für grundlegende gesellschaftliche Entwicklungen lächerlich kurzen Zeit von 70 Jahren hinweggefegt!

Nach Smith ist aber der Mensch nicht nur egoistisch, sondern auch fähig, sich in die Lage eines anderen zu versetzen und mit ihm zu fühlen. Er schreibt: »Mag man den Menschen für noch so egoistisch halten, es liegen doch offenbar gewisse Prinzipien in seiner Natur, die ihn dazu bestimmen, an dem Schicksal anderer Anteil zu nehmen, und die ihm selbst die Glückseligkeit dieser anderen zum Bedürfnis machen, obgleich er keinen anderen Vorteil daraus sieht, als das Vergnügen, Zeuge davon zu sein.« Er nennt dieses Gefühl »Sympathie«, ohne die ein geordnetes Gemeinwesen weder geschaffen noch aufrecht erhalten werden kann.

Die Ethik von Adam Smith ist also eine differenzierte und keine reine Nützlichkeits-Ethik, wie sie etwa von den Utilitaristen oder Neopositivisten vertreten wird. Smith sieht auch die positiven Folgen des persönlichen Egoismus für eine Gesellschaft. Sie bestehen darin, daß die Gemeinschaft dadurch reicher wird und sich so ökonomisch und kulturell zu einem zivilisierten Gemeinwesen überhaupt erst entwickeln kann. Und wie recht hatte er mit dieser Idee! Das Streben nach persönlichem Wohlstand und sozialer Anerkennung weckt den Erwerbsfleiß der Menschen und hält ihn dauernd in Gang. Das Streben nach der materiellen Sicherheit des Wohlstandes ist ja die wesentliche Schutzfunktion des Kentauren vor seiner eixstentiellen Angst, die aus seinem Egoismus resultiert.

Smith sieht aber auch ein, daß dieses auf Eigenliebe begründete Mühen in Schranken gehalten werden muß. Dazu empfiehlt er

– das Mitgefühl und Interesse für andere zu entwickeln,
– den Sinn für Gerechtigkeit zu fördern,
– die freiwillige Anerkennung von gemeinsamen Regeln der Ethik und Gerechtigkeit.

Diese Schranken müßten, so Smith, nötigenfalls durch staatliche Gesetze unterstützt werden.

Dieses Smithsche Gedankengebäude hat sich in der Ökonomie zu einem Paradigma entwickelt, das sicher bis heute Gültigkeit hat.

Ausgehend von der Ethik als zentrale These ergeben sich alle folgenden Handlungen im ökonomischen und gesellschaftlich-politischen Bereich. Die positive Wirkung seiner Ideen ist wohl auf dieses fest gegründete Fundament einer philosophisch-ethischen Struktur seines Gedankengebäudes zurückzuführen.

Daneben wirkt in jedem Gesellschaftssystem aber auch die Organisationsstruktur. Über sie hat Adam Smith keine Aussagen gemacht. Sie ergab sich sozusagen »von selbst« aus dem jeweiligen Zeitgeist, wie wir im folgenden Abschnitt sehen werden.

Die Organisationsstrukturen im Kapitalismus

Die Organisationsstruktur des kapitalistischen Gesellschaftssystems ist eng mit dem biologischen Paradigma, das aus dem mechanistischen Weltbild entsprungen ist, verbunden. Es ist die Organisationsform des Darwinismus, des Kampfes ums Überleben. Man kann nun nicht sagen, daß die Menschen, die diese Organisationsstrukturen verwirklichten, jedesmal zuerst das wissenschaftliche Paradigma bewußt erkannt hätten, bevor sie es in die Praxis umsetzten. Es ist aber das Kennzeichen eines Paradigmas, das, wesentlich aus der Evolution durch Selbstorganisation geschaffen, den Zeitgeist der entsprechenden Epoche selbst wiederum beeinflußt. Es wirkt, ohne daß sich die Menschen dessen im einzelnen bewußt sein müssen. Nachträglich, also aus heutiger Sicht, lassen sich diese Feststellungen relativ einfach machen.

Der Darwinismus geht auf die von Charles Darwin entwickelte Theorie von der Abstammung der Arten zurück. Darwin meinte im Tierreich die »Natürliche Selektion«, also die natürliche Auslese im »Kampf ums Dasein«, als einen der wesentlichsten Faktoren für die Evolution verantwortlich machen zu können. Diese Theorie wurde zu einem Paradigma und damit – seit 1880 – ganz allgemein auf das Denken der Gesellschaft auch in anderen Bereichen übertragen. Wir finden also diese Denkstrukturen im Frühkapitalismus Europas ebenso wie im Spätkapitalismus bis heute.

Die Folgen dieses Denkens sind sowohl im Umgang der Menschen untereinander – etwa innerhalb der Organisationsstruktur eines Betriebes – als auch im »Kampf ums Dasein« zwischen den Firmen zu sehen. Das »Überleben der Tüchtigsten«, das »Fressen und Gefressen-Werden« sind die aus der darwinistischen Evolutionslehre entlehnten Schlagworte. Die autoritäre Führungs-Hierarchie ist eine charakteristische Auswirkung dieses Prinzips. Sie entspricht dem »Leitwolf«-Prinzip des Tierreiches. Der »Entrepreneur« als Chef mit autoritärem Führungsstil ist also ebenfalls die Folge des Zeitgeistes, aus dem heraus das Darwinsche Paradigma entstanden ist.

Eine Bestätigung dieser Ansichten erfolgte in neuester Zeit durch den bedeutenden Ökonomen Friedrich August von Hayek (geb. 1899). Er vertritt einen radikalen Liberalismus, der die theoretische Basis des Kapitalismus in Wirtschaft und Gesellschaft neu belebt. Wirtschaft und Gesellschaft werden als auf Grund einer »natürlichen ungeplanten Ordnung«, durch das darwinistische Ausleseprinzip organisiert gedacht.

Hayek schreibt: »Der Kapitalismus ergab sich also aus der Entdeckung einer sich selbst bildenden oder spontanen Ordnung gesellschaftlicher Erscheinungen, in der die Kenntnisse und Geschicklichkeit aller Mitglieder ... weit besser genutzt werden können als in irgendeiner durch zentrale Lenkung gebildeten Ordnung ... und daraus folgt der Wunsch, sich dieser mächtigen spontanen Ordnungskräfte so weit wie möglich zu bedienen.« Und weiter: »Alle Bestrebungen, eine ›gerechte‹ Verteilung sicherzustellen, müssen ... darauf gerichtet sein, die spontane Ordnung des Marktes in eine Organisation umzuwandeln, mit anderen Worten in eine totalitäre Ordnung. Dieses Streben nach einem neuen Gerechtigkeitsideal führte ... zur Verdrängung zweckunabhängiger Regeln individuellen Verhaltens durch Organisationsregeln ... und zerstörte somit langsam die Grundlagen, auf denen eine spontane Ordnung beruhen muß.«

Diese Ausführungen Hayeks sind wichtig, weil sie auch die wesentlichen Unterschiede zwischen dem kapitalistischen und dem gescheiterten planwirtschaftlich-kommunistischen System hervorheben. Sie bedürfen aber auch der Ergänzung. Zum einen kann man sagen: Hayeks Analyse ist zutreffend unter den heutigen Bedingungen des sozialpsychologischen Menschenbildes, das sich seit Adam Smith offensichtlich wenig verändert hat. Die Menschen sind vornehmlich noch immer kentaurische Egoisten. Die Organisationsform ihrer Gesellschaft entlehnen sie ganz folgerichtig aus ihrer Sicht der Welt, ihrem Weltbild. Und aus dieser Sicht ist es der Zufall und die Notwendigkeit der Auslese im Lebenskampf, die die Natur organisieren. Gemäß dem Zeitgeist, dem vorherrschenden Paradigma, fügen sich die Menschen in ihrer sozialen Entwicklung in jene Ordnungsstruktur ein, die in der Natur waltet. Auch die Analyse der Ordnungsstruktur zeigt die Macht der Selbstorganisation des Bewußtseins, ebenso wie die Reichweite und Konsistenz eines herrschenden Paradigmas auf allen Ebenen menschlichen Tuns.

Zum anderen ist aber der Begriff der Ordnung näher zu untersuchen. Die Ordnung, von der Hayek spricht, ist nicht notwendigerweise gleich der Ordnung im totalitären System. Wir können zumindest unterscheiden:

– autoritäre Ordnung (Hack-Ordnung) im darwinistischen
  Sinn
– totalitäre Ordnung (Zwangs-Ordnung) im diktatorischen
  Sinn.

Auch die darwinistische Hack-Ordnung ist eine dem Universalgesetz entsprechende Ordnung, die wir im Tierreich und bei
»primitiven« Kulturen des Menschen finden. Sie ist die dem
Bewußtsein des Typhons, vor allem aber des Kentauren entsprechende Organisationsform.

Sie unterscheidet sich aber im Prinzip von der diktato-
risch-totalitären Ordnung. In dieser werden »von oben«, von
Menschen, auf Basis einer starren unveränderlichen Organisationsstruktur jeweils die Ziele vorgegeben. In der autoritären
darwinistischen Ordnungsstruktur werden die Ziele ebenfalls
»von oben«, von einem Leitwolf vorgegeben. Die Organisa-
tions-struktur selbst ist jedoch veränderlich und auf dieser Bewußtseinsstufe evolutionskonform. Durch den »Kampf ums
Dasein« setzt sich jeweils – auf allen Ebenen – der Fähigste oder
der Brutalste durch. Dadurch erreicht der Kapitalismus seine
ungeheure Effizienz, während die Planwirtschaft aus einem gut
gemeinten Humanismus heraus im Bürokratismus und damit im
Phlegma erstarrt.

Kritische Analyse des Kapitalismus

Die Auswirkung des mechanistischen Weltbildes und der Selbstbewußtseinsstufe des Kentauren auf das gesellschaftliche System
ist der Kapitalismus. Aus dem vorher Gesagten ergibt sich:
– Die Smithschen Annahmen in sozialpsychologischer und ethischer Sicht sind für das mechanistische Weltbild des Tiermen-
  schen (des Kentauren) zutreffend. Dieser sieht die Welt als System unabhängiger Teile (vgl. die Philosophie Descartes und
  den daraus resultierenden Reduktionismus) und daher auch
  sich selbst als einen unabhängigen Menschen. Die Folge ist ein
  krasser Egoismus, die Existenzangst und die aus ihr folgenden
  Sicherheitsmaßnahmen für sein eigenes Überleben und das seiner Familie, Gesellschaft, Rasse oder Religionsgemeinschaft.

– Das kapitalistische Wirtschaftssystem auf Basis dieser egoistischen Ethik war ungeheuer erfolgreich. Der unfaßbare Anstieg des Wohlstandes der Industrienationen und des Lebensstandards des einzelnen waren die Folgen dieses Systems. Am Ende dieser Entwicklung, wo man die »Grenzen des Wachstums« erreicht hat, sind jedoch auch die negativen Auswirkungen klar erkennbar. Es sind dies:

– Die Ausbeutung und Schädigung der Natur durch den maßlosen Verbrauch an Rohstoffen und Energie.

– Die Ausbeutung und Schädigung des Mitmenschen. Der Reichtum und das Wachstum der 1. Welt wird auf Kosten der Länder der 3. und 4. Welt erreicht und aufrecht erhalten.

– Die egoistische Ethik des Kapitalismus ist Basis und Ursache einer unnatürlichen Wachstumsphilosophie, die zum extremen Überfluß im Westen und dauernden Hungerkatastrophen in den Entwicklungsländern geführt hat. Die Verdoppelungszeiten des Verbrauches an Rohstoffen und Energie für den Westen betragen derzeit (bei einer mittleren jährlichen Wachstumsrate von 3%) ungefähr zwanzig Jahre. Nirgends in der Natur finden wir ein derartiges unlimitiertes Wachstum, außer im pathologischen Krebswachstum.

– Die autoritär-darwinistische Ordnungsstruktur des Kapitalismus entspricht den Hack-Ordnungs-Strukturen des Tierreiches und ist dem Bewußtseinszustand des »primitiven« Typhon und Kentauren angepaßt.

Diese autoritär-darwinistische Ordnungsstruktur ist derzeit sowohl für die Organisation innerhalb der Unternehmungen als auch zwischen den Unternehmungen gültig. Es herrscht das Prinzip des »Kampfes ums Dasein«. Dieser Kampf ums Dasein führt immer mehr zu sozialen Spannungen durch die Vergrößerung des Unterschiedes zwischen arm und reich. Er führt aber auch zu persönlichen Krisen durch Streß, Neid, Arbeitslosigkeit und viele andere Folgen des Kapitalismus.

Auf Grund dieser Annahmen lassen sich nun die Ursachen des Versagens von Kapitalismus und Kommunismus angeben.

Der Kapitalismus krankt an der egoistischen, letztlich inhumanen und atheistischen Ethik und an der sich langsam als überholt erweisenden autoritär-darwinistischen Organisationsstruktur.

Der Kommunismus hat sich »von selbst« zerstört, vornehmlich wegen der autoritär-diktatorischen Organisationsstruktur,
die dem zentralistischen Planungsprinzip zugrunde liegt, und in
zweiter Linie an der inhumanen menschenverachtenden, atheistischen Ethik.

Ausgehend von diesen Erkenntnissen sollen nun im folgenden
die Grundprinzipien eines neuen politisch-ökonomischen Gesellschaftssystems entwickelt werden.

Grundprinzipien eines neuen politisch-ökonomischen Gesellschaftssystems

Die bisherige Analyse der allgemeinen Zusammenhänge poli-
tisch-sozialer Strukturen und des Kapitalismus im besonderen
hat gezeigt, daß eine stabile, evolutionskonforme Entwicklung
der Gesellschaft Anforderungen an das grundlegende Theoriengerüst des sozialen Systems stellt. Wir wollen nun skizzieren, wie
ein solches System für die subtil-mentale Entwicklungsstufe
aussehen könnte. Dazu muß es uns gelingen:

– Eine dem Universalgesetz entsprechende Ethik zu finden und
  diese zu implementieren, d. h. in der Gesellschaft lebendig
  werden zu lassen. Die Form dieser Ethik muß dem Entwicklungszustand des Menschen und der Gesellschaft entsprechen.
– Eine dem Universalgesetz entsprechende Organisationsstruktur zu finden und zu implementieren, d. h. in der Gesellschaft
  wirksam werden zu lassen.

Es wird behauptet: Die dem Universalgesetz entsprechende
Ethik des subtil-mentalen Bewußtseins sei eine holistische, die
auf der Basis eines holistischen Weltbildes in Umrissen bereits
beschrieben wurde.

Die dem Universalgesetz entsprechende Organisationsstruktur des subtil-mentalen Menschen sei das Prinzip der holistischen Selbstorganisation.

Die Ethik

Die holistische Ethik ist eine absolute, d. h. sie gründet auf das Universalgesetz, soweit es vom Menschen erkannt wird. Jede absolute Ethik beruht auf einer Weltbild-Vorstellung über den Sinn und Zweck des Daseins, der Evolution, über Anfang und Ende. Ohne solche Vorstellungen kann der Sinn des Daseins und damit das Ziel der Entwicklung nicht gefunden werden.

Das Weltbild des subtil-mentalen Entwicklungszustandes ist das holistische Weltbild, das Gegenstand dieses Buches ist. Es zeigt den Menschen als eingebunden in die Vieldimensionalität der EB-Realität und als Schöpfer der biologischen Realität. Der Mensch ist damit ein Wesen, das in beiden Realitäten zugleich wirkt. Das Ziel des Lebens ist es, in Übereinstimmung mit dem Universalgesetz immer mehr Selbstbewußtsein der EB-Monade zu erreichen.

Der Mensch existiert aber nicht als Einzelwesen, sondern in einer All-Einheitsverbindung mit allen Menschen. Das ist wissenschaftliche Aussage und Erkenntnis der Weisheitslehren zugleich. Der Mensch, d. h. die EB-Monade, existiert aber auch zeitlos – also ewig. Es gibt daher auch keine Leben / Tod-Trennung. Sie ist nur ein Schein. Diese bereits früher entwickelten Prinzipien sollten nochmals in Kürze wiederholt werden, um die nun folgenden ethischen Grundsätze einer holistischen Lebensweise nicht als visionäre Utopie, sondern als lebbare Realität erscheinen zu lassen, wenn nämlich
– die Einheit von Mensch und Natur und
– die Einheit aller Menschen
als Basis-Prinzipien aufgestellt werden, dann sind dies keine leeren Worte mehr, sondern ernstzunehmende Vorgaben.

Aus diesen Prinzipien lassen sich dann einfach die Regeln einer holistischen Lebensweise ableiten:
– materielle Einfachheit
– Selbstbestimmung bei gleichzeitigem Verantwortungsbewußtsein für Mit- und Umwelt
– persönliche Entfaltung ist ein Basiswert des Lebens
– Vorrang der geistigen Entwicklung

– Befriedigung eines Mindestanspruches von materiellen Be-
dürfnissen.

Diese grundsätzlichen Regeln der holistischen Ethik werden
natürlich radikale Auswirkungen auf die Ausrichtung eines
Wirtschaftssystems haben, das dieser Ethik entsprechen soll.
Wesentliches äußeres Zeichen dafür wird sicher die Abkehr vom
(materiellen) Wachstumsbegriff als zentrale Richtschnur der
Wirtschaft sein.

Die Organisationsstruktur

Wir gehen im holistischen Weltbild davon aus, daß das bestimmende Prinzip der Evolution die Selbstorganisation ist. Wir
finden Selbstorganisationsvorgänge sowohl im molekularen Bereich wie bei der Evolution auf höherer Ebene bis in den gesellschaftlichen Bereich hinein.

Auf den verschiedenen Ebenen der Entwicklung zeigt sich nun
das evolutionäre Selbstorganisationsprinzip in unterschiedlicher
Weise. Dies ist insbesondere bei der Stufe der Fall, die uns hier
interessiert: dem Übergang von der darwinistischen zur holistischen Organisationsstruktur.

Die darwinistische Form der Selbstorganisation ist gekennzeichnet durch die im Tierbereich gültigen, von Darwin richtig
erkannten Prinzipien des »Kampfes ums Dasein« und des
»Überlebens des Tüchtigsten«. Übertragen auf die Gesellschaft
zeitigt sie eine wachstumsbetonte, mengenakkumulierende Gesellschaft mit autoritären Herrschaftsstrukturen in allen Bereichen von der Familie bis zum Staat. Die bisherige Geschichte der
Menschheit der letzten Jahrhunderte ist gekennzeichnet von
dieser Organisationsstruktur.

Demgegenüber steht die holistische Form der Selbstorganisation im engeren Sinne. Nicht mehr der »Kampf ums Dasein« ist
die Bestimmungsgröße, sondern die Erkenntnis des über diesem
Kampf auf der nächsten Evolutionsebene stehenden Ordnungs-
prinzips des Universalgesetzes, das sich in »Zahl, Ordnung und
Harmonie« äußert. Das Tier und der primitive Mensch wissen
nicht, daß sie die Welt »nach ihren Vorstellungen schaffen

können«, wie uns das die Theorie der Selbstorganisation lehrt. Erst auf der Stufe des subtil-mentalen Menschen wird dieses Wissen zur Lebenserkenntnis, und der »Macher« wird zum »Diener«.

Diese Betrachtungen sind aber noch aus einem anderen Grund von Interesse. Sie lehren uns nämlich auch, die Vielschichtigkeit des evolutionären Prinzips der Selbstorganisation zu verstehen und zu akzeptieren. Selbst wenn der Großteil der Menschheit den subtil-mentalen Bewußtseinszustand erreicht hat, werden Löwen Gazellen fressen und Haie kleine Fische. Sie werden sich weiter so verhalten, wie es Darwin beschrieben hat, sie werden ums Dasein kämpfen. Was sich ändert, ist die Einsicht des Menschen in den Gesamtvorgang des Lebens. Der Mensch wird erkennen, daß dieses Fressen und Gefressenwerden nur ein kleiner und unbedeutender Teilaspekt des großen Evolutionszuges ist. Ähnlich einem Reisenden, der in einem Zug sein Abteil verläßt und den Gang entlang in andere Waggons geht und dabei erkennt, daß in seinem Zug auch noch Schlafwagen und Speisewagen mitfahren, wird er den Waggon, in dem er sitzt, nicht negieren oder als nicht vorhanden ansehen. Er wird ihn nur relativieren, als Teil von etwas Größerem sehen mit einer ganz bestimmten Funktion. Er wird aber in die Lage versetzt, auch die Funktionen der anderen Waggons zu nutzen.

In welche Richtung wird nun die Entwicklung gehen? Wie könnte eine holistisch organisierte Gesellschaft aussehen?

Die Ansätze in der Politik sind offensichtlich. Mehr Demokratie und mehr Bürgerbeteiligung sind die Ausdrucksform der holistischen Selbstorganisation. Die autoritäre Parteien-Demokratie wird mehr und mehr einer Basis-Demokratie Platz machen, wobei eine Ökologisierung des politischen Handelns gegeben sein wird. Eine Entkoppelung des Verhältnisses Wirtschaft-Partei, Bildung-Partei, Arbeitsplatz-Partei usw. wird die Abhängigkeiten des einzelnen reduzieren und seine Selbstverantwortung größer machen. Früher oder später wird man vielleicht ohne Parteien auskommen.

Auf keinen Fall wird man aber die Identität von Partei und Staat – weder im Osten noch im Westen – weiter dulden. Die Beschaffung von Arbeitsplätzen oder die Besetzung von Managerposten in der Wirtschaft über die Partei, heute teilweise in westlichen Demokratien noch üblich, wird dem freien Spiel der Kräfte der Selbstorganisation Platz zu machen haben.

Der Übergang von der heutigen, weitgehend trotz aller anderen Namensgebung kapitalistisch orientierten Wirtschaftsform zu einer holistischen Wirtschaft setzt am zentralen Punkt der Ethik an. Solange eine egoistische Ethik vorherrscht, wird auch ein kapitalistisches Denken in der Wirtschaft vorherrschen.

Nun gibt es aber interessanterweise gerade in der Wirtschaft Anzeichen eines radikalen Umdenkens. Es zeigte sich nämlich, daß die autoritäre Form des Managements in den Unternehmungen – also die Organisationsstruktur – nicht mehr effektiv ist. Weltweit, aber vor allem in den USA, haben sich Vorformen eines »Managements by Self-Organization« bewährt und bereits durchgesetzt. So kann man also sagen, daß die Selbstorganisation als Organisationsstruktur innerhalb einer Unternehmung bereits auf dem Wege ist, die autoritär-darwinistischen zu überwinden. Einfach weil sie wirksamer, zielführender und konkurrenzfähiger ist.

Wie der Übergang vom Kapitalismus im volkswirtschaftlichen Bereich zur neuen Wirtschaft aussehen kann, ist eine Frage der theoretischen Grundlagen, die bisher nicht erarbeitet wurden. Ohne Theorie aber wird die Verwirklichung nur langsam voranschreiten. Es wird daher auch darum gehen, die Prinzipien einer nachhaltigen ökologischen Wirtschaft zu erarbeiten, die neue Kriterien für die Beurteilung wirtschaftlicher Tätigkeit erstellt. Die Kriterien des »Profites« oder des Bruttosozialproduktes, in welchem auch ökologische Schäden als positiv gewertet werden, können in einer solchen neuen Wirtschaft sicher nicht als Maßstab für wirtschaftliches Tun aufrecht erhalten bleiben.

Arbeit, Beruf und Bildung

In jeder Gesellschaft und für jeden Menschen steht der Begriff der Arbeit an zentraler Stelle. Wenn sich aber die Zielsetzung des Menschen aufgrund einer neuen Ethik und der darauf aufbauenden sozialen Struktur ändert, dann ändern sich auch Ziel, Inhalt und Bedeutung der menschlichen Arbeit. Dem wollen wir nun nachgehen.

Was ist Arbeit? Was könnte Arbeit sein?

Man kommt der Frage nach dem, was »Arbeit« ist, besser näher, wenn man die etymologische Herkunft des Wortes studiert. Das Wort Arbeit kommt von dem mittelhochdeutschen Wort »arebeit«, und dem althochdeutschen »arabeit«. Es steht zu einem im germanischen Sprachbereich untergegangenen Verbum mit der Bedeutung »verwaist sein, zu schwerer körperlicher Tätigkeit verdingtes Kind sein« in Beziehung. Noch bis in das Neuhochdeutsche hinein bedeutet es »schwere körperliche Anstrengung, Mühsal, Plage«. Interessant ist festzustellen, daß auch in anderen Sprachen ähnliche Deutungen gegeben sind. Eng verwandt ist die slawische Wortgruppe vom Polnischen »robota«, das im Begriff des »Roboters« auflebt; während im Französischen »travail« von einer Bezeichnung für ein Folterinstrument herkommt und heute noch das Basiswort für Zwangsarbeit, Mühe und Zuchthausstrafe abgibt. Im Englischen steht »labor« auch für die Geburtswehen, wird also direkt mit den Schmerzen der Geburtswehen verglichen.

Den sittlichen Wert der Arbeit als Beruf des Menschen in der Welt hat Martin Luther (1483-1546) mit seiner Lehre vom allgemeinen Priestertum ausgeprägt. Er folgte damit Ansätzen zu einer Wertung der Arbeit, wie sie sich in der Ethik des Rittertums und in der mittelalterlichen Mystik finden. Dadurch verlor das Wort Arbeit weitgehend den herabsetzenden Sinn »unwürdige, mühselige Tätigkeit«, den es hatte. Es bezeichnete von da an die zweckmäßige Beschäftigung und das berufliche Tätigsein des Menschen.

Eine Neudefinition des Begriffes Arbeit erfolgt am Beginn der Neuzeit und mit dem Aufkommen der kapitalistischen Wirtschaft. Sie wurde allein vom Standpunkt der Lebenserhaltung definiert. Sie wurde ein rein ökonomischer Begriff. So definierte Cantillon (geb. 1680): »Arbeit ist also das reale Maß des

Tauschwertes aller Waren.« Die Arbeit eines Menschen war der
Nahrungsmittelmenge gleich, die notwendig war, ihn und seine
Familie während der Zeit zu unterhalten, die die Fertigstellung
eines Arbeitsproduktes benötigte. Der Mensch wurde als reines
Produktionsmittel angesehen, er war ein moderner Sklave ge-
worden. Die Arbeit als Wert war der einer rein zweckmäßigen
Beschäftigung gewichen. Auch bei Adam Smith finden wir nur
Überlegungen zum Lohn der Arbeit und wie hoch dieser sein
müßte, damit der Mensch davon leben kann, aber wenig oder
nichts über den ethischen Inhalt der Arbeit. Für Smith ist die
Arbeit eine Ware.

Karl Marx stellte dagegen realistisch fest: »Die konkrete
Existenz des Menschen ist die Arbeit«. Darauf gründet er dann
seine Mehrwerttheorie der Arbeit, in der er von der Annahme
ausgeht, dem Arbeiter gebühre ein Teil des Gewinnes, das der
Kapitaleigentümer von dessen Arbeit beziehe.

Daß die Arbeit auch heute noch der reale Lebensinhalt vieler,
der meisten Menschen ist, davon kann sich jeder selbst überzeu-
gen. Es war daher wichtig, wenn einzelne Denker wie Michel
Foucault (geb. 1926) gegen Marx betonten, daß die konkrete
Existenz des Menschen nicht nur die Arbeit sei. »Denn das
Leben und die Zeit des Menschen sind nicht von Natur aus
Arbeit, sie sind: Lust, Unstetigkeit, Fest, Ruhe, Bedürfnisse,
Zufälle, Begierden, Gewalttätigkeiten, Räubereien etc.« Das
wußte sicher auch Marx, und diese Feststellung ist daher keine
Offenbarung. Trotzdem ist sie wesentlich, weil sie den Annah-
men der Ökonomisten wie Smith und der von Marx übernom-
menen Reduktion des Menschen auf einen wesentlichen ökonomischen Produktionsfaktor – nämlich der Produktion von
Arbeit als Ware – entgegenwirkt und damit die Bedeutung des
Geistigen und Psychischen erkennt. Die Vorstellung von der
besonderen Bedeutung der Arbeit für den Menschen kommt in
dem Ausspruch von Marx und Engels zum Ausdruck: »Der
Arbeiter schafft sogar den Menschen ...« Und in einem weitge-
faßten Sinne ist das auch so. Durch die Arbeit schafft der Mensch
im besonderen Maße Bewußtsein. Die Arbeit zwingt zur Konzentration der Gedanken und Handlungen. Sie muß exakt ausgeführt werden und verlangt Ausdauer. In diesem Sinne kann

man verstehen, daß jede Arbeit auf die Veränderung des Wesens des Menschen – seine Endlichkeit, seine Beziehung zur Zeit – hinwirkt und daher auch positiv zu werten ist. Es erhebt sich nun aber die Frage, wie wir Arbeit in einer post-industriellen Gesellschaft auf Basis des holistischen Weltbildes einschätzen können.

Der Kernpunkt eines neuen Arbeitsbegriffes muß sich aus dem Verständnis dessen ergeben, was der Mensch durch die Arbeit erreichen soll. Für den Kentauren ist die Arbeit teilweise Tätigkeit zum Lebensunterhalt und teilweise Selbstzweck. Daher formuliert Smith richtig: »Der Mensch ist darauf angewiesen, von seiner Arbeit zu leben, und sein Lohn muß mindestens so hoch sein, daß er davon existieren kann.« Daraus ergibt sich die folgenschwere Konsequenz im Kapitalismus: Arbeit ist eine Ware, die man zum Verkauf anbietet.[25] Bis in die Lohnverhandlungen von heute ist dieses Prinzip aufrecht. Der Mensch wird durch diese Ansicht verdinglicht. Er wird zur »Arbeits-Kraft«. Er wird gleichsam eine Maschine und konkurriert mit dieser – bis heute. Nur steht er auf verlorenem Posten, so lange er sich so sieht. Die Maschine gewinnt immer. Die Geschichte der Industrialisierung ist die Geschichte der Verdrängung der menschlichen Arbeitskraft durch die maschinelle Arbeitskraft. Am Ende steht das Zeitalter der Roboter, der vollautomatischen Fabriken, der Mikroprozessoren und Computersteuerung.

Sollen wir diesen Entwicklungsprozeß als eine Bedrohung der menschlichen Möglichkeit zur Arbeit sehen? Wir müssen das so sehen, wenn wir uns auf den Standpunkt des alten Arbeitsbegriffes und der herkömmlichen Gesellschaftsstruktur stellen. Wir können aber genauso diese Entwicklung als eine positive einschätzen. Wir müßten dann natürlich davon abgehen, auf einem »Recht auf Arbeit« zu bestehen. Wenn der menschliche Erfindungsgeist und das auf Smith zurückgehende Steuersystem, der Besteuerung der Arbeit, uns von der Form der »arebeit« befreien, sollten wir darüber frohlocken, anstatt den Geist, den wir herbeiriefen, zu verdammen. Wir müssen nur flexibel genug sein, uns geistig auf die Situation einzustellen und unsere Ziele neu zu bestimmen.

25 Darauf hat u. a. auch Rudolf Steiner (1861-1925) hingewiesen.

Das Ziel des kentaurischen Lebens ist auf die materielle Sicherheit der biologischen Existenz gerichtet. Die Arbeit ist das Mittel, dieses Ziel zu erreichen. Das Ziel der künftigen Generationen wird es sein, eine geistige Entwicklung des Bewußtseins zu fördern. Dazu bedarf es allerdings eines Mindestmaßes an materieller Sicherheit; außerdem einer Beschäftigung und eines ausgewogenen Maßes an Freizeit und Ruhezeit.

Der daraus resultierende Arbeitsbegriff leitet sich von der aristotelischen Einteilung des Lebens in eine »vita activa«[26] und eine »vita contemplativa«[27] ab. Arbeit nach dem neuen Konzept ist dann Selbstbewußtseinsbildung im weitesten Sinne. Oder anders gesagt: Jede Arbeit, Tätigkeit oder Beschäftigung ist Bewußtseinsbildung. Der Unterschied zum alten Konzept ist wesentlich. Zwar war immer schon Arbeit und damit jede Tätigkeit bewußtseinsbildend. Aber Arbeit war vorwiegend unbewußt schaffende Selbstbewußtseinsbildung.

Nun muß es bewußt schaffende Selbstbewußtseinsbildung sein. Es ändert sich nach außen hin wenig, nach innen gesehen sehr viel. Es ändert sich die Einstellung zur Arbeit und das Verständnis dessen, was Arbeit sein kann und sein soll.

Arbeit ist nicht mehr nur Mittel, um materielle Sicherheit zu erreichen. Nach dem neuen Weltbild fällt der Grund zur übermäßigen materiellen Absicherung, die Abgetrenntheit des eigenen Ego von der »Umwelt«, weg. Damit wird der Weg frei, Arbeit als Mittel zur Förderung der Evolution und zur Steigerung des Selbstbewußtseins zu sehen.

Natürlich wird damit die Tätigkeit zur Lebenserhaltung nicht aufgehoben. Sie ist nach wie vor notwendig. Was aber aufgehoben wird, ist die sinnentleerte Lohnarbeit, die das industrielle Zeitalter gekennzeichnet hat. Arbeit muß für den Arbeitenden direkt als hingerichtet auf eine Qualitätssteigerung der Welt gesehen werden können. Ebenfalls aufgehoben wird damit aber auch der künstliche Unterschied zwischen Arbeit an sich selbst und an der Gesellschaft. Kriterium der Arbeit ist nicht mehr die Erzeugung von materiellem Mehrwert, sondern einzig und allein

26 vita activa = aktiv-tätiges Leben
27 vita contemplativa = kontemplative Lebensführung

die Sinnhaftigkeit in Hinsicht auf die Weiterentwicklung des Ganzen.

Der alte Arbeitsbegriff definierte also Arbeit als eine Ware, die man verkaufen mußte, um den Lebensunterhalt zu gewährleisten. Der neue Arbeitsbegriff geht davon aus, daß das Ziel des menschlichen Seins die Bewußtseinsbildung ist und Arbeit zu dieser Bewußtseinsbildung beiträgt. Daß auch diese Ideen nicht ganz neu sind, wird durch die Thesen des katholischen Theologen Johann Fischl bestätigt, der schon 1948 schrieb: »Ist aber Bildung eine Tat, so vollzieht sich Bildung auch in jeder Arbeit. Was ist denn Arbeit auch anders als eine Auseinandersetzung mit der Wirklichkeit?«

Die Fragen, die sich hier ergeben, sind dann: Nach welchem Prinzip soll Arbeit entlohnt werden? Adam Smith definierte den gerechten Lohn für Arbeit an einem Mindestlebensaufwand eines Menschen mit seiner Familie. Heute ist dieser »Mindestlebensaufwand« auf ein sehr hohes Verbrauchs- und Konsumniveau gestiegen, und es ist nicht absehbar, wo eine Obergrenze liegen soll. Es ist auch kaum zu erwarten, daß es eine festsetzbare Obergrenze geben wird, denn, so schreibt Vivekananda: »Die Begierde des Menschen kennt keine Grenzen; er verlangt immer mehr, und wenn er an einen Punkt gelangt, wo sein Verlangen nicht mehr gestillt werden kann, ist Leid die Folge.«

Daraus ergeben sich die folgenden Erkenntnisse:

- Die derzeit vorherrschenden Konsum- und Sicherungszwänge in der Gesellschaft sind unter anderem auch die Folge einer unbewältigten Existenzangst. Diese kann weitgehend beseitigt werden, wenn man allen Bürgern eine gesicherte minimale Lebensgrundlage gibt.
- Dazu ist ein Mindesteinkommen ohne Arbeit für jeden Staatsbürger notwendig. An die Stelle des »Rechts auf Arbeit« tritt die Forderung nach einem »Recht auf ein Mindesteinkommen zum Lebensunterhalt«. Es ist eine ethisch begründbare Forderung.

In der Literatur wurden bereits verschiedene Konzepte zur Realisierung eines Mindesteinkommens vorgestellt. Jedes dieser Modelle hat Vor- und Nachteile. Es wäre notwendig, mit der Erprobung von solchen Vorschlägen, auch im Hinblick auf das

zunehmende Arbeitslosenproblem, zu beginnen. Dieses Problem
ist nicht nur ein materielles, sondern vor allem ein psychisches.
Die Finanzierung des Mindesteinkommens ist aus volkswirt-
schaftlicher Sicht, wie ernstzunehmende Berechnungen ergaben,
möglich. Es geht wieder einmal um die flexible Anpassung an
eine veränderte Situation.

Soziologische Bedenken gegen eine Gesellschaft auf Basis
eines Mindesteinkommens sind unbegründet. Denn – nach wie
vor wäre jedermann frei, soviel zu arbeiten, wie ihm wünschenswert und notwendig erscheint. Dem freien Spiel der Begabungen
und Befähigung ist keine Grenze gesetzt.

Man könnte sagen: Das ökonomische Modell von Adam
Smith wird teilweise verändert. Es hat sich, ohne Zweifel, bewährt. An Stelle des Satzes:
»Das zentrale Anliegen menschlichen aktiven Bemühens ist es,
seine materielle und soziale Lage zu verbessern«
wird nunmehr der Satz gestellt:
»Das zentrale Anliegen menschlichen aktiven Bemühens ist es,
sein Bewußtsein zu bilden.«
Dazu ist eben ein Mindestmaß an materieller Sicherstellung
notwendig. Das alte kapitalistische System wird damit nicht
ersetzt, es wird erweitert. Dies ist auch deshalb notwendig, weil
nicht angenommen werden kann, daß schlagartig alle Menschen
in den subtil-mentalen Bewußtseinszustand eintreten. Im Gegenteil, dieser Vorgang wird ein langsamer Entwicklungsweg sein,
der mehrere Generationen dauern wird. Es wäre unmöglich, ein
neues System aufzustellen, das den Kentauren der Gesellschaft
drastisch widersprechen würde. Ein solches System müßte scheitern wie der Kommunismus. Nur durch graduelle Anpassung
und Erweiterung des bestehenden kapitalistischen Systems wird
dieser Übergang zu einem neuen Wirtschaftssystem möglich
werden.

Man kann bereits heute feststellen, daß der Staat in den
meisten Fällen nicht mehr leistungsbezogen agiert, sondern von
sozialen Erwägungen geleitet eine Leistungsneutralität anstrebt.
Der Übergang zur gesicherten Lebensgrundlage ist auf diesem
Weg nur mehr ein weiterer Schritt in die bereits seit längerem
eingeschlagene Richtung.

Neben dem Einsatz menschlicher Begabung zur tätigen Auseinandersetzung mit der Realität in der Arbeit und der damit verbundenen »unbewußten Selbstbewußtseinsbildung« wird auch der Einsatz menschlicher Talente zur bewußten Arbeit am Bewußtsein ermöglicht.

Ähnlich erweitert muß dann natürlich auch die rechtliche Basis des ökonomischen Systems werden. Muß der Kapitalismus, um zu funktionieren, die persönliche Freiheit der Anbieter menschlicher Arbeit fordern, so muß nun die Freiheit von Existenzangst gefordert werden.

Diese Änderung der Zielvorstellungen allein würde den bestehenden Problemen der Arbeitslosigkeit, der zunehmenden Automatisation und der damit verbundenen Veränderung der Arbeitswelt usw. noch nicht Genüge tun. Dazu ist auch eine neue Bildungspolitik auf Basis eines veränderten Bildungsbegriffes vonnöten. Denn »ohne Arbeit« zu sein mit einem Mindesteinkommen löst noch nicht das psychische Problem – »Was fange ich mit mir an? Wie kann und womit soll ich mich beschäftigen?«

Bildung – Wozu?

In einer sich verändernden Arbeitsgesellschaft ist es angezeigt, über die allgemeinen Ziele von Arbeit, Ausbildung und Bildung nachzudenken. Derzeit unterscheidet man zwischen Arbeitszeit und Freizeit. Der Anteil der Arbeitszeit nimmt ab, die Freizeit nimmt zu. Wie aber kann man die Freizeit sinnvoll gestalten? Das ist weitgehend eine Frage der Bildung. Wie kann man die Arbeit und damit die Arbeitszeit sinnvoller gestalten? Auch das ist eine Frage der Bildung und der Ausbildung. Es geht hier letzten Endes um Sinnfragen, die ebenfalls nur von der Ethik her gelöst werden können.

Was versteht man heute unter »Bildung«? Nimmt man die universitäre Bildung als ein Maß für die allgemeinen bildungspolitischen Zielsetzungen der heutigen Gesellschaft, dann wird Bildung mit Wissensvermittlung gleichgesetzt. Diese Wissensvermittlung richtet sich beinahe ausschließlich auf die rationale Komponente im Bewußtsein des Menschen. Geschult, d. h. ausgebildet wird sein Verstand zur Reproduktion wissenschaftlicher Tatsachen. Das Bildungsideal ist der gelehrte Wissenschaftler. Daß diese einseitige Ausbildung bedenklich ist und Nachteile zeigt, darauf wurde verschiedentlich hingewiesen.

Im Gegensatz dazu müßten wir, um einen neuen Bildungsweg zu finden, auf Platon zurückgehen, der sagt: »*Das Wesen der Bildung ist der Wandel der ganzen Seele.*« Weiters könnten wir definieren: »*Das Ziel der Bildung ist das Umgehen-Können mit Wissen und Werten.*«

Tatsachenwissen ist sicherlich wichtig sowohl für die Ausbildung als auch für die Bildung an sich. Mit zunehmender Wissensfülle wird aber das Umgehen-Können mit Wissen wichtiger als die Reproduktionsfähigkeit ausgewählter Teile des Wissens. Das ist eine Aufgabe, die sich den Schulen und Universitäten stellt.

Die Vermittlung von Wertvorstellungen gehört aber zur Bildung ebenso wie das Wissen selbst. Es ist in diesem Zusammenhang wichtig zu analysieren, wie es zu dem heutigen Wertenihilismus kam. Die Erklärung ergibt sich aus dem mechanistischen Weltbild und seinen Auswirkungen auf die wissenschaftliche Erkenntnis.

Die auf dem mechanistischen Paradigma basierende positivistische Wissenschaft geht von zwei entscheidenden Grundlagen aus:

— Die Realität ist durch Wissenschaft vollständig dem menschlichen Geist erschließbar. Probleme, für die nach dem heutigen Stand des Wissens keine Erklärung möglich ist, sind entweder durch mehr Wissenschaft klärbar oder sind Scheinprobleme.

— Die wissenschaftlich erfaßbare, meßbare Realität (die biologische Realität) ist die einzig relevante und existierende Realität. Was wissenschaftlich nicht erfaßbar ist, existiert nicht. Diese biologische Realität ist für alle Menschen gleich erfahrbar und daher objektiv.

Auf der anderen Seite haben wir gesehen, daß aus dem mechanistischen Weltbild die egoistische Ethik des Adam Smith resultierte. Die Werte, die dieser Ethik zugrunde lagen, konnten nur egoistisch und individuell definiert werden. Es wurde die »optimale Begehrensbefriedigung« des Individuums gefordert, die Beziehung zwischen den Individuen wurde weitgehend der posi-

tivistischen, gesetzmäßigen Normung durch den Staat überant-
wortet.

Es ist klar, daß in die positivistische Wissenschaft, welche die
Objektivierbarkeit der Realität forderte, die aus dem gleichen Paradigma resultierenden individuellen egoistischen Werte
keinen Eingang finden konnten. Individuelle (und damit
unterschiedliche) Werte müßten, wenn sie in die Wissenschaft
aufgenommen würden, zwangsläufig das Konzept von der allgemeinen, objektivierbaren und umfassenden »biologischen Realität« sprengen. Der einzige Ausweg bestand daher darin, die
Wissenschaft für »wertfrei« zu erklären. Die Wertfreiheit der
Wissenschaft war damit eine entscheidende Schutz- und Stütz-
mauer des mechanistischen Weltbildes. Dies erklärt vielleicht
auch die Konsequenz und Härte, mit der auch noch heute um
diese Wertfreiheit gekämpft wird.

Im mechanistischen Weltbild besteht also eine unauflösliche
Spannung zwischen individualistischen Werten und objektivier-
barer Wissenschaft. Da Werte aus der Realitätserkenntnis durch
die positivistische Wissenschaft ausgeschlossen werden müssen,
sind sie in diesem Paradigma zur Irrelevanz verdammt. Das
Faktum, daß keine Übereinstimmung der Werte in der Gesellschaft erkennbar ist, wird von seiten der Wissenschaft sogar
noch als verstärkendes Argument für ihre grundsätzliche Bedeu-
tungslosigkeit verwendet. Die Diskussion über ethische Werte
wurde damit weitgehend in den Bereich des obskuren Halbwis-
sens und der politischen Ideologie und Demagogie abgedrängt.
Werte waren damit kein Bildungsinhalt, ihre Vermittlung wurde
folgerichtig abgelehnt.

Anders ist der Zugang des holistischen Paradigmas zu diesem
Problem. Auch hier können zwei Grundsatzforderungen der
Realitätserkenntnis ausgesprochen werden:

– Die von uns erlebte Realität ist nur ein Aspekt der Gesamtrea-
  lität. Sie entsteht aus der umfassenden EB-(Energie-Bewußtseins)-Realität durch die Einwirkung unseres Bewußtseins.
– Die komplexe Realität des Universalgesetzes ist für uns nur in
  dem Maß erkennbar, die unserem Selbstbewußtseinszustand
  entspricht. Trotzdem müssen wir nach größtmöglicher Erkenntnis streben (Erkenntnis-Paradoxon).

Das Bewußtsein ist damit in das Zentrum der Realitätserkenntnis gerückt. Dieses Bewußtsein ist jedoch notwendig auf verschiedenen Stufen, die sich auch in einer verschiedenen Wertestruktur manifestieren. Ohne Bewußtsein keine Werte und ohne Werte kein Bewußtsein. Und ohne wertbehaftetes Bewußtsein keine Realitätserkenntnis. Damit wird die Vermittlung von Werten zur zentralen Aufgabe der Bildung.

Natürlich gilt auch hier die Problematik, daß es nicht ein, sondern viele Wertesysteme gibt. Selbst unter den Weisheitslehren, die die einzig relevanten Bezugssysteme darstellen, gibt es kein uniformes Wertesystem. Man muß sich jedoch vor Augen halten, daß jede dieser Lehren einen bestimmten Zugang zur Erkenntnis der komplexen Realität bietet. Jeder Mensch soll nur aus seinem Bewußtseinszustand und aus dem Beziehungsnetz seiner Existenz (Kultur, Rasse, soziale Schicht, etc.) heraus den ihm gemäßen Zugang zu dieser komplexen Realität wählen. Die Vielfalt der Wertesysteme ist daher nicht mehr verwirrende Unordnung, sondern notwendige Mannigfaltigkeit einer gesunden Entwicklung.

Gerade auf diesen Aspekt muß Bildung im holistischen Sinn achten. Die Forderung nach Mannigfaltigkeit verbietet von selbst die beiden großen Gleichmachertendenzen des Synkretismus und der missionarischen Bekehrungsideologie. Es muß Grundprinzip holistischer Bildung sein, die Vermittlung von Wertesystemen mit Toleranz gegenüber anderen zu verbinden. Jedes Wertsystem muß sozusagen als Grundlage einer Realität heilig gehalten werden.

Wie immer zentral der Wertbegriff im neuen Paradigma auch steht, so darf doch nicht der Fehler der bisherigen Bildung quasi mit verkehrtem Vorzeichen wiederholt werden. Die Vermittlung von Werten darf die Wissensvermittlung nicht verdrängen. Sie muß sie ergänzen. Das holistische Paradigma fordert die Entwicklung des Menschen als gesamte Energie-Bewußtseins-(EB)-Einheit, und damit auch die Entwicklung der Ratio. Es muß daher nach einem sinnvollen Ausgleich zwischen Werte-Bildung und Ratio-Ausbildung gesucht werden.

Entwicklung ist nur dort möglich, wo es Freiräume gibt. Dies gilt natürlich auch für den Menschen. Seine Entwicklung kann nur soweit fortschreiten, als ihm kreative Freiräume geboten werden. Es muß daher Ziel einer holistischen Bildung sein, dem Menschen diese Freiräume zu erschließen. Dazu muß auch der Bildung in den Künsten wieder besonderes Augenmerk geschenkt werden, wobei hier vor allem die Freude an der Selbstverwirklichung im Kunstwerk geweckt werden soll.

Ausbildung und Bildung fördert heute fast ausschließlich die rational-intellektuelle Komponente der Menschen. Die emotional-intuitive wird vernachlässigt. Der ganze Mensch vereinigt in sich aber alle diese Funktionen, deren Schulung und Entwicklung im Interesse der Person, aber auch der Gesellschaft zu fördern wäre. Dazu eignen sich vor allem die Musik, die bildenden und die darstellenden Künste. Wenn die ganze Lebenszeit Bildungszeit sein kann, wie es für die Entfaltung des Menschen notwendig erscheint, dann wird die Gestaltung der Freizeit neben der Arbeitszeit durch die Förderung der kreativen Fähigkeiten des Menschen besonders wichtig sein.

Das Erlernen eines Musikinstrumentes sollte jedem Kinde ermöglicht werden. Zeichnen, Malen, Schauspielen, Bildhauen, Holzschnitzen usw., könnten stärker in die normale Schulausbildung aufgenommen werden. Die Umgestaltung der Lehrpläne, auf die Fähigkeiten der Person abgestimmt, könnte das »lebenslange Lernen« im Sinne einer lebenslangen Bildung der Bewußtseinspersönlichkeit ermöglichen. In der Jugend muß man dem Menschen zeigen, wo seine Fähigkeiten und Talente liegen, die er dann im späteren Leben selbst weiter entwickeln kann.

Das neue Paradigma definiert den Menschen nicht mehr durch seine produktive Arbeit. Daraus ergibt sich, daß die einseitige Ausrichtung der bisherigen Bildungspraxis, den jungen Menschen auf den kompetitiven Arbeitsmarkt vorzubereiten, obsolet ist.

Unter dem neuen Paradigma ist es entscheidend, den Menschen auf die *Arbeit an sich selbst* vorzubereiten. Die Bildung, die dafür notwendig ist, fußt auf drei Säulen:

— Der Vermittlung von Werten und der Erziehung zur Toleranz, zur »Heilighaltung« anderer Wertsysteme.
— Einer angemessenen Ausbildung der Ratio.
— Der Aufschließung kreativer Freiräume im Menschen.

Gesellschaft, Staat und Religion

Adam Smith hat eine gute Definition der Aufgaben des Staates gegeben, denen die meisten Staaten des Westens im großen und ganzen bis heute gefolgt sind.

Die Aufgaben des Staates ergeben sich nach Smith aus dem Umstand, daß der Mensch in seinem aktiven und passiven Verhalten gegenüber dem Mitmenschen nicht immer von selbst die ethischen Normen beachtet, ohne die eine Gesellschaft nicht funktionieren kann. Daher muß die Gesellschaft gemeinsame Einrichtungen schaffen, die Macht genug besitzen, um den Menschen und sein Eigentum nach außen und nach innen zu schützen. Weiters ergeben sich wesentliche Aufgaben auf Grund wirtschaftlicher Notwendigkeiten. Zu diesen zählen dann: Verkehr und Versorgungsbetriebe, Nachrichtenverbindungen, Bildungs- und Gesundheitswesen. Das sind die klassischen Aufgaben des Staates.

Im Westen wurde das letzte Jahrhundert von zwei Ideologien bestimmt, von denen die eine »mehr Staat« und die andere »weniger Staat« forderte. Heute ist die Periode der »Mehr-Staat-Ideologie« eher im Rücklauf begriffen, weil man allenthalben von der Ineffizienz staatlicher Einrichtungen überzeugt wurde.

Aus einer holistischen Ethik heraus muß sich das Verhältnis von Staat und Bürger ändern. Das völlige »Sich-Überlassen« und Verlassen auf die Institutionen der Bildung, der Kranken-, Unfall-, Altersversorgung usw. hat den Menschen abhängig und leichtsinnig gemacht. Verantwortung zu tragen soll heißen, für sich sorgen – vor allem vorsorgen zu können. Wer sein ganzes Leben falsch plant und falsch lebt, nach falschen Gesichtspunkten lebt, und sich dann völlig auf die Gesellschaft verläßt, ihm zu helfen, wurde von falschen, wenn auch gutgemeinten Ideologien irregeführt. Wir leben, um Verantwortung für uns tragen zu lernen. Und dieses Prinzip soll sich in der Organisation des Staates und seinen Aufgaben widerspiegeln.

Diese Selbstverantwortung kann nicht bedeuten, daß die Mindestversorgung des Mitmenschen in jeder nur notwendigen Weise vernachlässigt wird. Es wäre ein vollkommenes Mißverständnis einer holistischen Ethik, die sich auf das Mit-Leiden als oberstes Prinzip der All-Einheits-Idee gründet, ihr eine inhumane Einstellung vorzuwerfen. Es wird vielmehr in einer holistischen Ethik gefordert, dieses Mindestmaß an Lebenserhaltung als Menschenrecht anzusehen. Aber es gibt einen Unterschied zwischen dem eigenverantwortlichen Leben auf einer gesicherten Lebensbasis und dem völligen Sich-Überlassen an die Fremdverantwortung durch den Staat.

Holistische Ethik fordert das Bemühen des Menschen um Arbeit an sich selbst. Das bedeutet, daß Verantwortung, sich selbst in Ordnung zu halten, in viel stärkerem Maße den Menschen selbst trifft. Das gilt auch für die Gesundheit in psychischer und physischer Hinsicht. Diese Eigenverantwortlichkeit zu wecken und zu fördern, ist damit wichtige Aufgabe der Bildung.

Was sind nun aber wirklich die Aufgaben des Staates?

Neu sind einerseits die Aufgaben, in der Form des Mindesteinkommens ohne Arbeit die allgemeinen Lebensgrundlagen für jedermann zu sichern und andererseits mehr als bisher und in anderer Weise die Bildung zu fördern.

Die Staaten selber scheinen in Zukunft zu einer Organisation in kleineren überschaubaren Einheiten zu tendieren. Vor allem die revolutionären Veränderungen im ehemaligen Ostblock weisen in diese Richtung. Die überschaubare Lebens- und Arbeitsgemeinschaft gibt die besten Entwicklungsbedingungen für den einzelnen. Er fühlt sich eingebunden in eine Gemeinschaft und kann sich besser entfalten als in einer großen Institution, in der er, auf sich zurückgeworfen, eine Nummer bleibt.

Die Transformation der Gesellschaft – die lautlose Revolution

Wie kann man erwarten, daß sich diese Vorstellungen von einer neuen Gesellschaft mit neuen Bedingungen für Arbeit, Freizeit und Bildung durchsetzen?

Die Grundlage dieser Revolution, vor der die Gesellschaft heute steht, ist eine ganz andere als jemals zuvor in der Geschichte. Die großen Veränderungen in den Gesellschaftsentwicklungen, wie wir sie aus der Geschichte kennen, waren bisher, zumindestens von einigen Menschen, mehr oder weniger voraussehbar. Die Veränderungen selbst waren dann zumeist von heftiger Art. Man denke an die Umwälzungen am Ende des römischen Reiches oder an die Bauernkriege am Ende des Mittelalters als Folge der Reformation oder an die französische und russische Revolution. In jedem Fall war ein System – ein Denk-System, das seinen Niederschlag in den politischen und kulturellen Institutionen gefunden hatte – obsolet geworden und erstarrt. Die dynamischen Kräfte der Evolution brachten dann das System zum Einsturz. Das nennen wir den »Lauf der Geschichte«.

Heute stehen wir vor ähnlichen Problemen. Ein Weltbild – das mechanistische – ist obsolet. Die gesamte politisch-ökonomische Struktur der Gesellschaft ist von diesem Weltbild geprägt. Sie wird dem neuen Weltbild auf Dauer sicher nicht standhalten können.

In dieser Situation ergeben sich zwei Möglichkeiten:

a) Die Möglichkeit einer Umwandlung der Strukturen in heftiger Art; das wäre der Zusammenbruch des ökonomischen Systems oder der Ökologie.

b) Die Möglichkeit einer graduellen Änderung, eines Umbaues der Strukturen.

Welche der beiden Möglichkeiten eintritt, kann heute niemand sagen. Es ist auch nicht wirklich wesentlich, denn mit oder ohne »harter Landung« wird das, was man die »lautlose Revolution« nennen kann, vor sich gehen müssen. In einem Falle schneller, im anderen Falle langsamer.

Was ist die »lautlose Revolution«?

Diese betrifft zum Unterschied von früheren Umgestaltungen mehr als sonst den Menschen selbst. Dies kann man am besten an einer Parabel deutlich machen.

Jede der genannten Revolutionen – z. B. die französische Revolution von 1789 – ist mit der Situation von Bewohnern eines Hauses vergleichbar, die mit ihren Lebensbedingungen unzufrieden geworden sind. Schließlich steigert sich ihr Unmut zu solcher Höhe, daß sie beschließen, das Haus, in welchem sie wohnen, anzuzünden. Das geschieht. Sie verlassen das Haus und glauben, ihr Problem gelöst zu haben, indem sie zusehen, wie das

Haus abbrennt. Nachdem das Haus aber niedergebrannt ist, finden sie, daß sie ein neues Heim nötig haben, um darin zu wohnen. Mit Mühe erbauen sie sich ein neues, um nach kurzer Zeit zu finden, daß sie mit ihren Lebensbedingungen noch immer – wenn auch in anderer Weise – unzufrieden sind. Warum? Weil sie selbst dieselben geblieben sind, die sie waren. Ihr Bewußtsein hatten sie nicht verändert. Sie waren mit dem alten Bewußtsein in das neue Haus eingezogen.

Dahingegen kann »lautlose Revolution« nur bedeuten, daß jeder bei sich beginnt, die Welt zu verändern. Solange wir glauben, wir müßten andere zwingen, dies oder das zu tun, damit es uns »besser« geht, sind wir auf dem Holzweg. Erst wenn wir erkennen, daß die Veränderung der Welt nur mit der Veränderung des eigenen Bewußtseins beginnen kann, sind wir auf dem »richtigen« Weg.

Nun muß man auch diese Aussage noch erläutern. Auch der »unbewußte Weg«, den die Menschheit bisher in der Geschichte nahm, ist eine mögliche Art der Evolution. Wir taumeln dann von einer Krise oder Katastrophe in die andere; von Revolution zu Revolution, von einem Krieg in den nächsten. Auch das ist ein Weg. Er ist nur härter und mit viel Leid verbunden. Härter als der selbstbewußte Weg des Lernens, der bei sich selbst beginnt. Sicher ist auch dieser Weg »hart«. Denn das tägliche Bemühen um Bewußtheit ist schwer zu ertragen. Und der Versuch, sich zu ändern, ist so hart wie nur sonst etwas, weil man »an sich selber« kaum herankommt. Wir stehen also vor einer neuen Entwicklung der Gesellschaft. Ist diese schon so weit, daß sie den bewußten Weg gehen kann, oder wird sie weiterhin »unbewußt« in die nächste Phase der Geschichte tauchen?

In jedem Falle aber wird es diese »lautlose Revolution« geben – so oder so. Man muß kaum über diese Transformation des einzelnen, die dann eine Transformation der Gesellschaft bewirken wird, reden. Vor allem sollte man darüber nicht streiten. Jede Diskussion, jede Auseinandersetzung mit der Meinung des anderen, in der man versucht, die Argumente des anderen zu zertrümmern (discutere = zertrümmern, zerschlagen), ist von Übel. Denn sie schafft Disharmonie. Wer im Sinn hat, Gutes tun zu wollen, aber Disharmonie schafft, ist noch der Mentalität des

Macher-Kentauren verbunden, der von sich annimmt, er sei in Ordnung, und den anderen zwingen will, sich seinen Vorstellungen zu unterwerfen. Das Motiv ist dann die Macht. Und dieses Motiv gehört der Vergangenheit an.

Daher wird es darum gehen, zu beginnen, sich selbst zu ändern, ohne daß jemand das merken muß und ohne daß man davon redet. Jene, die lauthals ihre Wahrheit verkünden und sich hervortun, sind nicht die Vorbilder für die Zukunft. Ihre Zeit ist vorbei. Die lautlose Revolution läuft über das morphogenetische Feld, wo sich Ideen über Raum und Zeit hinweg ausbreiten.

Daher sind auch alle hier gebrachten Vorschläge nur Angebote. Es ist ein Orientierungswissen, das angeboten wird.

Niemand soll überzeugt werden oder gar gezwungen werden, das Angebotene anzunehmen. Das wäre absurd und ist nicht möglich. Es ist ein Angebot, man folgt ihm oder läßt es bleiben. Das Leben ist nicht für die Kämpfe von Schuljungen da, oder für Debattierklubs, schreibt Vivekananda. Der Wahrheit kann man nur folgen. Man kann sie nur persönlich erfahren.

Die Zukunft der Religionen

Die religiösen Institutionen sind im allgemeinen nicht anders, als es der Bewußtseinszustand derer erlaubt, die sie vertreten. Daher muß man die religiöse Lehre von den religiösen Institutionen unterscheiden. Das eine ist nicht das andere. Menschen, die darüber nicht nachdenken, verwerfen oft beide, weil sie diesen Unterschied nicht erkennen.

Religiöse Institutionen gibt es eigentlich nur im Westen. Weder im Hinduismus, noch im Buddhismus und schon gar nicht im Taoismus gibt es eine »Kirche«. Es gibt die Lehre, es gibt Mönche oder Priester, aber keine Institution. Im Osten wurde auch die Bewußtseinsschulung der Mönche wesentlich intensiver verfolgt als im Westen. Das mag auch ein Grund dafür sein, daß der Bewußtseinszustand der Mönche, z. B. im Buddhismus, zumeist ein sehr hoher ist. Die neuerliche Hinwendung auch christlicher Mönche zu diesen östlichen Methoden mag ein Hinweis auf diesen Unterschied sein.

Die westlichen Kirchen sind geprägt vom starken kentaurischen Willen der Verbreitung ihrer Ansichten, oft ohne Rücksicht auf die Folgen. Das hat im Namen der Harmonie viel Disharmonie in die Welt gebracht, an der wir noch immer leiden. Der Mystik, dem Herz jeder Religion, stand man innerhalb der Institutionen, teilweise zu Recht, immer sehr zurückhaltend gegenüber. Dies zeigt sich u. a. in der kritischen Haltung der Kirche zu den mystischen Erlebnissen einer Teresa von Avila oder den Erkenntnissen des Meister Eckehart.

Zum anderen sind die westlichen Kirchen, und hier vor allem die katholische, geprägt von einer dogmatischen Einstellung, die in dem Unfehlbarkeitsanspruch des Papstes kulminierte. Bis heute hat sich diese Haltung nicht geändert, sie scheint sich in den letzten Jahren eher zu verstärken. Jeder Versuch der Absolutierung der »Wahrheit« unter den Bedingungen des Erkenntnis-Paradoxons muß aber zu unhaltbaren Widersprüchen und endlosen und zumeist unfruchtbaren Diskussionen führen. Wahrheit finden wir immer dort, wo unser Wissen von der Welt – also das wissenschaftliche Wissen – mit den Weisheitslehren der Religionen in Übereinstimmung ist. Trotzdem aber wird diese Wahrheit immer in Bewegung sein, weil wir in Bewegung sind. Daher sollte es in Zukunft kein Dogma geben.

Wie sich eine neue Religiösität auf Basis eines holistischen Weltbildes ausbilden kann, ist einfach anzugeben. Das holistische Weltbild ist ein zutiefst religiöses. Es umfaßt alle Religionen, weil es nur eine Gottheit geben kann, ist aber keineswegs synkretistisch. Es gibt also keine Vermengung der Religionen, wenn auch einzelne Methoden voneinander übernommen werden können, wie das bereits im christlichen Zen der Fall ist. Die Toleranz von jedem zu jedem ist oberstes Gebot. Das beinhaltet auch die Ablehnung jeder Missionierung. Man vergleiche dazu die Aussagen von Sai Baba: »Man sollte nicht in Feldzüge der gegenseitigen Verleumdung und Schmähungen verfallen oder übertriebene Propagierung irgendeiner Religion betreiben, um Gläubige an sich zu ziehen.«

Sai Baba gibt dann eine eher kritische Analyse der bisherigen Tätigkeit der Religionen: »Die Religionen versuchen heilige Ideale in das Herz der Menschen zu pflanzen. Aber die Menschen lassen nicht zu, daß diese sprießen und wachsen. Ihre egoistische Begierde nach Macht und Erfolg im Konkurrenz-kampf mit anderen hat, in den meisten Fällen, den Menschen dazu gebracht, die Religion als ein Instrument der Folter und der Verfolgung zu verwenden. Anstatt die Menschheit zu einer gemeinsamen Anstrengung zu vereinen, wurde die Religion zu einem System einer eingemauerten Festung, die von Haß und Fanatismus bewacht wird. So wurde Religion zu einem befestig-ten Lager, versunken in Selbst-Beweihräucherung, wo man ver-sucht, andere zu sich herüberzuziehen, und ängstlich darauf bedacht ist, daß niemand abfällt. Daher verurteilt man die Religion als die Ursache von Chaos und Konflikten. Trotz großer Fortschritte auf vielen anderen Gebieten des Lebens ist die religiöse Feindschaft, sogar heute, in vielen Teilen der Erde entflammt. Man muß aber festhalten, daß die Religion nicht die Ursache dieser Zustände ist. Die Fraktionskämpfe und der fanatische Haß werden von dem ungehorsamen Ego, dem man freien Lauf läßt, verursacht. Die Religion versucht diese verderb-lichen Tendenzen zu zerstören. Daher muß man die Religion unterstützen und nicht verdammen.«

Auf der Basis der Aussagen der Weisheitslehrer kann man auch auf dem Gebiet der Religion einen Neuanfang wagen. Dieser Neuanfang sollte individuell auf die Tradition der Gesell-schaft, in die der Mensch hineingeboren ist, ausgerichtet sein. Einem Synkretismus der Religionen reden die Weisen nicht das Wort. Jede Religion ist auf die Eigenschaften der Länder und Völker abgestimmt, in denen sie vorherrscht. Das ist gut so und sollte so bleiben.

Jede Hinwendung zu einer Religion ist eine sehr persönliche Angelegenheit und kann nur in dem Maße erfolgen, wie die Person darauf vorbereitet ist. »Niemand kann zu mir kommen, wenn der Vater, der mich sandte, ihn nicht zieht«, heißt es im Johannes-Evangelium (Joh 6,44). Niemand kann das Gesetz leben, wenn er noch nicht dazu bereit ist. Daher muß sich jeder in dem Maße, wie er das fühlt, bereitmachen. Jemanden dazu zwin-gen zu wollen, ist unmöglich. Auch hier ist Toleranz vonnöten.

Die Zukunft einer Gesellschaft mit einer holistischen Welt-sicht wird hier eine größere Emanzipation der Person von den

Institutionen erkennen lassen. Die Institutionen sind die Lehrmeister der Geschichte. Auch aus der Schule wird der Schüler, wenn er alle Klassen absolviert hat, mit einer Prüfung als reif in die Selbstverantwortung entlassen. So muß es auch auf dem Gebiete der Religion sein. Früher oder später ist der Mensch reif, sich selbst den Weg zu suchen. Wann jemand soweit ist, muß jeder selbst entscheiden. Das muß nicht heißen, daß er sich von der Institution oder der Religionsgemeinschaft abwendet. Er entscheidet selbst über sein Verständnis vom Gesetz und der göttlichen Wahrheit und übernimmt dafür auch die Verantwortung. Die Verantwortung gilt dann nicht mehr gegenüber einer Institution, sondern nur mehr gegenüber einem Meister, dem man sich im Fremderlösungsverhältnis anvertraut hat. Für diesen Weg gibt es einige konkrete und sehr beachtenswerte Hinweise. Einer vermittelnden Person oder Institution bedarf es von da an nicht mehr.

Trotzdem soll der Wert der Institutionen in keiner Weise herabgemindert werden. Ihren Wert haben sie in der Geschichte als große Lehrmeister der Menschheit bewiesen, und dieser besteht auch noch heute unvermindert weiter in jedem Falle, wo es der Vermittlung und der Führung bedarf.

Spielregel 4:
Nimm das Universalgesetz
als Teil deiner selbst an

Jeder Satz von Spielregeln muß zuerst einmal definieren, worum es eigentlich geht. Spielregeln, die menschliche Handlungen in die Gesetzmäßigkeiten einer umfassenden Realität einbinden, müssen daher zuerst die letzte Konsequenz dieser Gesetzmäßigkeit erklären und auch die Beziehung der »Spieler« zu dieser Gesetzmäßigkeit. Wir wollen uns daher ebenfalls dieser Frage zuwenden, wie dies ja auch alle anderen ethischen Regelsysteme tun, die ihre Referenz in einer (religiösen) Sichtweise auf der Basis von Weisheitslehren tun. Nicht umsonst sind die ersten drei der zehn Gebote der christlich-jüdischen Tradition (ebenso wie die erste Sure des Korans) dieser Frage gewidmet.

In diesem Abschnitt soll weder ein Gottesbeweis versucht, noch ein Gottespostulat aufgestellt werden. Wir wollen uns vielmehr der Frage widmen, was aus der Sicht unserer Betrachtungsweise die Essenz des Seins ist. Es ist offensichtlich diese Essenz des Seins, die das »Spielfeld« für unsere Regeln darstellt und die gleichzeitig auch Ziel des Spieles selbst ist. Gemäß dem Erkenntnisparadoxon werden wir das Ziel (und damit auch das Spielfeld) nicht erkennen können. Was wir aber können, ist Hinweise sammeln, wie wir uns zu verhalten haben.

Beginnen wir damit, unsere eigenen Grenzen der Erkenntnis abzustecken. Nach dem bekannten Gödelschen Prinzip der Logik muß jedes in sich widerspruchsfreie logische System gezwungenermaßen ein offenes System sein, d. h. es muß zumindest ein Postulat oder Element enthalten, das nicht aus dem System selbst erklärt und abgeleitet werden kann. Dies gilt selbstverständlich auch für jedes Erklärungssystem des Universalgesetzes und seiner letzten Konsequenz. Damit gerät man entweder in die Falle der unendlichen Rekursivität, indem man annimmt, daß jedem System ein weiteres System überlagert ist, das eben jenes Element erklärt, das nicht aus dem System selbst heraus definiert werden kann. Oder man akzeptiert, daß das umfassende System, eben die Essenz des Seins, »a-logisch« ist. An dieser Stelle erscheint es wesentlich, darauf hinzuweisen, daß a-logisch nicht »unlogisch« bedeutet. Es bedeutet lediglich, daß diese Essenz des Seins nicht mehr mit logischen Mitteln greifbar ist. Sie löst die Beschränkungen der Logik, insbesondere der dualen Logik, auf. Sie stellt sich nicht außerhalb dieser Logik, sondern sie beinhaltet sie als einen Teil!

Das Wesentliche, was wir aus diesem kleinen Exkurs lernen können, ist jedoch eine Eigenschaft dieser letzten Essenz des Seins: Sie muß offensichtlich die Widersprüche und Gegensätze, die bestimmender Teil aller Systeme sind, die innerhalb dieser Essenz sind, auflösen!

Wir wollen uns nun von einem anderen Blickwinkel aus der Frage nach der Essenz des Seins nähern. Es ist dies der Aspekt von Ursache und Wirkung, der uns wiederum nah an das Problem von Handeln und Erleiden heranführt. Beginnen wir mit einer einfachen Kausalkette in unserer biologischen Wirklichkeit, etwa damit, daß wir einen Stein in eine Fensterscheibe werfen. Diese Handlung ist eine selbstbewußte Handlung, wir erkennen uns klar als die Ursache der Wirkung, nämlich der zersplitterten Fensterscheibe. Diese Handlung hat aber auch Wirkungen in den anderen Dimensionen unseres Seins. Aus der synchronen und nichtlokalen EB-Realität erzeugen wir durch das (drastische) In-Beziehung-Setzen der Systeme »Stein« und »Fensterscheibe« ein neues System, nämlich »Glasscherben«, das latent schon vorhanden war. Wir wirken aber auch in die Qualitätsdimensionen, denn unsere Handlung ist ja in einem Beziehungsgeflecht zu sehen zu anderen vieldimensionalen Bewußtseinseinheiten. Wir haben den Stein mit einer Absicht geworfen, vielleicht aus Haß auf den Hausbesitzer, oder um unsere Angebetete auf uns aufmerksam zu machen (wobei wir im Überschwang über das Ziel hinausgeschossen sind!), oder aus »Gedankenlosigkeit«, weil wir eben einen Stein schleudern wollten (wobei die unliebsame Folge der eingeschossenen Fensterscheibe keine »beabsichtigte« Wirkung war).

Alle diese Wirkungen unserer Handlung in den verschiedenen Dimensionen wirken auf uns zurück, sind wieder Ursachen für andere Wirkungen im Geflecht des Seins, an dem wir weben. Wir werden aber nur jenen Teil als Wirkung erkennen, der unserem Selbstbewußtsein entspricht. Dabei ist Selbstbewußtsein in Übereinstimmung mit den früher in diesem Buch dargestellten Gedanken als die Fähigkeit zu verstehen, uns selbst als aktiv Handelnde im Beziehungsgeflecht des Seins zu erkennen. Alle anderen Wirkungen werden wir »erleiden«. Dabei ist Erleiden als jene Art des Erlebens zu verstehen, die wir außerhalb des Selbstbewußtseins durchmachen, in der unser Bewußtsein zwar aktiv und mit dem Bewußtsein anderer Einheiten verbunden ist, wir aber uns dieses Wechselspiels nicht bewußt sind. Erleiden ist daher kein »unbewußter« Akt, sondern er bedingt nach wie vor das Vorhandensein von Bewußtsein im Sinne des ständigen Informationsflusses!

Je weiter nun unser Selbstbewußtsein entwickelt ist, je mehr wir uns der Wirkungen unserer Handlungen, Entscheidungen und Gedanken bewußt werden in den vielen Dimensionen des Seins, desto größer ist auch unsere Möglichkeit der Beeinflussung. Wir können schließlich »Wunder« tun, das heißt, die Realität in einer Art beeinflussen, die die Möglichkeiten des Selbstbewußtseins anderer weit übersteigt. Wunder sind daher immer relativ zu sehen, sie sind nur dann sinnvoll definiert, wenn man sagt, wer es vollbringt und wer es als wunderbar ansieht. Für den Handelnden selbst, für den Wundertäter, haben sie nichts Wunderbares an sich.

Wunder haben immer als Ausweis der Heiligkeit gegolten. Sai Baba sagt von sich: »Wunder sind meine Visitenkarten«. Er sagt aber auch, daß diese Fähigkeit in jedem von uns potentiell vorhanden ist (als vieldimensionale Bewußtseinseinheit), in ihm aber manifest sei (als selbstbewußtes Handeln). Auch Christus deutet darauf hin, wenn er spricht: »*Wahrlich, wahrlich ich sage euch: Wer an mich glaubt, wird auch selber die Werke tun, die ich tue, und noch größere als diese wird er tun*« (Joh. 14/12). Schließlich beinhaltet auch sein Sendungsauftrag, in dem er den Jüngern die Aufgabe »zu heilen, was verwundet ist, und zu lösen, was gebunden ist« gibt und sie mit der Kraft ausstattet, diese Aufgabe zu erfüllen. Gerade die »Lösung von Gebundenem« deutet darauf hin, daß die Jünger auch karmische Verstrickun-

gen (also Wirkungen auf einer sehr hohen Selbstbewußtseins-
ebene!) auflösen sollten.

Ähnlich wie im Ansatz der Systeme von vorhin, ist auch in der
Ursache-Wirkungsverknüpfung eine Hierarchie über die Qualität des Selbstbewußtseins gegeben. Je höher entwickelt das
Selbstbewußtsein, desto größer auch die Schaffenskraft (und
desto höher auch die Verantwortung!). Diese Hierarchie kann
durchaus mit jener der Religionen in Einklang gebracht werden,
die auch Heilige, Engel, Erzengel und schließlich den Schöpfergott selbst als höchste Manifestation des selbstbewußten Schaf-
fens kennen. All diese Stufen sind Stufen des Selbstbewußtseins
innerhalb der Bewußtseinseinheit, deren Teil wir selbst sind. Sie
sind potentiell in jeder Manifestation des Bewußtseins vorhanden, jeder von uns hat (potentiell zumindest!) Anteil an ihnen.

Eine weitere Lehre können wir ebenfalls aus der Ursache-
Wirkungs-Betrachtung ziehen. Sie hat etwas mit der Definition
des Begriffes »Individuum« zu tun. Kehren wir wieder zu unserem Steinwurf zurück. Wir haben hier in selbstbewußter Weise
zwei »Bewußtseinseinheiten«, nämlich den Stein und die Fensterscheibe, in eine völlig neue Beziehung gebracht. Unser Selbstbewußtsein, der Stein und die Scheibe bilden damit ein neues
Beziehungsgeflecht, das wir auf der Ebene der Realität, die
unserem Selbstbewußtsein zugänglich ist, verändert haben. Wir
haben zwei Entitäten von geringerem Selbstbewußtsein, als wir
es besitzen, zu einem System zusammengefaßt. Beiden, dem
Stein und der Scheibe, ist unsere Handlung wohl »wunderbar«,
wenn auch wenig erbaulich, erschienen! Sie haben diesen Wurf
»erlitten«!

Was aber noch wichtiger ist, wir haben die Individualität
dieser beiden Einheiten aufgehoben, wir haben sie zu einem
System verknüpft, an dem auch wir selbst Anteil haben! Es gibt
keinen Grund anzunehmen, warum dies nur auf unserer Selbst-
bewußtseinsebene so sein sollte!

Je höher das Selbstbewußtsein entwickelt ist, desto weniger
Trennendes ergibt sich. Dies ist auch in logischer Übereinstimmung mit der Betrachtung offener Systeme. Jedes System auf
einer höheren Ebene *beinhaltet* die Systeme auf niederer Stufe, es
transzendiert das Trennende zwischen den Systemen zu einer

neuen Ganzheit. Nur dadurch ist es möglich, selbstbewußt innerhalb des neuen Systems zu agieren. Je höher das Selbstbewußtsein, desto stärker »verdünnt« sich die Bewußtseinseinheit, die dieses Selbstbewußtsein trägt. Sie überwindet das eigene Individuum und verknüpft sich auf dieser neuen Ebene ihrer Wirkungsmöglichkeit mit anderen Bewußtseinseinheiten zu einer neuen, komplexeren Einheit. Diesen Vorgang erkennen wir in jedem Organismus, der ja auch die Verknüpfung verschiedener Einheiten zu einer, in ihrem Wirkungsbereich selbstbewußt agierenden, Einheit darstellt.

Auch dieses Argument kann man durch alle Stufen der Selbstbewußtseinshierarchien ziehen, bis hin zur Stufe des Schöpfergottes. Doch auch der Schöpfergott ist schlußendlich eine Bewußtseinseinheit, er ist Person und eingespannt in den Ablauf von Ursache und Wirkung, wenn auch in höchster Perfektion.

Hier stoßen wir an eine logische Grenze, ebenso wie in der systemischen Betrachtung. Denn auch der Schöpfergott selbst ist für sich ein System, das alle anderen Systeme beinhaltet. Auch dieses System muß offen sein, muß transzendiert werden. Dahinter steht das Nichts, das Nirvana. Aber dieses Nichts ist nicht nichts im herkömmlichen Sinn. Es ist das nichts-Trennende, das Allumfassende, das Universalgesetz und gleichzeitig die Urenergie und das absolut Selbstbewußte. Es ist nicht Bewußtsein, sondern es *enthält* das Bewußtsein. Im Gegensatz zum Schöpfergott ist es nie erschaffen und erschafft auch nie. Es ist das Nichts in der Form der Essenz und Fülle des Seins! Dies ist die Bedeutung des biblischen Wortes »Am Anfang war das Logos«.

Dies ist natürlich keine Beschreibung des Urgesetzes, wie auch keine Wissenschaft oder Weisheitslehre jemals eine Beschreibung des Urgesetzes liefern kann und wird. Für unsere Handlungen ist es jedoch wesentlich zu wissen, daß wir Anteil an diesem Universalgesetz haben. Es ist die positive Annahme dieses Faktums, die uns erst zu Mitspielern in der reichen und spannenden, vieldimensionalen Realität des Seins macht.

Epilog

Der Titel des Buches bezog sich auf die Spielregeln Gottes. Mit diesem Titel, wie auch mit dem Inhalt des Buches wollten wir auf zwei Aspekte hinweisen, die wir jetzt, wo wir den geneigten Leser wieder verlassen, noch einmal besonders betonen wollen. Einerseits ist dies der Aspekt der »Spielregel«, andererseits ist es unsere Behauptung, daß die von uns in diesem Buch vorgestellten Regeln einem Universalgesetz entsprechen und damit mit Fug und Recht als »Regeln Gottes« bezeichnet werden können.

Wir wollen vorerst die Spielregel-Metapher näher erklären. Spielregeln sind etwas, das den Ablauf eines Spieles ordnen soll. Nur wer die Spielregeln anerkennt, darf mitspielen, und je nach den Spielregeln, ihrer Auslegung und ihrer Komplexheit wird auch das Spiel verlaufen.

Man kann dies sehr einfach anhand des Fußballspielens erklären. Wenn man einer Horde Buben zusieht, wie sie auf einer Wiese Fußball spielen, so werden sie sicher mit ganz wenigen Regeln auskommen. Es wird eine Spielfeldbegrenzung geben und zwei Tore, überschreitet der Ball die Spielfeldgrenze, so gibt es ein »Out«, fliegt er ins Tor, so wird es gezählt. Viel mehr ist nicht notwendig. Trotzdem wird jeder Zuseher von der Lebensfreude, der schieren Lust an der Bewegung der Buben angesteckt werden und fröhlich dem Treiben zusehen.

Anders, wenn Fußball von Spitzenclubs gespielt wird. Dort gibt es gepflegten Rasen mit weißen Markierungen, festen Toren und Cornerfähnchen. Es gibt einen Schiedsrichter und komplizierte Regeln, die es Uneingeweihten (etwa Amerikanern, die nur Baseball-Regeln kennen) nicht erlauben, dem Spiel richtig zu folgen. Trotzdem wird ein Fußball-Fan seine Freude an einem guten Spiel haben. Er wird manchen taktischen Spielzug bewundern und Einzelleistungen mit Beifall honorieren. Das Spiel als ganzes wird naturgemäß anders aussehen als jenes der Buben auf der Wiese. Es wird an Raffinesse gewinnen und an Urwüchsigkeit verlieren. Was auf der Wiese oft noch erlaubt ist, wird auf dem Rasen durch einen Pfiff des Schiedsrichters geahndet. Trotzdem spielen der Spitzenclub und die Rasselbande unzweifelhaft beide Fußball, und wahrscheinlich war jeder Spitzenspie-

ler einmal nichts anderes als ein begabter Fußball-Lausbub. Die
Regeln haben sich jedoch, je nach Einsicht der Spieler, je nach
ihrem Vermögen, diese Regeln zu erkennen, weiterentwickelt.

Aber noch etwas anderes ist an dieser Spielregel-Metapher,
was uns in Hinsicht auf den Inhalt und die Aussage dieses Buches
interessieren sollte. Spielregeln sind, zumindestens in den meisten Fällen, nicht etwas, was man logisch ableiten kann. Wenn
man einen Schachspieler nach dem logischen Grund fragen
würde, warum ein »Pferd« gerade nur in der bekannten Art
»eins grad, eins schräg« gezogen werden darf, so würde man zu
Recht Unverständnis ernten. Es ist eben so, und in ihrer Gesamtheit ergeben die Regeln ein wunderbar aufeinander abgestimm-
tes Ganzes, innerhalb dessen sich eine Vielzahl schöner und
logischer Spiele spielen lassen. Allein die Spielregel selbst, ihr
eigentlicher Urgrund, läßt sich nicht logisch erklären.

Was man aber kann, und das haben wir auf den Seiten dieses
Buches versucht, ist ein Regelbuch aufstellen. Ein solches Buch
erklärt, wie die Regeln auf die Spielpraxis wirken und wie sie
anzuwenden sind. Je klarer und vor allem je einleuchtender die
Regeln geschildert werden, desto leichter werden sie angenommen und desto eher kann man in einer höheren Spielklasse
bestehen. Dieses Buch sollte einen Beitrag liefern, um manchen
Menschen in einer höheren Spielklasse des Seins bestehen zu
lassen. Als Hilfsmittel und Darstellungsmedium für die Regeln
Gottes, die dieses Spiel bestimmen, haben wir sowohl die wissenschaftliche Sichtweise als auch die Sichtweise der Weisheitslehren verwendet, die Sichtweisen »von unten« und »von oben«
oder auch die »Sichtweise des Fußballspielers« und jene »Sichtweise des Schiedsrichters«. Beide Sichtweisen beschreiben dasselbe Spiel, und beide Sichtweisen zeigen die selben Regeln, aber
eben mit verschiedenen Zusammenhängen. In ihren Konsequenzen aber sind sie gleich, was für einen Spieler ein »Foul« ist, ist es
auch für den Schiedsrichter.

Es ist aus unserer Sicht sehr wichtig, diese letzte Unerklärbar-
keit von Spielregeln im Auge zu behalten, wenn es um die
Erklärung des Seins, vor allem aber die Erklärung des Werdens,
der Entwicklung, der Evolution geht. Denn aus allem, was wir in
diesem Buch dargestellt haben, geht klar hervor, daß wir uns auf

einem durch das Universalgesetz geregelten Entwicklungsweg befinden, der uns zur Fülle des Seins, zum »Nicht-Mehr-Ge-trennt-Sein«, zur »Gottheit« führt. Wir haben erkannt, daß wir immer Teil der Gottheit sind und gleichzeitig auf dem Weg zu ihr. Dies ist eben jene letzte Spielregel, jenes Mysterium des Seins, das unerklärbar ist und bleiben wird.

Trotzdem bleiben wir auch auf diesen letzten Zeilen als Autoren unbelehrbar und wollen, wenn schon keine logische Ableitung, so doch eine Illustration geben, die uns Hoffnung machen soll. Es ist dies die Geschichte vom verlorenen Sohn in der Bibel, die sehr schön dieses Mysterium darstellt.

In dieser Geschichte trennt sich ein junger Mann von seinem Vater und geht hinaus in die Welt, um etwas zu erleben. Diese Trennung ist gleichzusetzen mit der Individuation des Men-schen, mit der wachsenden Erkenntnis seines eigenen Ich. Es ist der Vorgang einer Involution, einer Zersplitterung des Seins.

Zuerst bekommt diese Trennung vom Vater dem Sohn gar nicht. Er verjubelt sein Vermögen, bis er schließlich in die tiefsten Abgründe des Lebens, vor allem aber in die Einsamkeit und die vollkommene Ausgesetztheit des nackten Menschseins kommt. Schließlich schildert die Bibel diesen Zustand sehr drastisch, indem sie den Sohn mit den Schweinen aus demselben Trog fressen läßt. Dieser Zustand ist der unsrige, der des Tier-menschen, des Kentauren.

Aber in dieser letzten Verelendung hat der Sohn noch einen unschätzbar wertvollen Schatz. Es ist das Wissen um den Vater und das Wissen um sein Heim. Für uns ist das das Wissen um die Möglichkeit der Evolution, der Entwicklung hin zur Gottheit. Der junge Mann geht schließlich diesen Weg heim zum Vater.

Das wirklich Erstaunliche an dieser Geschichte ist ihr Ende. Der Vater verzeiht nämlich seinem abtrünnigen Sohn nicht nur, er zeichnet ihn auch vor jenem zweiten Sohn aus, der immer bei ihm geblieben ist. Diese Auszeichnung ist ebensowenig »lo-gisch« (oder auch nur »gerecht«), wie es die Entscheidung des jungen Mannes war, sich vom Vater zu lösen. Wir können auch hier nicht hinter die Spielregel sehen, wir können aber die Spielregel erkennen, und diese Spielregel gibt uns unendlich viel Hoffnung!

Die Evolution des Seins ist in ihrer Gesamtheit eine uner-
gründliche Gnade. Wir können sie nicht wirklich durchdringen,
wir können aber eben Regeln angeben, vergleichbar mit den
Wegweisern und Landmarken, die den verlorenen Sohn zu
seinem Vater zurückführten. Diesem »Orientierungswissen«,
dieser Wegskizze war das Buch gewidmet.

Schließlich zeigt uns die Geschichte vom verlorenen Sohn
noch etwas weiteres. Es besteht wohl wenig Zweifel über den
Zustand der meisten Menschen heute in Hinsicht auf dieses
Gleichnis. Wir alle haben weitgehend unser Vermögen verjuxt,
all das, was uns an den Vater gebunden hat. Es war ja auch
unsere eigentliche Aufgabe, diese Bindung und den Schutz des
Vermögens des Vaters abzustreifen. Es scheint, daß uns das recht
vortrefflich gelungen ist! Wir stehen also ohne etwas vor den
Sautrögen des Egoismus und in der Ungeschütztheit unserer
existentiellen Angst und vor einer der wesentlichsten Entscheidungen: Der Entscheidung zur Heimkehr, der Entscheidung zur
selbstbewußten Evolution. Wir sind tatsächlich in einer unge-
heueren Wendezeit!

Der verlorene Sohn lernt aus seiner persönlichen Katastrophe.
Auch wir lernen durch unsere existentielle Angst, durch die
Einsicht, daß unser eigenes Walten uns in eine mißliche Lage
gebracht hat. Wir erkennen in unserer Angst all jene zusammen-
brechenden Systeme, die ökologischen Katastrophen, die sozialen Umbrüche. Diese Zeichen an der Wand fordern unsere
Umkehr. Nicht die Umkehr des anderen, des Staates, der Kirche,
der Gesellschaft. Unsere ganz eigene, individuelle Umkehr.

Auch dafür gibt die Geschichte des verlorenen Sohnes sehr
gute Anhaltspunkte. Wir müssen uns von den Sautrögen wegrei-
ßen, wir müssen erkennen, daß es noch eine andere Realität gibt
als jene des Schweinestalles, der die Illusion der biologischen
Realität bildet. Wir müssen uns gegen diese Realität entscheiden
und eben die Spielregeln der Heimkehr zum Vater akzeptieren.
Nur so können wir auch in den Genuß des Empfanges durch den
Vater und damit der Gemeinschaft mit der All-Einheit gelangen.

Es erscheint wichtig, noch einmal auf die Bedeutung der rund
um uns sichtbaren Katastrophen hinzuweisen. Sie sind ganz
persönliche Hinweise, für jeden von uns, mit seiner persönlichen

Umkehr zu beginnen. Wir können diese Krisen nicht mehr im herkömmlichen Sinn aufhalten und entschärfen. Wir können sie nicht durch noch so gutes »Machen« verändern. Sie rufen uns zurück zur Gottheit, jeden einzelnen von uns und ganz persönlich. Daß die Krisen dichter werden und immer näher kommen, sollten wir nicht so sehr als Bedrohung auffassen, sondern als Aufforderung, endlich etwas »zu tun«. Unser »Spielkapital« in dieser Hinsicht, das Erbe des Vaters, das Potential der Welt ist bereits weitgehend verloren. Wir sollten es als eine immer lauter werdende Stimme verstehen, die uns ruft, den Heimweg anzutreten, uns endlich loszureißen und zu gehen. Denn wenn wir gehen, sind wir schon gerettet.

Über einen wichtigen Teil geht die Geschichte des verlorenen Sohnes (in pädagogischer Barmherzigkeit) sehr schnell hinweg. Es ist der Heimweg des jungen Mannes. Denn sicher ist eins, die Vorräte aus dem Schweinetrog werden nicht lange vorhalten, und der Weg wird steinig. Auch wir wollen davon nicht berichten. Dieses Buch ist vornehmlich nicht diesem langen Teil des Weges gewidmet. Es soll vielmehr den Ausgang weisen, den Ausgang aus dem »Schweinestall« der Unwissenheit über das Sein. Ist der erst einmal durchschritten, ergibt sich das folgende von alleine!

Fremdwort- und Begriffserklärungen (Glossar)

Agape: Nächstenliebe, Feindesliebe, Liebe zu Gott.

All-Einheit: Die auf Grund der netzartigen Verbundenheit allen Seins (vgl. Quantentheorie) sich ergebende zusammenhängende Struktur der Welt.

Akausalität: Gegensatz von Kausalität, d. h. keine Ursache-Wirkungsbeziehung.

Androgyn: griechisch-lateinisch Mann-Weib: Zweigeschlechtlich bzw. hier als »ungeschlechtlich« bzw. »geschlechtlos« zu verstehen, jedoch unabhängig von den sekundären Geschlechtsmerkmalen. Zustand, in dem der Mensch seine Geschlechtlichkeit weitgehend überwunden hat.

Askese: Enthaltsamkeit

Astrologie: Annahme eines holistischen (ganzheitlichen) Weltgefüges, in dem der Mensch ein Teil ist. Demzufolge kann aus den Planetenpositionen auf den Zustand der Welt und damit auch des Menschen geschlossen werden.

Behaviourismus: Richtung der experimentellen Psychologie, die seelisch-geistige Vorgänge allein durch Verhaltensbeobachtung untersucht.

Beobachter-Partizipation : Physikalischer Begriff aus der Quantenmechanik; der Beobachter ist zufolge der Schrödingerschen Funktion, die nur Wahrscheinlichkeiten angibt, mit dem Beobachteten und damit mit dem ganzen Universum immer verbunden.

Bewußtsein: Wird hier definiert als jede Seinsform (Mineral, Pflanze, Tier, Mensch, Geistwesen), zusammengesetzt aus Energie in verschiedenen Informationszuständen. Die Grundsubstanz ist immer die Energie. Diese aber kann in verschiedenen Informationszuständen angeordnet sein. Rein formal kann man dann schreiben: Bewußtsein = Energie + Information. Man sollte also unterscheiden: Das allgemeine Bewußtsein, das menschliche Bewußtsein (Selbst-Bewußtsein), Wach-Bewußtsein, Traum-Bewußtsein usw. Das sind verschiedene Bewußtseinszustände, denn letzten Endes ist alles Sein Bewußtsein.

Biologische Realität: Die dem Menschen geläufige »Diesseits-Wirklichkeit« mit den Dimensionen von Raum und Zeit sowie der Kausalität.

Chirologie: Lehre von der Möglichkeit, Charaktereigenschaften eines Menschen aus der Ausbildung seiner Hände zu bestimmen.

Deduktion: Schluß vom Ganzen auf das Einzelne.

Deduktiv: Vom Ganzen auf das Einzelne gehend.

Divination: Deutung von Lebensproblemen mit Hilfe magischer Praktiken z. B. dem I GING.

EB = Energie-Bewußtsein

Energie-Bewußtseins-(EB)-Monade: Eine Persönlichkeitsstruktur in der EB-Realität.

EB-Monade = Energie-Bewußtseins-Monade

EB-Realität = Energie-Bewußtseins-Realität oder das »Jenseits«

Entropie: Eine Grundgröße der Thermodynamik und der Informationslehre. Sie gibt in der Thermodynamik Auskunft über die Richtung, in der Prozesse freiwillig ablaufen. In der Informationslehre gibt die Entropie an, wie viel Information zur vollständigen Beschreibung eines Systems notwendig ist. Die beiden Bedeutungen der Entropie in Thermodynamik und Informationslehre können wissenschaftlich miteinander in Beziehung gebracht werden.

Erkenntnis-Paradoxon: 1. Teil – Die Welt ist dem Menschen vom Prinzip her immer unverständlich.: 2. Teil – Trotzdem muß er sich um ein Verständnis bemühen, damit er überleben kann.

Eros: Griechischer Gott der Liebe, das der Geschlechterliebe innewohnende Prinzip sinnlichen Verlangens.

Esoterik: Geheimlehre

Esoterisch: Einer Geheimlehre folgend

Ethik: Lehre vom rechten Tun, vom sittlichen Handeln, Normen und Maximen der Lebensführung, die Zielvorstellung für das menschliche Sollen.

Ethik-Paradoxon: 1. Teil – Der Mensch unterliegt mit seinem Tun einer allgemeinen, absolut wirkenden Gesetzmäßigkeit – dem Universalgesetz. Nach diesem Gesetz entwickelt sich sein Schicksal (Karma). Aus diesem Gesetz leitet sich eine absolute Ethik ab. 2. Teil – Kein Mensch ist imstande, diesem Universalgesetz vollkommen nachzuleben. Er wird daher von diesem abweichen, Fehler machen und kann daher nur eine relative Ethik leben. Trotzdem bleibt er der absoluten Ethik unterworfen.

Ewige Philosophie: Philosophischer Begriff der philosophia perennis; Bezeichnung für den bleibenden Grundgehalt der abendländischen Philosophie seit Platon; insbesondere jener Teil, der mit den Religionen und Weisheitslehren in Übereinstimmung ist.

Exoterik: Wissen, das auch für Außenstehende (im Gegensatz zu Esoterik) zugänglich ist.

Exoterisch: Für Außenstehende zugängliches Wissen.

Fremd-Erlösung: Annahme, der Mensch würde am besten durch die Hilfe einer geistigen Person (Gott) von seinen Problemen befreit bzw. durch diese von den Bedingungen der Wiedergeburt »erlöst«.

Gnosis: Gotteserkenntnis; in der Schau des Übersinnlichen erfahrene Welt Gottes.

Gott/Götter: Die auf Grund des Universalgesetzes entstandenen Geist-Wesen, die über dem Menschen zufolge der Selbstorganisation entstanden sind und existieren.

Gottheit: Unter diesem Begriff wird hier das gesamte Sein in allen seinen Formen und jeweiligen Entwicklungsprozessen verstanden (vgl. Universalgesetz).

Graphologie: Lehre von der Möglichkeit, die Charaktereigenschaften eines Menschen aus seiner Handschrift zu bestimmen.

Hermetisch/Hermetische Philosophie: Die auf HERMES TRISMEGISTOS zurückgehende Philosophie, der ca. 3000 v. Chr. in Ägypten gelebt haben soll; Zeitgenosse Abrahams. Einer der größten Meister und Weisen des frühen Menschengeschlechts.

Hierarchische Stufenordnung: Philosophischer Begriff; Vorstellung von verschiedenen Ebenen des Seins, beginnend bei Mineralien, Pflanzen, Tieren und sich fortsetzend mit den Menschen und darüber hinausgehenden Seinswelten.

Holismus: Ganzheitslehre

Holistisch: Der Ganzheitslehre folgend

Idealismus: Philosophischer Begriff; Lehre von der Nicht-Existenz einer realen, vom menschlichen Denken (Bewußtsein) unabhängigen Außenwelt. Gegensatz zum Realismus. Die scheinbare Außenwelt wird dem Idealismus zufolge durch das menschliche Bewußtsein geschaffen. Die Quantenphysiker sprechen von »Beobachter-Partizipation«.

I Ging: Chinesisches Weisheitsbuch, das auch zur Divination verwendet wird.

Individuation: Psychologischer Reifungs-Wandlungs-Differenzierungsprozeß des Selbst (Ego)

Induktion: Schluß vom Einzelnen auf das Ganze.

Induktiv: Vom Einzelnen auf das Ganze gehend.

Interferenz: Unter Interferenz versteht man das Zusammenwirken mehrerer Wellenfunktionen zu einer resultierenden Welle.

Karma: Indische Vorstellung zum Begriff »Schicksal«. Dieses wird nach dieser Idee vom Menschen selbst in einer bestimmten Inkarnation bewirkt und kommt in einer späteren Inkarnation zum Tragen.

Kentaur: Das Pferd-Mensch-Wesen der griechischen Mythologie; hier Symbol für das Bewußtsein in der zweiten Phase der Bewußtseins-Entwicklung.

Kausales Bewußtsein: Höchste Stufe der menschlichen Bewußtseinsentwicklung nach praktisch vollkommener Überwindung der animalischen vor allem auf Ego-Befriedigung gerichteten Anteile des menschlichen Bewußtseins.

Kausalität: Annahme, daß jede Wirkung auf einer Ursache beruht.

Kosmologie: Lehre von der Entstehung und Entwicklung des Weltalls.

Logos: Griechisch – das Wort, Gott, Vernunft, Offenbarung, Wille etc.

Lokalität: Physikalischer Begriff für das Vorhandensein der Dimensionen des Raumes.

Magie: Umgang mit und Beherrschung bisher ungeklärter Phänomene. Es ist zu erwarten, daß früher oder später jede Art von Magie von der Wissenschaft erklärbar sein wird.

Maya: Indischer Begriff für »Scheinwelt«; Welt der physisch-biologischen Wirklichkeit, das Diesseits, das als nicht real angesehen wird, obwohl es dem Menschen als real erscheint.

Mechanistische Wissenschaft: Die im Gefolge der Erkenntnisse von Galilei und Newton sich entwickelnde moderne Wissenschaft. Geht von der Annahme eines Mechanismus im Weltgeschehen (Planetensystem, Atomaufbau) aus. Übertragung von der Physik auf andere Wissenschaften, z. B. Biologie und Medizin (der Mensch eine Maschine) oder der Ökonomie (Adam Smith).

Metaphysis / Metaphysik: Lehre von den Grundursachen des Seins jenseits der sinnlichen Erfahrung und Wahrnehmung, also »nach der Physik« kommend.

Mitwelt: Unter Mitwelt versteht man (im Gegensatz zur Umwelt) die Gemeinschaft allen Seienden, und damit unter Berücksichtigung des Menschen.

Monade: Philosophischer Begriff; für letzte Einheit bzw. unvergängliche beseelte Substanzen. Hier auch synonym für menschliches Bewußtsein bzw. menschliche Seele zu verstehen.

Monotheismus: Religiöse Lehre vom Glauben an einen einzigen Gott.

Morphogenese: Biologischer Begriff der Ausgestaltung und Entwicklung von Organen oder Geweben. Bisher ohne hinreichende wissenschaftliche Erklärung.

Morphogenetisches Feld: Nach der Hypothese von R. Sheldrake von Tieren oder Menschen ausgehende Kräftefelder, zufolge derer Informationswissen (Lernen) übertragen werden kann.

Mystik; kommt von myein, gr. »die Augen schließen«: Innere Erfahrung des im Menschen tätigen Gottes.

Nicht-Lokalität: Raumlosigkeit; physikalischer Begriff auf Basis des Einstein-Podolsky-Rosen-Paradoxons; u. a. durch Alain Aspect experimentell bestätigt.

Paradigma: Die Summe der Theorien und Lehrmeinungen, die zu einer bestimmten Zeit in den Wissenschaften vorherrscht.

Paradoxon: Eine scheinbar zugleich wahre und falsche Aussage; Widerspruch.

Parapsychologie: Teil der Psychologie, der sich mit außersinnlichen Phänomenen beschäftigt.

Photon: Unter Photon versteht man ein ungeladenes Teilchen, das als »Wellenpaket« Energie überträgt.

Physiognomik: Lehre von der Möglichkeit, Charaktereigenschaften eines Menschen aus dem Aussehen – vor allem des Gesichtes, aber auch seines Körperbaues – zu bestimmen.

Physis: Natur, Naturkraft, Naturordnung.

Pneumatiker: Ein vom Geist Gottes (pneuma = Atem) Getriebener.

Positivismus: Philosophischer Begriff. Philosophie, die ihre Forschung auf das Positive, Tatsächliche, Wirkliche und Zweifellose beschränkt, sich allein auf Erfahrung (Empirie) beruft und jegliche Metaphysik als theoretisch möglich und praktisch nutzlos ablehnt (Begründer: Auguste Comte).

Präkognition: Vorherwissen von Ereignissen

präkognitiv: Vorherwissend

Psyche: Seele, Bewußtsein, Geist

Quantenlogik: Aus der Quantentheorie sich ableitende Logik, die nicht mehr der binären Logik des Ja/Nein entspricht, sondern auch das Entweder/Oder beinhaltet.

Quantenphysik: In diesem Jahrhundert entwickelte Physik, die auf der Erkenntnis von der diskreten, d. h. sprunghaften Aufnahme bzw. Abgabe von Energie in den Atomen ausgeht (M. Planck).

Quantentheorie: Siehe Quantenphysik

Realismus: Philosophischer Begriff; Lehre von der realen Existenz einer Außenwelt, die vom Menschen und seinem Denken unabhängig existiert.

Reduktionismus: Philosophischer Begriff der isolierten Betrachtung von Einzelelementen ohne Sicht auf das Ganze. Leitet sich von der Descartesschen wissenschaftlichen Methode ab. Typisch für die moderne Philosophie und Wissenschaft. Gegensatz zu Holismus.

Reinkarnation: Lehre von der Wiedergeburt.

Retrokognition: Rückerinnerung

retrokognitiv: Sich rückerinnernd

Selbst-Erlösung: Annahme, der Mensch könnte sich vornehmlich aus eigener Kraft von seinen Problemen befreien bzw. endgültige Erlösung von der Wiedergeburt erreichen.

Selbstorganisation: Wissenschaftliche Theorie, welche die Entstehung des Lebens als auf einer der Materie innewohnenden Eigenschaft erklärt: (M. Eigen, I. Prigogine). Annahme, daß Evolution eine der Materie inhärente, innewohnende Eigenschaft ist.

Solipsismus: Erkenntnistheoretischer Begriff für den extremen subjektiven Idealismus (von solus = allein und ipse = selbst), nach dem nur das eigene Ich und seine seelischen Zustände reale Existenz haben und alles andere nur in der Vorstellung vorhanden ist. Sollte nicht mit dem quantenmechanischen Idealismus verwechselt werden. Nach diesem ist die reale Existenz seelischer Zustände auf Basis des eigenen Ich sehr wohl möglich, da diese immer zufolge der Vernetztheit des Seins mit der Umwelt verbunden bleibt.

Soma: Körper im Gegensatz zum Geist.

Sozial-Darwinismus: Übertragung der Darwinschen Ansicht vom »Kampf ums Dasein« auf den gesellschaftlichen Bereich.

Stoffkonzentration: Unter Stoffkonzentration versteht man die Menge eines Stoffes pro Volumseinheit.

Subtil-mental: Bewußtseinszustand des Menschen auf höherer Ebene nach teilweiser Überwindung der animalischen Aspekte des menschlichen Bewußtseins.

Synchronizität: Zeitlosigkeit, »Ewigkeit«

Synkretismus: Der Versuch aus verschiedenen religiösen Lehren, unter Auflösung der Eigenarten und Zielsetzungen dieser Religionen, eine »neue« Lehre zu schaffen.

Tao: Der Weg; Grundbegriff der chinesischen Philosophie, Urgrund des Seins (Gott), Vernunft.

Telepathie: Gedankenübertragung allein über das menschliche Bewußtsein.

Thanatologie: Wissenschaft vom Tode.

Theodizee: gr. »*Rechtfertigung Gottes*«: Philosophischer Versuch, das Vorhandensein des Bösen und scheinbar Sinnlosen mit dem Glauben an die göttliche Güte und Allmacht zu vereinen.

Träger-Körper: Vorstellungen von dem biologischen Körper des Menschen als »Träger« bzw. Wohnung für eine EB-Monade.

Typhon: gr. Wirbelsturm; hier Symbol für das Bewußtsein in der ersten Phase einer Sturm und Drang-Entwicklung.

Universalgesetz: Die Summe aller geistigen und materiellen Naturgesetze, die im Universum gültig sind und das Sein darstellen. Auch das Tao, das Eine, das Gute, das Schöne, die Gottheit genannt.

Uroboros: gr. Schwanzfresser; die sich in den Schwanz beißende Schlange; Symbol für das Enthaltensein des Ich im Unterbewußten; hier das noch im Unbewußten schlummernde Bewußtsein (Ich-Bewußtsein).

Wertabsolutismus: Vorstellung, daß sich die Ethik von einem Naturgesetz her bzw. von Gott ableiten läßt.

Wertrelativismus: Vorstellung, daß der Mensch allein das Maß für die Erstellung von Moral – und Ethik – in einer Gesellschaft ist. Der Mensch, das »Maß aller Dinge«.

Literaturhinweise

zu Teil I

Literatur zu Physik und Quantenmechanik

Aspect, Alain u. a.: Experimental Test of Bell's Inequalities Using Time – Varying Analyzers, Phys. Rev. Letters, Vol. 49, No. 25, 20. Dec. 1982, p. 1804-1807

Aspect, Alain, Jean Dalibard, Gerard Roger: Experimental Test of Bell's Inequalities Using Time – Varying Analyzers, Phys. Rev. Letters, Vol. 49, No. 25, 20. Dec. 1982, S. 1804-1807

Baumann, Kurt, u. Roman Sexl: Die Deutungen der Quantentheorie, Vieweg, Braunschweig, 2. Aufl. 1986

Bell, John S.: On the EPR-Paradox, Physics, Vol. 1, No. 3, 1964, p. 195-200

Bohm, David und Y. Aharonov: Discussion of Experimental Proof for the Paradox of EPR, Physical Review, Vol. 108, No. 4, Nov. 15, 1957, p. 1070-1076

Bohm, David: Wholeness and the Implicate Order, ARK, London–Boston–Melbourne 1980

Bohr, Niels: Can Quantum Mechanical Description of Physical Reality be considered Complete? Physical Review, Vol. 48, Oct. 15, 1935, p. 696-702

Clauser, John F. und Abner Shimony: Bell's Theorem: Experimental Tests and Implications, Rep. Progr. Phys., Vol. 41, 1978, p. 1881-1927

d'Espagnat, Bernard: Diskussionsbeitrag in: Journal de Physique Collogue C2, suppl. No. 3, Tome 42, mars 181, p. C2-78, A. Aspect, Experiences Basees sur les Inequalites de Bell

d'Espagnat, Bernard: The Quantum Theory and Reality, Scientific American, 241, 1979, 11, p. 128-140

Davies, Paul: Die Urkraft. Auf der Suche nach einer einheitlichen Theorie der Natur, Rasch und Röhrig, Hamburg 1987

Einstein, Albert, Boris Podolsky, Nathan Rosen: Can Quantum Mechanical Description of Physical Reality be Considered Complete? Physical Review, Vol. 47, May 15, 1935, p. 777-780

Jahn, Robert G. und Brenda J. Dunne: Margins of Reality. The role of Consciousness in the Physical World, Harcourt Brace, San Diego–New York–London 1987

Jammer, Max: Wirklichkeit und Objektivierbarkeit in der modernen Physik, Vortrag Forum Alpbach, 24. Aug. 1986

Jung, Carl Gustav: Synchronizität als ein Prinzip akausaler Zusammenhänge, in: C. G. Jung, Ges. Werke, Bd. 8, Walter, Olten–Freiburg 1971

Kögerler, Reinhard: Das Bell'sche Theorem, in: M. Heindler, F. Moser (Hg.), Ganzheitsphysik, Grazer Gespräche 1986, Wissenschaft–Technik–Philosophie, Verlag Österr. Hochschülerschaft, TU Graz 1986

Pauli, Wolfgang: Physik und Erkenntnistheorie, Vieweg, Braunschweig–Wiesbaden 1984

Popper, Karl: Quantum Theory and the Schism in Physics, hg. v. W. W. Bartely III, Rowman Allanheld, Totowa N.J.

Primas, Hans: Chemistry, Quantum Mechanics and Reductionism, Springer, Berlin 1983

Rauscher, Elisabeth: Diskussionsbeitrag in: Science and Consciousness, Two Views of the Universe, hg. v. M. Cazenave, Pergamon Press, Oxford 1984

Schilpp, Arthur (Hg.): Einstein Philosopher-Scientist, Vol. 1, Open Court Publ. Comp. Lasalle, III. 1969

Schrödinger, Erwin: Die gegenwärtige Situation in der Quantenmechanik, Die Naturwissenschaften, Jg. 23, Heft 48, 29. 11. 1935, S. 807-849

Schrödinger, Erwin: Mein Leben, Meine Weltansicht, P. Zsolnay, Wien–Hamburg 1985

Selleri, Franco: Die Debatte um die Quantentheorie, Vieweg, Braunschweig 1985

Six, John: Can Non-Detected Photons Simulate Non-Local Effects in Two-Photon Polarization Correlation Experiments? in: Open Questions in Quantum Physics, hg. v. Gino Tarrozi und Alwyn van der Merwe, D. Reidel, Dordrecht, Boston–Lancaster 1985

Stapp, Henry: S-Matrix Interpretation of Quantum Theoriy, Physical Review, 15 March 1971, Vol. 3, No. 6, p. 1303-1320

Tarrozi, Gino und Alwyn van der Merwe (Hg.): Open Questions in Quantum Physics, D. Reidel, Dordrecht–Boston–Lancaster 1985

Wheeler, John: Frontiers of Time, in: Problems in the Foundations of Physics, Course LXXII, Proc. Internat. School of Physics »Enrico Fermi«, North Holland Publ. Comp. 1979, p. 395-492

Zeilinger, Anton: Das Einstein-Podolsky-Rosen-Paradoxon, in: Ganzheitsphysik, Grazer Gespräche Wissenschaft-Technik-Philosophie, Manfred Heindler, Franz Moser (Hg.), Verlag der Österreichischen Hochschülerschaft, TU Graz 1986

Literatur zu Biologie und Theorie der Selbstorganisation

Agar, W. E.: Fourth (Final) Report on a Test of McDougalls Lamarckian Experiment on the Training of Rats, Journal of Experimental Biology, Vol. 3, Sept. 1954, 307-321

Bresch, Carsten: Zwischenstufe Leben, Evolution ohne Ziel?, Piper, München 1977

Chardin, de P. Teilhard: Der Mensch im Kosmos, Beck, München 1959

Chardin, de P. Teilhard: Die Entstehung des Menschen, C. H. Beck, München 1961

Darwin, Charles: The Origin of Species, Dent, London 1971

Dress, Andreas u. a.: Selbstorganisation – Die Entstehung von Ordnung in Natur und Gesellschaft, Piper, München 1986

Eigen, Manfred: Selforganization of Matter and the Evolution of Biological Macromolecules, Die Naturwissenschaften, Jg. 58, 1971, Heft 10, Oktober, S. 465-523

Hemleben, Johannes: Teilhard de Chardin, Rowohlt, Hamburg 1966

Luhmann, Niklas: Soziale Systeme, Frankfurt 1984

Maturana, Humberto: Erkennen: Die Organisation und Verkörperung von Wirklichkeit, Vieweg, Braunschweig–Wiesbaden 1985

Monod, Jacques: Zufall und Notwendigkeit – Philosophische Fragen der modernen Biologie, Piper, München 1971

Prigogine, Ilya und Isabelle Stengers: Dialog der Natur, Piper, München 1981

Prigogine, Ilya: Vom Sein zum Werden – Zeit und Komplexität in den Naturwissenschaften, Piper, München 1980

Schrödinger, Erwin: Was ist Leben? Die lebende Zelle mit den Augen des Physikers betrachtet, A. Francke, Bern 1951

Sheldrake, Rupert: A New Science of Life, The Hypothesis of Formative Causation, Paladin, London–Glasgow 1987

Sheldrake, Rupert: Das schöpferische Universum – Die Theorie des morphogenetischen Feldes, Goldmann TB, München 1984

Ulrich, H. und G. J. B. Probst: Selforganization and Management of Social Systems, Insights, Promises, Doubts and Questions, Springer, Berlin 1984

Wagner, Günter, Bernd-Olaf Küppers: Evolution der Evolutionsfähigkeit, in: Selbstorganisation, Die Entstehung von Ordnung in Natur und Gesellschaft, Piper, München 1986

Literatur zu Paraphänomene und Neue Homöopathie

Dunne, Brenda J., Robert G. Jahn, R. D. Nelson: Precognitive Remote Perception, Princeton Engineering Anomalies Research Laboratory, Princeton University, School of Engineering, Technical Note PEAR 83003, August 1983

Hasted, J. B.: Physical Aspects Of Paranormal Metal Bending: J. Soc. for Psychical Research, 49, 1977, 583

Jahn, Robert G. und Brenda J. Dunne: Margins of Reality, The Role of Consciousness in the Physical World, Harcourt Brace Jovanovich, San Diego–New York–London 1987

Jahn, Robert G. und Brenda J. Dunne: On the Quantum Mechanics of Consciousness with the Application to Anomalous Phenomena, Princeton Engineering Anomalies Research Laboratory, Princeton University, Report PEAR 83005.1, Dec. 1983

Jahn, Robert G.: The Persistent Paradox of Psychic Phenomena, An Engineering Perspective, Proceedings of the IEEE, Vol. 70, No. 2, February 1982, S. 165

Körbler, Erich: Raum und Zeit, Ehlers Verlag, D-82054 Sauerlach. Die Sprache der Natur verstehen lernen. Special 3, Das Lebenswerk Erich Körblers (Dieser Sammelband enthält die wichtigsten Veröffentlichungen von E. Körbler)

Mattuck, R. D.: Probable Psychokinetic Effects Produced in a Clinical Thermometer, J. Psychoenergetic Systems, 2, 1977, 31

Mattuck, Richard D.: A Quantum Mechanical Theory of the Interaction between Consciousness and Matter. In: Michel Cazenave: Science and Consciousness, Pergamon Press, Oxford 1984

Meckelburg, Ernst: Geheimwaffe PSI, Psychotronik, PSI-Energien und psychophysikalische Kriegswaffen in Ost und West, Scherz, Bern–München 1984

Moser, Franz: Zur Wissenschaftstheorie der Neuen Homöopathie, in Raum und Zeit, Ehlers Verlag, D-82054 Sauerlach, Jg. 13, No. 70, Juli/Aug. 1994, S. 63 ff, Jg. 13, No. 71, Sep./Okt. 1994, S. 79 ff, Jg. 13, No. 72, Nov./Dez. 1994, S. 72 ff, Jg. 13, No. 73, Jänner/Feb. 1995, S. 84 ff, Jg. 13, No. 74, März/Apr. 1995, S. 75 ff, Jg. 13, No. 75, Mai/Juni 1995, S. 93 ff, Jg. 13, No. 76, Juli/Aug. 1995

Puthoff, H., R. Targ, E. May: Experimental PSI Research: Implications for Physics, In: R. Jahn (hg.): The role of Consciousness in the Physical World, Amer. Assoc. for the Advancement of Science Press, Washington D.C. 1980

Puthoff, H., R. Targ: A Perceptual Channel for Information Transfer over Kilometer Distances: Historical Perspective and Present Research, Proc. IEEE, Vol. 64, March 1976, p. 329-254

Puthoff, H., R. Targ: Entropy and Psychokinesis, Proc. 23rd Annual International Conference, Quantum Physics and Parapsychology, New York: Parapsychology Foundation 1975

Rhine, J. B. und J. G. Pratt: Parapsychology, Frontier Science of the Mind, Charles C. Thomas, Springfield, 5. Aufl. 1974

Schmidt, H.: Instrumentation in the Parapsychology Laboratory in New Directions. In: J. Belloff (Hg.): Parapsychology, Scare Crow Press, Metuchen/New Jersey 1975

Targ, R., H. Puthoff: Information Transfer Under Conditions of Sensory Shielding, Nature, Vol. 251, Oct. 1974, p. 602-607, vgl. auch C. Tart, H. Puthoff, R. Targ, Information Transmission in Remote Viewing Experiments, Nature, Vol. 284, March 1980, p. 191

Tompkins, Peter, Christopher Bird: Das geheime Leben der Pflanzen, Fischer TB, Frankfurt a. M. 1980

Wolman, Benjamin B.: Handbook of Parapsychological Research Psychokinesis, Plenum Press, New York 1984

zu Teil II

Literatur zu Weisheitslehren und Mystik

Anonym: Kybalion, Eine Studie über die hermetische Philosopohie des alten Ägyptens und Griechenlands, Arkana, Heidelberg (ohne Jahresangabe)

Böhme, Gernot: Zeit und Zahl, Studien zur Zeittheorie bei Platon, Aristoteles, Leibniz und Kant, Klostermann, Frankfurt a. M. 1974

Capelle, W.: Die Vorsokratiker, Kröner, Stuttgart 1968

Conrad-Martius, Hedwig: Die Zeit, Kösel, München 1954

Die Wolke des Nichtwissens, Johannes, Einsiedeln 1980

Die Yoga-Sutras des Patanjali, in: Vivekananda, Raja-Yoga, Hermann Bauer, Freiburg i. Br. 1937

Durkheim, Emile: Die elementaren Formen des religiösen Lebens, Suhrkamp, Frankfurt a. M. 1984

Enomiya-Lassalle, Hugo: Zen, Weg zur Erleuchtung, Hilfe zum Verständnis, Einführung in die Meditation, Herder, Wien–Freiburg–Basel 1976

Fleming, Beatrice: Das Theosophische Weltbild, Hirthammer, München 1976

Gebser, Jean: Abendländische Wandlung, Auf dem Weg zur Synthese, Ullstein 1956

Gebser, Jean: Ursprung und Gegenwart, Deutsche Verlagsanstalt, Stuttgart 1949

Gurjewitsch, Aaron J.: Das Weltbild des mittelalterlichen Menschen, C. H. Beck, München 1980

Heindel, Max: Die Weltanschauung der Rosenkreuzer, Rosenkreuzer-Gemeinschaft, Darmstadt 1973

Hübner, Kurt: Die Wahrheit des Mythos, C. H. Beck, München 1985

Jain Mishrilal und Kamal M. Jain: The Science of Yoga, A Study in Perspective, Perspectives of Biology and Medicine, Autumn 1973, p. 93-102

James, William: The Varieties of Religious Experience, Fount, Glasgow 1979

Lao Tsu: Tao the Ching, Penguin Classics I, Harmondsworth 1978

Meister Eckehart: Deutsche Predigten und Traktate, Hanser, München 1963

Meister Eckehart: Deutsche Predigten und Traktate, Hg. Josef Quint, Carl Hanser, München 1977

Otto, Rudolf: West-östliche Mystik, C. H. Beck, München 1971

Platon: Phaidon: Rowohlts Klassiker, Hamburg 1958

Plotin: Plotins Schriften, Felix Meiner, Hamburg 1956

Radhakrishnan, Sarvepalli: Wissenschaft und Weisheit, Westliches und Östliches Denken, Nymphenburger Verlagsbuchhandlung, München 1961

Resch, Andreas (Hg.): Imago Mundi, Der kosmische Mensch 1973, Mystik 1975, Psyche und Geist 1986, A. Resch, Innsbruck (Hg.)

Ridley, B. K.: Time, Space and Things, Penguin, Harmondsworth 1976

Steiner, Rudolf: Theosophie, R. Steiner-Verlag, Dornach 1962

Taimni, I. K.: Science and Occultism, Adyar, Madras 1970

Takakusu Junjiro: Buddhism as Philosophy of Thusness, In: Philosophy – East and West, Philosophers Conference Hawai 1939, Hg.: Charles Moore, Libraries Press, Freeport, New York 1944

The Bhagavadgita: Penguin Classics, Harmondsworth 1976

The Bhagavadgita: übersetzt von Juan Mascaro, Penguin, Harmondsworth, Middlesex 1962

von Avila, Theresia: Die Seelenburg, Kösel, München 1973

von Franz, Marie-Louise: Zahl und Zeit, Psychologische Überlegungen zu einer Annäherung von Tiefenpsychologie und Physik, Klett, Stuttgart 1970

von Glasenapp, Helmuth: Die Philospohie der Inder, 3. Aufl., Kröner, Stuttgart 1974

von Weizsäcker, Carl Friedrich: Die Einheit der Natur, DTV, München 1974

Walther, Gerda: Phänomenologie der Mystik, Walter, Olten 1955

Wilber, Ken: Physik, Mystik und das neue holographische Paradigma, in: Das holographische Weltbild, hg. v. Ken Wilber, Scherz, München 1986

Wilber, Ken: The Atman Project, A Transpersonal View of Human Development, Quest, Theosophical Publishing House, Madras 1980

Yoga-Aphorismen des Patanjali in Vivekananda: Raja-Yoga, Hermann Bauer, Freiburg 1973

Literatur zu »Einsprachen«

Bartholomew's: Gedanken zum Leben, Erwachen vom Traum, Ch. Falk-Verlag 1991

Bartholomew's: Lachende Weisheit, 2 Bde, Ch. Falk-Verlag 1990

Eggenstein, Kurt: Der Prophet Jakob Lorber, Knaur, München 1992

Eggenstein, Kurt: Der unbekannte Prophet Jakob Lorber, Lorber Verlag, Bietigheim 1973

Ein Kurs in Wundern: Textbuch, Übungsbuch, Handbuch für Lehrer, Greuthof Verlag, D-79261 Gutach i. Br. 1994

Lorber, Jakob: Die geistige Sonne, 2 Bde, Lorber Verlag, Bietigheim 1956

Lorber, Jakob: Die natürliche Sonne, Lorber Verlag, Bietigheim 1956

Ramtha: Das Manifestieren, Ein Handbuch für Meister, In der Tat Verlag, Peiting, D-86971 1994

Ramtha: Der letzte Walzer der Tyrannen, In der Tat Verlag, D-86971 Peiting 1990

Ramtha: Intensiv, Wendezeit, Die künftigen Tage, In der Tat Verlag, D-86971 Peiting 1989

Ramtha: UFOs und die Beschaffenheit der Wirklichkeit, In der Tat Verlag, D-86971 Peiting 1994

Roberts, Ursula (Ramadahn): Segen der Liebe, Param, Ahlerstedt 1989

Roberts, Ursula: Living in two worlds (autobiography), Regency Press, London 1984

Roberts, Ursula: The Wisdom of Ramadahn, Psychic Press ltd., London 1985

Wapnick, Kenneth: Betrachtungen über »Ein Kurs in Wundern«, Greuthof Verlag, D-79261 Gutach i. Br. 1993

zu Teil III

Literatur zum Thema »Problem-Entstehung«

Bentov, Itzhak: Auf der Spur des wilden Pendels, Rowohlt, Reinbek bei Hamburg 1985

De Spinoza Benedictus: Ethica, Op meetkundige wijze uiteengezet, uit het latijn door Dr. W. Meijer, S. L. van Looy, Amsterdam 1923

Denker, Rolf: Angst und Aggression, Kohlhammer, Stuttgart 1974

Dress, Andreas, H. Hendrichs, G. Köppers (Hg.) Selbstorganisation, Die Entstehung von Ordnung in Natur und Gesellschaft, Piper, München–Zürich 1986

Freud, Sigmund: Abriß der Psychoanalyse, Fischer, Frankfurt a. M. 1977

Grimm, Georg: Die Lehre des Buddha, Die Religion der Vernunft und der Meditation, R. Löwit, Wiesbaden 1979

Jung, Carl Gustav: Über Grundlagen der Analytischen Psychologie, Fünf Vorlesungen, Walter, Olten–Freiburg 1971

Katz, David und Rosa (Hg.) Kleines Handbuch der Psychologie, Schwabe, Basel–Stuttgart 1972

Kuhn, Thomas S.: Die Struktur wissenschaftlicher Revolutionen, Suhrkamp, Frankfurt a. M. 1967

Maturana, Humberto R.: Erkennen: Die Organisation und Verkörperung von Wirklichkeit, Vieweg, Braunschweig–Wiesbaden 1985

Moser, Franz: Bewußtsein in Raum und Zeit – Die Grundlagen einer holistischen Weltauffassung auf wissenschaftlicher Basis, Leykam, Graz 1989

Rhys, Davids T. W. (Hg.): Sacred Books of the Buddhists, Vol. III, The Pali Text Society, London, Routledge and Kegan Paul, London–Henley 1977

Takakusu Junjiro: Buddhism as a Philosophy of Thusness, in: Philosophy – East and West, Charles A. Moore (Hg.), Books for Library Press, Freeport, New York 1944

Literatur zum Thema »Problem-Erkennung«

Assagioli, Roberto: Psychosynthesis, Turnstone Press, Willingborough 1984

Ave-Lallemant, Ursula: Graphologie des Jugendlichen, Ernst Reinhardt, München–Basel 1970

Brunton, Paul: Die Weisheit des Überselbst, Bauer, Freiburg 1977

Cobbaert, Anne-Marie: Graphologie, Schriften erkennen und deuten, Knaur, München 1973

Faraday, Ann: Die positive Kraft der Träume, Ullstein, Frankfurt a. M. 1972

Freud, Sigmund: Über Träume und Traumdeutungen, Fischer, Frankfurt a. M. 1974

Garfield, Partricia: Creative Dreaming, Ballantine, New York 1974

Glas, Norbert: Das Antlitz offenbart den Menschen, Bd. 1 und Bd. 2, J. Ch. Mellinger, Stuttgart 1985

Grimm, Georg: Die Lehre des Buddha, Die Religion der Vernunft und der Meditation, R. Löwit, Wiesbaden 1979

Hesse, Hermann: Das Glasperlenspiel, Suhrkamp, Frankfurt a. M. 1977

Issberner-Haldane, Ernst: Wissenschaftliche Handlesekunst, Chirosophie, Bauer, Freiburg 1978

Issberner-Haldane, Rita: Atlas der Chirologie, Analyse und Diagnose aus der lebendigen Hand, Bauer, Freiburg 1984

Jacobi, Jolande: Die Psychologie von C. G. Jung, Eine Einführung in das Gesamtwerk, Walter, Olten und Freiburg 1971

Jung, C. G., R. Wilhelm: Das Geheimnis der goldenen Blüte, Ein chinesisches Lebensbuch, Walter, Olten 1978

Jung, C. G.: Grundwerk, Bd. 4, Walter, Olten 1984

Müller, Marie Louise: Schriftpsychologie, Neue Methode der grundpolaren Analyse, N. P. Engel, Kehl 1984

Pelletier, Kenneth R.: Toward a Science of Consciousness, Delta book, New York 1978

The complete works of Vivekananda: Vol. VIII, Advaita Ashrama, Calcutta 1977

Ullmann, Montague und Nan Zimmerman: Working with Dreams, Dell, New York 1979

von Mangoldt, Ursula: Das große Buch der Hand, Die Grundlagen der Chirologie, Goldmann, O. W. Barth (im Scherz Verlag), Bern 1978

Wilhelm, Richard: Botschafter zweier Welten, Hg. Wolfgang Bauer, Diederichs, Düsseldorf 1973

Wilhelm, Richard: I Ging – Das Buch der Wandlungen, Diederichs 1976

Literatur zum Thema »Problem-Auflösung«

Acharya, Francis: Yoga für Christen, Hg. Zentrale der Päpstlichen Missionswerke Österreichs, Seilerstätte 12, 1010 Wien 1977

Arroyo, Stephen: Astrologie, Psychologie und die vier Elemente, Hugendubel, München 1982

Assagioli, Roberto: Psychosynthesis, Turnstone Press Ltd., Willingborough 1984

Bandler, Richard und John Grinder: The Structure of Magic, Science and Behaviour, Palo Alto 1975

Bandler, Richard: Using your Brain – for a Change, Real People Press, Moab, Utah 1985

Enomiya-Lassalle, Hugo: Meditation für Christen, O. W. Barth, Freiburg i. Br. 1976

Enomiya-Lassalle, Hugo: Zen – Meditation für Christen, O. W. Barth, Freiburg i. Br. 1976

Enomiya-Lassalle, Hugo: Zen – Weg zur Erleuchtung, Herder, Wien–Basel 1976

Enomiya-Lassalle, Hugo: Zen-Buddhismus, J. P. Bachem, Köln 1974

Frankl, Viktor: Anthropologische Grundlagen der Psychotherapie und der Wille zum Sinn, H. Huber, Bern–Stuttgart–Wien 1975

Greene, Liz: The Astrology of Fate, Unwin, London–Boston 1985

Grof, Stanislav: Das Abenteuer der Selbst-Entdeckung. Heilung durch veränderte Bewußtseinszustände, Kösel, München 1987

Grof, Stanislav: Geburt, Tod und Transzendenz. Neue Dimensionen der Psychologie, Kösel, München 1985

Hand, Robert: Planets in Youth, Para Research, Rockport, Mass. 1977

Mascaro, Juan: The Upanishads, Penguin, Harmondsworth 1965

Maslow, Abraham: Psychologie des Seins, Fischer, Frankfurt a. M. 1973

Perls, Frederick S.: Gestalt-Therapie in Aktion: Klett-Cotta, Stuttgart 1979

Sai Baba Sathya: An Eastern View of Jesus Christ, Divine Discourses, Sai Publications, (no date)

Sai Baba Sathya: Sathya Sai Speaks, Vol. X, Discourses 1975-1980, Sathya Sai Baba Society, POB 278, Tustin, CA 92681

Scharf, Siegried: Das große Buch der Herzensmeditation, Aurum, Freiburg i. Br. 1979

The complete works of Swami Vivekananda: Vol. VIII, Advaita Ashrama, Calcutta 1977

Vivekananda: Raja-Yoga mit den Yoga-Aphorismen des Patanjali, H. Bauer, Freiburg i. Br., (ohne Datum)

Wilber, Ken: The Structure of Consciousness, Quest Book, Theosophical Publishing, Madras–London 1975

Wilber, Ken: Wege zum Selbst. Östliche und westliche Ansätze zu persönlichem Wachstum, Kösel, München 1979

Literatur zum Thema »Sexualität«

Avalon, Arthur (Sir John Woodroffe): Die Schlangenkraft – Die Entfaltung schöpferischer Kräfte im Menschen, O. W. Barth, Scherz, Bern–München–Wien 1975

Brown, Peter: The Body and Society, Men, Women and Sexual Renunciation in Early Christinity, London 1989

Bultmann Rudolf: Das Urchristentum, Artemis, Zürich–München 1976

Dupont-Sommer, Andre: Die Essenischen Schriften vom Toten Meer, J. C. B. Mohr, P. Siebeck, Tübingen 1960

Enomiya-Lassalle, Hugo: Zen-Buddhismus, J. P. Bachem, Köln 1974

Freud, Sigmund: Vorlesungen zur Einführung in die Psychoanalyse, Fischer, Frankfurt a. M. 1976

Freud, Sigmund: Das Unbehagen in der Kultur, Fischer, Frankfurt a. M. 1976

Jung, Carl Gustav: Gesammelte Werke, Bd. 9, Walter, Olten und Freiburg i. Br. 1976

Krishna, Gopi: Kundalini, Erweckung der geistigen Kraft im Menschen, O. W. Barth, Weilheim 1968

Platon: Sämtliche Werke, Bd. 2, Symposion, Rowohlt, Hamburg 1957

Reutterer, Alois: Philosophie – Lehrbuch für AHS, F. Deuticke, Wien 1977

Vivekananda: Raja-Yoga, Mit den Yoga-Aphorismen des Patanjali, H. Bauer, Freiburg i. Br. 1937

Literatur zum Thema »Wissen vom Tode« (Thanatologie)

Beckh, Hermann: Buddha und seine Lehre, Verlag Freies Geistesleben, Stuttgart 1980

Berger, Peter L.: Der Zwang zur Häresie, Fischer, Frankfurt a. M. 1980

Brunton, Paul: Die Weisheit des Überselbst, H. Bauer, Freiburg i. Br. 1977

Enomiya-Lassalle, Hugo: Zen-Buddhismus, Bachem, Köln 1974

Evans-Wentz, W. Y.: Das Tibetanische Totenbuch, Walter, Olten–Freiburg i. Br. 1977

Foerster, Werner (Hg.): Die Gnosis, Artemis, Zürich–Stuttgart 1969

Grimm, Georg: Die Lehre des Buddha, Die Religion der Vernunft und der Meditation, R. Löwit, Wiesbaden 1979

Huxley, Aldous: The Doors of Perception, Chatto and Windus, London 1972

Knoch, Otto: Was sagt die Bibel über das Fortleben des Menschen nach dem Tode? In: Andreas Resch (Hg.), Fortleben nach dem Tode, Imago Mundi, Bd. 6, Resch Verlag, Innsbruck 1977

Kolpaktchy, Gregoire: Das Ägyptische Totenbuch, O. W. Barth, Bern 1975

Kübler-Ross, Elisabeth: Über den Tod und das Leben danach, Die Silberschnur, Melsbach 1986

Lauf, Detleff: Geheimlehren Tibetischer Totenbücher, Aurum, Freiburg i. Br. 1979

Maslow, Abraham: Psychologie des Seins, Ein Entwurf, Fischer, Frankfurt a. M. 1973

Messner, Reinhold: Grenzbereich Todeszone, Kiepenheuer und Witsch, Köln 1978

Moody, Raymond: Leben nach dem Tod, Rowohlt, Reinbek b. Hamburg 1977

Moody, Raymond: Nachgedanken über das Leben nach dem Tod, Rowohlt, Reinbek b. Hamburg 1978

Müller, Max (Hg.): Sacred Books of the Buddhists, Routledge and Kegan Paul, London 1973

Resch, Andreas (Hg.): Im Kraftfeld des christlichen Weltbildes, Imago Mundi, Bd. 1, Schöningh, München–Paderborn–Wien 1968

Frei, Gebhard: Probleme der Parapsychologie, Imago Mundi, Bd. 2, Hg. Andreas Resch, Schöningh, München–Paderborn–Wien 1971

Resch, Andreas (Hg.): Welt, Mensch und Wissenschaft morgen, Imago Mundi, Bd. 3, Schöningh, München–Paderborn–Wien 1972

Resch, Andreas (Hg.): Der kosmische Mensch, Imago Mundi, Bd. 4, Schöningh, München–Paderborn–Wien 1973

Resch, Andreas (Hg.): Mystik, Imago Mundi, Bd. 5, Resch Verlag, Innsbruck 1975

Resch, Andreas (Hg.): Paranormale Heilung, Imago Mundi, Bd. 6, Resch Verlag, Innsbruck 1977

Resch, Andreas (Hg.): Fortleben nach dem Tode, Imago Mundi, Bd. 7, Resch Verlag, Innsbruck 1980

Resch, Andreas (Hg.): Kosmopathie, Imago Mundi, Bd. 8, Resch Verlag 1981

Resch, Andreas (Hg.): Geheime Mächte, der Innenraum des Menschen, Imago Mundi, Bd. 9, Resch Verlag, Innsbruck 1984

Resch, Andreas (Hg.): Psyche und Geist, Fühlen, Denken, Weisheit, Imago Mundi, Bd. 10, Resch Verlag, Innsbruck 1986

The Epic of Gilgamesh: Introduced by N. K. Sandars, Penguin Classics, Harmondsworth 1960

von Jankovich, Stefan: Erfahrungen während des klinisch-toten Zustandes, in: Andreas Resch (Hg.), Fortleben nach dem Tode, Imago Mundi, Bd. 6, Resch Verlag, Innsbruck 1977

Wilber, Ken: The Atman Project, A Transpersonal View of Human Development, Theosophical Publishing House, Wheaton, Ill. USA 1980

Literatur zum Thema »Holistische Ethik«

Assagioli, Roberto: Psychosynthesis, Turnstone Press, Wellingborough 1984

Assagioli, Roberto: The Act of Will, A Guide to Self-Actualization and Self-Realization, Turnstone Press, Wellingborough 1985

Durant, Will: Kulturgeschichte der Menschheit, Bd. 1: Der alte Orient und Indien, Südwest, München 1977

Haich, Elisabeth: Sexuelle Kraft und Yoga, Drei Eichen Verlag, Engelberg–München 1971

Jacobi, Jolande: Die Psychologie von C. G. Jung, Einführung in das Gesamtwerk, Walter, Olten–Freiburg i. Br. 1971

Richtig und gesund leben – Mit Naturheilkunde, Kneippen – Yoga – Heilkräuter, Naumann und Göbel, Köln

Sathya Sai Speaks: Vol. XI, Discourses given by Bhagavan Sri Sathya Sai Baba (years 1979-1982), Compiled by N. Kasturi, Sai Books and Publication Trust Prasanthi Nilayam, India 1985

Schweitzer, Albert: Kultur und Ethik, C. H. Beck, München 1972

Sri Yukteswar: Die Heilige Wissenschaft, O. W. Barth, München 1976

The Bhagavadgita: Penguin, Harmondsworth 1976

The complete works of Swami Vivekananda: Vol. V, Advaita Ashrama, Calcutta 1973

Vivekananda: Raja-Yoga, H. Bauer, Freiburg i. Br. 1937

von Kempen, Thomas: Die Nachfolge Christi, Fr. Pustet, Regensburg 1974

Willfort, Richard: Gesundheit durch Heilkräuter, R. Trauner, Linz 1979

Literatur zum Thema »Du-Bezüge«

Banz, Ernst: Swedenborg, Naturforscher und Seher, Swedenborg Verlag, Zürich 1969

Bateson, Gregory: Ökologie des Geistes, Suhrkamp, Frankfurt a. M. 1981

Durant, Will: Kulturgeschichte der Menschheit, Bd. 1, Südwest, München 1977

Müller, Rudolf: Nachwort zu »Das Evangelium des vollkommenen Lebens«, Humata Verlag Harald S. Blume, Salzburg 1974

Platon: Sämtliche Werke: Bd. 2, Rowohlt, Hamburg 1957

Sakoian, Frances und Louis S. Acker: The Astrology of Human Relationships, Harper and Row, New York 1987

Sargent, Lois Haines: How to Handle your Human Relations, Comparison Astrology, Am. Fed. of Astrologers, Tempe, Arizona 1970

Swedenborg, Emmanuel: Die eheliche Liebe, Swedenborg Verlag, Zürich, ohne Jahresangabe

Literatur zum Thema »Wir-Bezüge«

Aho, Michael C. und Marc Levinson: After Reagan. Confronting the Changed World Economy, Council on Foreign Relations, New York 1988

Büchele, Herwig, Liselotte Wohlgenannt: Grundeinkommen ohne Arbeit. Auf dem Weg zu einer kommunikativen Gesellschaft, Herausgegeben von der Katholischen Sozialakademie Österreichs, Europaverlag, Wien–Zürich 1985

Darwin, Charles: The Origin of Species, Rowman and Littlefeld, Totowa N. J. 1971

Fischl, Johann: Wer ist gebildet? Styria, Graz 1949

Foucault, Michel: Die Ordnung der Dinge, Suhrkamp, Frankfurt a. M. 1978

Friedman, Milton: Kapitalismus und Freiheit, Ullstein, Frankfurt 1962

Hayek: F. A., The way to Serfdom. De Weg naar de Slavernij, Uitgeverij Acropolis, Brussel 1980

Jonas, Hans: Das Prinzip Verantwortung – Versuch einer Ethik für die technische Zivilisation, Suhrkamp, Frankfurt a. M. 1984

Kleinewefers, Henner: Reformen für Wirtschaft und Gesellschaft. Utopien, Konzepte, Realitäten, Campus, Frankfurt 1985

Kohr, Leopold: Das Ende der Großen. Zurück zum menschlichen Maß, Wien 1978

Lafontaine, Oskar: Die Gesellschaft der Zukunft, Hoffmann und Campe, Hamburg 1988

Meadows, Dennis: The Limits to Growth. Report of the Club of Rome, Spectrum, Utrecht 1972

Moser, Franz: Management by Self-Organization, Zeitspiegel, Magazin für Regierende, Nr. 6, 3. Jg. 1988

Nyerere, Julius: Ein Geschenk der Armen an die Reichen. Der Welthandel blüht. Der Weltwährungsfonds tagt. Der Schuldenberg der Entwicklungsländer wächst. Der Standard, 27. Sept. 1989, S. 23

Peters, Thomas J. und Robert H. Waterman: In Search of Excellence, Lessons from Americas Best-Run Companies, Warner Books, New York 1982

Platon: Politeia, VII, 514a-517a, 7

Recktenwald, Horst Klaus: Staat und Marktwirtschaft. Würdigung des Gesamtwerkes von Adam Smith. In: Adam Smith, Der Wohlstand der Nationen, DTV, München 1983

Reid, R. C.: (MIT) Creativing as Applied to Graduate Engineering Education, Chem. Engng. Progress, June 1981, p. 23-25

Reutterer, Alois: Philosophie, F. Deuticke, Wien 1977

Sathya Sai Speaks: Vol. X, Discourses of Sri Sathya Sai Baba, Sathya Sai Baba Book Center of America, 305 West 1st Street, Tustin, CA, 92680

Schleicher, Stefan, Alexander van der Bellen: Arbeit – Die neue Herausforderung, in: Karl Vak (Hg.), Arbeit – Die neue Herausforderung, Europaverlag, Wien–Zürich 1989

Schuhmacher, E. F.: Small is beautiful. A Study of Economics as if people mattered, Blond Briggs, London 1973

Smith, Adam: Der Wohlstand der Nationen. Mit Vorwort und Würdigung von H. K. Recktenwald, dtv, München 1978

Smith, Adam: Theorie der ethischen Gefühle, Bd. I, Felix Meiner, Leipzig 1926

Steiner, Rudolf: Die Kernpunkte der sozialen Frage, R. Steiner Verlag, Dornach, Schweiz 1961

Szczesny, Gerhard: Das sogenannte Gute. Vom Unvermögen der Ideologen, Rowohlt, Reinbek b. Hamburg 1971

Ulrich, H. und G. J. B. Probst: Self-Organization and Management of Social Systems, Springer, Berlin 1984

Vak, Karl (Hg.): Arbeit – Die neue Herausforderung, Europaverlag, Wien 1989

Vivekananda: Raja Yoga, H. Bauer Verlag, Freiburg i. Br., (ohne Jahresangabe)

Wetter, Gustav A.: Der dialektische Materialismus. Seine Geschichte und sein System in der Sowjetunion, Herder, Wien 1960

Personen- und Stichwortverzeichnis

Zu dieser Ausgabe

Franz Moser, Michael Narodoslawsky
Bewußtsein in Raum und Zeit
Grundlagen der holistischen Weltsicht
Einblicke in die Spielregeln Gottes
insel taschenbuch 1797

Der Text dieser Ausgabe ist eine wesentlich überarbeitete Neufassung und Zusammenfassung der im Verlag Leykam, Graz, erschienenen Bücher: *Bewußtsein in Raum und Zeit. Die Grundlagen einer holistischen Weltauffassung auf wissenschaftlicher Basis* (1989), und *Bewußtsein in Beziehungen. Grundzüge einer holistischen Ethik* (1991).